企业社会责任研究系列

企业社会责任概论

INTRODUCTION TO CORPORATE SOCIAL RESPONSIBILITY

黎友焕 著

·广州·

图书在版编目(CIP)数据

企业社会责任概论/黎友焕著. —广州:华南理工大学出版社,2013.11
(企业社会责任研究系列)
ISBN 978-7-5623-4090-4

Ⅰ.①企… Ⅱ.①黎… Ⅲ.①企业责任-社会责任-概论 Ⅳ.①F270

中国版本图书馆CIP数据核字(2013)第257796号

企业社会责任概论

黎友焕 著

出 版 人:韩中伟
出版发行:华南理工大学出版社
　　　　　(广州五山华南理工大学17号楼,邮编510640)
　　　　　http://www.scutpress.com.cn　　E-mail:scutc13@scut.edu.cn
　　　　　营销部电话:020-87113487　87111048(传真)
策划编辑:潘宜玲
责任编辑:潘江曼　王　岩
印 刷 者:广州市穗彩彩印厂
开　　本:787mm×960mm　1/16　印张:19　字数:383千
版　　次:2013年11月第1版　2013年11月第1次印刷
印　　数:1～1 200册
定　　价:58.00元

版权所有　盗版必究　　印装差错　负责调换

前　言

　　企业社会责任（Corporate Social Responsibility，简称CSR）的理念最早在19世纪的西方国家出现，但一直到1950年代，企业社会责任仅在个别领域开始实践，企业社会责任的内涵和外延才有所扩大，消费者保护、员工福利、安全生产、环境保护等内容得到初步的发展。1950年代以后，企业社会责任理念逐步得到国际社会的广泛认同。尤其是1990年代之后，其内涵和外延随着国际经济社会的不断发展而得到进一步丰富和拓展，并呈现出继续扩大的趋势。

　　自1970年代开始，以生产要素全球化、市场全球化以及贸易规则全球化为主要特征的经济全球化进程加快，在更大的范围和更高的层次上以更快的速度优化了全球资源配置，促进了世界经济的繁荣，但同时也打破了国际社会传统的利益格局，加剧了地区内的各种社会矛盾。在新的国际经济贸易规则形成的过程中，以捍卫消费者权益、劳工利益和环境保护三大公众利益为核心的企业社会责任成为不同利益集团争夺利益的新形式，企业社会责任在这种氛围下得到推广。

　　近年来，随着我国对外经济贸易的发展和对外交流的深入，企业社会责任运动逐步引入我国，其中包括SA 8000（Social Acountibility 8000）和各大跨国公司自行制定的数百个生产守则对我国出口企业的认证与审核，使我国外向型经济受到了较大的冲击，引起了我国各界的广泛关注。

　　2010年11月1日，ISO 26000（社会责任国际标准）正式颁布实施，企业社会责任已经从理念完全转变为实践行动，关注和推动企业社会责任已经相当紧迫。

　　本书一方面致力于企业社会责任理论研究，另一方面又为国内企业的社会责任实践提供指引。书中前七章，对企业利益相关者理论、企业伦理、社会契约理论、企业社会责任、企业社会责任绩效、公司治理相关的研究进行总结概述并展开深入的分析，同时探讨了企业、政府与社会之间的关系，并对政府、社会及企业社会责任间的联动进行剖析。这几章对企业社会责任理论进行系统性的研究，进一步丰富了国内企业责任理论。书中后三章分析了国际企业社会责任运动发展历程、经济全球化与企业社会责任运动之间的关系、跨国公司在国际企业社会责任运动发展过程中其社会责任实践演变历程，探析跨国公司在社会责任实践中存在的问题及解决的对策。通过对国际企业社会责任运动及跨国公司社会责任实践的研究，为国内企业社会责任实践提供指引和启示。

当前虽然我国企业社会责任的理论研究还处在大力推进之中，但企业承担社会责任已经是不可阻挡的大趋势。我们相信，未来我国企业社会责任的理论研究将随着企业社会责任实践同时发展，在越来越多的企业把承担社会责任纳入管理工作的重要议程并付诸实践之时，企业社会责任理论研究便有较大的突破，甚至逐步形成、发展为一门新兴学科。

谨以此书为国内企业社会责任研究添砖加瓦！

黎友焕

2013 年 10 月

目　　录

第一章　企业的利益相关者分析 ……………………………………… 1
第一节　利益相关者理论的产生和演化 ……………………………… 1
一、利益相关者内涵的界定 ……………………………………… 1
二、利益相关者的具体分类 ……………………………………… 8
第二节　利益相关者理论的思想演变 ………………………………… 14
一、企业的生产观点、管理观点及利益相关者观点 …………… 14
二、利益相关者理论与"企业生存思想" ……………………… 15
三、利益相关者理论与"战略管理思想" ……………………… 17
四、利益相关者理论与"权利分配思想" ……………………… 20
第三节　企业利益相关者理论的应用 ………………………………… 21
一、利益相关者理论在公司治理中的运用 ……………………… 21
二、利益相关者理论在企业绩效研究中的运用 ………………… 24
三、利益相关者理论在财务管理中的运用 ……………………… 26
四、利益相关者理论在企业社会责任中的运用 ………………… 28
第四节　利益相关者理论的缺陷与启示 ……………………………… 30
一、利益相关者理论面临的问题 ………………………………… 30
二、利益相关者理论对我们的启示 ……………………………… 33

第二章　企业伦理 ………………………………………………………… 35
第一节　企业伦理的含义 ……………………………………………… 35
一、企业伦理的定义 ……………………………………………… 35
二、企业伦理的相关概念辨析 …………………………………… 36
三、企业伦理的特征 ……………………………………………… 37
四、国内外企业伦理研究综述 …………………………………… 39
第二节　企业伦理理论及模型 ………………………………………… 41
一、关于企业伦理的理论 ………………………………………… 41

  二、关于企业伦理决策的主要模型 …………………………………… 44
 第三节 企业伦理分析的应用 ………………………………………… 48
  一、企业伦理分析的三种方法 ………………………………………… 48
  二、企业伦理分析的应用 ……………………………………………… 52
 第四节 利益相关者理论与企业伦理 ………………………………… 55
  一、利益相关者管理思想 ……………………………………………… 55
  二、利益相关者要求的企业伦理的实现途径 ………………………… 56
  三、利益相关者要求的企业伦理管理的实践情况 …………………… 59

第三章 企业的社会契约
 第一节 社会契约论 …………………………………………………… 61
  一、社会契约论的发展历程 …………………………………………… 61
  二、伊壁鸠鲁的社会契约说 …………………………………………… 62
  三、霍布斯的社会契约论 ……………………………………………… 63
  四、洛克的社会契约论 ………………………………………………… 65
  五、卢梭的社会契约论 ………………………………………………… 67
 第二节 企业社会契约论 ……………………………………………… 70
  一、企业社会契约论的产生 …………………………………………… 70
  二、企业社会契约的含义 ……………………………………………… 71
  三、企业社会契约的层次性 …………………………………………… 73
  四、企业社会契约的内容 ……………………………………………… 75
 第三节 综合社会契约论 ……………………………………………… 78
  一、综合社会契约论的提出 …………………………………………… 78
  二、综合社会契约论的理论模型 ……………………………………… 79
  三、综合社会契约论的积极意义 ……………………………………… 81
 第四节 企业社会责任的契约性质 …………………………………… 82
  一、社会契约论视野中的企业 ………………………………………… 82
  二、社会契约与企业社会责任 ………………………………………… 83

第四章 企业、政府与社会
 第一节 企业与社会的关系 …………………………………………… 87
  一、企业与社会关系的内涵 …………………………………………… 87
  二、企业与社会的关系内容 …………………………………………… 88
  三、企业与社会关系的模式 …………………………………………… 91

        四、企业在社会资源分配中的角色定位 …………………………… 94
    第二节　企业与政府的关系 ……………………………………………… 95
        一、企业与政府的制约关系 …………………………………………… 95
        二、企业与政府的依存关系 …………………………………………… 96
        三、企业与政府的契约关系 …………………………………………… 97
        四、政府在企业发展中的角色定位 …………………………………… 98
    第三节　企业、政府与社会责任 ………………………………………… 100
        一、企业—政府—社会关系的模型 …………………………………… 100
        二、企业、社会与企业社会责任的关系 ……………………………… 104
        三、构建和谐社会与企业社会责任 …………………………………… 106
        四、加强政府规制，强化企业社会责任 ……………………………… 108

第五章　企业社会责任 ………………………………………………………… 111
    第一节　企业社会责任的含义 …………………………………………… 111
        一、企业社会责任概念的演进 ………………………………………… 111
        二、关于企业社会责任的代表性定义 ………………………………… 114
        三、企业社会责任的两种代表性观点 ………………………………… 117
        四、企业社会责任的古典观和社会经济观 …………………………… 118
    第二节　企业社会责任的内容 …………………………………………… 121
        一、企业社会责任的特征和原则 ……………………………………… 121
        二、企业社会责任的基本要素 ………………………………………… 123
        三、企业社会责任的范围 ……………………………………………… 124
        四、企业是否应该承担社会责任 ……………………………………… 125
    第三节　企业社会责任的模型 …………………………………………… 130
        一、企业社会责任范式 ………………………………………………… 130
        二、阿基·B. 卡罗尔的四责任模型 …………………………………… 131
        三、罗宾斯基于组织生命周期的企业社会责任扩展四阶段模型 …… 133
        四、企业社会回应循环模型 …………………………………………… 135
        五、战略视角下企业社会责任分析框架 ……………………………… 137

第六章　企业社会责任的绩效研究 …………………………………………… 139
    第一节　企业社会责任与企业绩效的关系 ……………………………… 139
        一、企业社会责任与企业经济绩效的关系综述 ……………………… 139
        二、企业社会责任与企业经济绩效的互动分析 ……………………… 145

第二节　企业社会责任与财务绩效关联性研究 ·················· 149
　一、国外企业社会责任与财务绩效关联性研究综述 ············ 149
　二、衡量企业社会责任与财务绩效的指标与方法 ·············· 150
第三节　基于利益相关者的企业绩效评价模式 ···················· 154
　一、利益相关者理论在企业绩效评价中的研究综述 ············ 154
　二、企业社会绩效的利益相关者评价模型 ···················· 156
　三、基于利益相关者利益要求的企业绩效评价框架 ············ 161

第七章　公司治理与企业社会责任 ······························ 164
第一节　公司治理的基本理论 ································ 164
　一、公司治理的含义 ······································ 164
　二、公司治理的主要理论 ·································· 166
　三、公司治理的主要流派 ·································· 168
　四、公司治理的主要模式 ·································· 170
第二节　利益相关者与公司治理 ······························ 174
　一、利益相关者参与公司治理的必要性 ······················ 174
　二、利益相关者参与公司治理的理论基础 ···················· 176
　三、利益相关者参与公司治理的动因分析 ···················· 178
　四、利益相关者在公司治理中的作用评价 ···················· 181
第三节　企业社会责任与公司治理结构 ························ 185
　一、企业社会责任与公司治理结构的关系 ···················· 185
　二、构建以社会责任为导向的公司治理结构 ·················· 186

第八章　国际企业社会责任运动 ································ 190
第一节　国际环境保护运动 ·································· 190
　一、国际环境保护运动的兴起 ······························ 190
　二、1970 年代：现代环境保护主义的形成 ··················· 191
　三、1980 年代：环境保护与可持续发展的提出 ··············· 194
　四、1990 年代：环境保护与可持续发展的实施 ··············· 197
　五、21 世纪初环保运动的新发展 ··························· 201
第二节　国际产品质量保证运动 ······························ 203
　一、手工业时期的产品质量保证 ···························· 203
　二、工业化时期的产品质量保证 ···························· 203
　三、产品质量管理的国际化 ································ 208

第三节　国际消费者保护运动 ··· 209
　　　　一、消费者运动的兴起阶段 ··· 209
　　　　二、消费者运动的成长阶段 ··· 210
　　　　三、消费者运动的成熟阶段 ··· 212
　　　　四、国际消费者联盟组织 ··· 213
　　　　五、保护消费者权益的国际标准化运动 ····························· 214
　　第四节　国际劳工保护运动 ··· 215
　　　　一、劳工权利保护问题的产生和发展 ······························· 215
　　　　二、国际劳工组织与劳工保护公约 ································· 218
　　　　三、经济全球化与劳工权利保护 ··································· 220

第九章　经济全球化与企业社会责任运动 ································· 222
　　第一节　经济全球化的基本理论 ··· 222
　　　　一、经济全球化的含义和本质 ····································· 222
　　　　二、经济全球化的"双刃剑"效应 ································· 224
　　　　三、经济全球化对企业社会责任的影响 ····························· 226
　　第二节　全球化与企业社会责任运动 ····································· 228
　　　　一、全球化下企业社会责任运动的产生 ····························· 228
　　　　二、企业社会责任运动的国际化 ··································· 229
　　　　三、经济全球化下发达国家的企业社会责任运动 ····················· 230
　　　　四、经济全球化对企业社会责任运动的影响 ························· 233
　　第三节　社会责任运动与中国企业国际竞争力 ··························· 236
　　　　一、社会责任运动对中国企业国际竞争力的积极影响 ················· 236
　　　　二、社会责任运动对我国企业国际竞争力的短期消极作用 ············· 238
　　　　三、我国企业应对全球社会责任运动的对策 ························· 240

第十章　跨国公司与国际企业社会责任运动 ······························· 245
　　第一节　跨国公司发展的新趋势 ··· 245
　　　　一、跨国并购成为实施对外投资的主要手段 ························· 245
　　　　二、跨国公司研发活动的国际化 ··································· 247
　　　　三、跨国公司组织结构的网络化 ··································· 249
　　　　四、跨国公司营销战略的本地化 ··································· 250
　　　　五、跨国公司发展模式的战略联盟化 ······························· 251
　　　　六、跨国公司投资产业向服务业转移 ······························· 252

七、跨国公司承担社会责任成为人们关注的焦点……………… 253
第二节　跨国公司生产守则运作模式……………………………… 254
　　一、跨国公司生产守则运动的兴起………………………………… 254
　　二、跨国公司生产守则的发展……………………………………… 256
　　三、跨国公司生产守则的内容与运作……………………………… 260
　　四、跨国公司生产守则运动中存在的问题………………………… 262
第三节　跨国公司与企业社会责任运动…………………………… 263
　　一、跨国公司承担社会责任的原因………………………………… 263
　　二、跨国公司承担社会责任的具体内容…………………………… 265
　　三、跨国公司承担社会责任的具体形式…………………………… 267
　　四、跨国公司社会责任的相关立法………………………………… 269
第四节　跨国公司承担社会责任的问题和对策…………………… 271
　　一、跨国公司承担社会责任中的主要问题………………………… 271
　　二、跨国公司承担企业社会责任的对策…………………………… 273

参考文献……………………………………………………………… 276

后记…………………………………………………………………… 292

第一章 企业的利益相关者分析

利益相关者理论（Stakeholder Theory）是1960年代左右，在美国、英国等长期奉行外部控制型公司治理模式的国家中逐步发展起来的，它是对以股东利益最大化为目标的股东至上主义理念的挑战。自1963年"利益相关者"作为一个明确的理论概念提出后，经过半个多世纪众多学者的努力研究，利益相关者理论形成了比较完善的理论框架，并在实际应用中取得了很好的效果。本章将按照对利益相关者概念的不同理解及不同研究侧重点，对利益相关者基本理论的发展进行回顾和简要评析。

第一节 利益相关者理论的产生和演化

一、利益相关者内涵的界定

（一）利益相关者概念的提出

据考证，《牛津词典》中的"利益相关者"一词最早出现于1708年，它表示人们在某一项活动或某个企业中"下赌注"（have a stake），在活动进行或企业运营的过程中抽头或赔本（Clarke，1998）。"事实上，第一次提出公司应该为利益相关者服务的想法可以追溯到1929年，出自通用电器公司一位经理的就职演说[1]"。"利益相关者理论源于1960年代的西方国家，其产生是对传统主流企业理论股东至上主义的一种理论反思[2]"。潘罗斯（Pitelis C. N.）被认为是"企业利益相关者理论的先行者"，她于1959年出版的《企业成长理论》一书中提出了"企业是人力资产和人际关系的集合"的观念，从而构建了利益相关者理论的"知识基础"[3]。

西方学者真正给出利益相关者的定义是在1960年代。1963年，美国上演了一出名叫"股东"（Shareholder）的戏。斯坦福研究院（Stanford Institute）的一些学者受此启发，利用另外一个与之对应的词"利益相关者"（stakeholder）来

---

[1] 刘俊海. 政府干预市场经济的法律形式 [J]. 企业改革与管理，1999（3）.
[2] 肖斌，张衔. 利益相关者理论的贡献与不足 [J]. 当代经济研究，2011（4）.
[3] Pitelis C N. Transactions Costs and the Historical Evolution of the Capitalist Firm [J]. Journal of Economic Issues，1998，32（4）：999–1017.

表示与企业有密切关系的所有人。他们给出的利益相关者的定义是：对企业来说存在这样一些利益群体，如果没有他们的支持，企业就无法生存①。这个定义对利益相关者界定的依据是某一群体对企业的生存而言是否具有重要影响。虽然这种界定方法是从非常狭义的角度来看待利益相关者，但是它毕竟使人们认识到，企业存在的目的并非仅为股东服务，在企业的周围还存在许多关乎企业生存的利益群体。

安索夫（Ansoff H. I.）是最早正式使用"利益相关者"（stakeholder）一词的经济学家，他将利益相关者问题引入学术界，认为："企业社会责任必须考虑利益相关者，要制定出一个理想的企业目标，必须综合平衡考虑企业诸多利益相关者之间相互冲突的索取权，他们可能包括管理人员、工人、股东、供应商以及分销商。"②

到了1970年代，利益相关者理论开始逐步被西方企业所接受。经济学家蒂尔（Dill W. R., 1975）曾经这样描述利益相关者理论的影响："我们原本只是认为利益相关者的观点会作为外因影响公司的战略决策和管理过程……但变化已经表明我们今天正从利益相关者影响（Stakeholder influence）迈向利益相关者参与（Stakeholder participation）。"③ 随后，美国宾夕法尼亚的沃顿商学院（Wharton Business School）于1977年开设了利益相关者管理课程，旨在将利益相关者的概念应用于企业战略管理，并逐步形成一个较为完善的分析框架。

（二）1980年代以后对于利益相关者的界定

在1970年代，人们对利益相关者的认识还局限在那些影响企业生存的个人和群体的范围之内。进入1980年代以后，随着经济全球化的发展以及企业间竞争的日趋激烈，人们逐渐认识到，早期那种从"是否影响企业生存"的角度界定利益相关者的方法具有很大的局限性。主流企业理论也对利益相关者理论提出批评，其中，一个主要理由是"企业的利益相关者难以界定和分类"，因为倘若"连谁是企业的利益相关者都弄不清的话，那么利益相关者理论也就无从谈起了"④，更谈不上从利益相关者的角度研究企业社会责任⑤。

---

① （美）罗伯特·克拉克. 公司法则 [M]. 胡平, 林长远, 徐庆恒, 等, 译. 北京：工商出版社, 1999：570.

② Ansoff H I. Corporate Strategy：An Analytical Approach to Business Policy for Growth and Expansion [M]. New York：McGraw-Hill, 1965.

③ Dill W R. Public participation in corporate planning [J]. Long Range Planning, 1975：57 – 63.

④ Donaldson T, Preston L. The stakeholder theory of the Corporation：Concepts, Evidence and Implications [J]. Academy of Management Review, 1995（20）.

⑤ Donaldson T, Dunfee T W. Integrative Social Contracts Theory：A Communitarian Conception of Economic Ethics [J]. Economics and Philosophy, 1995, 11（1）：85 – 112.

美国经济学家弗里曼（Freeman R. E）在1984年出版了《战略管理：一个利益相关者的视角》（*Strategic Management：A Stakeholder Approach*）一书，书中对利益相关者给出了一个广义的定义，他认为利益相关者是指"能够影响组织行为、决策、政策、活动或目标的人或团体，或是受组织行为、决策、政策、活动或目标影响的人或团体"①。这个定义不仅将影响企业目标的个人和群体视为利益相关者，同时还将受到企业为实现其目标所采取的行动而影响到的个人和群体看作利益相关者，这样就将当地社区、政府部门、环境保护主义者等实体都纳入利益相关者管理的研究范畴，大大扩展了利益相关者的内涵。弗里曼（Freeman R. E.）还从所有权（ownership）、经济依赖性（economic dependence）和社会利益（social interest）三个角度对利益相关者进行了分类。弗里曼的定义否定了"股东至上论"，其观点与当时西方国家正在兴起的企业社会责任（Corporate Social Responsibility）的观点不谋而合，受到许多经济学家的赞同，利益相关者理论的提出为企业社会责任奠定了理论基础，并成了1980年代后期1990年代初期关于利益相关者界定的一个标准范式。

进入1990年代，经济学家们越来越发现，采用弗里曼的界定方法在进行利益相关者理论的实证研究和应用推广时几乎寸步难行，即使将所有广义的利益相关者看成一个整体进行研究也无法得出令人信服的结论。为此，美国经济学家克拉克逊（Clarkson Max B. E）于1993年，在加拿大多伦多大学专门组织了关于利益相关者管理问题的国际学术会议，会议论文收录于《管理学会评论》（*Academy of Management Review*）杂志1995年第一期关于利益相关者理论的专刊上。与会学者普遍赞同这样的观点，即"企业的目标是为其所有利益相关者创造财富和价值，企业是由利益相关者组成的系统，它与给企业活动提供法律和市场基础的社会大系统一起运作"②。克拉克逊认为，"企业的目标是为所有利益相关者创造财富和价值，企业是由利益相关者组成的系统，它与为企业活动提供法律和市场基础的社会大系统一起运作"③。根据相关群体在企业经营活动中承担风险方式的差异，可将利益相关者区分为主动的利益相关者（positive stakeholders）和被动的利益相关者（passive stakeholders）。前者是"那些向企业投入了专用性人力资本或非人力资本从而承担了企业某种形式风险的人或群体"；后者是"由

---

① Freeman R E. Strategic Management：A Stakeholder Approach [M]. Boston：Pitman, 1984.
② Clarkson Max B E. A Stakeholder Framework for Analyzing and Evaluating Corporate Social Performance [J]. The Academy of Management Review, 1995 (1)：92 - 117.
③ Clarkson Max B E. A Stakeholder Framework for Analyzing and Evaluating Corporate Social Performance [J]. The Academy of Management Review, 1995 (1)：92 - 117.

于企业的行为而使之处于风险之中的人或群体"。克拉克逊认为的主动利益相关者实际上是对利益相关者狭义上的界定，这一定义关键在于对企业拥有合法要求权的人或群体与其他利益相关者进行了区分，从而使狭义上的利益相关者有了一个比较确定的范围。

与此同时，斯达里克（Starik M., 1994）从动态角度考察，提出了潜在利益相关者的概念，他主张："可能对企业目标实现产生影响或反过来可能被其影响的个人或群体"[1]。潜在利益相关者的概念，实际上把利益相关者界定放在了企业动态运营过程中，潜在利益相关者在企业发展的某个阶段往往会转化为现实利益相关者。罗利（Rowley Timothy J.）也指出："利益相关者理论的发展取决于两个问题：一是对利益相关者概念的定义；二是能够把利益相关者划分不同种类，以理解利益相关者的关系。研究的主要目标是识别公司利益相关者是谁，以及公司决定对他们会产生什么影响。"[2] 因此，在利益相关者理论发展和实证研究中，建立具有普遍性的识别标准是这一问题的关键。

利益相关者界定的全面梳理工作由米切尔（Mitchell Agle）完成。米切尔等人（Mitchell Agle, Wood, 1997）通过详细研究利益相关者理论产生和发展的历史，总结了自1963年斯坦福研究院涉足利益相关者问题开始，到1990年代中期为止前后共30多年时间里，西方学术界共给出的近30种利益相关者的典型定义，如表1-1所示。

表1-1　企业利益相关者的代表性定义

提出者	定　义
Stanford Institute（1960年代）	利益相关者是这样一些团体，如果没有他们的支持，组织就不可能生存
Ahlstedt, Jahnukainen（1971）	利益相关者是一个企业的参与者，他们被自己的利益和目标所驱动，因此必须依靠企业；而企业也需要依赖他们的"赌注"
Rhenman（1964）	利益相关者依靠企业来实现其个人目标，而企业也依靠他们来维持生存

---

[1] Starik M. Reflection on stakeholder theory [J]. Businass & Society, 1994, 33 (1).
[2] Rowley Timothy J. A Network Theory of Stakeholder Influences [J]. The Academy of Management Review, 1997, 22 (4).

续表 1-1

提出者	定 义
Freeman, Reed（1983）	广义：利益相关者能够影响一个组织目标的实现，或者他们自身受到一个组织实现其目标过程的影响。 狭义：利益相关者是那些组织为了实现其目标必须依赖的人
Freeman（1984）	利益相关者是能够影响一个组织目标的实现，或者受到一个组织实现其目标过程影响的人
Freeman, Gilbert（1987）	利益相关者是能够影响一个组织目标的实现，或者受到一个企业影响的人
Comell, Shapiro（1987）	利益相关者是那些与企业有契约关系的要求权利人
Even, Freeman（1988）	利益相关者是在企业中下"赌注"，或对企业有要求权的人
Bowie（1988）	没有他们的支持，组织将无法生存
Alkhafaii（1989）	利益相关者是那些公司对其负有责任的人
Carroll（1989）	利益相关者是在企业中下了一种或多种"赌注"的人，他们能够以所有权或法律的名义对公司资产或财产行使收益和法律道德上的权利
Freeman, Evan（1990）	利益相关者是与企业有契约关系的人
Tompson, Wartick, Smith（1991）	利益相关者是与某个组织有关系的人
Savage, Nix Whitehead, Blair(1991)	利益相关者的利益受组织活动的影响……并且他们也有能力影响组织的活动
Hill, Jones（1992）	利益相关者是那些对企业有合法要求的团体，他们通过一个交换关系的存在而建立起联系，即他们向企业提供关键性资源，以换取个人利益目标的满足
Brenner（1993）	利益相关者与某个组织有着一些合法的不平凡的关系，如交易关系行为影响及道德责任
Carroll（1993）	利益相关者在企业中投入一种或多种形式的"赌注"，他们也许影响企业的活动，或受到企业活动的影响
Freeman（1994）	利益相关者是联合价值创造的人为过程的参与

续表 1-1

提出者	定 义
Wicks, Gilbert, Freeman（1994）	利益相关者与公司相关联，并赋予公司一定的含义
Langtry（1994）	利益相关者对企业拥有道德的或法律的要求权，企业对利益相关者的福利承担明显的责任
Starik（1994）	利益相关者可能或正在向企业投入真实的"赌注"，他们会受到企业活动明显或潜在的影响，也可以明显或潜在地影响企业活动
Clarkson（1994）	利益相关者是指在企业中投入了一些实物资本、人力资本、财务资本或一些有价值的东西，并由此而承担了某些形式的风险；或者说，他们因企业活动而承担风险
Nazi（1995）	利益相关者是与企业有联系的人，他们使企业运营成为可能
Brenner（1995）	利益相关者能够影响企业，又受企业活动影响
Donaldson, Preston（1995）	利益相关者是那些在公司活动的过程中及活动本身有合法利益的任何团体

资料来源：Mitchell, Wood. Toward a theory of stakeholder identification and salience: Defining the principle of whom and what really counts [J]. Academy of Management Review, 1997.

总的来看，西方学者关于企业利益相关者的界定可谓形式多样，"没有一个定义得到普遍的赞同"①。但是，通过对这些定义的分析，基本上能把握利益相关者的真正内涵。笔者在总结西方学者的观点基础上，将企业利益相关者定义为"与一个企业利益相关的个人或者群体"②。这个观点从表面上看稍显笼统，但是从更深层次的角度出发，此定义却精确地涵盖了所有与企业相关者。

（三）利益相关者理论的思想来源

从理论基础上来看，利益相关者理论源于契约理论和产权理论（陈宏辉，2004），而契约理论和产权理论一直被作为股东利润最大化理论的思想基础，但这并不能说企业只代表股东的利益。布莱尔（Blair M. M.）认为："企业的出资不仅来自于股东，而且来自于企业的雇员、供应商、债权人和客户，后者提供的

---

① Donaldson T, Dunfee T W. Ties That Bind: A Social Contracts Approach to Business Ethics [M]. Boston: Harvard Business School Press, 1999.
② 黎友焕. 企业社会责任 [M]. 广州：华南理工大学出版社，2010：63.

是一种特殊的人力投资和资本投资。"① 利益相关者理论认为企业本质上是一种受多种市场和社会影响的组织，不应该是以股东为主导的组织制度，应该考虑到其他利益相关者的利益要求。弗里曼 R. E. 和埃文 W. M.（Freeman R. E., Evan W. M.）从利益相关者理论的角度出发指出："企业是所有利益相关者之间的一系列多变契约。"② 每一个利益相关者都对企业进行了不同的投入，为了保证契约的公平和公正，每一个利益相关者应该有平等的谈判权和退出权。从这个角度出发，契约理论是利益相关者理论的基础。

利益相关者理论批评股东利润最大化者对产权的理解过于狭隘。应该说，利益相关者理论也是公司治理机制长期发展变化的产物，它是对"股东至上"传统理论的一种否定与修正。事实上，只有基于"多元个体判断"而形成的产权概念才更加符合实际情况。多元个体判断产权理论是建立在自由意志论、功利主义和社会契约论等理论之上的产权观。多元个体判断产权的含义是指财产所有权人可以自由地使用他们所拥有的资源，但根据功利主义原则，财产所有权人又必须压抑他们的自我欲求，以满足他人利益上的要求。根据社会契约论代表人物之一的唐纳德森和邓菲（Donaldson T., Dunfee T. W.）的解释，所谓"利益相关者"更注重强调："个人和群体之间在私人财产适当分配和使用上的相互表达和相互理解。"③ 从这个角度而言，利益相关者理论也将产权理论纳为自己的理论基础。

陈宏辉（2004）从利益相关者的核心角度出发，认为："企业是其利益相关者相互关系的联结，它通过各种显性契约和隐性契约来规范其利益相关者的责任和义务，并将剩余索取权与剩余控制权在企业物质资本所有者和人力资本所有者之间进行非均衡地分散、对称分布，进而为其利益相关者和社会有效地创造财富。"④ 主流企业理论和利益相关者理论之间的区别如表 1-2 所示。

---

① Blair M M, Stout L A. Response to Peter C. Kostant's Exit, Voice and Loyalty in the Course of Corporate Governance and Counsel's Changing role [J]. Journal of Social Economics, 1999, 28 (3): 251-253.
② Freeman R E, Evan W M. Corporate governance: A stakeholder interpretation [J]. Journal of Behavioral Economics, 1990 (19): 337-359.
③ Donaldson T, Dunfee T W. Toward a Unified Conception of Business Ethics: Integrative Social Contracts Theory [J]. The Academy of Management Review, 1994.
④ 陈宏辉, 贾生华. 企业利益相关者三维分类的实证分析 [J]. 经济研究, 2004 (4).

表1-2 主流企业理论与利益相关者理论的分歧和差异

	主流企业理论	利益相关者理论
两全分布方式	剩余索取权和剩余控制权集中对称分布于物质资本所有者	剩余索取权和剩余控制权非均衡地分散、对称分布于企业的物质资本和人力资本所有者之中
企业目标	追求企业的所有者利润最大化	为所有的利益相关者创造财富和价值
企业本质	企业是契约的联结体，物质资本所有者通过权威来行使对经理人员和员工的契约关系	企业是其利益相关者相互关系的联结，它通过协商来执行各种显性契约和隐性契约
公司治理模式	"股东至上"的公司治理模式是最优的，在全球化背景下各种公司治理模式将最终趋同于英美模式	"关注利益相关者的日德模式"必将成为21世纪全球公司治理的标准范式

资料来源：陈宏辉．企业利益相关者的利益要求：理论与实证研究［M］．北京：经济管理出版社，2004：86-87.

二、利益相关者的具体分类

早期对企业利益相关者的具体分类并不是很清晰，也无标准可言。唐纳德森和邓菲（Donaldson T., Dunfee T. W.）认为："列出一个大公司的每一个可能有资格作为利益相关者的人，造成的结果往往是把具有极不相同的要求和目标的相互交接的群体混在一起。因此，非常有必要对利益相关者进行细分和分类。"[①] 对利益相关者具体分类的研究工作主要在1990年代中后期进行，主要体现在"多维细分法"和"评分法"的研究结论和实际应用。

（一）多维细分法

1980年代末开始，经济学家普遍认识到不同类型的利益相关者对于企业决策的影响以及被企业影响的程度是不同的，必须从利益相关者与公司关系的不同特征入手，从多个角度对利益相关者进行细分。

弗里德里克（Frederick W C., 1988）从与企业的关联程度出发，将利益相关者分成了直接利益相关者（direct interest groups）和间接利益相关者（indirect

---

[①] Donaldson T, Dunfee T W. Ties That Bind: A Social Contracts Approach to Business Ethics [M]. Boston: Harvard Business School Press, 1999.

interest groups）。直接利益相关者是与企业直接发生市场交易关系的利益相关者，主要包括股东、企业员工、债权人、供应商、零售商、消费者、竞争者等。间接利益相关者是与企业发生非市场关系的利益相关者，包括中央政府、地方政府、外国政府、社会活动团体、媒体、一般公众、其他团体等[1]。

查克汉姆（Charkham J.，1995）按照相关群体与企业是否存在交易性合同关系，将利益相关者分为契约型利益相关者（contractual stakeholders）和公众型利益相关者（community stakeholders）。前者包括股东、雇员、顾客、分销商、供应商、贷款人等，后者包括全体消费者、监管者、政府部门、压力集团、媒体、当地社区[2]。

克拉克逊（Clarkson A.，1995）提出了两种有代表性的分类方法：第一，根据相关群体在企业经营活动中承担的风险种类，可以将利益相关者分为自愿利益相关者（voluntary stakeholders）和非自愿利益相关者（involuntary stakeholders）。前者是指在企业中主动进行物质资本或人力资本投资的个人或群体，他们自愿承担企业经营活动给自己带来的风险；后者是指由于企业活动而被动地承担了风险的个人或群体。换言之，克拉克逊（Clarkson，A.，1995）认为，利益相关者就是"在企业中承担了某种形式风险的个人或群体"[3]。第二，根据相关者群体与企业联系的紧密程度，将利益相关者分为首要的利益相关者（primary stakeholders）和次要的利益相关者（secondary stakeholders）。前者是指没有其参与企业就不可能持续生存的人，包括企业所有者、客户、员工和供应商。此外，企业股东和董事会对企业生存也至关重要，因此也是一级利益相关者。企业的 CEO 和其他高级管理人员可以是利益相关者，但在利益相关者分析中，通常将他们作为实践主角和企业代表。后者是指那些影响公司或受公司影响，但与公司之间没有商事关系，且不是公司生存的必要条件的社会团体，比如媒体、消费者、法院、政府、竞争对手、公众和社会等众多的特定利益集团。

卡罗尔（Carroll A. B.，1996）提出了两种分类方法，第一种是根据利益相关者与公司关系的正式性，区分为直接利益相关者和间接利益相关者，前者是由于契约和其他法律承认的利益而能直接提出的索取权的人或团体，后者是基于非正式关系的利益团体，他们对公司的影响是次要的。这种分类方法的意义在于明

---

[1] Frederick W C. From CSR1 to CSR2：The maturing of business-and-society thought [D]. Pittsburgh：Graduate School of Business，Yniversity of Pittsburgh，1978.

[2] Charkham J. Keeping good company：A study of corporate governance in five countries [M]. Oxford：Oxford University Press，1995.

[3] Clarkson A. Stakeholder Framework for Analyzing and Evaluating Corporate Social Performance [J]. The Academy of Management Review，1995（1）.

确了当直接利益相关者和间接利益相关者发生冲突时，应该优先考虑前者的利益。第二种分类是将利益相关者区分为核心利益相关者、战略利益相关者和环境利益相关者。核心利益相关者是对企业存在生死攸关的人或团体，战略利益相关者是企业在面对特定的威胁或机会时才显得重要的人或团体，而环境利益相关者则概括了企业存在的外部环境[①]。

威勒和西兰帕（Wheeler, Sillanpaa, 1998）则提出运用主要和次要、社会和非社会的维度划分法将利益相关者划分为主要社会利益相关者、次要社会利益相关者、主要非社会利益相关者和次要非社会利益相关者。主要社会利益相关者在企业中拥有直接的权益，对企业的成功起着直接的影响作用。次要社会利益相关者也具有对企业较强的影响力，尤其是在企业的声誉和社会地位方面。比起那些直接的权益，次要利益相关者在企业中的权益更能代表公众、特殊的利益。企业对次要利益相关者负有的责任往往较小，但是这些利益相关者对企业可能产生十分重要的影响，并颇能代表公众对企业的看法。威勒和西兰帕利益相关者分类表如表1-3所示。

表1-3 威勒和西兰帕利益相关者分类表

分类	具体内容
主要社会利益相关者	股东和投资者、普通雇员和管理者、顾客、当地社区、供应商和其他合作企业
次要社会利益相关者	政府和监管机构、市政机构、社会、集团、媒体和学术评论者、贸易团体、竞争者
主要非社会利益相关者	自然环境、未来的几代人、非人类物种
次要非社会利益相关者	环境保护压力集团、动物福利组织

资料来源：（英）大卫·威勒，（芬）玛丽亚·西兰帕. 利益相关者公司——利益相关者价值最大化之蓝图［M］. 张丽华，译，北京：经济管理出版社，1997：167.

基于克拉克森（Clarkson Max B. E.）[②]的分类方法，威勒（Wheeler D., 1998）将社会性维度引入到利益相关者的界定中，他认为："有些利益相关者是有社会性的，即他们与企业的关系直接通过人的参与而形成；有些利益相关者却不具有社会性，即他们并不是通过'实际存在的具体人'和企业发生联系的，

---

① Carroll A B. Business and Society: Ethical and Stakeholder Management ［M］. Cincinnati: Southwestern College Publishing, 1996.

② Clarkson Max B E. A Stakeholder Framework for Analyzing and Evaluating Corporate Social Performance ［J］. The Academy of Management Review, 1995, 1 (20): 92-117.

比如自然环境、人类后代、非人物种等。结合克拉克森提出的利益相关者与企业紧密性程度差异，可将利益相关者分为四种：第一，一级社会利益相关者。它是指与企业有直接的关系，如顾客、投资者、雇员、社区、供应商等。第二，二级社会利益相关者。它是指通过社会性活动与企业形成间接关系，如居民、相关团体等。第三，一级非社会利益相关者。它是指对企业有直接的关系，但不与具体的人发生联系，如自然环境、人类后代等。第四，二级非社会利益相关者。它是指对企业有间接关系，同时也不与人联系，如非人类物种等。"[①] 威勒（Wheeler D., 1998）对企业利益相关者的界定如图1-1所示。

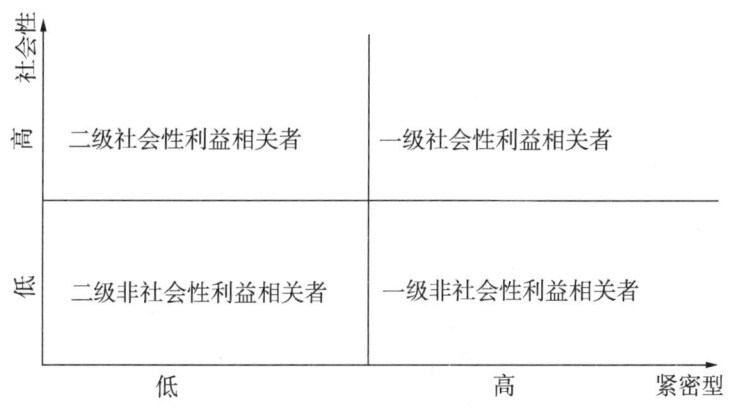

图1-1 威勒对企业利益相关者的界定

从上述对利益相关者的分析可以看出，股东、消费者、员工、社区、商业伙伴和环境是在每一种分类中都占据重要地位的对象，对企业发展起着关键性的作用，也是企业社会责任的主要对象。

（二）米切尔的评分法及其应用

虽然从上述多个角度细分利益相关者的思路大大加强了人们对利益相关者理论的认识，但这些方法的一个致命缺陷是缺乏可操作性，从而在一定程度上制约了利益相关者理论的实际应用，而对利益相关者理论"动态发展"做出重要理论贡献的是米切尔（Mitchell K., 1997）等人。

米切尔、阿格尔和伍德（Mitchell K., Agle B. R., Wood D. J., 1997）仔细研究了利益相关者理论的产生与发展的脉络，在归纳出27种具有代表性的利益相关者定义的基础上，提出了用评分法（Score based Approach）来界定利益相关

[①] Wheeler D, Maria S. Including the Stakeholders: The Business Cade [J]. Long Range Planning, 1998, 31 (2): 201-210.

者。他们明确指出:"有两个问题居于利益相关者理论的核心:一是利益相关者的认定(stakeholder identification),即谁是企业的利益相关者;二是利益相关者的特征(stakeholder salience),即管理层依据什么来给予特定群体以关注。"①

米切尔等人以三种属性区分了利益相关者的关系,即合法性(legitimacy)、权力性(power)和紧迫性(urgency)。合法性是指某一群体是否被赋予法律意义上或者特定的对于企业的索取权;权力性是指某一群体是否拥有影响企业决策的地位、能力和相应的手段;紧迫性是指某一群体的要求是否立即引起企业高层的关注。由此可以从三个属性上对可能的利益相关者进行评分,然后根据分值的高低确定某一个人或者群体是不是企业的利益相关者、是哪一类型的利益相关者。米切尔认为如果要成为企业的一个利益相关者,就至少要符合以上三个属性中的一条,即:要么对企业拥有合法的索取权,要么能够立即引起企业管理层关注,要么能够对企业决策施加压力,否则不能成为企业的一个利益相关者。根据企业的具体情况,对上述三个特性进行评分后,企业的利益相关者又可以被细分为以下三类:

第一,潜在的利益相关者(latent stakeholders),是指只拥有合法性、权力性、紧迫性三项特性中一项的群体。其中,只拥有合法性但缺乏权力性和紧迫性的群体被称作自主型利益相关者(discretionary stakeholders),他们随企业的运作情况而决定是否发挥其利益相关者的作用。只有权力性而没有合法性和紧迫性的群体,处于一种休眠状态(dormant status),被称作静态型利益相关者(dormant stakeholders),当他们实际使用权力,或者是威胁将要使用这种权力时将被激活成一个值得关注的利益相关者。只拥有紧迫性而缺乏合法性和权力性的群体,在米切尔看来,就像是"在管理者耳边嗡嗡作响的蚊子,令人烦躁但不危险,麻烦不断但无需太多关注"。除非静态型利益相关者能够展现出其要求具有一定的合法性,或者获得了某种权力,否则管理层并不需要,也很少有积极性去关注他们,因此他们也被称为苛求型利益相关者(demanding stakeholders)。

第二,预期型利益相关者(expectant stakeholders),他们与企业保持较密切的联系,拥有上述三项属性中的两项。这种利益相关者又分为三种情况:一是同时拥有合法性和权力性的群体,他们希望受到管理层的关注,也往往能够达到目的,在有些情况下还会正式地参与到企业决策过程中。这些群体可能包括投资者、雇员和政府部门,又被称作支配型利益相关者(dominant stakeholders)。二

---

① Mitchell K, Agle B R, Wood D J. Toward a Theory of Stakeholder Identification and Salience: Defining the Principle of Who and What Really Counts [J]. The Academy of Management Review, 1997, 22 (4): 853 - 886.

是对企业拥有合法性和紧迫性的群体，但却没有相应的权力来实施他们的要求。这种群体要想达到目的，需要赢得另外的更强有力的利益相关者的拥护，或者寄希望于管理层的善行。他们通常采取的办法是结盟、参与政治活动、唤醒管理层的良知等，因此，他们又被叫做依赖型利益相关者（dependent stakeholders）。三是对企业拥有紧迫性和权力性，但没有合法性的群体。这种人对企业而言是非常危险的，又被称为危险型利益相关者（dangerous stakeholders），他们常常通过暴力来满足他们的要求。比如，在矛盾激化时不满意的员工会发动鲁莽的罢工，环境主义者采取示威游行等抗议的行动，政治和宗教极端主义者甚至还会发起恐怖主义活动。

第三，确定型利益相关者（definitive stakeholders），他们同时拥有对企业问题的合法性、权力性和紧迫性。为了企业的生存和发展，企业管理层必须十分关注他们的愿望和要求，并设法加以满足。这一群体的典型代表有大股东、拥有人力资本的管理者、雇员和顾客等。

需要注意的是，米切尔、阿格尔和伍德关于利益相关者分类的模型是动态的，即任何一个个人或者群体获得或失去某些属性后，就会从一种形态转化为另一种形态。比如，某一预期型利益相关者已经拥有了对企业的合法性和权力性，如果政治或经济环境的变化使他们的要求显得更加紧迫，那么他们就会转化成确定型利益相关者。正如米切尔自己指出的那样，其模型给我们的重要启示在于两个方面：一方面，一个群体是否拥有合法性并不是管理层应该关注他们的唯一原因，也不是确认一个群体是否是利益相关者的唯一属性。企业管理层在界定利益相关者时还需要考虑在企业所处的环境中拥有某种权力的人，以及那些要求需要紧迫满足的人。另一方面，利益相关者的状态并不具有"固定的特性（fixed property）"。政治力量的运用、各种联盟的建立、社会经济条件的改变都有可能使利益相关者在各种状态下发生变化。

这种划分方法为利益相关者的鉴别和特征描述提供了框架，大大改善了利益相关者理论的可操作性，推动了利益相关者理论的应用和发展，并逐步成为利益相关者界定和分类的最常用的方法，许多学者结合所研究企业的具体情况，利用这种方法给企业的相关群体评分，为企业的管理决策提供参考依据。如美国学者萨耶实证研究了非营利组织中利益相关者的界定和具体的参与途径[1]；澳大利亚学者迈克尔对比研究了美国和澳大利亚的营销人员对绿色新产品开发中如何界定

---

[1] Thayer C E, Fine A H. Evaluation and Outcome Measurement in the Nonprofit Sector: Stakeholder Participation [J]. Evaluation and Program Planning, 2001, 24 (1): 103-108.

利益相关者的不同看法[①]；挪威学者科鲁特[②]详细研究了挪威渔业企业对利益相关者的界定方法。但是，这并不意味此种划分方法是完美无缺的，笔者认为，现实企业中利益相关者的类型是复杂多变的。我国企业的10种利益相关者在其主动性、重要性和紧急性三个维度上是存在一定差异的。不同的个体因素和企业因素会对企业利益相关者的认识产生差异。这种情况表明，关于企业利益相关者的分类方法还需进一步完善和改进。

第二节　利益相关者理论的思想演变

一、企业的生产观点、管理观点及利益相关者观点

利益相关者概念的演变与深化认识与企业的发展进程是同步的。弗里曼从传统的企业生产观点出发，将利益相关者只看作是那些供应资源或购买产品、服务的个人或群体。随着公司制的发展以及所有权和管理权的逐渐分离，企业开始明白，如果要取得成功，需要处理好与主要的关联群体的关系。因而，企业的管理观点也就逐步形成了。最后，当企业的内外部环境发生重大变化时，如何看待企业的作用、如何理解企业与利益相关者之间的多边关系，对这些概念性问题的理解也就有了革命性的变化，需要管理者加以思考、体验。这一过程的结果就是"企业的利益相关者观点"（弗里曼，1984）。图1-2～图1-4勾勒出以上三种观点。企业的利益相关者观点主张，管理部门不应该把其利益相关者只理解为那些在企业中拥有某一权益的群体，还应该把那些自以为在企业中拥有某一权益的群体也视作其利益相关者。

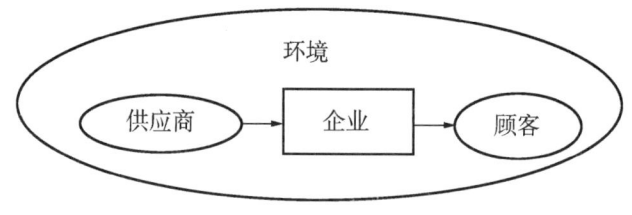

图1-2　企业的生产观点

[①] Michael J P, Jacquelyn A O. Exploratory Examination of Whether Marketers Include Stakeholders in the Green New Product Development Process [J]. Journal of Cleaner Production, 1998, 6 (3/4): 269-275.

[②] Knut H M, Svein J. From Usergroups to Stakeholders? The Public Interest in Fisheries Management? [J]. Marine Policy, 2001, 25 (4): 281-292.

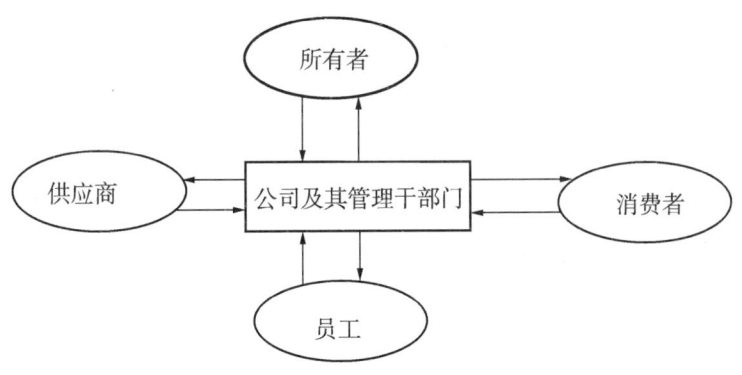

图 1-3　企业的管理观点

资料来源：Freeman R Edward. Strategy Management：A Stakeholder Approach ［M］. London：Pitman Publishing Company，1984.

二、利益相关者理论与"企业生存思想"

在利益相关者理论的早期思想中，学者们主要强调把利益相关者理解为企业生存的必要条件，研究的重点问题是利益相关者包括哪些个体和组织，利益相关者参与的基础和合理性方面的问题。哈佛法学院的多德（Dodd M.）指出："公司董事必须成为真正的受托人，他们不仅要代表股东的利益，而且也要代表其他利益主体的利益，如雇员、消费者特别是社区整体。"[1] 1963 年，斯坦福研究所提出利益相关者的定义，即"利益相关者是那些没有其支持，组织就不可能生存的团体"，这里对利益相关者界定的依据是看某一群体对企业的生存是否具有重要影响。虽然这个定义仅强调利益相关者对组织的支持，却忽视了利益相关者和企业之间影响的交互性，但是它使人们认识到企业存在的目的并非仅为股东服务，在企业的周围还存在许多关乎企业生存的利益群体。

针对这一缺陷，瑞安曼（Rhenman E.，1964）指出利益相关者依靠企业来实现其个人目标，而企业也依靠他们来维持生存，这是一个"双向的"利益相关概念，利益相关者的引入有助于工业民主化的推广和实施[2]。阿尔斯特德和杰努卡能（Ahlstedt L.，Jahnukainen I.，1971）在承认"双向性"利益相关的基础上，强调"利益驱使"的原则。他们认为："利益相关者是一个企业的参与者，为了实现自

---

[1] Dodd M. For Whom Are Corporate Managers Trustees? ［J］. Harvard Law Review，1932.
[2] Rhenman E. Virksomhedsdemokrati og organisation. Steen Hasselbalchs Forlag，København. Oversat fra：Företagsdemokrati och företagsorganisation：om organisationsteoris tillämpbarhet i debatten om arbetslivets demokratisering ［M］. Stockholm：P. A. Nordstedt & Söner. 1964.

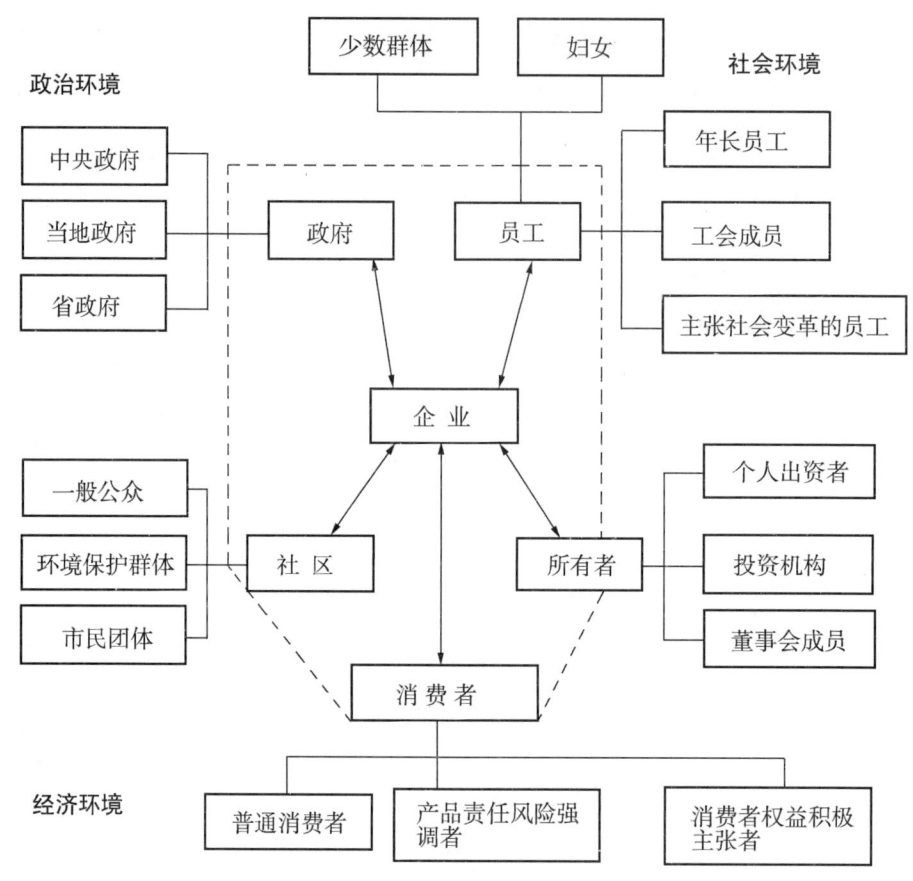

图1-4 企业的利益相关者观点

资料来源：Freeman R Edward. Strategy Management：A Stakeholder Approach [M]. London：Pitman Publishing Company, 1984.

己的利益或目标而必须依靠企业，而企业为了生存，也必须要依赖他们。"① 普雷夫和萨朗西克（Pfeffer J., Salancik G. R., 1978）进一步提出了"资源依赖理论"，他们主张："组织的生存有赖于其获得和保持良好的关系和资源的能力，与关键资源的提供者保持良好的关系是组织存在的关键，这就为公司必须考虑利益相关者的利益奠定了坚实的基础。同时，利益相关者对公司影响或控制的程度取决于所提供资源的价值，如果这种资源更具有价值，其提供者就应该拥有更大

---

① Ahlstedt L, Jahnukainen I. Yritysorganisaatio yhteistoiminnan ohjausjärjestelmänä [M]. Helsinki：WeilinGöös. 1971.

的影响力或控制力。也就是说，资源依赖的程度决定了利益相关者在公司的地位。"① 陈宏辉和孟瑛也主张："企业的生存因为能够满足利益相关者的利益要求而具有价值，在危机过后更要深切地关注利益相关者的切身利益，获得他们的支持和拥护。"②

早期学者对利益相关者的研究主要体现了利益相关者的"企业生存"思想，"企业生存"的观点对利益相关者的内涵和利益相关者参与治理基础的研究具有重要意义。这种观点和当时西方国家正在兴起的公司社会责任的观点不谋而合。关于公司社会责任的研究无疑为利益相关者理论提供了重要的伦理支持，但是也正如弗里曼（2001）指出的那样，他们的研究往往落脚于社会责任是公司实现其目标的限制条件，缺乏对社会责任作为公司战略重要要素的认识；此外，他们强调的社会责任并不涉及利益相关者的优先权问题，也就是说，所有利益相关者都是平等的。

三、利益相关者理论与"战略管理思想"

（一）利益相关者的战略管理思想综述

1984 年，弗里曼在其经典著作《战略管理：一个利益相关者方法》中首先提出了把利益相关者方法应用于战略管理研究③，此后的利益相关者研究基本上都是按照他的框架展开的。利益相关者的"战略管理"观点强调利益相关者在企业战略分析、规划和实施中的作用，侧重于从相关利益主体对企业影响的角度定义利益相关者，强调企业战略管理中利益相关者的参与。

弗里曼将利益相关者定义为任何能够影响组织目标的实现或受这种实现影响的团体或个人，后来又修改为利益相关者是那些因公司活动受益或受损，其权利也因公司活动而受到尊重或侵犯的人。弗里曼首先提出了利益相关者分析的三个层面：理性层面、过程层面和交易层面。理性层面要解决的是"谁是利益相关者"和"这些利益相关者可观察到的'赌注'是什么"；过程层面要解决的是组织如何处理其同利益相关者的关系；交易层面要解决的是组织与其利益相关者之间的交易或问题④。弗里曼于 1997 年提出了著名的"利益相关者授权法则"（Stakeholder Enabling Principle），也就是说"公司应该为其利益相关者的利益而

---

① Pfeffer J, Salancik G R. The External Control of Organizations: A resource dependence perspective [M]. New York: Harper & Row, 1978.
② 陈宏辉，孟瑛. 后危机时代的企业社会责任 [J]. 企业社会责任，2011（1）：40.
③ Freeman R E. Strategic Management: A Stakeholder Approach [M]. London: Pitman Publishing Company, 1984.
④ Freeman R E. Strategic Management: A Stakeholder Approach [M]. London: Pitman Publishing Company, 1984.

经营"①。为了实现这一目标,他又提出了"董事责任法则(Principle of Director Responsibility)"和"利益相关者求偿法则(Principle of Stakeholder Recourse)",前者要求公司董事负有谨慎运用商业判断的责任,以保持并引导公司事务与利益相关者授权法则的一致性;后者则赋予了利益相关者对不能履行其谨慎职责的董事提起诉讼的权力。

克拉克森(Clarkson Max B. E.)指出:"企业主要的利益相关者群体包括股东、投资者、雇员、顾客和供应商以及公众利益相关者群体:政府、社区、贸易协会和环境保护组织。"② 卡罗尔(Carroll A. B.,1979)建议,企业在承担社会责任时可以使用四种战略:对抗型战略、防御型战略、适应型战略、预见型战略来处理其经济、法律、道德和其他责任③。克拉克森借用卡罗尔的模型用于利益相关者管理,认为对不同的利益相关者群体企业应采用不同的管理战略,四种战略的具体含义如表1-4所示。

表1-4 四种利益相关者管理战略

类型	定位或策略	绩效
预见型	预测责任且负担责任	比要求的做得多
适应型	接受责任但同时希望获得让步	仅做到所要求的事
防御型	接受责任但拒绝承担责任	尽量少履行
对抗型	否认责任	比要求的做得少

资料来源:Clarkson Max B E. A Stakeholder Framework for Analyzing and Evaluationg Corporate Social Performance [J]. The Academy of Management Review, 1995, 20 (1): 92-117.

预见型战略尝试增加某特殊群体的利益,做大量的工作来处理利益相关者的事情,包括预测和积极处理特殊问题或引导企业努力这样做(预测责任)。相对于预见型战略来说,适应型战略在处理企业与利益相关者的关系时缺少积极性(接受责任但同时希望获得让步)。防御型战略只需最低程度地(仅满足法律要求)处理利益相关者问题(接受责任但拒绝承担责任)。而对抗型战略反对解决利益相关者问题或撤销、忽略利益相关者(否认责任)。虽然采取后两种战略会使利益相关者不太满意,但它们都是合法的。当分别考虑这四种战略时,预见型

---

① Freeman R E. A Stakeholder Theory of the Modern Corporation [J]. Perspectives in Bussiness Ethics, 1988.
② Clarkson Max B E. A Stakeholder Framework for Analyzing and Evaluating Corporate Social Performance [J]. The Academy of Management Review, 1995, 20 (1): 92-117.
③ Carroll A B. A Three-Dimensional Conceptual Model of Corporate Performance [J]. Academy of Management Review, 1979.

战略需要最多的资源（管理关注和财务承诺），而对抗型战略所需资源最少。如采用预见型战略对待员工报酬问题（支付奖金、提供股票选择权和利润分享）就比采用防御型战略（支付工资和提供强制津贴）所需资源更多。

（二）利益相关者的战略管理思想的体现

在企业的管理实践过程中，利益相关者的战略管理思想是这样体现出来的。

首先，企业充分认识到利益相关者概念所隐含的意义。利益相关者概念的提出，标志着无论是企业还是社会，对企业的性质和使命的认识都有了新的变化。在此之前，最早人们只是将企业看作单纯的经济组织，企业以追求利润为唯一目标被视为理所当然。因此，企业只对投资者承担责任。后来，伴随着劳动者、消费者权利意识的逐渐觉醒和人力资源重要性的日益提高，企业开始意识到满意的工作条件和工作保障、公平的价格、高质量和安全的产品以及良好的供应商关系等，对企业的生存发展具有极为重要的意义。于是，企业开始重视对雇员和顾客责任的问题，努力通过各种途径满足雇员和顾客的各种需要，借以履行对股东的责任。现在，在利益相关者的概念之下，人们已视企业为公共财产，期望企业对社会整体负责，对提高公众利益负责。这就要求企业必须再一次调整自己的角色，在管理目标中更多地增加超越经济的内容，积极促进社会公正，自觉保护环境，支持社会文化活动。

其次，企业能够明确认定属于自己的利益相关者，认定它们特有的利益和权利的性质。不同企业，因其性质类型和经营范围的差异，其利益相关者也不尽相同。例如，一家儿童食品公司，除股东和雇员外，直接利益相关者就是供应商、零售商和作为消费者的婴幼儿，此外还有政府食品卫生机构、消费者组织、各种妇女儿童组织等。再如，一家化学工厂，其利益相关者除了与其有各种经济关系的个人和团体，还广泛包括化学废物排放影响所及的地区和居民、环境保护组织、政府环境保护机构等。上述两类企业的一些利益相关者，如消费者和居民，都有使用安全产品和享受良好生存环境的权利，而政府的卫生和环保机构也有权利对企业经营的合法性做出裁决。同时也注意到，即使同一个企业，利益相关者也是不断变化的。这些变化，有时间和空间两个方面。从时间方面说，不同时期企业的利益相关者及其权利和要求会有增加或减少的情况。当防治大气污染成为一项法律时，距离工厂遥远的地区和居民就成为企业的直接利益相关者。从空间方面说，任何一个企业一旦开展海外业务，东道国的雇员、消费者、其他利益团体和政府就与企业利益攸关。如果对利益相关者的类型、权利及其变化缺乏足够的敏感，企业就不可能成功地进行管理和经营。

再次，企业应对其与利益相关者的关系做出明确的分类，并相应采取不同的管理策略。陈宏辉和贾生华（2004）对国内22家企业67位员工实地访谈，并在全国9个省市完成432份有效调查问卷，借鉴"多维细分法"和"米切尔评分法"对我国企业利益相关者进行了开创性的研究。从主动性、重要性和紧急性三个维度上将我国企业利益相关者分为核心利益相关者、蛰伏利益相关者和边缘利益相关者三大类。其中作为企业经营运作的直接参与者，股东、管理人员和员工是企业的核心利益相关者；在我国当前企业中，特殊利益团体和社区还很难被认为是利益相关者，所以把它们归为边缘利益相关者；供应商、消费者、债权人、分销商和政府是企业中的蛰伏利益相关者。而陆庆平（2006）认为，企业的经营绩效应以最大限度地实现各利益主体的目标为己任，企业绩效评价以企业价值最大化为核心符合现代企业管理方向。要实现企业价值最大化，必须将股东、债权人、员工及政府等利益相关方都纳入考虑。

四、利益相关者理论与"权利分配思想"

针对利益相关者定义过于宽泛和"刚性"的指责，近来的研究侧重从更为全面、广阔的视角定义利益相关者。公司治理和组织理论成为近年来利益相关者研究非常活跃的领域，其核心问题是管理层到底应该向股东还是所有利益相关者负责，也就是说利益相关者是否可以分享企业的剩余索取权。

要讨论利益相关者是否可以分享企业剩余索取权就必须要探讨企业的本质。科斯（Coase R.，1937）从交易成本角度出发，认为企业是以"权威"来替代市场机制进行资源配置的组织。阿尔钦和德姆塞茨（Alchian A. A.，Demsetz H.，1972）反对企业是由权威统治的观点，他们认为："强调联合投入和团队生产中监督的作用、监督的专门化和赋予监督者剩余索取权是古典企业效率的保证。"[①]主流企业理论的模型中已经考虑到了利益相关者的位置，虽然他们仍然坚持只有资本的所有者——股东才能充当中心签约人并拥有企业的所有权，但无疑也为把利益相关者融入主流企业理论创造了条件。

对于不同利益相关者是否有不同优先权的问题，主流企业理论与利益相关者理论的态度不同。威廉姆森（Williamson O.，1984）运用交易成本分析框架说明应该优先考虑股东利益，因为其"资产专用性"。他指出："股东的'赌注'是唯一的而且与企业成败直接相关，其他员工等则不是这样。"[②]弗里曼和伊万（Freeman R. E.，Evan W. M.，1990）的观点刚好相反；威廉姆森的理论刚好能够解释所有利益相关者关系，他主张："这些非股东利益相关者也都投入了'赌

---

① Alchian A A, Demsetz H. Production, Information Costs, and Economic Organization [J]. The American Economic Review, 1972, 62 (5): 777 - 795.

② Williamson O. The economic institutions of capitalism [M]. New York: Free Press, 1984.

注'或者说具有专用性的资产。与他们相比，股东还具有更具流动性的市场——股票市场以分散其风险，因而资产专用性本身并不能保证股东利益优于其他利益相关者利益。"[1] 之后，古德帕斯特（Goodpaster K. E., 1991）提出了一个多少有些自相矛盾的观点，即"管理层不仅肩负着为股东利益而经营的契约责任，同时也肩负着考虑利益相关者利益的伦理责任。"[2] 这个观点遭到了伯特莱特（Boatright J. R., 1994）、马莱恩斯和维克斯（Marens R., Wicks A., 1999）等人的反对，古德帕斯特和哈罗兰（Goodpaster K. E., Holloran T. E., 1994）以及布莱尔（Blair M. M., 1995）等则提供了支持性观点。

威廉姆森（1985，1996）在后来的研究中首先重新审视了企业理论中的利益相关者，并谨慎地得出了结论：公司治理框架中应该给那些向公司提供了"专用性资产"（specialized assets）的人应有的位置，这其中就隐含地包括了雇员[3]。布莱尔（Blair M. M., 1995）的研究则更深入，他从人力资本专用性的角度指出利益相关者是那些向公司投入了专用性资产，并作为既成事实、该资产处于风险之中的人。这样，利益相关者参与治理的基础就是投入的专用性资产以及由此承担的公司剩余风险。既然利益相关者的专用性资本对于公司发展而言是关键的，而且在事实上承担了剩余风险，那么就应该享有相应的剩余索取权。

此后，拉吉安和齐恩卡雷斯（Rajan R., Zingales L., 2000）的研究发展了威廉姆森、布莱尔的思想，他们从企业经营环境变化出发，认为："企业的本质就是'市场不能完全复制的专用性投资的联结'，指出企业和市场的本质区别就在于企业所拥有的现在及过去的专用性投资。"[4] 从这一点出发，就可以为利益相关者——特别是职工以及其他拥有专用性资产的利益相关者——的参与奠定了基础。

第三节　企业利益相关者理论的应用

一、利益相关者理论在公司治理中的运用

在构建完善的公司治理结构时，让利益相关者参与进来共同组建一个相关各

---

[1] Freeman R E, Evan W M. Corporate governance: A stakeholder interpretation [J]. Journal of Behavioral Economics, 1990 (19): 337-359.
[2] Goodpaster K E. Business ethics and stakeholder analysis [J]. Business Ethics Quarterly, 1991, 1 (1): 53-74.
[3] Williamson O. The Economic Institutions of Capitalism [M]. New York: Free Press, 1985.
Williamson O. The Mechanisms of Governance [M]. Oxford: Oxford University Press, 1996.
[4] Rajan R, Zingales L. The firm as a dedicated hierarchy: A theory of the origions and growth of firms [R]. NBER working Paper No. 7546, 2000.

方共同治理的模式，可以更好地克服那种只有企业物质资本或人力资本单独拥有其所有权和控制权的单边治理模式的种种弊端。

（一）利益相关者理论与"共同治理"

公司治理概念是公司治理问题研究的起点和基础。对公司治理概念理解的差别是传统"股东至上主义"理论与利益相关者理论分歧的关键点。主流的企业理论强调资本所有权和经营权分离而导致的代理问题是公司治理产生的根源。因而，阿尔钦 A. A. 和德姆塞茨 H.（Alchian A. A., Demsetz H.）认为："公司治理的目的和功能在于保护专用性的投资者免受'套牢'或'敲竹杠'机会主义行为的侵害，企业的'所有者'就是那些投资于企业专用性资产并享有'剩余索取权'的人。"[①] 现代契约理论认为，企业是人力资本所有者与物质资本所有者之间签订的一组不完备的长期契约。由于企业物质资本相对于人力资本更具有专用性，并承担企业经营的财务风险，所以，企业出资者（股东或资本家）应该成为企业所有者，享有企业的剩余控制权和剩余索取权。这就是所谓的"资本雇佣逻辑"或"股东至上主义逻辑"。具体结合公司治理来说，只有股东才是公司所有者，只有作为所有者的股东才承担公司剩余风险并享有剩余收益，也只有股东才能作为公司治理中的激励和监督主体。

以布莱尔为代表的学者对此提出了批评和质疑，他们认为："不只有股东是剩余风险的承担者，雇员、债权人、供应商都可能是风险的承担者。"[②] 崔乐（2007）在针对东莞服装业所做的调查中，不仅仅将股东作为调查对象，其也对消费者、员工、商业伙伴、社区和环境做了全面的分析。因为在企业中股东投入了专用性物质资产，而其他利益相关者在企业投入了关系专用性资产（relationship specific asset）。而这部分资产的特点是：一方面，其价值依赖于公司的价值；另一方面，这部分资产一旦改作他用，其价值就会降低。因此，投入公司的这部分资产也是处于风险状态的，为激励关系专用性资产进入公司，需要给予利益相关者一定的剩余收益。这里所提到的关系专用性资产主要指专用性的人力资本。布莱尔认为，当员工长期受雇于同一雇主就会积累有价值的专用性技能（或人力资本），主要依据有三点：第一，员工长期工资的提高要明显高于他们自己所预期的，仅仅是由一般性技能的改善而提高的工资；第二，职位变换比率要明显低于平均水平；第三，辞退工龄很长的员工其成本很高。他据此指出，

---

① Alchian A A, Demsetz H. Production, Information Costs and Economic Organization [J]. The American Economic Review, 1972, 62 (5): 777 – 795.

② Blair M M. Ownership and Control: Rethinking Corporate Governance for the Twenty-first Century [M]. The Brookings Institution, Washington, 1995.

在企业投入专用性人力资本的所有者也承担了企业的剩余风险①。那么，在讨论公司治理时，就不能只从物质资本所有者的利益出发，也必须重视其他利益相关者——包括员工、供应商、债权人等群体的利益。他们也应分享剩余收益并承担剩余风险，公司治理应该设计一定的契约安排和治理制度来分配给所有的利益相关者一定的企业控制权，即所有的利益相关者都应该参与公司治理，称之为"共同治理"。共同治理理论在我国得到许多学者的响应。

（二）国内学者对共同治理理论的研究

国内学者关于利益相关者的研究始于1990年代，主要是伴随着企业理论和公司治理研究的深入展开的，最具代表性的是杨瑞龙（1997、1998、2000、2001）和李维安（2001）等的研究。

杨瑞龙（2001）的研究从基本企业理论模型出发，通过"资本雇佣劳动"和"劳动管理型企业"的比较，以及对联合生产、收入分配和企业治理的研究，得出了共享所有权及利益相关者"共同治理"的优越性，从而为利益相关者的参与治理提供了基础。关于控制权分配与企业治理、资产专用性角度的利益相关者分析、知识分工为基础的决策权配置与最优企业所有权安排、企业外部网络化对治理结构的影响等研究，杨瑞龙都是卓有见地的。

李维安是国内较早从事公司治理研究的学者，与杨瑞龙侧重从企业理论角度研究利益相关者参与的基础不同，李维安对利益相关者的研究更多的是从公司治理机制角度研究其参与实现机制。李维安（1998）提出了中国国有企业治理应该实现从"行政型治理"到"经济型治理"转型的观点，构筑了一个"经济型治理模型"，提出了"公司治理边界"等重要概念，其中关于利益相关者的外部治理机制是极为重要的一个方面。另外，在2000年率先在国内推出的"中国公司治理原则草案"中，李维安也把利益相关者作为重要的一部分写进了原则，并最终为中国证监会《上市公司治理准则》借鉴吸收。

另外一个国内研究公司治理问题的代表人物是周其仁，他提出"企业是人力资本与非人力资本的特别合约，企业里人力资本与非人力资本一样享有产权，因而企业的所有者不应该只有非人力资本者"②的命题，论证了人力资本的产权特征，为员工等利益相关者的参与提供了支持。

当然，国内学者中也不乏对利益相关者理论全面否定的学者，以张维迎（1996）为代表。他主要从委托—代理理论角度批判了崔之元等人的观点，坚持"资本雇佣劳动"的命题，并指出其根源在于非人力资本的可抵押性和难于监督

---

① Blair M M. Corporate Ownership [J]. Brookings Review, 1995 (16).
② 周其仁. 市场里的企业：一个人力资本与非人力资本的特别合约 [J]. 经济研究, 1996 (6).

的特点。杨瑞龙和杨其静认为："企业由谁所有，由谁控制，取决于企业要素提供的'谈判力'。谁拥有对企业最有价值的资源谁就有最强的谈判力，这种谈判力就构成企业资源的'控制力'。换言之，拥有企业最有价值资源的所有者是企业的真正控制者、所有者。人力资本在企业中的价值有越来越大的趋势，尤其一些知识型的高科技行业，人力资本已成为最有价值的资源，因而，人力资本在企业治理结构中扮演十分重要的角色。"①

二、利益相关者理论在企业绩效研究中的运用

（一）相关利益者资本结构预测理论

康奈尔和夏皮罗（Cornell B.，Shapiro A. C.）认为："相关利益者理论能用于发展与企业资本结构相关的跨部门预测。"② 对于影响资本结构的因素和它怎样影响企业价值，众多的财务理论和实证工作都未取得一致的结果。所以康奈尔和夏皮罗的目的是为了验证解释资本结构的相关利益者理论的有效性。他们认为，企业应看作是不同群体索取权的集合体，而非限制在那些正式明确的索取者上。企业的索取者（claimant）超出了股东和投资者的范围，还包括顾客、供应商、附加服务和产品的供应商、分销商及雇员。投资者、管理层之外的相关利益者在财务政策中也扮演着重要角色，并构成企业战略与企业财务间的重要联系。考虑了额外的相关利益者，可引入对传统上重视投资者的标准财务问题的新解释。

康奈尔和夏皮罗认为，首先需要区分对相关利益者的外显契约索取权（如雇佣合同、产品质量保证等）与内含索取权（如持续提供服务、及时发货、雇员的工作保障的保证等）。若仅考虑外显索取权，则相关利益者不会在大部分企业的财务政策中扮演重要角色，因为外显索取权一般比股东和债权人要更有优先权。只要财务困难的可能性低，相关利益者的外显索取权基本是无风险的，因此无法解释企业价值的变动。而企业对相关利益者持有的内含索取权的支付是不确定的，即使当破产的可能性很小时，这些索取权也对企业财务的状况很敏感，因此，管理者应注意信息对内含索取权的影响。企业价值取决于内含/外显索取权可卖的价格。

按相关利益者理论，企业风险增加，相关利益者认为其持有的内含索取权的违约概率也上升，则其支付的内含索取权的价格下降，使企业的现金流下降，从

---

① 杨瑞龙，杨其静．专用性、专有性与企业制度［J］．经济研究，2001（3）．
② Cornell B, Shapiro A C. Corporate stakeholders and corporate finance［J］. Financial Management, 1987（16）：5-14.

而降低企业的价值。相关利益者对内含索取权的出价取决于企业对该索取权未来的支付。因此，相关利益者与企业存在博弈关系。盈利、分红、拆股和评级变动等消息的宣布提供消息给投资者和其他相关利益者。若投资者是理性的，股价对该消息的反应就反映相关利益者对该消息的评价。相关利益者信号模型假设管理层同时提供信息给投资者和非投资者相关利益者。管理者通过支付较高的红利，传递信号来显示他们对内含索取权作高额支付的能力。由于分红的成本很高，所以仅有那些认为对内含索取权作高额支付是符合企业利益的企业才会选择作这样的信号传递。企业的相关利益者越多样化、消息越少，股价对分红的反应越大。

企业价值一定程度上取决于其出售内含索取权的能力。若相关利益者怀疑财务问题会导致企业减少对内含索取权的支付，这些索取权的价格就会下降，有时相关利益者甚至拒绝购买内含索取权。出现财务困难后，企业价值的减少其实是内含索取权价值的减少，顾客、供应商和商业伙伴不愿再和企业做生意。

总之，相关利益者理论说明，产品召回、生产延误、诉讼等不利震荡，会产生比实际牵涉金额更大的企业价值的负面影响。内含索取权价格的下降，使相关利益者可能要求用外显合同替代默示的索取权。

（二）战略相关利益者管理模型与固有相关利益者委托模型

伯曼、维克斯、寇萨和琼斯（Berman, Wicks, Kotha, Jones, 1999）从弗里曼对相关利益者的定义出发，推导出两个实证分析模型：一个是战略相关利益者管理模型，如图1-5所示；另一个是固有相关利益者委托模型①，如图1-6所示。

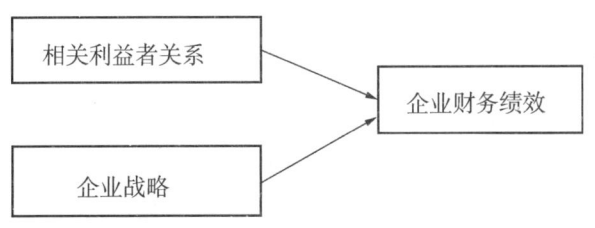

图1-5 战略相关利益者管理模型

战略相关利益者管理模型（一个工具方法）认为管理者在一定程度上会照顾能影响企业财务绩效的相关利益者的利益，并给出两个假设：①战略变量和相

---

① Berman Shawn L, Andrew C Wicks, Suresh Kotha, et al. Does Stakeholder Orientation Matter? The Relationship between Stakeholder Management Models and Firm Financial Performance [J]. Academy of Management Journal, 1999 (42): 488-506.

图 1-6 固有利益相关者委托模型

关利益者变量会对企业财务绩效产生直接和独立的效应；②战略变量对企业财务绩效有直接效应，相关利益者变量则对其效应是适度的。

固有相关利益者委托模型（一个规范方法）也给出一个假设：相关利益者的管理委托会驱动战略决策去影响企业财务绩效，即战略变量将调节相关利益者关系变量和企业财务绩效之间的关系。

伯曼、维克斯、寇萨和琼斯（1999）认为企业应经常描述它们与相关利益者之间的联系，在实证范畴内主要表现为关心管理者在实际中如何处理与相关利益者的关系。在相关利益者关系、战略和企业财务绩效之间的联系是相当复杂的实证结果，不支持固有相关利益者委托模型。该研究认为，企业与自身绩效有直接影响相关利益者的关系与资源分配决策密不可分是竞争优势的来源。其他两个变量对财务绩效未有统计的显著性，但事实上它们在企业战略和财务绩效间有适度联系。

三、利益相关者理论在财务管理中的运用

利益相关者财务作为一种全新的财务理念，其内容与传统财务内容有很大的区别，主要表现在以下几个方面：

（一）利益相关者财务的目标是利益相关者财富最大化，而不是股东财富最大化

股东财富最大化是传统企业理论中将股东视为企业唯一所有者的产物。这一观点遭到越来越多的批评。美国布鲁金斯研究所（Brookings Instituion）1995年出版的《所有权与控制权：重新思考21世纪的公司治理结构》一书的核心思想是：将股东视为公司的"所有者"是一个错误，公司经理应对公司的长远发展和全部"利益相关者"负责。1980年代至今，美国已有29个州修改了公司法，要求公司经理为公司的利益相关者（stakeholders）服务，而不仅为股东（stockholders）服务。换言之，股东只是利益相关者中的一部分，而劳动者、债权人和共同体则为另一部分利益相关者。

知识经济的兴起，"资本雇佣劳动"的观点正在向"劳动雇佣资本"的观点转化。人力资产概念的出现，突破了传统的资产观，不仅会计报告的呈报面临变革，而且对传统的财务目标提出了修正的要求。在现实的经济生活中，经理分享

制、员工持股制已在许多企业中推行。股东财富最大化为利益相关者财富最大化所取代，是社会经济发展的必然结果，也是财务面对现实经济环境的必然选择。

（二）利益相关者财务管理的理财内容不仅包括非人力资产，而且还包括人力资产

传统财务管理的理财内容围绕非人力资产从筹资、投资、分配几方面展开，而对生产要素的核心部分——人力资产却视而不见。相对于人力资产而言，非人力资产的挖掘潜能是有限度的，同样的非人力资产在不同的人力资产作用上所产生的经济效益截然不同。利益相关者财务从包括人力资产的整体资产观出发，以人力资产的合理配置作为理财的核心，围绕人力资产的分布配置相应的非人力资产，借以最大限度地挖掘人力资产的潜能，从而最大化企业的整体经济利益。具体内容包括：

（1）筹资。企业取得持续竞争优势的源泉在于企业的核心能力，而核心能力培育的关键在于企业的人力资产。所以，筹资的重点在于适当的人力资产的引进。围绕人力资产的引进需要解决的问题是：①预测、分析人力资产的市场供给情况和企业对人力资产的需求情况；②引进与人力资产相配套的非人力资产；③人力资产的价值评估，人力资产报酬的确定；④人力资本的筹资成本，人力资本在资本结构中的比重等。

（2）投资。投资主要包括人力资产投资决策、人力资产投资收益分析与评价、企业对人力资产投资所形成的人力资本的确认，由人力资产投资带来人力资产效率的提高以及由此引起的对非人力资产的投资、原有非人力资产结构的调整、人力资产报酬的重新确定等。

（3）分配。由于人力资产在企业经营活动中发挥着越来越重要的作用，"劳动雇佣资本"必将取代"资本雇佣劳动"。人力资产的所有者不仅要取得固定收入，还要凭借人力资本参与企业剩余的分配。要求研究人力资本与非人力资本在企业剩余分配中的形式、比重；人力资本参与剩余分配与取得固定收入的比例协调等。

利益相关者财务管理的提出旨在探索新的社会经济条件下财务管理所面临的困境与出路。在企业的内外环境不断发生剧烈变动的新经济时代，在主体产权意识不断增强，经济利益主体不断分化与重组的今天，在企业以财务为导向的经营理念下，财务和财务管理的准确定位事关企业的生存与发展。企业的生存与发展靠的是人力资产，利益相关者财务管理正是建立在这种面向知识经济时代的观点基础之上。

四、利益相关者理论在企业社会责任中的运用

企业社会责任与利益相关者理论之间有很多相通之处，它们都在研究企业与股东及股东之外的个人和群体之间的关系，但二者并不是完全等同的概念，它们各自研究和关心的是不同层面上的问题。企业社会责任是从整个社会出发考虑企业行为对社会的影响，关心的是企业与社会之间的关系；而利益相关者理论则更多是从企业的角度来考察企业与其利益相关者之间的关系问题。从企业社会责任理论的提出到现在，其拥护者从各种机构、学者到普通的大众，可谓具有广泛性，并在很大程度上得到了发展。利益相关者理论在企业社会责任客体界定中起着重要作用。"利益相关者理论一方面与企业社会责任研究紧密结合，另一方面又在企业治理研究中发展和完善，在企业社会责任和企业治理两个研究领域都产生了深刻的影响。"[①]

从某种程度上讲，实施企业社会责任的最大障碍就是所谓的"股东至上"原则。以弗里德曼（1984）为代表持"股东至上"主义认为，企业存在的唯一目的就是最大限度地营利并实现股东利润的最大化。他的三个相互联系的命题是这样的："①股东应该拥有控制权；②管理者负有单独服务于股东利益的信托责任；③企业的目标应该是最大化股东的财富"[②]。而利益相关者理论却主张：①所有的受企业影响的利益相关者都有参加企业决策的权利；②管理者负有服务于所有利益相关者利益的信托责任；③企业的目标应该是促进所有相关人的而不仅仅是股东的利益。利益相关者理论认为，企业是由多个相关利益者所构成的"契约联合体"，认为企业的出资不仅仅来自于股东，而且也来自于企业的雇员、供应商和债权人等利益相关者，如图1-7所示。股东提供的是物质资本，其他的相关利益者提供的既有物质资本又有人力资本。人力资本与物质资本应该具有同样重要的作用，尤其是在今天这样的知识经济时代。人力资本的作用在某种程度上甚至超过了物质资本。企业已不再是简单的实物资本的集合体，而是一种治理与管理专业化投资的制度安排，本质上是各种契约形式的集合。企业的风险不是由股东全部承担，其他的相关利益者也在承担着企业的风险。因此，企业的所有者不能仅仅局限于股东，所有的利益相关者都是企业的所有人。相关利益者之间的权利是独立的、平等的，他们共同拥有企业的所有权。利益相关者理论在向"股东至上"原则挑战的同时，在某种程度上也为企业社会责任理论的发展扫清了障碍。因为企业社会责任理论一贯的主张就是要改变那种企业的唯一使命就是

---

① 肖斌，张衔. 利益相关者理论的贡献与不足［J］. 当代经济研究，2011（4）.
② Freeman R E. Strategic Management: A Stakeholder Approach［M］. Boston: Pitman Publish Inc，1984.

增加股东利益、提高企业价值的狭隘看法,认为企业应该站在一个更高的角度考虑问题:考虑其与所有利益相关者、与整个社会的关系,并且承担一定的社会责任。唐洋军也认为:"社会价值最大化才是现代企业追求的基本目标,这一目标兼容了时间性、风险性和可持续发展等重要因素,体现了经济效益和社会效益的统一。"① 而企业的社会责任范围取决于它有哪些密切的利益相关者,企业承担社会责任不外乎就是要满足这些利益相关者的愿望与要求,实现利益相关者对企业的满意。

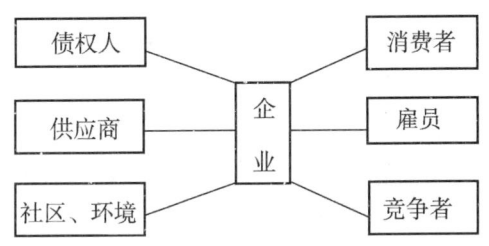

图1-7 企业社会承担责任的利益相关者

因此,企业承担社会责任的受益人为涉及所有与企业发生关系的人、组织以及环境,包括投资者、雇员、顾客、债权人、环境、资源等。企业通过承担相应的社会责任,以社会利益为目标范畴,最大限度地为人类的可持续发展做出贡献。而其承担责任的内容也有法律的、经济的、道德的、文化的,等等。

国外很多研究企业社会责任和利益相关者理论的学者都认为,可以在企业社会责任研究中引入利益相关者这一概念。卡罗尔(Carroll A. B.,1991)就认为应该将利益相关者理论应用于企业社会责任的研究中,借用它可以为企业社会责任"指明方向",针对每一个主要的相关利益群体就可以界定企业社会责任的范围②。克拉克森(Clarkson A.,1995)也曾经说,利益相关者理论可以为企业社会责任研究提供"一种理论框架",在这个理论框架里,企业社会责任被明确界定在"企业与利益相关者之间的关系"上③。正如伊凡和弗里曼(Evan W., Freeman E.)所说:"利益相关者理论虽然不能取代企业社会责任,但是它可以被看作是企业社会责任研究的一个重要条件,它可以把企业承担社会责任的对象

---

① 唐洋军. 企业社会责任与城市商业银行履行社会责任研究 [J]. 企业社会责任,2011 (1).
② Carroll A B. The pyramid of corporate social responsibility: toward the moral management of organizational stakeholders [J]. Business Horizons, 1991 (34): 39-48.
③ Clarkson A. Stakeholder Framework for Analyzing and Evaluating Corporate Social Performance [J]. The Academy of Management Review, 1995 (1).

具体化"①。在现阶段我们对企业社会责任理论研究还有待深化的情况下，完全可以采用利益相关者理论来帮助我们界定企业承担社会责任的范围。这既是可能的也是有必要的，企业可以首先在利益相关者理论的框架内针对每一利益相关者承担相应的社会责任。

第四节 利益相关者理论的缺陷与启示

尽管利益相关者理论在多个方面都显示了其合理性，反映了社会和市场经济发展的趋势，但目前应用仍然有一定的困难和局限性，或者说，就目前而言，该理论模式尚存在不尽完善和科学的地方。

一、利益相关者理论面临的问题

（一）利益相关者的概念界定不清

作为一个正在演进的理论，虽然利益相关者的界定经历了一个"窄定义—宽认识—多维细分—属性评分"的过程，但是有不少概念的界定是模糊不清的，它的内涵和外延以及合理分类需要进一步澄清。例如，对于其最基本也是最核心的概念——利益相关者来说，目前也还没有达成共识。据米切尔（Mitchell K.，1997）等人的总结显示，利益相关者概念从产生以来，理论界对其定义有27种之多，其中最窄的定义是指"能够影响企业既定目标的实现，或者是企业在实现其目标过程中影响到的其他单位或群体"②，也就是股东、雇员、债权人、消费者和供货商。但是，还有很多问题该理论并没有清楚地告诉我们，如，临时性雇员和正式签约的雇员一样是利益相关者吗，已经退休的雇员呢。此外，利益相关者共同治理的主体和治理的客体具体是谁，含义也不清楚。

而最宽泛的定义则给人们带来了更多的迷惑。因为按照这种定义，所有能影响企业活动或被企业活动所影响的人或团体都被列为企业的利益相关者。那么，除了上面说的五类人群体以外，政府部门、相关的社会组织、企业所在社区等均在范围之内，竞争者、恐怖分子，甚至还没出生的下一代以及不知名的动植物等在一定条件下也会成为企业的利益相关者。因此，利益相关者不但数量众多，而且身份不确定，甚至根本不知道他们是谁。

因为基本概念界定的不统一，利益相关者理论就无法确立一个明确的研究范

---

① Evan W, Freeman E. A stakeholder theory of the modern corporation: Kantian capitalism. In Beauchamp, T. and Bowie, 1993. Ethical theory and business [M]. 5th ed. Engle Wood Cliffs: Prentice Hall, 1993.
② 崔月明. 利益相关者视角下的企业社会责任研究 [D]. 上海：华东师范大学，2010.

围或研究对象。于是,研究者们在讨论问题时就失去了共同的平台,无法通过有效的沟通,交换彼此观点。这不利于利益相关者理论的完善和系统化。

(二) 不同利益相关者的利益是否应该平衡

企业是不同要素所有者的契约联结。如果从静态考察,各利益相关者群体的重要性或权重是一样的吗?如果不一样,如何来划分各利益相关者群体的权重?如果从动态考察,企业发展的不同阶段,利益相关者群体又如何进行权重划分?具体说来包括以下几个要点。

首先,利益相关者理论并没有给企业的管理层指出,怎样才能知道各个利益相关者已经满意。企业的各个利益相关者的利益是相互竞争,甚至是实现一方利益必然是以牺牲另一方利益为代价的。例如,雇员希望获得更高的工资,而在利润率一定前提下,高工资必然会侵蚀所有者的利益,而如果要同时保障所有者的利润和雇员的高工资,企业则必须提高价格,在这种情形下,消费者的利益又会受损。另外,即使是同一群体的利益相关者也会存在利益冲突,如某些员工的高工资也许会导致另外一些员工工资低或失业。

其次,现代生活的国际化以及先进的运输、通信特别是网络技术极大地扩展了企业的影响范围。如果按照利益相关者最宽泛的定义,企业生产经营活动所影响的以及能影响企业活动的每一个人、每一个团体、每一个地区,甚至每一个生物都是企业的利益相关者,管理者就根本不知道共有多少个利益相关者的利益要平衡,他们根本就无法建立完整的联立方程组。

再次,即使假定已经建立了包含所有目标变量的方程组,要管理层完成多个目标同时到达最优化的求解任务也是不现实的。因为除非这些变量是同方向单调变化的,否则,在逻辑上是无法幸运地得到答案。例如,如果要求企业同时实现短期利润、市场份额、利润增长率最大化,只会让管理层不知所措,因为这些目标并非是同方向单调变化的。正如詹森(Jensen M. C.)所言,"多重目标也就等于没有目标"[①]。而利益相关者理论认为,企业作为相互依存的社会体系中的一个组织尽力满足所有利益相关者的需求,实际上就是给企业布置了一个并不是同方向单调变化的多变量的同时最大化问题。

在如此复杂的系统中,既没有具体的标准来判断利益相关者各自的利益标准是什么,不知道如何把这些标准融入模型中,又很难把代表模型含义的联立方程组全部构建出来,更关键的是,同时实现多个目标的最大化事实上是不可能的,因此,利益相关者理论所确定的"平衡利益相关者的利益"目标只是提出了一

---

① Jensen M C. Value Maximization, Stakeholder Theory and the Corporate Objective Function [J]. Journal of Applied Corporate Finance, 2001, 14 (3).

种美好的梦想，却没有告诉人们如何去实现它。缺乏可操作性是利益相关者理论的致命缺陷。

（三）利益相关者的分析方法有待完善

目前，国内外关于利益相关者理论的规范性研究已取得了很大进展，而在实证研究方面还相当欠缺。利益相关者理论的实证检验及其在现实操作中如何运用？如果利益相关者都参与公司治理，如何界定"利益相关"和"利益相关度"？此外，在一些基本问题上还需要进一步探讨。例如，在衡量公司利益相关者关系、企业社会绩效时，许多研究使用互不相同的评价方法（Waddock S., Graves S., 1997）。各种方法的衡量指标不同，得出的结论也不同，对此问题如何形成统一标准从而使现有的实证研究具有更强的解释力还不得知晓。如对"声誉指标法""内容分析法"等本身就是不完善的衡量方法（Cochran P. L., Wood R. A., 1984），要如何进一步进行完善？自 1990 年代以来，评价公司与利益相关者间的关系常用的方法是 KLD 指数，涵盖了列入标准普尔指数的 500 家和 Domini 指数中的 150 家，共 650 家公司，从社区关系、员工关系、产品安全与责任及妇女与多样化问题等八个方面来衡量公司社会责任。但是，这一流行的 KLD 指数评价方法在衡量企业利益相关者与社会绩效时，没有赋予各维度不同的权重。因而，这一方法本身的有效性和普遍适用性受到一些质疑，这一问题需要进一步研究。总之，就利益相关者理论本身来说在许多方面还不十分完善，同时也面临着来自许多方面的批评和挑战。

（四）企业目标的不明确性

对于任一机构而言，最重要的事情是首先弄清楚它存在的目的是什么。要建立良好的公司治理机制，同样也必须解决类似最基本的问题。例如，什么是企业存在的目的，企业经营的目标是什么。传统的企业理论假设企业生产经营目标是一元的，即实现利润最大化，于是，是否追求利润是企业与非企业组织相区别的一个根本特征。无论是把企业定义为专业化的生产组织，还是市场的替代机制，企业都首先是因为投资者的投资而存在，实现价值增值是企业的原动力。

但是，利益相关者理论将企业的生产经营目标定义为多元的，主张公司的目标应该是协调所有利益相关者的利益，其中既有社会性的、政治性的，也有经济性的，即使不能做到多赢，也应该采取中立的解决方案。这样的企业实际上是一个政治经济目标合一的组织，带有很强的公益色彩。在这种思路的指导下，公司运作的目标将会把保证就业、保护环境甚至保护人权等政治性社会责任放在与股东价值最大化同等重要的地位。然而，一旦公司失去了股东价值最大化的商业性目标，它将迷失方向，背叛自己的"天性"，变成企业不像企业的奇怪结局。于是，便会导致一个两难困境：任由企业追求利润最大化，会对社会造成负外部性，从而提高社会成本、造成社会福利损失；采用各类管制手段，包括通过外部调控方式和利益相关者内嵌方式，虽能部分地解决市场失效或降低企业活动的负外部性，但会造成经济效率的损失。在利益相关者的利益相互冲突的背景下，结果必然导致企业经营效率的损失。此外，利益相关者理论还有"对利益的来源和生成的分析上掩盖了资本与劳动的对立性"以及"所用定量分析与企业社会责任概念的本质有冲突"①等缺陷，这些问题都或多或少影响了该理论在实际中的运用。

二、利益相关者理论对我们的启示

通过以上分析不难看出，利益相关者理论的主要思想实际上是经济理论中早已论述的东西。因为对公司而言，善待员工、向消费者提供优质服务、鼓励供应商长期合作、偿还债务并培育良好的社会责任声誉都是股东长期利益之所在。其他利益相关者的利益或"赌注"是以公司为载体的，只有确保公司持续、健康地运营，这些利益或"赌注"才能兑现，而股东以及潜在投资者对公司的投资是这一逻辑过程的必备前提。从长期来看，股东利益最大化与协调其他利益相关者的利益，并不一定存在冲突。为了股东的长期利益，运营公司、管理层和董事必须考虑公司其他利益相关者的利益，但日常指导管理层决策的最高准则必须是股东预期回报的最大化。

尽管在公司的发展中其他利益相关者为股东财富的增值做出了重要贡献，然而这不能成为将这些主体的利益与所有者的利益并驾齐驱的理由；尽管所有者有时不愿或不能积极地保护他们的权利，但这并不意味着其他利益相关者就有权利对公司的财产为所欲为。因此，关注其他利益相关者的利益应该是公司正常运转的一个有效手段，而不应该是公司存在的目的。利益相关者理论对传统的企业理论不是替代，而只是一种补充，它的最大贡献在于提醒公司应该更多地关注股东以外的其他利益主体的利益，以确保实现公司价值长期的最大化。西方企业理论演进的趋势印证了以上判断的合理性。

自从企业社会责任提出以来，企业社会责任与企业的利益相关者就是紧密地联系在一起的，利益相关者理论对企业社会责任研究产生了很大的影响，并成为分析企业社会责任的一个重要工具。对于中国而言，我们对于利益相关者理论的研究还处于刚刚起步阶段，我们需要充分借鉴西方学者对利益相关者界定的方法，结合我国企业社会责任的实际，开展相关的研究。利益相关者的界定方法给我国企业界最大的启示为：企业不是只为股东而生存的，诸多利益相关者都要受

---

① 肖斌，张衔. 利益相关者理论的贡献与不足［J］. 当代经济研究，2011（4）.

到企业决策的影响，同时他们也会影响到企业的决策。对这些利益相关者并不需要"等量齐观"，在科学界定的基础上对不同的利益相关者进行"分类治理"是企业保持持续发展的必然选择。

第二章 企业伦理

第一节 企业伦理的含义

一、企业伦理的定义

在市场经济条件下,企业作为具有独立法人财产权、自主经营权和实行自负盈亏的经济实体,在其从事以营利为目的的生产经营活动中,必然要与外部和内部发生各种利益关系,包括企业与社会、企业与政府、企业与市场(企业与顾客、企业与企业)、企业与员工等各种利益关系,这里既有市场关系,又有非市场关系。概括起来,就是企业自身权益与社会方方面面的权益的关系,正是在这些关系中,包涵着各种伦理关系。企业要实行正常的生产经营活动,就必须处理好各种利益关系,因而也就必须把握其中的伦理关系,树立自己的伦理理念,并以此为指导确立并在生产经营活动中实践一定的伦理原则和伦理规范。学者们几乎可以从各个角度对企业伦理进行研究和定义,下面就是从不同角度对它下的定义。

(1)企业伦理是由个人、合伙人、公司或企业组织做出的"好坏或对错"的决策选择(Hay D. Morris, G. S. Liu, S. Yao, 1994)。

(2)企业伦理是将判断人类行为举止是与非的伦理正义标准加以扩充,使其包含有社会期望、公平竞争、广告审美、人际关系运用等(Clarence C. Walton, 1997)。

(3)企业伦理为含有道德价值的管理决策(Jefferson G. T., Rawski, Zheng Yuxin, 1992)。

(4)企业伦理是一种规则、标准、规范或原则,提供在特定情景之下,合乎道德上对于行为与真理的指引(Lewis P. V., 1985)。

(5)企业伦理是道德上对或错、是与非的一种专门化研究,其研究中心在于如何将道德标准应用到企业政策、制度或行为中[①]。

(6)企业组织内的工作成员,其行为、决策或行动的正当或者错误(Carroll

---

① (美)维拉格兹. 商业伦理:概念和案例[M]. 北京:北京大学出版社,2002.

A. B., 1987)。

（7）企业伦理是研究企业活动中符合伦理道德标准的行为（Michael Hoffman, Jennifer Moore, 1990）。

（8）企业伦理包括三个方面，分别是：企业社会责任；价值准则；业绩衡量标准的社会审计（Harold, Heinz Welhrich, 1988）。

（9）企业伦理是人类社会伦理准则和行为在企业经济活动中的表现，它的核心价值是重视人、尊重人和服务人，目的在于使企业更好地承担起它的社会责任和道义职责，从而促进人类经济文明的有序发展（陈荣耀，2001）。

（10）企业伦理分为两个级别，一是老板级的，包括老板与员工、老板与社会及公司与顾客的关系；二是员工级的，包括员工彼此之间的关系、员工与老板及员工与消费者的关系（徐木兰，1990）。

（11）企业伦理是在企业体系内（一个以个人为基本构成的小型社会），或是在企业社会中（一个以组织为基本构成的社会）的道德规范系统，该系统能在与企业有关的事项上，赋予个人或企业在动机或行为上的是非善恶判断标准（叶匡时，1999）。

（12）企业伦理是指在企业内形成的一套管理者倡导的、全体（或多数）员工认同的、始终如一遵循的处理企业与消费者、供应者、竞争者、政府、社区、公众、所有者、员工等关系的行为准则。这包括观念、规范、行为三个层次（陈炳富、周祖成，2000）。

综合上述对企业伦理的定义，可以对企业伦理做出这样的表述：企业伦理是人类社会伦理准则和行为在企业经济活动中的表现，它的核心价值是重视人、尊重人和服务人，目的在于使企业更好地承担起它的社会责任和道义职责，从而促进人类经济文明的有序发展。

二、企业伦理的相关概念辨析

（一）企业伦理与企业道德

企业伦理是关于企业及其成员行为的规范，企业在经营中存在主要的利益关系有：企业与顾客的关系、企业与供应商的关系、企业与竞争者的关系、企业与社区的关系、企业与自然环境的关系、企业与所有者的关系、企业与管理者的关系、企业与员工的关系、管理者与员工的关系、员工与员工的关系、员工与事或物的关系等。企业伦理就是通过社会舆论、传统习俗、内心信念和内部规范来调节企业及其成员与利益相关者关系的规范。

如同道德与伦理的关系一样，作为规范，企业道德与企业伦理是相通的，企业道德不是个体成员的道德的简单之和或个体成员道德的平均水平。企业的道德主要由两部分组成：员工道德品质和企业整体的道德，后者主要通过企业道德文化表现出来。一般说来，伦理学所要研究的现象领域是人类社会生活中的道德现象，企业伦理学所要研究的现象领域则是现实经济生活中的企业道德现象。企业伦理表现为一种客体属性，它是道德行为客体（社会、政府、其他企业、公众等）对行为主体（企业）提出的道德要求与评价；而企业道德则是客体映像的主体化，是企业内心感悟的行为规范，是企业内在的、自觉的认知和要求，是主体化的对象。就某个企业而言，企业伦理是外界对企业的要求，而企业道德则是企业自身的要求，是企业自身奉行的准则与规范。总之，企业伦理研究的根本目的是企业道德的构筑问题。

（二）企业伦理与企业社会责任

企业伦理与企业社会责任有着密切的联系，从内容上看，狭义的企业社会责任主要是指道德责任。在1950年代企业社会责任提出之前，企业界广泛承认并履行的是经济责任和法律责任，而忽视承担相应的道德责任。企业社会责任观念的提出主要是针对道德责任而言的。企业社会责任与企业伦理在内容上是一致的，要求企业讲究伦理道德，实质上也就是要求企业履行社会责任。从对象上看，企业社会责任的对象与企业伦理涉及的领域基本一致，研究的内容也大体吻合。企业社会责任概念的提出为企业伦理的兴起打下了基础，而企业伦理研究的发展，也进一步明确了企业的社会责任。企业伦理与企业社会责任还是有一定区别的。企业伦理强调权利和义务两个方面，企业社会责任则注重义务和责任；企业伦理是双向的，企业社会责任却是单向的；企业伦理旨在阐明怎么样处理好企业与员工及利益相关者的关系，企业社会责任则重在回答企业在社会中应尽什么样的义务和责任；企业伦理包含员工的职业道德规范，企业社会责任则不涉及员工个人的责任。

三、企业伦理的特征

可以从企业伦理的约束对象、内容要求、调节范围、调节手段等方面来概括企业伦理的基本特征。

（一）约束对象

从约束对象和要求方面来看，企业伦理的约束对象是企业的全体成员。无论是厂长、经理还是普通员工，只要在同一企业，那么就必须遵守共同的企业道德。践行企业伦理的目的是使企业的共同准则牢牢地记在全体员工的心里，进而转化为自觉的行动。由于这种共同性，企业成员对于"道德规范面前人人平等"的认识和理解也就更为深刻，企业的伦理意识和规范也更容易转化为企业成员群体的伦理实践。

（二）内容要求

就企业伦理的内容要求而论，企业伦理不仅反映出社会的分工给个人带来的职业角色区别以及个人应承担的职业角色义务，而且还包括作为企业组织成员的特殊要求。这种特殊性一方面是因为在商品经济社会，作为商品生产者的经济组织与非经济组织（如政府机关、社会团体及福利保障事业等）的成员之间，作为自负盈亏的企业组织与非企业组织（如各种不以营利为目的的工厂）的成员之间，两者的工作职业特点有可能相同或相似，但由于其所在的组织性质不同，两者的实际职责就会不同，其行为规范要求当然有所区别。另一方面，即使同是商品生产者的企业，甚至同属一个行业的不同企业，由于各自的组织传统、价值标准和管理模式不同，尤其是在社会主义初级阶段还有多种所有制形式的企业长期存在，对于同一职业岗位上的工作人员的要求也不一样。正因为企业伦理的这一特殊性，其伦理标准也就更符合于各个行业的实际。这样既有利于企业成员对自己的职业行为做出更准确的道德评价，也有利于社会对企业行为的道德评价更为客观、公正和合理。

（三）调节范围

从调节范围而言，企业伦理调节的范围非常广泛。改革开放以来，随着企业自主权的扩大，企业的权力和利益均在增长，因此企业在各种社会关系中的责任和义务也在扩大，并已经显得极为重要了。此时，企业除了要调节用户和顾客之间的关系外，还要协调好自身与其服务对象以及其他企业、企业与员工、企业与国家、企业与竞争对手所在社区、企业与自然和社会环境之间的种种关系。

如此复杂的调节关系使得企业伦理的内容变得十分广博，它所涉及的问题既有经济伦理学、管理伦理学、科学伦理学方面的内容，又有生态环境伦理学、社区及组织伦理学等方面的内容。

（四）调节手段

就调节手段而言，企业伦理的调节手段除了这类非强制性手段外，还包括部分的强制性手段。这种对成员带有一定强制性的规范从成员个体的角度看已超出道德的意义。但是，从社会的角度看，它表现出企业自我约束的精神，反映出企业组织的道德水平。尤其是在社会的各项管理法规尚不健全、企业成员的职责意识尚未转化为普遍的自觉要求和行为习惯的条件下，深入细致的思想政治工作配之以严格强硬的制度约束，成员群体的道德素质才会迅速得到提高。因此，强制性手段与非强制性手段的互相配合、互相补充，这既是企业道德水平高低的衡量标志，又是企业精神文明建设成功的必要保障。

四、国内外企业伦理研究综述

（一）国外企业伦理问题研究综述

管理伦理问题最初围绕企业的社会责任进行广泛的研究，"利润先于伦理"还是"伦理先于利润"，企业是否具有道德地位，这是研究的中心问题。在西方学术界，企业伦理的研究进展大致表现为三个层次，即微观、中观和宏观层次。

1. 企业伦理的微观效应的角度研究

该研究主要探讨企业中的个体之间即作为雇主与雇员、管理者与被管理者以及同事、股东、供应商和消费者等的伦理关系问题。这些个体对企业而言承担着不同的角色和作用，为了认识和承担自己的道德责任而应该做些什么、能够做些什么和实际做些什么；由于这些个体出于各自不同的角度，对某一项管理行为或经营行为会产生什么看法，如何在日常的管理工作中把正确的观念传递给他们，从而规范这些人的行为以符合企业的宗旨、价值观和道德。作为一个企业的员工，如何处理与利益相关者的关系，雇主与雇员之间是否有超出企业规定的伦理责任，还有劳动条件、工作环境、报酬待遇等问题，都是微观管理伦理研究的内容。

2. 企业伦理的中观效应的角度研究

该研究主要研究的是经济性组织，如公司、厂家、贸易联盟、消费者协会、行业协会和工会等之间的伦理关系问题。由于这些组织的社会分工不同，各类组织扮演着不同的角色，这些组织在自身的行为中应具有什么样的观念，如何以自身的独特作用为组织的管理伦理做贡献，如何处理同合作伙伴、竞争对手的关系，如何积极吸纳其他组织参与管理伦理的建设等问题，是这一层面管理伦理研究的主要内容。

3. 企业伦理的宏观效应的角度研究

该研究主要研究社会或制度层次，如经济制度、经济体制和国家的运行机制，以及总体的经济政策、经济环境和经济秩序等伦理问题和伦理责任；如社会保障究竟是哪方的责任，政府、企业、个人如何分担；从前非商业化的活动如医疗卫生、文化机构等现在也商业化，这是否正确；在国际贸易中应如何对待客国与母国的道德差异和伦理规范；企业如何参与建立一种生态兼容的经济，使所有的人都能幸福体面地生活；如何在国际社会造成公平正义的贸易环境；如何应对全球范围内的危机问题，等等，是这一层面研究的主要问题。

也有国外学者从企业伦理是企业竞争优势之源的角度论证企业伦理的必要性。R. 爱德华·弗里曼（Freeman R. Edward）和小丹尼尔·R. 吉尔伯特（Gillert Daniel R. Jr）在《公司战略与追求伦理》一书中指出："追求卓越实质上就是追求伦理"①。卡米歇尔（Carmichael H.，1989）甚至提出了"道德边际"（Ethics Edge）概念，他认为："企业为了获得竞争优势，有必要保证自己的道德标准高于竞争对手，产生道德边际利益。"② 威廉·H.肖（William H. Shaw）和文森特·巴里（Barry Vincent）认为，"企业通过竞争焕发活力，依靠伦理而得以生存"③。唐纳德森和邓菲（Donaldson T.，Dunfee T. W.，2001）从社会契约角度对企业伦理进行了阐述，他们也认为："企业与社会有一种隐性的契约，这种隐性契约的核心内容是基于企业伦理的企业社会责任。企业作为一个社会主体，自成立时便应当自然而然地承担起对社会公众、政府以及内部员工的责任和承诺。"④ 从企业外部环境变化角度研究，日本学者水谷雅一（1999）提出"经营伦理存在的五大理由"，它们是"企业日益失信于民、成熟社会、国际化进展、自由经济体制的推进和地球环境问题，他主要从社会和时代的要求出发来论证企业必须要进行伦理经营"⑤。

（二）国内企业伦理问题研究综述

国内学者对企业伦理依据的研究综述主要从以下角度进行：

1. 从企业和管理的本质特性角度研究

该种观点认为伦理道德与企业活动具有内在的相容性，企业作为构成现代社会的细胞，具有多方面的社会作用和社会属性，其中经济属性和伦理属性是企业社会属性的两个特殊方面，企业伦理的根源就在于企业社会属性的伦理方面。管理活动本身要求管理者探索管理的伦理问题，管理本身就具有的伦理性质，管理伦理现象的发生是由管理活动和管理系统内在的伦理要求和道德规范所决定的，从而论证了二者的内在一致性和统一性。还有人认为管理与伦理之所以能够结合，关键不在于伦理学能够为管理提供什么；相反，而是由于管理与伦理具有可通约性——管理本身内在地具有伦理性质。

2. 从经济主体的行为动机角度研究

该研究主要研究经济主体行为的动机具有两重性，即自利的经济动机与公益的道德动机，经济主体道德行为的利己动机表现在企业形象的塑造上以及契约伦

---

① Freeman R. Edwar, Daniel R Gilbert Jr. Corporate Strategy and the Search for Ethics [M]. Englewood Cliffs: prentice-Hall, 1995: 5.
② Carmichael H. Self-Enforcing Contracts, Shirking, Life Cycle Incentives [J]. Journal of Economic Perspectives, 1989, 3（4）: 65-83.
③ William H Shaw, Vincent Barry. Moral Issues in Business [M]. Belmont: Wadsworth, 1992: 41.
④ （美）托马斯·唐纳德森，托马斯·邓菲. 有约束力的关系——对企业伦理学的一种社会契约论研究 [M]. 赵月瑟，译. 上海：上海社会科学院出版社，2001：32-33.
⑤ （日）水谷雅一. 经营伦理与实践 [M]. 李长明，译. 北京：经济管理出版社，1999.

理中。在经济社会里，经济主体并非听任于经济动机，而丝毫没有公益的道德动机。如果从伦理道德的本性角度进行研究，认为"道德也是资本"，那么道德资本则具有寄生性和独立性。道德资本的运作具有优化性，表现为道德资本对有形资本的激活，促进企业实现规模经济。伦理的经济学意义不仅是因为伦理的工具价值，还必须将伦理的内在价值和工具价值结合起来考虑，伦理本身也是一种效率，同样是企业价值的欲求目标，只有这样，才能有助于一种综合效率的提升。

3. 从企业伦理的外部因素角度研究

以周祖城（2002）为代表的一些学者认为管理与伦理的结合既是社会压力增强和竞争加剧所致，又是提高管理工作有效性的内在要求，两者的结合有坚实的存在和发展基础。高祖林认为："诚信缺失难以建立完备的社会主义市场经济体系，难以增强我国经济的国际竞争力，同时还严重损害了党和政府的威信和形象，并对社会道德体系和人们的精神世界产生了极大的不良影响。"[①]

4. 从企业伦理的微观效应视角研究

我国学者从企业伦理是企业竞争优势之源的角度论证企业伦理的必要性。认为"企业的核心竞争力不是技术创新，资本之类的东西，而是人的思想观念中的一套价值体系，即企业的伦理理念系统"。

第二节　企业伦理理论及模型

一、关于企业伦理的理论

（一）功利理论

功利理论是 19 世纪根基深厚，颇有影响的目的论流派，在启蒙思想家霍布斯（Thomas Hobbes）和洛克（John Locke）那里萌芽，经过人的本性是利己还是利他的长期争论，最后由英国哲学家威廉·葛德文（Godwin William）和杰里米·边沁（Benfham Jeremy）系统地建立其思想体系，而后由约翰·穆勒（Mill John Stuart）进一步完善而成。杰里米·边沁认为个人行为的道德价值只能由结果来确定。这就是说，一个行为或决定，如果它给人带来利益，就是"正确"的，如果带来损失或害处，那么就是"错误"的，其目的显然是产生最大利益，同时带来最少损失或害处。

根据功利理论，善可以被描述为"效用"（utility），效用是道德的基础，是正当与错误的最终判据。依照功利主义，如果一个决策的效用比任何选择都大，那么

---

① 高祖林. 关于诚信问题的几点思考［J］. 苏州大学学报：哲学社会科学版，2002（1）.

它便是道德的。这就是说，行为或决策的正当性与它带来幸福的倾向呈正比，而行为的错误程度则要看与其他行为相比所带来的痛苦或较少幸福程度。功利主义的基本原则就是当且仅当行为所产生的总效用大于行为主体在当时条件下可能采取的任何其他行为所产生的总效用时，该行为才是道德的。功利主义原则假设我们能够衡量并加总每项行为产生的快乐（利益），减去该项行为带来的痛苦（损失），从而确定哪项行为所产生的快乐最多或痛苦最少。功利主义原则有如下的几个特点：

第一，功利主义原则所说的"快乐最多"或"痛苦最少"，并不仅仅针对行为人自身，而是针对受该行为影响的所有人而言的。在选择行为时，功利主义并不要求我们放弃我们自身的快乐，当然也不应当加大自身快乐的权重，自身的快乐和痛苦与他人的是同等重要的。

第二，功利主义原则不是说，只要某项行为产生的快乐大于痛苦就是道德的，而是说在特定的情形中所有可供选择的行为中产生效用最大的行为才是道德的行为。

第三，"最大的快乐"并不是说不考虑痛苦。如果几个行为都既有快乐又有痛苦，那就选择净快乐最大的那个行为，如果几个行为都只有痛苦没有快乐，而且没有别的选择，那就选择痛苦最小的那个行为。

第四，同一行为对不同的人有不同性质、不同程度的影响。功利主义原则不是让每个人投票，然后根据得票多少来判断行为，而是把各种快乐和痛苦加起来，那个能够带来最大净快乐的行为就是应该选择的行为。

第五，功利主义原则所说的快乐或痛苦不仅仅指行为产生的、直接的、眼前的快乐或痛苦，也包括间接的、长远的快乐或痛苦。

第六，功利主义者承认我们常常不能确切地知道行为产生的未来结果，因此，我们必须尽量使期望的利益最大化。

（二）权利理论

与功利主义不同，权利理论的道德原则是当行为人从事某一行为，或从事某一行为没有侵害他人的道德权利，或者从事某一行为增进了他人的道德权利，则该行为是道德的。关于人的道德权利，德国哲学家伊曼纽尔·康德（Kant Immanuel）的观点是最重要和最有影响力的解释之一。伊曼纽尔·康德为个人责任和美好愿望提出一个简单的测试，排除利己主义和自欺，并确保考虑了其他人的道德价值。这个测试就是问你自己是否让世界上所有人面对同样的处境，被迫做同样的事情。这是强制命令，强制当然意味着没有限制，并且这个规则是一个行为或者决定仅当每个人在类似的处境中，必须无条件地做出同样的行为或者决定时，才可以被认为是"正确""公正"以及"公平"的。伊曼纽尔·康德认为，道德标准适用于行为或决定的意图，原则是每个人的行为都应该能确定在相同的环境条件下，其他人也会做出同样的决定。责任体现出人应该在正当的精神指导下做正当事情的理念，只有出自于义务的行为才具有道德价值。

康德认为，道德义务的基础乃是一种像科学或物理定律一样的理性和普遍适用性，康德称这种普遍适用性为"绝对命令"。而之所以被称为"绝对"，是因为它不允许任何例外存在。绝对命令的第一个公式是"除非我能使我的意志把我的行为准则变成普遍适用的定律，否则我就不应该采取行动"。也就是说，只有当一个行为能被普遍接受时，或所有的人在类似情况下都能做出这种同样的行为时，该行为才是道德的。绝对命令的第二个公式是"不论对自己还是对他人，在采取行动的同时应当永远把人视为目的，永远不要把人仅视为手段"，简言之，要尊重其他人。在康德看来，人之所以为人，就在于人是理性的和自由的，是理应受到尊重的。一个人的计划或目标，不能凌驾于他人的价值之上。这一绝对命令意味着，每个人都有同样的尊严，因而不应该受到操纵、欺骗、剥削以满足他人的利益。也就是说，不能把人当作不会进行自由选择的物一样来对待。这一绝对命令可以表述为以下伦理原则：当且只有一个人从事某一行为时，不把他人仅仅作为实现自身利益的工具，而是尊重并发展他人自由选择的能力时，该行为才是道德的。根据权利理论，权利不能简单地被功利所藐视，权利只能被另一个更基本或重要的权利所超越。权利原则从个人或群体的观点表达道德，推崇个人幸福，把要求的有效性限定在社会的总利益上。

（三）公平公正理论

公平公正理论由美国哈佛大学哲学教授罗尔斯（Rawls John, 1971）所提出，他对功利主义未考虑权利和正义提出一些批判。正义原则所强调的是道德权威如何将机会与努力公平地分配给一个人，也就是让一个利害关系人享有公平的机会去发展他们的知识、技能及天赋，以发挥他们的潜能。另外，正义原则也强调对那些做错事情的人给予惩罚。罗尔斯以个人处于不了解自己的技能、能力及环境下，即他所谓的初始状态（original position）的选择为基础，提出了公正的两个原则：一是同等自由原则，即个人具有同等的自由，且被保护免于他人的伤害；二是差异原则，即一个具有生产力的社会难免会有不公平的现象，这些遭受不公平现象的人应该被安排，使得社会上最需要帮助的人的生活能改善以及提供弱势族群较多的利益和个人在社会中任何机构都有追求职务的公平机会。根据原则，企业不能凭借在交换中的优势地位，损害他人的利益换取自身利益，尤其是不能恃强凌弱。如果企业的行为使弱者的生存状况更差，这是不道德的。罗尔斯提出社会是个人的联合，这些个人为了促进所有人的利益而进行协作，因此社会中的制度会表现出冲突和协作。当个人认识到联合行动比个人努力会产生更大利益的时候，就会有协作，因此主张建立一个分配体系来保障更多的份额。公平公正论强调了保障社会最底层的弱势群体的基本利益，要求企业决策不能继续恶化弱势群体的生存状态，给具有社会影响力的企业制定决策提供了一个基本的依据。

当群体成员间相互合作或竞争时，当人们因做错了事情而受到惩罚时，当人们因他人的原因遭受损失得到补偿时，往往涉及公平、公正问题。在此方面，弗里切（Fritzsche D. J., 1999）和斯皮内洛（Spinello C. A., 1999）都做了重要和有价值的尝试。弗里切将公正原则具体化为"分配公正""惩罚公正"和"补偿公正"三个原则和方法。第一，分配公正。这一原则是指在利益和责任分配方面，必须遵循"同等的人应同等对待，不同的人应依其差别程度区别地对待"这样一种原则。这种不平等必须是以各种群体的相对差别为基础。第二，惩罚公正。这一原则是指惩罚必须与公正相适应，即：惩罚的严厉程度应与错误的大小呈正比；对于不同的犯错者，惩罚应该一致。此时，要做到惩罚公正，就必须确认某人的行为是否必须通过一套相应的程序。第三，补偿公正。这一原则是指对错误行为的受害方予以补偿，使受害方复原到伤害发生之前的状态。对于不可能提供完全补偿的伤害，如失去生命，能期望的最佳结果是犯错者赔偿可以公平估计的损失。

斯皮内洛（Spinello C. A, 1999）以伦理学一般原理为基础，提出了企业在决策时可供参考的三条伦理原则。第一是自主原则。这一原则强调所有的理性人均具有双重能力：有能力做出追求自认为是美好生活的理性计划；有能力尊重他人同样的自我决定的能力。自主不仅是道德义务的必要条件，而且要通过行使自主权来塑造自我的生活。因而自主原则便是对每个人来说，不能拿自己的自由做妥协，同时，也要将他人作为应该受到尊敬的人来看待。第二是无害原则。这一原则强调应尽可能避免给他人造成不必要的伤害。这是一条带有强制性的最低道德标准，其在行使时要求企业在制定决策时必须考虑谁有可能受到伤害并预先避免。第三是知情同意原则。这一原则强调要使受某一行为影响的人对该行为表示同意，且前提是对该行为及其后果"知情"。例如，若某人同意接受一项危险的指派，他应该尽可能详细地被告知有关从事这一活动的危险信息。如果这类信息故意被阻止或由于告知者的粗心而不完整，那么同意便是在欺诈的情况下做出的，因而是无效的。

二、关于企业伦理决策的主要模型

为了将理论融入企业决策活动中，西方学者和企业还提出并运用了一些简明易行的决策模型。由于信奉的理论基础不同，相应地采用的决策模型也不同。

（一）伦理检查模型

伦理检查模型由肯尼斯·布来查德（Blanchard Kenneth, 1988）和诺曼·V.

皮尔（Peale Norman Vincent，1988）在《道德管理的力量》一书中提出，包括三个伦理检查问题，它们是：

"第一，这合法吗？即行为是否违反了公民法或公司制度？

第二，它是平衡的吗？长、短期利益平衡吗？即决策是否兼顾了短期利益和长期利益？它是否推进一种双赢的关系？

第三，自我感觉如何？我的行为是否将使我感到骄傲？如果我的决定在报纸上公开发表，我是否自我感觉良好？"①

该模型主要依据功利理论，其优点是简单实用，无须掌握在不少人看来比较抽象的伦理原则，便可做出大致符合伦理的决策，因此被很多企业采用。理论模型如图 2-1。

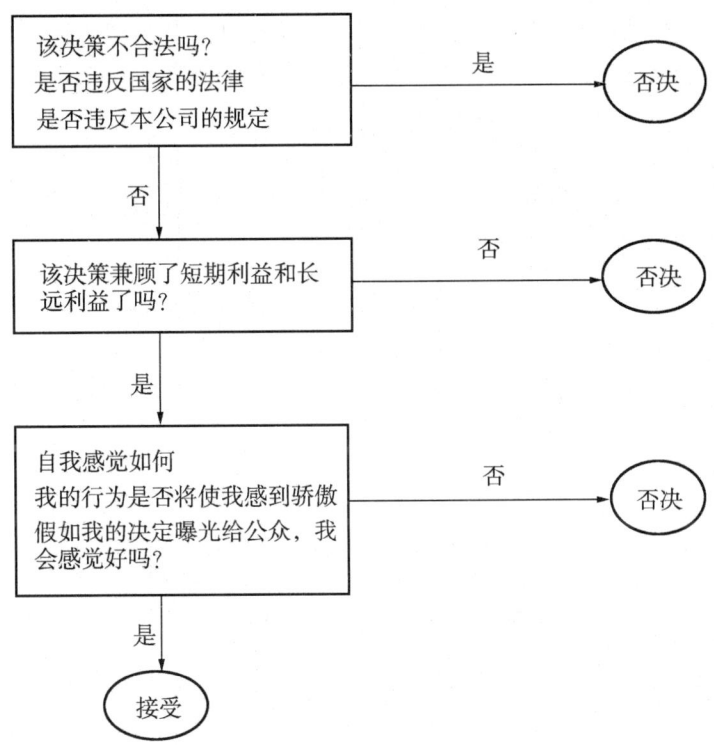

图 2-1 布来查德和皮尔模型

---

① Blanchard Kenneth, Peale Norman Vincent. The Power of Ethical Management [M]. New York：Fawcett Crest, 1988.

企业在运用该模型制定伦理决策时，首先进行合法性检查。依据功利理论，个人或本企业利益的实现应当在合乎良心与法律的前提条件下进行。而就常识而言，伦理与法律是一致的，不合法的也通常是不道德的。然后，检查一项决策是否兼顾了长远利益和短期利益，其理论依据是，具有长远利益的行为不大可能是不道德的行为。最后，企业决策者对一项决策进行自我感觉检验和曝光检验。这里，模型实际上假定决策者知道对他人、对社会应有的义务，做出违反伦理的决策是环境压力或利益诱惑所致。"自我感觉如何"实际上就是要唤起决策者本身具有的伦理意识。如果决策违反了诸如诚实、感恩、公正、行善、自我完善、不作恶等当然的义务，决策者应该会感到良心的谴责和无法面对其他人。

（二）琼斯的道德问题权变模型

1991年，托马斯·M.琼斯（Jones Thomas M.，1991）从分析道德问题本身的特性对道德决策的影响，建立了一个以道德问题为导向的组织内个人道德决策模型，其理论框架如图2－2所示。琼斯认为道德选择不只是个人的决策，也是组织内社会学习的决定，提出道德强度（moral intensity）对道德决策的各个阶段都有影响，道德强度是道德问题特征的总括，包含六个方面，即后果的严重程度、社会共识、后果发生的可能性、后果的直接性、与受害者的关系和后果的集中程度。

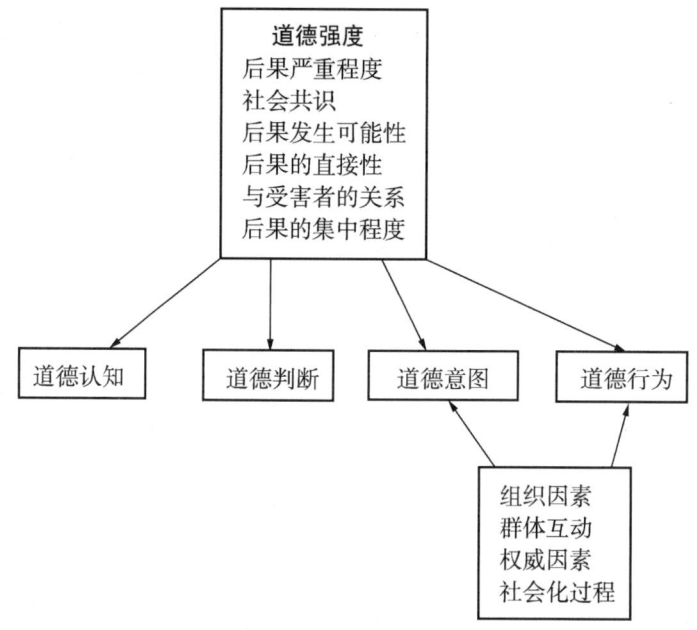

图2－2　琼斯的道德问题权变模型

第一，后果的严重程度。某种行为的受害者或者受益者受到多大程度的伤害或得到多少利益？

第二，社会共识。多少舆论认为这种行为是恶的或善的？

第三，结果发生的可能性。行为实际发生和将会引起可预见的危害或利益的可能性有多大？

第四，结果的直接性。在该行为和它所期望的结果之间，持续的时间有多久？

第五，与受害者的关系。一个行为的结果与该行为的受害者或受益者有多接近？

第六，后果的集中程度。行为对有关人员的集中作用有多大？

琼斯（Jones Thomas M.，1991）认为，人们更经常意识到具有高道德强度的道德问题，而高道德强度的道德问题比低道德强度的道德问题会带来更高的道德推理（道德发展处于高层次水平），并且道德意图的建立更经常出现在道德强度较高的情况下，同时道德问题具有高强度时，道德行为更容易被观察到。该模型认为组织因素从两个方面影响着道德决策和行为：建立道德意图和从事道德行为。组织潜在的压力会决定个人的道德目的，而组织明晰的因素不管目的是好还是坏，都会导致道德的或不道德的行为（如图2-2）。

（三）道德决策模型

道德决策模型是1981年由杰拉尔德·卡瓦纳（Cavanach Gerald F.，1981）等人设计的。这个模型有两个特点，一是从决策的后果和决策对义务与权利的尊重两方面来评价决策在道德上的可接受性。模型首先要求决策者考虑决策对相对广泛的利益相关者的影响。例如，对企业自身、对整个社会目标的实现、对整个经济体系的运转、对决策涉及的个人权利的影响等，这些是站在较高的层次运用功利理论的。从后果上衡量之后，模型要求继续从道义方面评价决策，必须考虑对受影响者权利的尊重和对各方的公正性。二是运用加勒特的相称论，考虑例外情况的解决方式。模型虽然比较复杂，但其全面性是显而易见的。卡瓦纳道德决策树如图2-3所示。

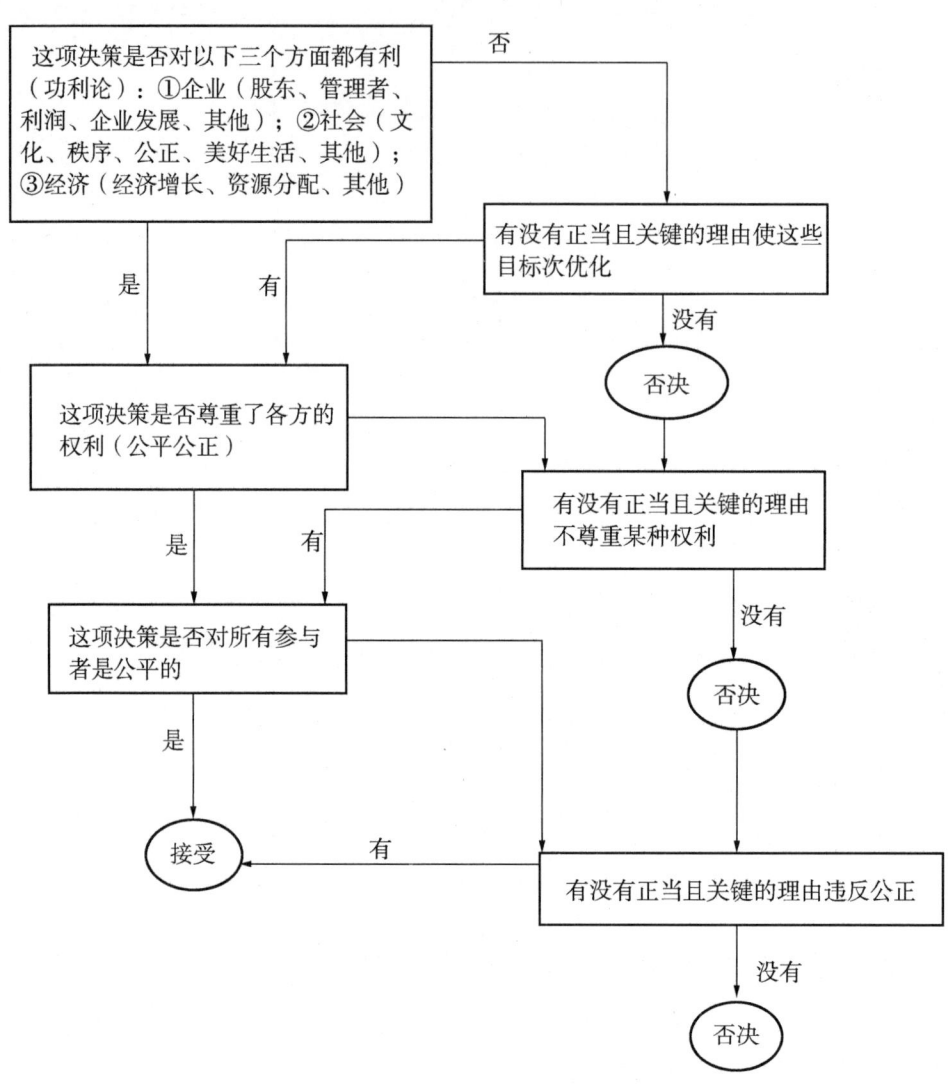

图 2-3　卡瓦纳道德决策树

第三节　企业伦理分析的应用

一、企业伦理分析的三种方法

企业伦理学作为一门研究道德规范的科学，阐明哪些企业行为是道德的，哪些行为是不道德的,并通过确立企业伦理标准,对企业行为进行道德评价,促进企业管理者在决策时做出合乎伦理的选择。

(一) 功利理论:比较收益和成本

伦理分析的一种方法是强调功利,即一种行为或者一个决定所能带来的所有好处,这种伦理分析称为功利理论。功利主义考虑集体的利益,在群体最大利益的考虑下,拟定各种可行方案,估计一个方案的成本与效益,使集体利益最大化。它采用类似成本效益分析来看伦理的两难,这些成本和收益可以是经济方面的(表现为金额)、社会方面的(对社会的影响)或者人类方面的(通常是对心理或者情绪上的影响)。在此,利益可被定义为愉快、满足、知识、生命或健康;成本则可定义为痛苦、不满足、无知、死亡或病痛。功利主义理论的特点是它是一个与环境相依的伦理,也就是要求决策者能够预测可能的结果及评估这些结果的利益。这种理论认为能对大多数人产生净利时的决策在道德上就是对的,无视于此行动的动机或手段。使用功利主义来分析伦理议题时,必须找出各种可能的行动方案;再质问这些行动有关的利害关系人有哪些,以及分析关系人遭受的伤害及获得的利益;是依据分析的结果选择会产生最大利益及最小伤害的行动。

功利主义分析步骤:

第一步,对需要评价的行为进行详细而清晰地描述。

第二步,对受到该行为直接和间接影响的人群范围分别加以界定。

第三步,考虑是否存在一些明显的决定性因素,其重要性超过其他影响因素。如果存在相当严重的后果,以至于已经可做出评判,就不必对所有后果逐一分析了。

第四步,将该行为对直接相关人群造成的后果进行详细描述,考察每一后果可能产生的正面及负面效用及其在现实中发生的可能性。

第五步,为利益因素与损害因素分配权重,需要分别考虑每一种收益或损害的数量、持续时间、确定程度、实现时间(是立即获得的收益还是需要一段时间以后才能获得的)、多产性(指一种行为所能带来同种价值的数量多少,如掌握一项新技能获得了愉悦感,使用该技能时又获得了愉悦感)、纯度(如果与一种价值相伴生的还有一些负面效应,那么这种价值就是不纯的,与酩酊大醉所带来的一时快感相伴随的往往是酒醒之后的不适与痛苦),从而确定各自的重要程度。

第六步,考虑当准则得到普遍遵循时所带来的积极与消极影响,如有必要,对那些受到该行为间接影响的人群以及总体社会做同样的分析。

第七步,对所有正面及负面效用进行加权计总。

第八步,考虑除"非此即彼"的选择外,是否存在其他备选方案,如果有,则需要对每一种方案进行如上的分析步骤。

第九步，比较所有备选方案的分析结果，能够产生出最大净收益值的行为（如果所有方案均弊大于利，则选择产出最小损害净值的行为）作为最终方案。

(二) 权利理论：确定和保护权利

人权是做出伦理判断的另外一个基础。权利意味着一个人或者一个群体可以做某事或者以某种特定的方式被对待。权利理论确认哪些人的权利会遭受行动的侵犯，确定个人权利的法律与道德基础，保护与尊重个人道德权利。最为基本的人权有生命权、安全权、言论自由权、知情权、正当程序权、财产权以及另外一些权利。权利理论告诉我们个人可以享有人身自由、财产、健康、安全、快乐等权利，除了这些基本权利之外，当然还有许多不同但相关的权利。这些相关的权利可以被视为基本权利的另一种观点，因此也是决策者必须考虑的，否认这些权利，或者对他人和其他群体的权利没有提供保护，往往被认为是不符合伦理的行为。以权利理论作为伦理分析基础的主要局限在于难以衡量各种相互冲突的权利。以下所列并不能完全涵盖，但可以提供决策者一个思考方向：①事实真相权。对于那些会显著影响我们决策之事务，我们有权被告知。②隐私权。只要我们不侵犯别人的权利，我们有权相信或去做自己所选择的事。③不被伤害权。除非我们故意去做会被伤害的事情，或故意去做出会被惩罚的事，否则我们不应被伤害。④同意权。若双方已订有契约，则我们拥有契约所赋予的权利。

使用权利论来决定行动是否符合伦理时，我们必须反问，行动的过程或结果是否会伤害别人的道德权利？当行动侵犯到个人的权利时，侵犯越严重，伤害也就越大。权利论虽然保护个人的基本权利，但也有下列缺点：①个人权利之赋予，可能被某些个人或群体用来作为自私或不道德之利益争取。②权利的保护可能促使某些个人权利之赋予，必须牺牲他人之权利。③当某些个人之权利会影响到他人之权利时，公平与正义的问题便会产生。④权利的限制也是一个问题。例如，政府或一些团体虽可能使整个社会受益，但也会威胁到个人或群体的权利，因此必须权衡该给予多大的权限才能避免这些情况的发生。

权利理论分析步骤：

第一步，你有这样的道德权利吗？①可逆性；②普遍性；③尊重与自愿。

第二步，利益相关者有哪些道德权利？

第三步，你的道德权利和利益相关者的道德权利之间存在冲突吗？如果有冲突，则需要明确何者更为重要。

冲突的权利各自保护了什么利益？

哪一种利益更重要？

优先考虑保护更重要利益的权利。

第四步，找出处于主导地位的权利后，考虑该权利是否会受到其他因素的制约和支配,如果是,则对这些因素进行分析;如果不是,则用该权利解决问题。

(三)公正理论:是否公平

伦理分析的第三种途径关系到公正。公正分析有别于功利分析,功利分析考虑的是对成本与收益进行加总以比较它们孰轻孰重,一旦收益超过成本,那么该行为可能就会被认定为是符合伦理的。而公正分析所考虑的是谁支付成本和谁获得收益的问题,如果最后所获得的份额看起来是公正的,那么该行为就可能是公正的。公正理论强调行动的成本与效益是否公平地分配至每一利害关系人,成本与效益之分配程序是否公正与明确。公正分析的最主要局限在于,哪些差异与分配利益及负担有关,以及对受害者遭受损失的量很难计量。为有效应用上述理论和原则,斯皮内洛(Spinello C. A.,1999)确立了企业行为伦理分析的七个步骤,帮助人们对企业行为进行伦理考察,其基本观点是认为法则在某些情境下会被打破,它强调伦理不只局限于方法和结果,而必须顾及权利与正义。这些步骤是:

第一步,确认并系统地提出每个案例中的道德问题。

第二步,考虑一下你对这些问题的第一印象或反应,换言之,你的道德直觉是怎样考虑该行动的政策:它是正当的还是错误的?

第三步,道德问题是否关系到规范性原则?如果是,它们对解决道德问题具有什么样的影响?

第四步,再从一个或多个伦理学理论的角度对这些问题进行考察,并将上面的问题纳入理论分析的框架。

第五步,规范性原则和伦理学理论是否均指向一种决策或行为原则,或它们能使你得出不同的结论?如果是这样,哪个应优先考虑?

第六步,你的规范性结论是什么?换言之,机构或个人的行为准则应是什么?

第七步,该案例的公共政策的含义及你的规范性结论是什么?所建议的行为准则应如何确定下来,是通过立法还是通过行政命令?

综上所述,企业伦理学必须有一套适合分析企业道德的理论工具或伦理标准,伦理分析的目的是找出相关的事实,以便确认利害关系人之关系并拟定可为之行动的方案。如波斯特(Post James E.)指出:"企业伦理是一般伦理观念在企业行为中的应用。企业伦理并不是有别于一般伦理而只能应用于企业的一套伦理观念。如果不诚实被认为是非伦理和非道德的,那么企业中任何一个对雇员、顾客、股东或竞争对手不诚实的人,都是非伦理和非道德的。在当代西方特别是美国，一些一般性的伦理准则被普遍引申为企业行为的伦理分析工具。"①

二、企业伦理分析的应用

（一）伦理分析在企业决策中的应用

企业决策是否可行，不仅取决于企业自身能否得到利益，技术上是否行得通，而且还取决于能否得到利益相关者的支持。如果决策不仅损害了利益相关者的利益，而且这种损害是违背伦理的，利益相关者不支持甚至反对，决策的可行性就要受到影响甚至完全不可行。正因为如此，几乎所有西方学者都把伦理决策作为企业伦理与管理结合中的主要问题来对待。弗雷德里克·B.伯德（Bird Frederick B., 1991）和杰弗里·甘兹（Gandz Jeffrey, 1991）认为，"企业伦理学是关于制定和实施涉及道德判断的决策的"。

一般来说，决策的伦理分析只是区分道德和不道德，但对同样是道德的行为不再划分层次，这种做法有所不足。首先，道德是有层次之分的，比如，对顾客负责是合乎伦理的行为，但负责的程度是有区别的。其次，企业所追求的道德层次也不同，虽然追求道德高标准的企业更应该得到社会的肯定、鼓励，但满足于道德标准的企业也许应该允许存在。显然，这两类所需的伦理评价准则是不同的，即企业需要不同层次的伦理评价准则。

对决策方案的评价一般可以划分为三个层次：不能接受的、可以接受的、满意的。伦理评价也可以分为三个层次。从人己的利益关系看，其三个层次是：①损人害己、损人不利己、损人利己、损公肥私，这是不道德的、不能接受的；②为己利人、利人利己、公私兼顾，这是道德的，属于道德层次不高；③先人后己、先公后私、无私奉献，这是高尚的道德，是需要鼓励的。

二层次决策伦理评价，包含可接受层次准则和满意层次准则。只要确定了可以接受层次准则和满意层次准则，也就可以划分三个层次了，它们分别是：①不满足可接受层次准则的是伦理上不能接受的方案；②符合可接受层次准则的是伦理上可接受的方案；③符合满意层次准则的是伦理上满意的方案。

决策者若能对上述之伦理理论和分析方法有所了解，不仅有助方案的评估，甚至当日后决策受到批评时，也能够用来解释并予以回应。然而从以上三个理论的分析介绍中可知，一个伦理决策的制定不仅必须涉及多方面的考虑，而且可能随着决策者采用不同的理论从而可能做出不同的决定。但其实这种对多元理论的需求，正好说明哪一个理论都是不完整的及伦理议题之多重本质。故当决策者思

---

① （美）詹姆斯 E 波斯特，安妮 T 劳伦斯，詹姆斯·韦伯. 企业与社会：公司战略、公共政策与伦理 [M]. 张志强，译. 北京：中国人民大学出版社，2005.

考决策该如何制定时，必须考虑多种观点，才能判断哪一个行动方案是最好的。

在具有伦理观点的方案评估中决定出一个方案的适用性，决策者此时可从这些方案中选取最好的，然而这并不是一件容易的事。以下有几个步骤可帮助我们将一个方案重新审视，以及重新审视作为方案选择的依据：

（1）将一个方案进行敏感度分析，分析某个因素改变对此方案的影响。再依据不同伦理论点询问自己下列问题：

1）首先要问自己的是，这合法吗（这里所说的合法与否是指从字面上的法律来说的）？此方案之利益是否大于成本？

2）一个有品德的人是否会如此做？

3）如果你处在利益相关者的位置，是否感到受到的对待是公正的？

4）你是否愿意接受其他处于你的位置的决策者都做出你这样的决策？

5）一个人的基本权利是否受到尊重？

6）成本与效益是否公平分配？

7）是否有益于个人特质或增进个人美德？

8）是否符合所在环境之习俗与道德标准？

9）是否符合个人之基本责任？

若对以上问题之回答皆为"是"，此方案很可能符合伦理，若回答皆为"否"，可能不符合伦理，如答案是混合型的，则不一定符合伦理。

（2）思考决策的结果对利益关系人造成的影响，以及所采用的伦理论点是否会冲击到其他伦理论点，要思考并回答以下问题：

1）谁是我们现行的利益相关者？

2）谁是我们潜在的利益相关者？

3）利益相关者想从我们这里得到什么？

4）我们的决策会对哪些利益相关者带去利益？利益有多大？

5）我们的决策会对哪些利益相关者造成伤害？伤害有多大？

6）利益相关者受到损害后会不会采取行动？如果会，会采取什么样的行动？

7）可能采取行动的利益相关者的影响有多大？

（3）此决策是否可化成一般准则并用于类似情况？

（4）那些有很好判断力的人对此行动会有什么看法？

（5）再回想看看决策是否正确？自己是否对决策会产生任何不满意？若是的话，想想看是哪些因素导致不满意，继续修正自己的决策，找出一个新的准则。

（6）决策回顾：

1）决策的过程是否有瑕疵，决策是否正确？

2）对决策结果是否满意？

3）这个决策及其结果对自己或其他人而言，是否都是一个最佳的结果？
4）其他人在回顾这个决策时，他们的看法是否与自己的一致？
将满意的结果融入生活中。

（二）伦理分析在企业经营中的应用

经营领域中的任何一个人都可以利用伦理分析的这三种方法以便更好地理解工作中出现的伦理问题。更为常见的是，这三种方法往往被同时应用。因为只应用其中的一种方法具有一定的危险性，同时可能会导致对伦理问题所呈现的复杂性形成片面的理解。另外还可能会产生一种不被他人所接受的不平衡的伦理结果。图2-4为我们可能遇到的伦理麻烦或问题提供了一种实用的分析程序。在做这种分析时，可以运用两个普遍的原则：全体一致原则和优先原则。

1. 全体一致原则

如果要判断一个决定、一项政策或者一个行为是道德的还是不道德的，你首先得回答图2-4（1）所列的三个问题。如第2层所示，如果你对所有的问题的答案都是肯定的，那么该决定、政策或行为就可能是符合道德的。如果你的答案是否定的，那么该决定、政策或行为可能是不符合道德的。你对此不能完全确信的原因在于不同的人和不同的群体：①可能会忠实地或者真诚地利用不同来源地信息；②可能会对成本和收益做出不同计量；③可能对公正的概念有不同的理解；④可能对各种权利有不同方式的排序。然而，只要分析人员对这些问题有一致的答案——不管是全部都是肯定的还是都是否定的——我们都有充分的根据来判定一个行为是道德的还是不道德的。

2. 优先原则

当全体一致原则无法适用时，那又该如何呢？如果所得到的答案两个是肯定的一个是否定的，或者答案是其他一些可能性的组合，我们该怎么办？在这种情况下，做出选择就是必须的，正如图2-4（2）第3层所示，一个公司的管理者或雇员就不得不确定三种伦理分析方法选择何者的问题。也即对于管理者、雇员或者组织者而言，哪种方法是最为重要的，是功利理论、权利思维还是公正思维？应该如何排列其先后顺序？于此，我们就必须做出判断，必须决定出优先使用哪种方法。这种判断和优先权的确定受到公司文化和伦理氛围的深刻影响。注重公司伦理氛围将使公司给予功利主义以更高的权重，以对公司的成本和收益进行计算。而在强调仁爱的伦理氛围中，雇员的权利将得到更多的尊重，股票持有者也将得到公正的待遇。在法律和职业规范的伦理氛围中，遵守法律将得到最高的权重。优先原则的这种选择很大程度上也取决于管理者的价值观，特别是高层管理者的价值观以及公司决策中的个人特质。有些人对人们的权利较为敏感；而另外一些人可能会将自己或者其公司置于其他考虑之前。

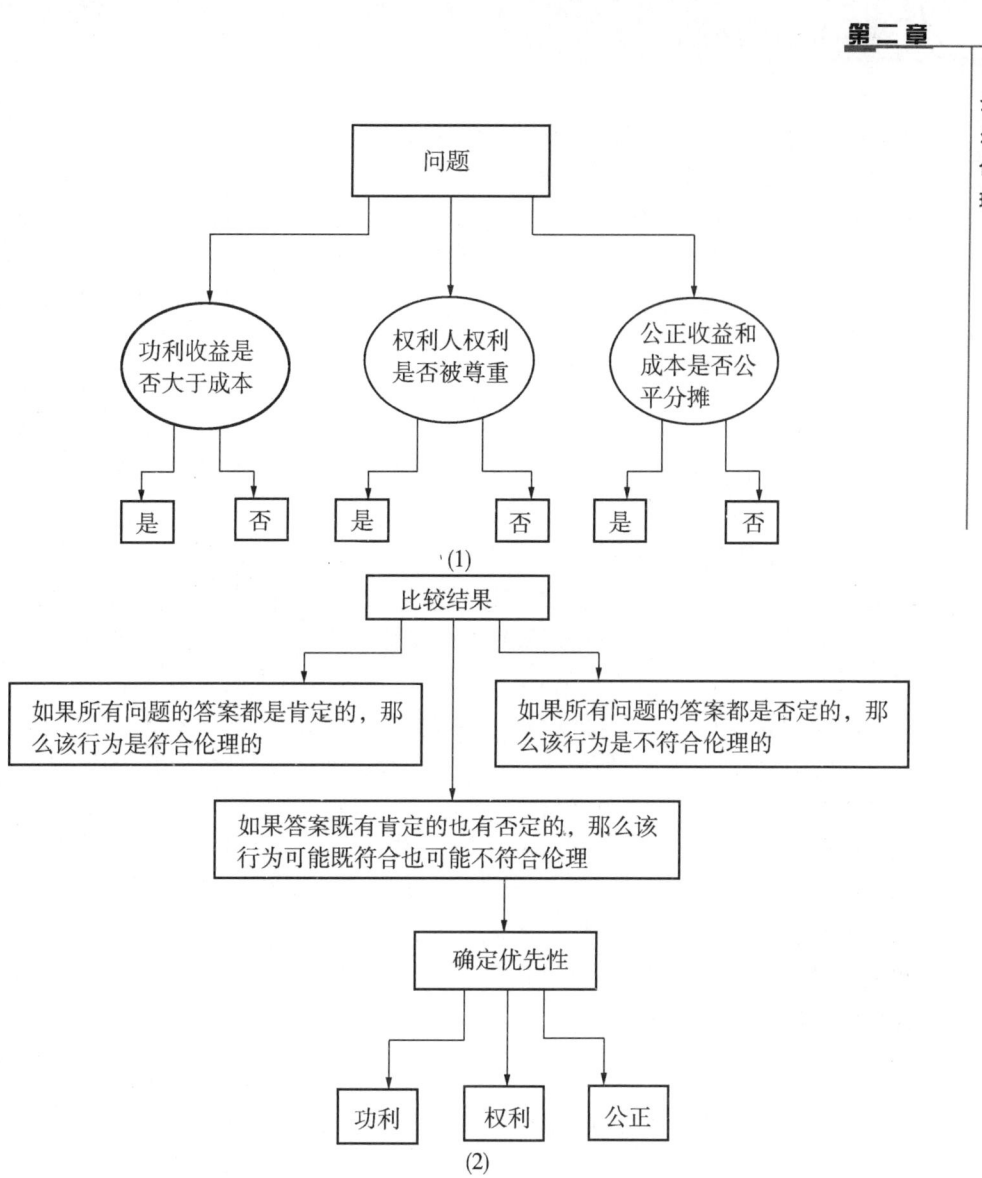

图 2-4 伦理问题的分析方法

第四节 利益相关者理论与企业伦理

一、利益相关者管理思想

利益相关者管理（Management For Stakeholders，MFS）奉行的核心思想是企

业的经营管理活动要为综合平衡各个利益相关者的利益要求而展开进行。它与传统的"股东至上主义"的主要区别在于，该理论认为任何一个公司的发展都离不开各种利益相关者的投入或参与，企业追求的是利益相关者的整体利益，而不仅仅是某个主体的利益。这些利益相关者既包括企业的股东、债权人、雇员、消费者、供应商等交易伙伴，也包括政府部门、本地居民、当地社区、媒体、环境保护主义者等压力集团，甚至还包括自然环境、人类后代、非人物种等受到企业经营活动直接或间接影响的客体。这些利益相关者都对企业的生存和发展注入了一定的专用性投资，他们或是分担了一定的企业经营风险，或是为企业的经营活动付出了代价，企业的经营决策必须要考虑他们的利益，并给予相应的报酬和补偿。

正是在上述观点得到了越来越多的规范性和实证性的发展以后，利益相关者理论从根本上解决了"企业具体应该对谁进行伦理管理"这一核心问题，并形成了一个统一的研究范式，伦理管理乃是企业履行与利益相关者长期隐形契约的内在要求，企业作为"一种治理和管理专业化投资的制度安排"①，必须以社会伦理道德规范为依据，认真处理好与利益相关者的关系，实行对利益相关者讲伦理道德的经营管理活动。那种认为企业只为股东利润最大化而生存的思想很可能会导致非道德经营和不道德经营，因为企业一旦把利润作为唯一的追求时，就会把自己束缚在急功近利的小圈子里，在经营行为上就难免把职工作为获利的工具，把顾客视为争夺市场份额的对象，把竞争对手看成对头冤家，把媒体视作祸水，把政府法令当作儿戏，把自然资源作为肆意攫取的目标。这种从不考虑利益相关者要求的企业是不可能真正做到伦理经营的，它们即使暂时获利，也无法保证持续发展。企业管理者必须清醒地认识到，企业绝不是游离于现实生活之外的一个产品加工器，企业经营需要与各种社会成员打交道，当然要讲伦理道德。

二、利益相关者要求的企业伦理的实现途径

企业的利益相关者包括内部利益相关者和外部利益相关者。前者包括企业员工，后者包括股东和融资机构、供应商、经销商、消费者、竞争者、社区、政府、媒体、非政府组织，社会等机构以及自然环境和存在实体等。

1. 内部利益相关者

员工是企业产品和服务的设计者、制造者、销售者以及最终的服务者。关注企业道德建设的企业，知悉人力资源是企业的第一资源，人力资本是企业资本的

---

① Blair M M. Ownership and Control: Rethinking Corporate Governance for the twenty-first Century [M]. Washington: The Brookings Institution, 1995.

主体，人之灵性是资本的灵魂，员工是企业的内部客户。伦理经营要求现代企业对待员工决不仅仅是支薪了事，还需要尊重员工，给员工提供符合安全和卫生要求的工作场所，创造人性化的工作环境，制定公正公开的奖惩制度，公平地对待每一位劳动者，为每一位雇员提供广阔的生存和发展空间，不搞任何形式的种族、性别和工种歧视。相应地，员工因为企业对他们正当权益的尊重和人文关怀，回报给企业的则是企业持续健康发展的战略资源——爱企如家的精神、高度的忠诚、高昂的士气、凝聚力和向心力。

2. 外部利益相关者

第一，作为投资人的股东和融资机构。有战略思维的企业重视企业道德建设，这些企业知悉资金链是企业持续健康发展的命脉，而投资人是企业资金链的来源，经营者应通过诚信经营，进行投资风险战略管理，承担起对投资人的代理责任，公正、准确、及时地向股东和融资机构披露易懂的信息，而且承担起企业行为相对应的社会责任，提升企业道德指数。企业要将合法收入及时在股东、债权人之间合理分配，不拖不欠，形成良好的企业信誉。企业像人一样，也有着自己的性格、气质、个性、风貌和品德，企业要在市场立足，首先要有信誉，这是企业道德的第一体现。

第二，消费者。企业生产的产品和服务只有通过消费才能实现其价值。企业要真正将消费者满意视作企业销售产品的最高目标，决不欺瞒消费者。"顾客是上帝"已经成了许多企业管理者的口头禅，但能否言行一致，则有赖于良好的道德观和高度的责任心。对顾客负责任的企业重视客户关系管理，充分尊重消费者的知情权和安全权，准确真实地披露产品和服务的相关信息，尊重消费者的选择权和投诉权，通过与顾客接触的每一个机会，为顾客提供超出顾客期望的问题解决方案。而且，随着国民素质的提高，消费者不单单注重产品本身的质量问题，产品背后的生产过程也引起了消费者的重视。黎友焕和陈小平指出："随着市场发展的逐渐成熟，竞争越来越激烈，消费者不再只注重产品本身的质量，开始'重品牌、重式样、重责任'……"①。负责任的企业在消费者心目中拥有良好的信誉、良好的口碑、良好的企业形象，顾客从这样的企业购买产品和服务，无后顾之忧，因而表现出较高的顾客忠诚度。从"企业为顾客负责"到"顾客对企业忠诚"，企业与顾客之间建立了互惠互利的价值增值机制。

第三，供应链上的供应商和经销商。供应商是企业向其获取原材料资源的组织，经销商是企业产品和服务的销售渠道。供应商和经销商都是企业供应链上的成员单位，是企业创造和实现价值的互补伙伴关系，对此，魏民表示："对企业

---

① 黎友焕，陈小平. 从 ISO26000 看我国消费新理念［J］. 企业社会责任，2011（2）.

来说，选择一个好的供应商也就是选择了好的产品、好的产品价格、优质的服务。"① 企业重信守诺，供应商和经销商视企业为供应链战略伙伴。供应链战略伙伴关系的建立有利于供应链的无缝链接，提高活动效率，节约交易成本，提高退出壁垒和转换成本，获取相对成本优势，建立基于成本领先的竞争优势。

第四，竞争者。竞争是自然界也是社会的生存法则，竞争者不是对手，而是企业活力的促动者，甚至是企业的合作者。企业应在行业游戏规则和法律法规等体系下，合理、合法、合德地获取竞争情报，公平、公正、公开地参与竞争。企业与竞争者之间并非必然地存在零和（zero sum）或负和（negative sum）关系。相反地，从互补而非对立的视角看，与竞争者开展业务合作，通过合作竞争（cooperation），却存在很多互惠互利的正和（positive sum）机会，实现双赢。

第五，社区。重视道德建设的企业致力于成为社区优秀的"企业公民（corporate citizen）"，主动投资社区公益事业，为当地社区提供就业机会，关注社区居民的健康和环境保护，关注社区人与自然的和谐发展。这些负责任的企业自觉采用清洁生产技术并治理污染，保护自然环境；资助社区教育、文化、医疗、卫生等事业，提升社区居民的生活品质，它们因其负责任的企业行为而受到社区的颂扬，从而储备了战略型无形资产——负责任的良好企业形象。

第六，政府。政府通过制定政策法规影响企业运作的游戏规则。企业必须遵守政府制定的政策法规，合法经营，自觉进行内部审计和外部审计，接受政府的稽查和监督，自觉地照章纳税，做政府的优秀企业公民。企业也因其负责任的企业公民形象而成为政府表彰的对象，较容易获取与政府建立有利于企业发展的良好对话机制的机会。

第七，媒体。企业要主动接受媒体的监督，如果万一出现了管理纰漏，对社会其他成员造成伤害时，则决不推诿，要真心实意地致以歉意，并尽力为相关者弥补损失。正如一个有道德修养的人在犯错误后会主动向受到伤害的人赔礼道歉、给予适当的赔偿一样，企业经营也是如此，只有与公众坦诚相待的企业才会受到尊重。

第八，非政府组织。非政府组织（Non Government Organization，NGO）是企业向"理想型"企业迈进的航标灯。具有强烈社会责任意识的企业关注员工的健康、进步和发展，关注投资人的合法权益，关注供应链伙伴的利益，关注社区发展和环保，自觉接受非政府组织的监督，诚实守信、合法合德经营。负责任的企业因为关注人的发展、关注人与自然的和谐发展而成为正义的非政府组织如绿色环保机构、消费者合作组织、社会责任机构等压力集团大力表扬的对象。非政

---

① 魏民. 企业供应商管理探讨［J］. 现代商贸工业，2010（4）.

府组织的监督和表扬的结果是良好企业形象的传播。

第九，社会。企业的社会性天然地赋予了企业应尽的社会责任，负责任的企业在获利后主动地投资社会公益事业，积极从事慈善事业来回报社会，树立健康的公众形象。研究表明，投资公益带来的附带宣传比单纯的广告宣传更能获得社会公众的认同，更有利于树立良好的企业形象，这就是公益活动中的宣传增值效应。道德投资看似付出了企业一定数量的经济资本，但企业实则获得的是更具活性的无形社会资本——良好的口碑和良好的企业形象。企业只有将自身的经营行为融入社会发展的潮流之中，并主动为社会解难分忧才可能真正实现道德化经营，并获得长远的发展。

第十，自然环境。企业的生产经营活动不可避免地对自然产生外部不经济性。重视道德建设的企业秉承科学发展观，主动进行战略环境管理（Strategic Environmental Management，SEM），维护生态环境、注重可持续发展。当前，全球环境问题日益成为人们关注的焦点，随着多企业掠夺式的发展导致自然资源急剧减少，环境受到严重污染，土壤退化、全球变暖等问题不仅仅已经开始影响着人们的生活，而且还对人类后代、非人物种的生存构成了威胁。企业作为破坏环境的"罪魁祸首"，必然要对其负责。以德治企要求企业在解决环境问题上发挥更加主动积极的作用，尽可能减少企业行为对自然环境产生的负外部性（negative externality）影响，以实现人与自然的和谐发展。

三、利益相关者要求的企业伦理管理的实践情况

关注利益相关者的要求，开展伦理管理，已经成为许多西方国家企业奉行的经营理念。1996年2月韩国企业界的民间联合组织（全国经济人联合会）代表企业界向政府和国民公布了《企业伦理宪章》，它要求企业尊重竞争对手、公平对待企业成员、保护和增进消费者权益、加强社会责任感、尊重地区传统文化，其核心思想就是关注相关者的利益要求。荷兰国际财团（ING）负责人卡恩认为，时代不同了，遵守道德规范已经从一种美德变成必需。没有道德观念，我们就是在与灾难打交道；有了道德观念，我们就可以在国际市场上立足。这一趋势很明显。美国职业道德主管人协会指出，在《财富》杂志的企业排行榜上名列前茅的500家企业都有道德行为规范。许多国际性大公司已经把道德行为规范当作了主要目标，其目的之一是维护企业名誉，但也是为了吸引顾客和第一流人才。道德行为规范就是企业竞争力的源泉。目前企业界正在研究如何把道德行为规范变成员工的实际行动。在欧洲，总的来说，企业道德被认为是社会责任观念的一部分。这种社会责任观念含义广泛，包括企业职员、顾客、供应商、社会团体及股东等的责任。

我国也有一些优秀企业妥善地处理好与各种利益相关者的关系，并矢志不渝地追求伦理管理的经营理念。例如，"全聚德"烤鸭、"瑞蚨祥"绸缎、"盛锡福"帽子等为人们所信赖的老字号。然而也有许多企业没有树立起对利益相关者讲道德的经营理念，它们为了追求利润最大化而置员工利益于不顾，重利轻义刺探朋友的商业机密，做不适宜的广告诱惑未成年人消费，肆意疯狂地开采自然资源。至于现实生活中出现的种种不良现象，如坑蒙拐骗、制假售假、拖欠账款、故意违约、金融欺诈、超时用工、破坏环境，等等，都是企业伦理管理不善的表现。更有甚者，在钱塘江护堤工程关键部位的基础沉井施工中，施工企业竟以泥沙代替混凝土回填。这种为了节约成本赚取利润而置几百万人民的生命财产于不顾的企业行为不仅是违法的，更是道德沦丧的表现，这些企业即使能够暂时获利，但遭到了社会公众的唾弃，也无法保证持续发展，最终受损的还是企业自己。全国各地接连不断发生的毒大米、假农药、霉月饼事件和多起大桥垮塌、矿难事故也在提醒我们的企业，守法经营只是社会对企业的最低的要求，对一个渴望有所作为、能够持续发展的企业来说，开展基于利益相关者要求的伦理经营刻不容缓。

第三章　企业的社会契约

第一节　社会契约论

社会契约论发展至今已经有四五百年的历史。它是西方各国宪政制度设计的重要理论基础,在反对封建专制与基督教教权方面起了极其重要的作用。虽然它只是一种关于国家起源的"假说",但仍是许多理论家的理论武器。在古典契约论的代表人物中,最有代表性的是霍布斯(Thomas Hobbes)、洛克(John Locke)与卢梭(Jean-Jacques Rousseau)等人。

一、社会契约论的发展历程

社会契约的思想最早要追溯到中世纪思想家汤玛斯·阿夸纳斯(Thomas Aquinas),阿夸纳斯的政治自由主义思想基本上来源于三方面:圣经的教诲、罗马法的精神、亚里士多德的政治学原理。他认为尽管权力的实质是上帝赠予的,但是权力的组织形式却是由人民决定的,并且最终由人民来享受这种权力。在16世纪和17世纪早期,社会契约思想体现了更强的神学色彩。在宗教战争中,社会契约思想成为捍卫宗教信仰自由的重要武器。社会契约理论的重大发展出现在17世纪中期到18世纪,在这期间,霍布斯(Thomas Hobbes)发表了他的名著《利维坦》,卢梭(Jean-Jacques Rousseau)出版了著名的《社会契约论》,洛克(John Locke)的《政府论》思想更是影响深远。与此同时,自然法则学派也更加系统地建立、阐述了自然法则的基本思想体系。

社会契约理论认为一个政治和社会秩序实际上包含两个契约,一个是社会契约,另一个是政府契约。所谓社会契约指的是,一个自然群体中的每一个单个成员依照某种共同的社会意愿而结成一个有组织的社会群体,换句话说,就是自然的人结成一个共同认可的社会。所谓政府契约讲的是,国家是由统治者和社会成员之间达成的某种合约。人们一般容易将社会契约思想仅仅理解为政府契约这一层意思,其实,社会契约可以被认为是产生政府契约的基础,它为政府契约的达成提供了前提条件。

二、伊壁鸠鲁的社会契约说

马克思（Karl Marx）曾经断言：国家起源于人们相互之间的契约。这一观点是伊壁鸠鲁最先提出来的。伊壁鸠鲁处于一个风云际会的时代，随着古希腊相继臣服于马其顿、古罗马后，晚期的古希腊人无疑受到了不公正的政治待遇。他们若再停留于趋向城邦生活的政治动物状态，无异于饮鸩止渴。既然不能在政治生活中实现真正的自我，他们深深地感到只有依靠自己，现实的生活才能催生新的理论。正如 W. 塔恩所揭示的，晚期的古希腊人"首先感到的是，一个人不再仅仅是他的城邦的一部分；他是一个个体的人，这样一个人需要新的指导"①。这就是伊壁鸠鲁面临的时代课题。因此，他的任务就是要把个人从整体中分离出来，从政治生活中解脱出来，追求人的主体人格的尊严，探究人的本性、人的自由和人的幸福问题。为完成这一神圣使命，伊壁鸠鲁借用"原子"理论的张力，以形而上的方法宣布了人的自由的本质、国家起源的契约性质。伊壁鸠鲁套用古希腊自然哲学的理论方法，另辟"原子"作为物质运动的"质料"，论证物质世界运动必然性的同时，又强调每个原子的独立性和不可再分性。原子作为世界的本原，其运动方式有直线下落、倾斜运动和排斥。马克思认为，直线运动意味着肯定，而倾斜运动是对直线下落的否定。排斥则是否定之否定，是直线下落和偏斜运动的结合、统一。这意思是说，必然性世界是物质存在的肯定；原子的偏斜运动是原子凭借能动的形式规定实现了原子的概念，原子在否定中实现了真正的、自由的原子；排斥运动，体现着自由的个体"原子"承认物质世界的必然性，所以，排斥这一否定之否定的形式再次以新的方式肯定了物质必然性。如果说直线运动象征着人的外部世界对人的规定和决定的话，那么，偏斜运动则标志着人的"内在觉醒"与"内在意志的自由"。张扬个性、实现自我价值是偏斜运动的隐喻。最后，排斥意味着人必须在社会中实现自我，所以，个体的人与政治生活协调和统一的基点是国家由个体的契约产生，国家来源于社会契约。关于这一点，我们可以在马克思的哲学笔记中对伊壁鸠鲁的《格言集》所作的摘录里得到验证："自然法是一种求得互不伤害和都不受害的对双方有利的契约。公正不是某一个自身存在的东西，而是存在于人们的相互交往中，它是一种契约，是每一次在一些国家内为了不损害他人和不受他人损害而制定的契约。"②

伊壁鸠鲁的"社会契约说"的历史意义在于：第一，自由、平等、人格尊严是人的本质属性，原子间不存在此主彼从的隶属关系，每一个原子在虚空运动

---

① 范明生. 晚期希腊哲学和基督教神学 [M]. 上海：上海人民出版社，1993：19.
② 马克思，恩格斯. 马克思恩格斯全集：第 40 卷 [M]. 北京：人民出版社，1972：36.

是自由自在的，所以，作为个体的人在社会中也是平等的、自由自在的。例如，伊壁鸠鲁在创造一个"哲人"以后，认为哲人的心灵无比恬静，不受外界干扰，体验着真正的自由自在的幸福，"哲人不关心国家大事，除非发生什么特殊情况"①。第二，个人权利先于国家权力。原子论认为，世界是原子组合，原子在必然性和偏斜性的结合形式中实现物质的存在。所以，在伊壁鸠鲁看来，"部分先于整体"，因此就个人与国家而言，个人权利先于国家权力，个人权利是国家权力的正当来源。个人权利的有效维护是国家权力行使正当性的唯一依凭。第三，突出人本位的个人主义思想。原子是自由的，原子是个体的，原子还是坚实独立和不可分割的。作为社会的人，活着由原子构造，死亡是原子消散，所以人的本性是独立、自由的。社会契约在本质上是自由的人的"碰撞"与"排斥"，目的在于作为社会一分子的个体获得新生。伊壁鸠鲁认为国家起源于社会契约，在个人与国家的关系中，国家的成立是必然的，但这不以否定个体存在的价值为前提，而是个体意志间的"协定"。没有人的自由，就没有社会契约，也就没有国家。个人通过缔约形成国家，实现个体自由。这为近代革命的"社会契约论"提供了启蒙材料。

三、霍布斯的社会契约论

（一）伟大的利维坦的诞生

霍布斯是"近代第一个全面阐述社会契约论的人"②，按他的说法："如果要建立这样一种能抵御外来侵略和制止相互侵害的共同权力，以便保障大家能通过自己的辛劳和土地的丰产为生并生活得很满意，那就只有一条道路：把大家所有的权力和力量付托给某一个人或一个能通过多数的意见把大家的意志化为一个意志的多人组成的集体"③。这就等于说，指定一个人或一个由多人组成的集体来代表他们的人格，每一个人都承认授权于如此承当本身人格的人在有关公共和平或安全方面所采取的任何行为，或命令他人做出的行为。在这种行为中，大家都把自己的意志服从于他的意志，把自己的判断服从于他的判断。这就不仅是同意或协调，而是全体真正统一于唯一人格之中，这一人格是大家从相互订立信约而形成的，其方法就好像是人人都向其他的人说："我承认这个人或这个集体，并放弃我管理自己的权利，把它授予这个人或这个集体，但条件是你也把自己的权利拿出来授予他，并以同样的方式承认他的一切行为。这一些办到之后，像这样

---

① 范明生. 晚期希腊哲学和基督教神学［M］. 上海：上海人民出版社，1993：154.
② 蒋先福. 契约的文明［M］. 上海：上海人民出版社，1999：46.
③ （英）霍布斯. 利维坦［M］. 北京：商务印书馆，1996.

统一在一个人格之中的一群人就称为国家,在拉丁文中称为城邦。这就是伟大的利维坦(Leviathan)的诞生,用更尊贵的方式来说,这就是活的上帝的诞生;我们在永生不朽的上帝之下所获得的和平与安全保障就是从它那里得来的。"① "这就是一大群人相互订立信约,每人都对它的行为授权,以便使它能按其认为有利于大家的和平与共同防卫的方式运用全体的力量和手段的一个人格。承担这一人格的人就称为主权者,并被说成是具有主权,其余的每一个人都是他的臣民"②。在霍布斯的学说中,我们已看到近代国家的自然法基础——人们为了免于恐怖,将固有权利让渡给主权者——国家,而国家成立之目的则是为了提供和平、正义与安全之保障。

(二) 为何要缔结社会契约

霍布斯认为,和平文明的政治社会并不是同人类相生相随的,人类最初生活在一种没有政府、没有法律、没有权威的原始"自然状态"之中。这种"自然状态"是一种逻辑的假设,指的是人们建立文明社会前的一种存在状态。人们为何要缔结社会契约,以建立国家,进入一种文明的政治社会?在霍布斯看来,这源于人们对"一切人对一切人的战争"的自然状态的恐惧,而渴求建立一种和平安全的政治社会。那么"自然状态"为何会沦为人人为战的"战争状态"呢?而这又是基于霍布斯对人类本性的假设的前提下得出的推论。霍布斯认为,人类的本性中存在着驱动其做出一切活动的两种最为基本的激情:欲望和嫌恶。欲望就是人们朝向或趋近于某种事物,而嫌恶则是避离或疏远某种事物。"欲望和嫌恶,这两个名词都来自拉丁文,两者所指的都是运动,一个是接近,另一个是退避。"③ 欲望与嫌恶有些是与生俱来,有些则是因后天经验而来的,这两种激情是人类一切活动的基础。人们乐于接近和欲求的对其自身而言就是好的、美的、善的、所爱的,反之人所厌恶和回避的就是坏的、丑的、恶的、憎恨的。人类所表现出的各种感情和行动无非都是欲望和嫌恶、接近和逃避的不同表现形式,如希望、勇气、自信、仁慈、野心、豪迈、刚毅、快乐等是和欲望相连的,而失望、畏惧、怯懦、寒酸、嫉妒、沮丧等则是和嫌恶相连的,这些都只是不同的语言表述形式而已。由此,霍布斯论证了欲望和嫌恶是人类本性中的两种基本激情,"生活本身就是一种运动,不可能没有欲望,也不可能没有畏惧,正如同不可能没有感觉一样"④。因而人类在本性上就是一种千方百计地欲求自己所意愿的对自己有利的,而逃避自己所厌恶的对自己有害的事物的动物。人生的意义因

---

① (英)霍布斯. 利维坦 [M]. 北京:商务印书馆,1996:131-132.
② 蒋先福. 契约的文明 [M]. 上海:上海人民出版社,1999:132.
③ (英)霍布斯. 利维坦 [M]. 北京:商务印书馆,1986:36.
④ (英)霍布斯. 利维坦 [M]. 北京:商务印书馆,1986:45.

而也不在于安分守己、乐于满足现状、淡泊无为，人生的"幸福就是欲望从一个目标到另一个目标不断地发展，达到前一个目标不过是为后一个目标铺平道路。所以如此的原因在于，人类的欲望的目的不是在一项间享受一次就完了，而是要永远确保达到未来欲望的道路"①。

（三）社会契约论的缔结和实现

霍布斯认为，契约的缔结是在一切人与一切人之间进行的，是在人们相互同意的基础上进行的。根据自然法的要求，缔结契约时的人们让渡出自己在自然条件下所具有的权利，权利的相互转让就是人们所谓的契约，并且"一个人不论在哪一种方式之下捐弃或让出其权利之后，就谓之有义务或受约束不得妨害接受他所捐弃或允诺让出的权利的人享有该项权益。"② 也就是人们应当力求对自己自愿的行为负责，不使其归于无效，这是其责任和义务所在，因而这就引出了自然法的第三法则：遵守和履行所订立的契约。人们在自愿同意的基础上订立的契约以明确的或推测的方式规定了人们权利的相互转让，并要求在转让权利后，每个人都不妨碍他人行使转让出的权利。契约一旦订立，不能随意废除或另立，而应得到遵守。人们之所以遵守并履行契约其原因也在于自然法的约束，"这种契约之所以有约束力，并不是由于其本质，因为最容易破坏的莫过于人们的言词，而不过是由于畏惧毁约后所产生的某种有害后果而来的。"③ 自然法除了上述三条外，霍布斯还详细阐述了其他的自然法，这些自然法包括了正义、公道、谦虚、慈爱等内容，而将其简单地归结为一句话则是"己所不欲，勿施于人"。

四、洛克的社会契约论

洛克发展了霍布斯社会契约的学说，《政府论》是洛克政治思想的集中体现。在他看来，人们彼此达成协议进入文明社会，只是交出了他们在自然状态下享有的部分权利。例如，解释和执行自然法的权利，但仍然保留了生命、自由和财产的自然权利④。也就是说，在洛克学说中，国家并不是为所欲为的，其职责在于保证人的生存、自由和财产权利。当然，洛克认为"即使说当人们确信他的生命、自由和财产这些自然权利没有得到最高权威的尊重时，他们有权更换它，代之以新的权威。但是，这种政治变化并不以社会变革为前提"⑤。

---

① （英）霍布斯. 利维坦 [M]. 北京：商务印书馆，1986：72.
② （英）霍布斯. 利维坦 [M]. 北京：商务印书馆，1986：99.
③ （英）霍布斯. 利维坦 [M]. 北京：商务印书馆，1986：99.
④ 蒋先福. 契约文明 [M]. 上海：上海人民出版社，1999：47.
⑤ 蒋先福. 契约文明 [M]. 上海：上海人民出版社，1999：48.

（一）洛克的"自然状态"

与霍布斯一样，洛克也是从"自然状态"的概念入手来展开他的契约思想。但是，洛克的"自然状态"和霍布斯的"自然状态"并不一样。正如前面提到，霍布斯"自然状态"里的每一个个体都毫无限制地追求自己的自然权利，这样才导致了人和人之间永不休止的战争。洛克"自然状态"里的个体虽然也是平等的，但是人们在订立社会契约时放弃的只是两种权利："第一，为了保护自己和其余人类而做他认为最合适的任何事情的权利；第二，处罚违反自然法罪行的权利"①。人们放弃的这两种权利成为政治权利的来源，而其余的权利则仍由人们保有，是天赋的、不可剥夺的。这样一来，洛克的"自然状态"已经成为一种政治状态和社会状态。那么洛克又是如何区分自然状态与政治状态和社会状态的呢？

洛克认为人的"自然状态"是不完美的。在自然状态里，每一个人都有权裁决和执行涉及自己权利的案件。人们在裁决自己的案件时可能出现三个问题：一是不公正的裁决；二是没有足够的力量来执行裁决；三是相似的案件在不同人手中会出现截然不同的裁决。要解决这三个问题，首先要有一个立法机构建立统一的法律，其次要有一个司法机构公正地执行法律，最后要有一个执法机构来执行裁决。为此，人们就必须放弃他们各自的惩罚权利，并且将这种权利让渡给一个共同认可的权力。需要注意的是，除了惩罚权利的让渡，人们仍然保留了财产权利，这一点和霍布斯存在着本质区别。至此我们不难看出，洛克已经将"自然的"社会契约和"社会的"政府契约区分开来了。

（二）洛克的分权思想及有限政府论

洛克指出，恪守自然法使人们在自然状态下过着一种和平与和睦的生活，然而在自然状态中，由于没有全社会共同的权威，因此每一个人都是自己自然权利的保护者，当每个人都有权执行自然法时，"法官"就太多了，使得自然法的执行产生困难，个人的自然权利往往不能永远得到保障。人们正是为了克服这些不便，才通过契约，建立一个独立的国家。为了实现人们建立国家的目的，政府通过个人的"同意"来统治，政府的合法性也由个人的"同意"来维持。对洛克而言，人们按照自然法享有基本的自然权利，其中最重要的就是生命、财产和自由。人们之所以成立政府，就是为了维护公民的自由，保护他们的财产和生命安全，其唯一的判断标准也就在于它是否有效地承担它的责任，否则，人们有权推翻现有的统治而建立一个新的真正为他们所满意的政府，在这个过程中，人们有权杀死暴君。

---

① （英）洛克．政府论［M］．北京：商务印书馆，1964：79．

洛克认为，人们在缔结契约、建立政府的时候并没有转让他们所有的权利只转让下面两种权利：承担自然法执行人的权利和要求罪犯赔偿损害的权利，而生命、自由和财产是不可让渡的权利。因此，政府的权力不可能是无限的、专断的，而是有限的。洛克提出，为了限制政府的权力，使其真正符合保障人的生命和财产的需要，在政府内部应当实行分权的原则，把国家权力分为立法权、行政权和对外权三个部分，分属不同的部门。

洛克反对霍布斯把全部自然权利转让给君主的说法，认为君主不是缔约社会契约的第三者，而是缔约的一方，他必须受契约的约束，有履行契约的义务；必须承认生命、自由和财产是人们不可让渡的所有权利，任何人无权侵犯；必须按契约规定的原则行事，如果破坏契约就是暴君，人民就有权推翻他的统治，再建新的政府。洛克认为，按照这种社会契约的原则建立的国家，应该是实行君主立宪制。霍布斯强调秩序，故在政治立场上偏向专制；洛克着重自由，在政治上自然偏向民权。

五、卢梭的社会契约论

社会契约理论发展到卢梭后，已经产生了巨大的变化。卢梭在18世纪欧洲政治思想舞台上是一个非常独特的人物。他是个人主义者、联邦主义者，也是极权民主的倡导者。

（一）卢梭社会契约论的核心思想

卢梭的社会契约论已不同于霍布斯的学说，它不再关注如何保障社会的秩序和政治社会是如何起源的。卢梭对社会自身所具有的韧性持一种比洛克更为乐观的态度，既然自然状态下的社会有一套自我调节的运行机制，那么这种自我调节能力在政治社会中也是存在的，加上社会是自行组织起来的，所以没有必要再去费心思考社会秩序的保障和政治社会是如何起源的问题。因而卢梭的社会契约论服务于一个新的目的，那就是思考如何才能达到他所设想的平等与正义，社会契约也就变成重塑一切社会与政治建制的媒介。他的《社会契约论》就是力图在一个体现"公意"的社会群体里，追求个人自由和国家权力之间的平衡。在他的社会契约中，人们交出的是全部自然的权利，最终得到的是在政治状态下"服从自己本人"[①]的自由。

卢梭的学说中核心思想：第一，按社会契约论组成的国家和政府是体现人民主权与公意的，符合理性原则；第二，若国家不执行或违反公意时，人民有权推翻它，而不是像洛克那样进行"改良"。卢梭向往"我情愿生在这样一个国家：

---

① （法）卢梭. 社会契约论[M]. 北京：商务印书馆，1980：23.

在那里主权者和人民只能存在唯一的共同利益,因之政治机构的一切活动,永远都只是为了共同的幸福。这只有当人民和主权者是同一的时候才能做到"①。

(二) 建立契约公正的原因

为了寻找人与人建立约定的原因,卢梭探寻了人类社会不平等的根源。首先,他把人分成了自然人和社会人,"自然人是指本性善良、只关注德行的个体。社会人则使自身受制于社会习俗,使德行成为公众舆论的牺牲品"②。而作为自然人的人由于人的情感的作用,使人天生有两种发展道德的本能:"一是自我保护意识,二是同情心"③。在自我保护意识的支配下,人培养了趋利避害的本能,当个体参与社会活动时,就会追随由人的本性所产生的天然求利的特性,从而服从于社会为我们制定的德行标准,尽力使自己的行为符合社会伦理与道德的要求,使自己在社会环境中能够生存下去,把自身置于社会群体中,把自己的情感和理性结合起来,从而成为真正的道德人。同时,人出于同情心这样的自然情感,在面对他人的苦难的时候,总能体现出一种自然的同情和怜悯,使人的道德情怀在这样的环境中体现出对不公平社会现象的不平和愤怒。然而社会偏见、公众舆论以及习俗使人的自然人本性开始模糊起来,这样的一些文明的成果在现实中总是表现出人与人的不平等的现象。卢梭认为"产生不平等的原因在于财产;而社会习俗进而使这种不平等合法化"④。

(三) 建立契约的目的

卢梭在论证契约存在的可能性时,认为人性天生就有善的倾向,同时天生就是自由的,但是在后天的环境中,人常常显得软弱。"人是生而自由的,但却无往不在枷锁之中。自以为是其他一切的主人的人,反而比其他一切更像奴隶"⑤。制定约定的目的就是为了使人恢复天生的对于自由的自信,打破现实的文明所产生的一切不公正的东西的束缚。在理性和情感的结合下所产生的人的行为道德性,成为了所有正义的根本的标准,符合这样的出于人天性的同情和怜悯以及人独立思维的一切行为,都被视为公正的,而人与人之间所制定的约定也应该是符合这样的道德标准的社会运行模式。任何人不能蔑视自己天然的自由,"放弃自己的自由,就是放弃自己做人的资格,就是放弃人类的权利,甚至是放弃自己的义务。这样的一种弃权是不合人性的;而且取消了自己意志的一切自由,也就是

---

① (法) 卢梭. 论人类不平等的起源和基础 [M]. 李长山, 译. 北京:商务印书馆, 1994: 51.
② 萨利·肖尔茨. 卢梭 [M]. 北京:中华书局, 2002.
③ 萨利·肖尔茨. 卢梭 [M]. 北京:中华书局, 2002.
④ 萨利·肖尔茨. 卢梭 [M]. 北京:中华书局, 2002.
⑤ (法) 卢梭. 社会契约论 [M]. 北京:商务印书馆, 1982.

取消了自己行为的一切道德性"①。对此，卢梭认为首先应该认识到主权在谁的手里，从而能够充分地把自己的意志转化为他人的意志，作为弱者就只剩下向强者屈服和服从的权利。由于对于财产的优先占有而确定了财产的优势，"财产弱化了个体，因为它使个体依赖他人。"②"从一人的财物超出其所需的优越感显现之时，平等就消失了。"③ 同时，卢梭还提到人与人交流不仅需要相互支持，竞争是另一种相处形式，而当人的财产介入之后，由于劳动形式的差异，而导致了人在财产上的不平等的加剧，正因为财产的介入，使社会的文明开始在财产的支配下，走向混乱的状态，整个社会成为一个利益的角斗场。

（四）人民主权论

卢梭认为，人们在自然状态下通过缔结契约进入政治社会的过程中，个人交出了自己在自然状态下所享有的全部权利，包括公民自己，而由于任何一个订约者也同样这样做，个人就可以从集体那里获得自己交付出去的同样权利，得到自己所丧失的一切东西的等价物，并能以更大的力量来保全个人的所有；订约者交付权利的对象并不是任何个人而是一个共同体，因此，并不存在任何个人会屈服于他人意志的理由；所有的公民共同订立了契约，由此产生了国家，作为民众结合体的国家，是一个公共的人格，它同自然的人格一样有意志并通过法律来表达它的意志；国家为了保持自身的存在，必须有一种"普遍的强制性的力量"，才能按照最有利于全体成员的方式来安排社会生活，而"主权"便是这样一种强制性的统治权力。由于人们缔结社会契约的根本目的在于重获自然状态下的自由，因此卢梭认为，在民主国家中，主权应属于全体人民，并以"公意"作为自己的行动指导。通过阐述其社会契约理论，尤其是借助于其"公意"概念，卢梭就在西方政治思想史上第一次完全地提出了人民主权理论。

卢梭的社会契约论与人民主权论较少具有洛克的自由主义色彩，而带有一种强烈的激进民主主义色彩，具有典型的民粹主义倾向。它的传播也对当时法国的第三等级起到了一定的思想启蒙作用，为以后的政治理论与政治实践的发展也提供了一份重要的理论资源。但是，卢梭通过其社会契约论而阐发的人民主权理论也存在着巨大的缺陷。卢梭人民主权理论的立足点——公意，是一个抽象虚幻的神秘概念；对于这种抽象"公意"如何实现，卢梭的考虑远离了政治生活的实际，具有很强的空想色彩；卢梭的人民主权理论，是以人们具有为国家需要的美德为基本前提的，他对立法者提出的标准近乎完美，而这些标准恐怕也只能通过

---

① （法）卢梭. 社会契约论［M］. 北京：商务印书馆，1982.
② 萨利·肖尔茨. 卢梭［M］. 北京：中华书局，2002.
③ 萨利·肖尔茨. 卢梭［M］. 北京：中华书局，2002.

诉诸一种"道德的人"才能达成,谁来充当主权者?谁来制约主权者?通过什么方式来制约主权者?卢梭的回答只是"让最明智的人来治理群众,只要能确定他们治理群众真是为了群众的利益而不是为了自身利益"。他提供的答案最终不可避免地导致一种英雄史观,而一旦政治生活中的权力异化成为一种常态,由此而走向一种极权主义也就成了逻辑必然。

第二节 企业社会契约论

一、企业社会契约论的产生

社会契约理论的兴起与西方的契约文化传统、西方的社会变革、西方契约经济的发展有着密切的联系。典型社会契约有三个特点:第一,社会契约的自由性。社会契约应尊重缔约人的自由含义,社会契约是缔约人自由选择的结果,包括自由参与缔约、自由选择缔约方、自由决定缔约内容、自由选择缔约方式。第二,社会契约的平等性。社会契约的缔约各方具有地位平等的精神,这是社会契约的内在要求,没有缔约各方的地位平等,就不可能表达自由的意愿,因此,缔约各方的地位平等,是社会契约存在的基础条件。第三,社会契约的功利性。社会契约的缔约人在立约时都认为对自己是有利的,这是缔约人立约的动力,是产生社会契约的前提条件。

随着社会经济的发展,企业社会契约理论比典型社会契约理论更为普遍。唐纳德森(Donaldson Thomas,1995)认为,企业与社会提出了一个契约:企业应对为它的存在而提供条件的社会承担社会责任,社会应对企业的发展承担责任。企业社会契约有三个特点:第一,企业社会契约有两个主体:企业和社会,这是两个可以分开并且有利益冲突的实体,但它们这些利益之间的冲突可以通过协调的方式加以解决,形成一个企业社会契约。第二,企业社会契约是一种双方共识。这是企业与社会关系的特点,企业社会契约的内容存在于社会法律体系和社会道德体系之中。第三,企业社会契约是企业与社会之间不断变化的契约关系。传统的企业社会契约理论认为:经济发展的动力在于企业追求利润的最大化,企业的基本任务是为追求利润而提供产品和服务,同时也应该对社会做出最大贡献和承担社会责任。发展的企业社会契约理论认为:企业追求经济发展不会自动导致社会进步,相反可能会导致环境的退化、工作条件的恶化、对社会中特定团体的歧视及其他社会问题,因此,企业有责任为社会和经济的改善而工作。

为把社会契约论运用于企业,已经做过各种各样的尝试。唐纳德森(1982)试图为企业概略地构造一种社会契约,以便具体地认识公司负有怎样的责任。他按照经典的传统即用一种假设的协议作为工具来分析特殊的权利和责任，其设想了企业公司（所有生产性的合作型企业）与社会（一个特定社会的个体成员的总和）之间的一份协议性条款。1980年代还出现了把社会契约概念与企业和经济事件联系起来的尝试。诺曼·鲍伊（Norman Bowie,1982）在他的《企业伦理学》一书中，对企业与社会之间的社会契约做了简略的描述。达维德·戈捷（Gauthier David）在他的《基于协议的道德》一书中，利用经济合理性概念提出了另一种概念：那些形成一种集体道德之基础的理性而自私的行为者之间的一种假设的"协议"①。迈克尔·基利（Keeley Michael,1988）在他的《组织社会契约论》一书中，利用社会契约概念提出了一种渐进的组织理论。基利以一种非传统的方式，利用契约做比喻，把公司看作一系列有关社会规则的类似契约的协议。唐纳德森把他修订过的社会契约模式扩展运用到全球。再次运用想象的社会契约作为探索的工具，他依靠理性和直觉来规定契约的条款，为全球公司的责任确定一个最低限度。法律学家基姆·谢珀尔（Scheppele Kim,1993）通过一种契约论的分析证明应对内线交易加以限制，她强调这种分析能够提供"具体的指导以解决如何思考内线交易的道德这个问题"。她论证说，一致同意必须"建立在有关美国生活和特定个体特征的更详细、更全面的知识基础之上"，她的结论是具体的而不是抽象的，分析之后，她为限制内线交易作辩护，理由是要让大家在金融市场上获得平等的机会。同样，经济学家罗伯特·弗兰克（Frank Bobert, 1993）以契约论的观点提出了新兴市场经济的调节政策。正如弗兰克指出的："最近几十年有关国家性质和起源的契约论的思考又复活了"。邓菲（Dunfee T. W.,1991）强调指出，现实的或"现存的"社会契约构成了企业道德规范的一个重要源泉。他论证说："当这些现实的但通常非正式的社会契约以自由而明智的一致同意为基础时，并且当它们提出的规范与更广泛的伦理学理论原则相一致时，它们显然就成了强制性的。"②

二、企业社会契约的含义

契约一般是指由行动各方签订的或认可的一系列用来规范行动的行为条款，但自从有人将契约作为社会规范来分析，并提出社会契约概念后，学者们对社会契约的理解就有很大的差异。"契约论是宏观契约论和微观契约论的综合，统称综合社会契约理论，被人们看作是从道德角度评价决策的基础"③。"社会契约最

---

① Gauthier David. Moral by Agreement [M]. Oxford: Oxford University Press, 1986.
② Dunfee T W. Business ethics and extant social contracts. Business Ethics Quarterly [J], 1991 (1): 23–25.
③ 王学义. 企业伦理学 [M]. 成都：西南财经大学出版社，2004：57.

初作为一种社会规范是自然而然地产生的"①。当代社会契约理论的重要代表人物，唐纳德森和邓菲在解释社会契约理论时说："我们社会需要以一种不同的方法来探讨企业伦理学，这种方法要揭示隐蔽的然而极其重要的协议或'契约'，它们把各种行业、公司和经济制度连接成道德的共同体，……出人意料的是，我们所采用的方法，也是一种要论及压倒一切个别契约的更深层、更普遍的'契约'的方法"②，约翰·密尔（Mill John S.）在解释社会契约理论时指出："虽然社会并非建筑在一种契约上面，虽然硬要发明一种契约以便从中释出社会义务也不会达到什么好的目的，但每个人既然受着社会的保护，则他们对于社会也就该有一种报答；既然每个人都生活在社会中，则他们对于其余的人也就必须遵守某种行为准绳，这是必不可少的。"这种行为准绳，"首先是彼此互不损害利益，彼此互不损害或在法律明文中或在默喻中应当认作权利的某些相当确定的利益；第二是每人都要在为了保卫社会或其成员免于遭受损害和妨碍而付出的劳动和牺牲中担负他自己的一部分（要在一种公正原则下规定出来）"③。

乔治·斯蒂纳（Steiner George A. , 1997）和约翰·斯蒂纳（Steiner, John F. , 1997）把社会契约直接看成是企业的社会契约，他们说："如果社会不接受某个企业的活动，这个企业不是受到干预，就是要进行改组。在任何一个试点上，企业和社会之间都存在一种基本的协定，它被称为社会合约（social contract）。这个合约反映了企业与社会之间的各种关系，并部分的以立法和法律形式表现出来。它还基本反映了支配企业行为的习惯和价值观。不幸的是，对其管理者来说，这种契约并不像契约面临的经济力量那么清楚明白，它通常比较复杂，含糊不清。"④ 罗尔斯（Rawls John）是这样理解社会契约的："契约论正义观念的本质特征是：社会的基本结构是正义观念的首要主题。这种契约论观点始终就是为这一特殊又明显极为重要的情况制定出一种正义理论为目标；而作为其结果的正义观念，则对适合其他的规范和讨论领域具有某种导向性的首要意义"⑤。邓菲（1991）还说："对很多人来说，以非正式契约的形式为社会确立规范的观念似乎来自于本能。在一般的商业文献中，经常引用具体的、现成的社会契约。例如，在人力资源管理文献中，社会契约被频繁地用来指雇主与雇员间的

---

① 孙国锋. 社会信用的制度分析 [J]. 社会科学研究, 2002 (5).
② （美）唐纳德森, 邓菲. 有约束力的关系：对企业伦理学的一种社会契约论的研究 [M]. 赵月瑟, 译. 上海：上海社会科学院出版社, 2001：5.
③ （英）约翰·密尔. 论自由 [M]. 程崇华, 译. 北京：商务印书馆, 1959：81.
④ （美）乔治·斯蒂纳, 约翰·斯蒂纳. 企业、政府与社会 [M]. 张志强, 王春香, 译. 北京：华夏出版社, 2002：6.
⑤ Rawls John. Political Liberalism [M]. New York: Columbia University Press, 1993：26.

社会契约关系;在公共事业管理、会计、资本收益税收的文献中,也可以找到'社会契约'这个术语"①。她还经常把某一民主国家比作"社会契约"。阿克塞尔罗德(Axelrod R.,1986)说:"社会契约已成为支持民主管理形式的一种有力标志,其实质是用一种虚拟的协议把合法性赋予一套非常现实的法律和制度"②。

唐纳德森(Donaldson T.,1991)和邓菲(Dunfee T. W.,1991)还对综合的社会契约论进行了详细的解释:"综合的社会契约论是'综合的',意指它把社会契约的微观和宏观的形式结合在一起。'宏观的'契约指理性的人之间广泛假设的协议。而'微观的'或'现存的'契约是指行业、公司、同业工会等组织内部或者相互之间存在的非假设的、现实的(虽然通常是非正式的)协议。综合契约论由于坚持要企业伦理学充分考虑到公司、行业和其他经济共同体内部的现存协议,就避免了通常与传统伦理学理论连在一起的含糊不清,而由于坚持任何现存的契约都要与宏观的或者假设的契约所确立的道德限制保持一致,就避免了相对主义。"③

从上文提及的国外文献中,我们可以看出,不少学者在研究企业社会契约的时候,把企业社会契约直接称为社会契约。

三、企业社会契约的层次性

企业的社会契约分为三个层次:第一层,"超规范"层面,对所有企业都是一致的,即作为人类组织,社会对企业的最基本的要求,如诚实守信的要求。第二层,"多元性"层面,这是个过渡性层面,强调的是国际社会中文化的差异、社会观念的不同而对企业行为要求的差异,相对来说,各国之间企业的社会契约差异不大。第三层,操作层面,在这个层面上各企业由于行业不同、企业自我要求不同,而显示出不同的内容。

(一)企业社会契约的"超规范"层面

按照唐纳德森和邓菲的理解,企业社会契约的"超规范"层面就是人类社会基本的伦理要求或大多数宗教所公有的基本规定,它们所代表的价值观是所有企业和组织都能接受的,即"有些似乎是永恒的,诸如那些支持信守诺言和诚实

---

① Dunfee T W. Business ethics and extant social contracts [J]. Business Ethics Quarterly, 1991, 1 (1): 23 - 25.
② Axelrod R. An Evolutionary Approach to Norms [J]. American Political Science Review, 1986, 80 (4): 1106.
③ (美) 唐纳德森,邓菲. 有约束力的关系:对企业伦理学的一种社会契约论的研究 [M]. 赵月瑟,译. 上海:上海社会科学院出版社,2001: 26 - 28.

的规范"①。其实，它可解释为人类社会对企业行为最基本价值观上的要求，这种要求是社会内在形成的，虽然说是"契约"，但实际上是企业无法拒绝的"天然承诺"，是社会最为广泛和朴素的伦理基础。"之所以说这种诚信是朴素的，是因为它还带有原始社会时期遗留下来的后来被休谟称为'公共感情'的东西"②。唐纳德森、邓菲等将企业社会契约的"超规范"层面分为三类：结构性、程序性和实体性，如表3－1所示。

表3－1 企业社会契约的"超规范"层面的类型

类型	定义	来源	规范学举例	提出者
结构性	建立并支持社会必要的背景制度的原则	经济体系层面上的微观社会契约	形成并履行与足以获得必要社会利益的社会结构相联系的职责的义务	亚当·斯密
程序性	维持微观契约中的一致意见的必要条件	宏观经济契约	维持微观社会一致意见所必需的发言权和推出权	尤尔根斯·哈贝马斯
实体性	权利和善的基本概念	人类经验和理智的会合	信守承诺，尊重人的尊严	迈克尔·沃尔泽，千仓广池

资料来源：（美）唐纳德森，邓菲.有约束力的关系：对企业伦理学的一种社会契约论的研究[M].赵月瑟，译.上海：上海社会科学院出版社，2001：69.

社会契约的"超规范"层面就是社会最基本的道德基础，即对生命和自由的尊重，人与人之间不能相互残杀，尊重人的基本权利。"道德的基本要素是全人类共同的道德信仰，如仁爱、诚实、守信、慷慨等"③。否则，社会就会回到野蛮的状态，处于霍布斯所说的"全体人反对全体人的战争"中④。为了实现这种保证，西方的启蒙运动把生命、财产和自由权利作为文明和野蛮的分界线，私人财产神圣不可侵犯就成为社会之本。由私人财产的排他性、对私人财产的尊重而派生出的道德共识就使对财富的追求具有了合理性和正义基础，重诺守信就成为一种美德。而且，西方社会中宗教强调的责任问题，对人及企业社会契约的形成影响十分深远："上帝应许的唯一生存方式，不是要人们以苦修的禁欲主义超越世俗道德，而是要人完成个人在现世里所获取地位而赋予他的责任和义务，这

---

① （美）唐纳德森，邓菲.有约束力的关系：对企业伦理学的一种社会契约论的研究[M].赵月瑟，译.上海：上海社会科学院出版社，2001：176.
② 孙国锋.社会信用的制度分析[J].广州：社会科学研究，2002（5）.
③ 茅于轼.中国人的道德前景[M].广州：暨南大学出版社，1997：265.
④ 阮赞林.区域信用建设研究[M].北京：中国社会科学出版社，2002：9.

是他的天职"。韦伯认为:"正是这种对社会不可推卸的责任是企业作为社会主体所必须遵守的社会伦理最具代表性的东西。"① C. C. 卡特说:"从来没有一种成文法比得到民意支持的不成文的习惯法更具有约束力。""超规范"社会契约是企业信用系统中契约要素的核心,是其他契约的伦理基础。

(二)企业社会契约的多元性层面

企业的社会契约会受到文化、历史、制度等人为环境的影响而有所变化,不同地区企业所面对的社会契约会有所不同。例如,在墨西哥,向客户赠送礼品是很正常的现象,符合社会伦理要求,而在美国则可能会被拒绝。这种层次的契约也是外在的,只是不同的文化环境中企业所面对的要求会有所不同。

(三)企业社会契约的操作层面

在道德自由空间里,企业伦理学的许多重要内容存于有关正确行为的默认协议中,而这些协议大部分来自于企业从业人员在应对不断变化的目标和环境时所做的决策。从这一过程中出现的真实伦理规范,通常是公司、市场和各种交易形式所特有的。该层面的社会契约主要体现在两个方面:一方面体现在为公司、企业和行业内部有效、适当的行为而确立的行业规则,如反映了企业自身对诚信、环保等方面的一些自我要求;另一方面则是一些企业设立的对各自要求而形成的企业价值观,它们通过设定自己的价值观,形成对社会的一种承诺,形成社会契约,进行自我约束。

四、企业社会契约的内容

就社会契约理论研究的内容,学者们也进行了各自的阐述。社会契约理论的另一个重要代表人物——卢梭(1762)说:"要寻找出一种结合的形式,使它能够以全部共同的力量来维护和保障每个结合者的人身和财富;并且仍然像以往一样地自由,这就是社会契约所要解决的根本问题。"②邓菲认为:"社会契约理论研究的内容是通过社会契约理论,考察经济行为人在怎样的范围内(或者个别地或者群体地)共同构造他们自己的道德观。"③

本章要探讨的企业社会契约的主要内容是企业经营活动中对社会的责任和承诺。由于企业经营活动中要平衡和处理的关系是多方面的,因此,企业社会契约研究的对象也是多元化的。由于唐纳德森和邓菲提出的社会契约是一个笼统的概念,无法深入探讨企业契约组合因素在企业运行中的具体影响。因此,笔者更倾

---

① 马克斯·韦伯. 新教伦理与资本主义精神 [M]. 北京: 三联书店, 1987: 9.
② (法) 卢梭. 社会契约论 [M]. 何兆武, 译. 北京: 商务印书馆, 2005: 19.
③ Dunfee T W. Business ethics and extant social contracts [J]. Business Ethics Quarterly, 1991 (1): 23-25.

向于李伟（2003）提出来的将企业社会契约分为企业内部社会契约和企业外部社会契约的分析方法，企业社会契约的详细分类如图3-1所示。

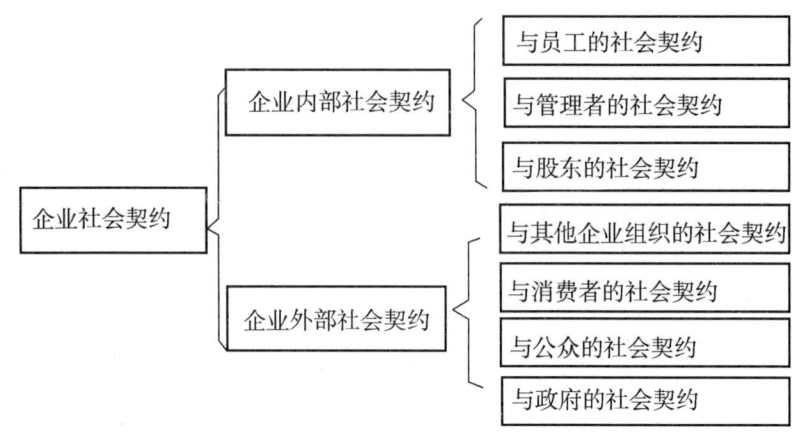

图3-1 企业社会契约的详细分类

（一）企业内部社会契约

企业内部社会契约是指企业对员工及管理者等内部利益相关者的责任和承诺，包括企业对股东、管理者、员工等所有企业内部的利益相关者的人身安全保证、劳工权益、自由和尊严、收入权益的保障，等等。在管理通讯《优秀经理》中，施特兰德尔（Strandell，1991）指出：我们的公共持股大公司的管理层与股东、顾客与雇员之间存在一种默认的社会契约，……与雇员的社会契约正在被打破。她列出了各种违背契约的实例，包括：要求雇员在假日里抽出一部分时间无报酬地工作；动用公司资源为经理们改建住宅、工作室或度假用房等。企业内部社会契约要求企业解决各种对内部利益相关者歧视性的企业行为，做到一切机会真正向所有的内部利益相关者开放，所有员工和管理者无论职位高低都在人格上一律平等，并公平、公正地解决收益分配、劳动权益等问题。企业内部社会契约的研究内容最主要体现在以下几个方面：

（1）企业与员工的社会契约。这主要包括：企业应根据劳动法规与工人签署劳动合同，明确雇佣条件，不附带任何限制性的、不合理的条件，更不能有强迫性劳动，包括契约劳动①、抵债劳动②、奴役劳动和以惩罚为恐吓手段的、强迫的或者非自愿的劳动；企业应提供一个安全、健康的工作环境，并采取必要的

---

① 契约劳动是指工人的行动自由被严格限制，而且往往得不到劳动报酬。
② 抵债劳动往往是由于本人或家庭成员欠债而不得不为他人工作以抵销债务，抵债劳动工作的目的在于还债而不是取得劳动报酬。

措施,在可能条件下最大限度地降低工作环境中的危害隐患,以避免发生对健康危害的事故;企业应尊重并保证所有员工自由组建和参加工会以及集体谈判的权利;企业对员工不得有国籍、种族、宗教、社会等级、身体健康、性别、性取向、年龄等歧视;在工作时间和薪酬方面,企业应该执行法规和行业标准有关规定,等等。

(2) 企业与管理者的社会契约。由于企业委托—代理制度的存在使得股东与管理者之间存在一定的信息不对称,所以企业与管理者的社会契约要求管理者主动披露企业经济活动的相关信息,以对股东和企业负责任的态度管理企业的各项经济活动。同时还要求管理者要在目标上取得与企业股东的一致性,防止管理者以权谋私,损害企业和股东的利益。

(3) 企业与股东的社会契约。该契约要求股东按照委托—代理制度的约定,履行股东出资等职责和维护其合理权益,不能违规干预管理者的经营活动。

(二) 企业外部社会契约

企业外部社会契约是指企业对消费者、其他企业组织以及社会管理者——政府等企业外部利益相关者的责任和承诺,包括对消费者产品和服务质量保证、信息发布准确保证、对其他企业的诚信经营保证、对政府的遵纪守法保证等。由于企业的外部利益相关者较多,企业外部社会契约研究的内容也比较广,主要的内容有:

(1) 企业与消费者的社会契约。这主要是消费行为的发生产生了企业与消费者之间产品或服务的契约关系,同时也产生了企业要维护消费者权益和平等交易的社会契约。这种社会契约包括:企业提供的产品和服务不应侵害顾客的基本权利,不得提供假冒伪劣产品;企业应对消费者诚实不欺、信守承诺、保证相关信息透明,商品的用途、使用方法、有效性、质量等方面的信息准确,无欺骗;无价格欺诈,信守平等交易原则等。

(2) 企业与其他企业组织的社会契约。这是指企业应当公平地对待所有的商务合作伙伴以及其他的利益相关企业组织,履行对其他企业组织的责任和承诺。这种社会契约包括:按期付款、信守合同、公平交易等。理查德·A. 斯皮内洛(Richard A. Spinello)就把这种企业与其他企业组织的社会契约理解为:"供应商和客户之间的关系是建立在一种默契或明契之上的,而且供应商的道德义务也牢牢地建立在这个契约上"①。

(3) 企业与公众的社会契约。该契约要求企业切实维护公众的基本权益。

---

① (美)理查德 A 斯皮内洛. 世纪道德:信息技术的伦理方面 [M]. 刘刚,译. 北京:中央编译出版社,1999:111.

它包括：企业的生产经营活动不得污染社会环境和破坏自然环境；企业的生产经营活动不得危害公众的安全与健康；企业的生产经营活动不得破坏社会的可持续发展；对社会公众发布的生产经营信息保证真实无欺骗等。

（4）企业与政府的社会契约。该契约要求企业严格遵守法规和政府的规章制度进行生产经营活动，并尽量能按政府经济社会发展规划的政策导向从事生产经营活动。同时，企业要尽量承担其外部不经济行为引起的成本，也就是要使负的外部性成本内化，减少政府宏观经济管理的压力。

企业的社会契约会因受到文化、历史、制度等人为因素的影响而有所变化，不同地区或不同历史时期企业所面对的社会契约会有所不同。约瑟夫·W.韦斯（Joseph W. Weiss）说："公司与消费者和公众之间有隐含的社会契约，这种契约建立在互相信任的基础上，且双方都认为公司考虑消费者的利益，但是，即便是社会契约也会因社会经济变化而有所不同"[1]。企业社会契约的变化反映了社会对企业期望的变化。另外，由于企业外部的利益相关者也是变化的，这也导致了企业社会契约约束的对象也在不断变化之中。

第三节 综合社会契约论

一、综合社会契约论的提出

因文化传统和价值观念不同而产生文化误解和伦理冲突，是当代经济全球化环境下一些企业跨国经营陷于困境的重要原因之一。因而，寻找一种既能尊重每个经济体包括每个国家、行业、商业团体和公司的文化价值观的个性，又能被所有的经济体认可和接受的全球性企业伦理规范，便成为伦理学家苦苦思索的课题。在此方面，西方伦理学家进行了诸多富有成效的探索，其中最具创造性从而在企业伦理学界引起重大反响的是由美国宾夕法尼亚大学沃顿学院的两位著名伦理学家唐纳德森和邓菲提出的综合社会契约[2]。他们汲取了社会契约论思想，对洛克的自由状态假设、霍布斯的丛林规则假设和罗尔斯的无知之幕假设进行了改造。

综合社会契约论认为：公司是通过与所在社会建立的社会契约而得以合法存在的。公司必须通过发挥特有的优势和使劣势最小化的方式增加消费者和员工的

---

[1] （美）约瑟夫 W 韦斯. 商业伦理——利益相关分析与问题管理方法 [M]. 符彩霞，译. 北京：中国人民大学出版社，2005：136.

[2] （美）唐纳德森，邓菲. 有约束力的关系：对企业伦理学的一种社会契约论的研究 [M]. 赵月瑟，译. 上海社会科学院出版社，2001.

利益，进而增进社会福利，以换取公司的合法存在和繁荣兴旺，这就是公司生存和发展的"道德基础"①。因此，当公司履行契约时，他们是道德的，应受赞扬；否则是不道德的，应受谴责和惩罚。他们认为：在全球经济交往中存在着一种广义上的社会契约，这种社会契约以两种方式存在：①假设的或宏观的契约。它反映一个共同体的理性的成员之间假设的协议。这种宏观的契约是指理性的人之间假设的协议，设计这样的契约是为了给社会的相互作用建立参照标准。②现存的或微观的契约。它反映一个经济共同体内的一种实际的契约。这种微观的契约是指行业、企业、同业工会等组织内部或相互之间存在的非假设的、现实的协议。综合社会契约理论把微观社会契约和宏观社会契约结合在一起。由于坚持宏观社会契约的道德规范要充分考虑公司、行业和其他经济共同体内部的现有协议，则避免了通常与传统道德理论联系在一起的模糊不清；由于坚持现有的契约与宏观社会契约所确定的道德规范相一致，则避免了相对主义综合社会契约理论提出一种更广泛的社会契约理论，从而增强了微观的社会契约与宏观的社会契约、现实的社会契约与理想的社会契约的相互联结。

二、综合社会契约论的理论模型

综合社会契约论由最高规范、宏观社会契约、微观社会契约三部分组成。所谓综合，即是指这三个层面的综合。

（一）最高规范

最高规范是指超越一切文化差异的、人类共同的道德规范，也称"超规范"，是评价其他规范的基础，也是全人类应当普遍享有的核心人权：个人自由、人身安全和健康、政治参与权、知情权、财产所有权、生存权，人人平等的尊严。

（二）宏观社会契约

社会契约存在于两个层次上。宏观社会契约提供了全球性规范（最高规范），而微观社会契约提供了社团规范。社团是经济中或社交中的群体或组织，如经济社团。不仅一个行业构成一个社团，一个企业也如此；一个教堂构成一个社团，一个名人俱乐部也是如此。唐纳德森和邓菲（1995）认为，一个宏观社会契约包括：①本地经济社团拥有道德的自由空间，可以通过微观社会契约确立成员应遵循的强制性道德规范。经济社团是指相互发生经济关系的一些成员组成的利益群体，它可以是一个公司、一个行业、一个国家和一个国际组织；也可以是

---

① Donaldson T, Dunfee T W. Toward a Unified Conception of Business Ethics: Integrative Social Contracts Theory [J]. The Academy of Management Review, 1994（19）：252-284.

一个公司中的一个部门、一个部门中的非正式组织。②微观社会契约必须在本地经济社团成员意见一致的基础上制定才是合法的，成员有自由退出的权利。③为使微观社会契约规范对社团成员有强制性作用，它必须与最高规范一致。④微观社会契约规范有时是竞争的，相互排斥的。在解决这些规范之间的矛盾时必须用与前三条原则一致的优先准则。

（三）微观社会契约

源于微观社会契约的特殊规范必须允许不同意规范的社团成员退出社团。一般规范不可违反最高规范。当一个社团的某成员决定在另一社团里做生意时，便会出现规范间的冲突。例如，在一个亚洲的社团里，微观社会契约规范可能是一种裙带关系，而在西方的社团里的规范可能要求机会平等。当两个或更多个规范发生冲突时，必须用先前制定的一套优先准则来表明应尊重哪个规范。

唐纳德森和邓菲指出了一些优先准则：①对于仅在社团内部发生的交易，如果对其他人或社会没有较大的不利影响，应该由该社团的规范支配。当美国一公司的总裁到北京与一个中国企业商谈合资合同时，他应该在谈判中遵守中国的道德规范和礼节。②只要对其他人或社团无较大不利影响，解决优先权问题的社团规范就应适用。例如，上述美国公司一旦签署了合同并开始雇佣中国雇员，就应该在其雇佣行为中遵守机会平等的规范，这是美国公司本地的社团规范，但对中国人无不利的影响。③作为规范来源的社团规模越大、越开放，其规范的优先权就越大。中国新建的合资厂应满足目前发达国家对工厂要求的防火标准、安全标准和卫生标准。发达国家的规范为较国际化的社团提供了参考。④维护交易所处的经济环境所必需的规范应优先于有可能破坏这种环境的规范。中国合资厂的工资应符合该国的公平工资水平，而不应与美国的水平看齐，因为用美国的工资水平会扭曲中国社团中现有的经济关系，产生不可预计的后果。⑤当存在多种互相矛盾的规范时，各规范间的一致性典范提供了确定优先权的基础。雇佣童工在一些国家可能是允许的，且企业能提高利润水平，但合资企业也应拒绝这种做法，因为所有发达国家和大多数发展中国家都禁止雇佣童工，这点便是规范间的一致性。⑥明确的规范通常应优先于不太明确的较笼统的规范。例如，美国建造厂在中国建造合资厂时，应遵循美国制造厂应遵守的污染物排放标准。中国目前标准的严格程度远远低于美国。

建立微观社会契约的经济团体包括企业内部的正式团体和非正式团体、企业本身、行业、专业协会、国内组织和国际组织等。这些社会契约产生的规范可以为任何形式，但它们一定要符合宏观社会契约，其中许多规范都来自罗斯的初步义务理论。这些义务包括由承诺产生的义务、改正以前错误行为的义务、感激他人从前行为的义务、帮助那些我们能够完善别人的义务、自我完善的义务以及不伤害他人的义务。通过微观社会契约产生的社团规范也可使用利己主义和功利主义标准得到。这些社团规范可能是以权利为基础的或是以公正为基础的。

三、综合社会契约论的积极意义

在如何确立一种既被所有经济体普遍接受，又尊重各经济体不同文化道德差异的企业伦理规范方面，综合社会契约论提出了具有开创性的方法和思路，并由此奠定了其在西方现代企业伦理学领域的显著地位。综合社会契约论的理论价值在于克服了伦理相对主义论的缺陷，它既具有最大程度的普世性又同时具有坚定的原则和极大的灵活性，它的实践价值在于具有较好的可操作性。

（一）综合社会契约论充分考虑了跨文化道德规范的共性与个性的综合

综合社会契约论既承认各特定经营环境的道德准则的个性，同时又规定了这些具体的道德准则的适用条件，即不违背最高规范、获得成员一致同意。这就充分考虑了跨文化道德规范的共性与个性的综合。而伦理相对主义论认为，在跨文化的商业活动中，所谓对与错、善与恶完全取决于一时一地的社会文化，放之四海皆准的道德规范是不存在的。伦理相对主义论只看到各种社会道德规范的差异，完全否定了可能存在的、在全球化过程中日益增多的共性，这是经不起事实检验的。在实行市场经济的国家，尽管各国文化不同，但市场经济所要求的道德规范也是共同存在的，如诚实、守信、公平、平等，这些共同被接受的道德规范就是综合社会契约论的最高规范，即"超规范"。目前，许多国际条约或国际组织已经将一些普遍的行为规范制度化。以商业贿赂为例，OECD（世界经合组织）的成员国就提出了反贿赂指南，要求各成员国遵守；联合国 3514 号决议也谴责贿赂行为；美国在 1972 年通过了《海外贿赂法案》，禁止企业贿赂外国官员。即使在不少地区商业贿赂仍然盛行，但反贿赂已经成为国际商业活动中的普遍行为规范。

（二）在指导实践上，综合社会契约理论具有较强的操作性

"在跨文化环境中的企业经营者，常会不知不觉地用自己的价值观去判断问题，依据内化的道德准则行事"[1]；"而'外在控制型'企业经营者又经常迷失在新的环境之中，僵硬地'入乡随俗'[2]"，这两种情形都有可能导致做出不道德的决策。因此，从决策程序上给以控制是一种可选择的途径，综合社会契约论给出以一套优先规则来解决不同经营环境下既有的道德规范之间的冲突，为跨文化的

---

[1] Thome Linda, Saunders Susan B. The Socio-cultural Embeddedness of Individuals Ethical Reasoning in Organizations [J]. Journal of Business Ethics, 2001, 135（1）：1 – 14.

[2] Christopher J Robertson, Wmiarn F Crittenden, Michael K Brady, et al. Situational Ethics across Border: A Multicultural Examination [J]. Journal of Business Ethics, 2002, 36（4）：327 – 338.

商业伦理决策提供了可操作的指南。正如唐纳德森和邓菲（1995）自我评价的：综合社会契约论是一种真实的、全面的、全球的规范性商业伦理学理论。当然，任何一种理论都不是完美无缺的，综合社会契约理论也存在需要完善的地方。比如"超规范"究竟包括哪些内容，如何得到？还值得进一步研究。关于优先准则，两位首倡者尽管提出了六条优先准则，但并没有论证它们的一致性和完整性，尚需在实践中检验。

第四节　企业社会责任的契约性质

"社会契约最初作为一种社会规范是自然而然地产生的"[1]。随着技术发展和工业文明的到来，企业的出现，使人们自然而然也要求企业去遵守有利于人类自身发展的最基本的社会契约。

一、社会契约论视野中的企业

企业与社会是和谐统一的共同体。离开社会而孤立存在的企业是不可思议的，只求企业自身的发展，而不承担社会责任与义务，既不足取也是不可能的。企业既是经济的单元，又是社会的单元。它与社会有着千丝万缕的联系，是社会经济发展的历史产物，又是社会进一步发展的经济基础。反过来，企业的发展又有赖于社会的力量，需要社会为它成长与发展创造良好的经济环境和其他外部条件。

因此，在任何一个时点上，企业和社会之间都存在一种基本的约定——社会契约。这个社会契约反映了企业与社会之间的各种关系，有的是以法律的形式表现出来，还有以其他形式出现的契约。企业的行为实际上就成了一组复杂契约系统的均衡行为，这种复杂的契约系统的主体就是一系列目标不同且可能相互冲突的利益相关者。

企业的社会责任契约是利益相关者站在公正的立场上达成的一致性行动的协议。然而，该协议重构了企业的信托责任：由对股东的信托责任变为对所有利益相关者的信托责任。在不完全契约下，机会主义的存在将会导致利益相关者之间的双方交换会难以控制交易成本上升，进而无效率。同时，双方也完全没有关注交换的外部性——影响那些尽管没有参与交易却不可避免地受到影响的利益相关者。利益相关者就一项任何交换活动都必须遵守的协议，因此不再考虑契约成本。与此同时，那些不参与交换活动的外部不经济性也将降到最低。企业的"第

---

[1] 孙国峰，方荣岳. 个体所有权的本质悖论 [J]. 管理世界，2002（12）.

一次社会契约"仅仅是利益相关者之间关于成立"企业"达成的一致性协议：①反对行动对不参与的第三方产生外部不经济。如果必须产生外部不经济，则必须补偿至使之保持中立状态。②生产剩余最大化。③剩余分配公平。每一个利益相关者都在自由、平等的状态下参与剩余分配的谈判。

利益相关者的"第二次社会契约"，是最大效率地授权给该利益相关者发挥治理功能：剩余分配的决定，当环境变化时制定应对方法、监管、惩罚以及消除搭便车现象等，就是利益相关者与授予控制企业的一方的契约。在比较每一个利益相关者的治理成本后，选择最低的一方被授予企业的所有权和管理权（Hansman，1996），这一方就是通常意义上的所有者。所有者会授权职业经理人管理企业。所有权和管理权的分离不但是管理界的一次革命，而且改变了企业利益相关者的博弈契约。第二次社会契约改变了利益相关者原来彼此平等的地位，他们要服从于所有者以及他的授权方。与企业理论的主流观点不同，社会契约理论认为企业存在欺骗的可能。因此，在第二次社会契约时，这种科层制定成本是可以预见的，因此利益相关者对所有者权威的服从并不是无条件的，而是必须以下列条件为前提：第一，对非股东来说，首先，企业应该做到对非参与交换的利益相关者产生的外部不经济或者得到补偿保持中立状态。其次，对参与企业交换活动的利益相关者应该让他们公平地分享公司的收益。第二，对股东来说，企业应该做到使股东的剩余权利益最大化。这样就产生了企业的"社会利益"这个概念，而不是原来狭隘的企业的"股东利益"。根据上述理论分析，管理者必须依据上述契约采取行动，由原来仅仅对股东负有信托责任转变为对所有利益相关者负有信托责任。所谓"股东利益最大化"并不是说没有任何限制和约束的，而是在满足"第一次社会契约"和"第二次社会契约"规定的前提下才能成立。换而言之，股东利益最大化是在满足了利益相关者价值的前提下的最大化。

二、社会契约与企业社会责任

（一）社会契约理论为企业社会责任奠定了理论基础

"社会契约理论是一种非常抽象的概念，但它却暗含着企业必须符合公众的期望，契约主要是企业责任的一种扩展概念，因为它不加任何严格限制地增强了企业对许多社会因素的义务。从哲学上讲，企业可能要被赋予比今天它们乐意承担的种类更多的义务"[①]。帕尔默（Palmer E.，2001）等学者也同样认为社会契

---

① （美）乔治·斯蒂纳，约翰·斯蒂纳. 企业、政府与社会 [M]. 张志强，王春香，译. 北京：华夏出版社，2002：151.

约论支撑了企业社会责任的概念。企业的运作方式应该根据社会与企业之间的社会契约所约定的内容来确定。这种运作方式可能是在法律的指导下进行，也可能是以企业自愿的、符合社会规范与期望的方式运作①。帕特里夏·沃海恩（Werhane Patricia H.）和爱德华·弗里曼也认为社会契约一直是企业承担社会责任的依据，他们说："社会契约方法一直被用来解决商业伦理中的具体问题。"②约瑟夫·W. 韦斯也说："公司的利益相关者管理方法也是建立在社会契约概念的基础之上。"③邓菲强调指出："现实的或现存的社会契约构成了企业道德规范的一个重要的源泉，当这些现实的但通常非正式的社会契约以自由而明智的一致同意为基础，并且当它们提出的规范与更广泛的伦理学理论原则相一致时，它们显然就成了强制性的。"④

(二) 社会契约尊重人权的核心内容与企业社会责任的以人为本理念一致

很多社会契约都体现在社会风俗习惯之中，其行动目标就是要让各个社会成员的单个行为符合社会发展和大部分成员的需要。企业是一系列企业社会契约关系的总和。企业的利益相关者存在着一种复杂的契约关系，履行利益相关者的契约义务是企业的社会责任。唐纳德森和邓菲认为："所有契约论方法的核心乃是承认并尊重人的主权。"⑤ "企业管理人员与顾客之间的社会契约关系（或是合约）体现了'卖方必须关心买方'的态度，而不是'买卖双方互相关心'。"⑥ "失去公众的信任对企业及其投资者来说是有害的，保持并加强公众对企业信任的一种方式是行为合乎伦理，也就是说，行为表现出对企业的投资人和客户的关心"⑦，而尊重人权、以人为本也是企业社会责任的核心理念。

(三) 社会契约维护了企业社会责任所提倡的社会公平

企业与社会之间也存在着一种契约关系，企业有义务遵守这种契约。企业社会契约要求企业的行为必须符合社会的期望，要求企业有责任为社会和经济的改

---

① Palmer E. Multinational corporations and the social contract [J]. Journal of business Ethics, 2001, 31 (3): 245–258.
② (英) 帕特里夏·沃海恩, 爱德华·弗里曼. 布莱克韦尔商业伦理学百科辞典 [M]. 刘宝成, 译. 北京: 对外经济贸易大学出版社, 2002: 639.
③ (美) 约瑟夫 W 韦斯. 商业伦理——利益相关分析与问题管理方法 [M]. 符彩霞, 译. 北京: 中国人民大学出版社, 2005: 136.
④ Dunfee T W. Business ethics and extant social contracts. Business Ethics Quarterly [J]. 1991 (1): 23–25.
⑤ (美) 唐纳德森, 邓菲. 有约束力的关系: 对企业伦理学的一种社会契约论的研究 [M]. 赵月瑟, 译. 上海: 上海社会科学院出版社, 2001: 35.
⑥ Nash L. Good Intentions Aside: A Manager's Guide to Resolving Ethical Problems [M]. Boston: Harvard Business School, 1990.
⑦ Torabzadeh K, et al. The effect of the recent insider-trading scandal on stock prices securities firms [J]. Journal of Business Ethics, 1989 (8): 303.

善尽自己的义务。社会契约理论着眼于整个社会的利益和发展，社会公平是社会契约所维护的重要内容之一。谢珀勒（Scheppele K. L.）认为："社会契约的观点为人人拥有平等的机会加入金融市场提供了依据。"① 威廉姆森（Williamson E.）主张："通过企业签约和市场签约的形式，解决各个经济组织间由利己动机、有限理性或信息不对称所造成的不确定性问题，通过签约这种契约形式使企业许下诺言进而兑现诺言，从而尽到社会责任，使诸如劳工等问题得以解决"②。"在市场经济条件下，企业的契约关系表现为一种利益相关者平等交易的关系。"③ 强调而维护社会公平也是企业社会责任的重要目标之一。

（四）社会契约促进了企业社会责任运动的发展

当前，社会和企业之间的契约条款内容与以往相比，有着明显的和重要的不同，企业正被要求对社会承担起比以前更多的责任，在更广意义的人文价值上起作用……因为企业的存在是为了服务社会，企业的未来将取决于管理者对变化着的公众期望回应的效率。在1999年1月的世界经济论坛上，联合国秘书长号召全球企业的领导者"采取并参与"《全球契约》（*Global Compact*），该契约概括了国际化经营活动在人权、劳工标准以及环境领域的九项基本原则④。这九项基本原则如表3-2所示。

表3-2 《全球契约》

领域	基本原则
人权	在其影响范围内尊重和维护国际公认的各项人权
	杜绝任何漠视与践踏人权的行为
劳工标准	维护结社自由；承认劳资集体谈判的权利
	彻底消除各种形式的强制性劳动
	消灭童工制
	杜绝任何用工与职业方面的歧视

---

① Scheppele K L. It's just not right——The ethics of insider trading [J]. Law and Contemporary Problems，1993，56（3）：123-173.

② （美）奥利弗 E 威廉姆森. 资本主义经济制度 [M]. 段毅才，王伟，译. 北京：商务印书馆，2002：418-420.

③ 林军. 公司控制权的经济学与社会学分析 [M]. 北京：经济管理出版社，2005：46.

④ The Global Compact Web site（http：//www. unglobalcompact. org），2000-08-14；J Cohen. Socially Responsible Business Goes Global [J]. Business，2000（3/4）：22；Solomon C M. Put Your Ethics to a Global Test [J]. Personnel Journal，1996：66-74.

续表 3-2

领域	基本原则
环境	正视未来环境的挑战
	主动增加对环保的责任
	鼓励无害环境技术的发展与推广

资料来源：The Global Compact Web Site. http：//www.unglobalcompact.org/Languages/chinese ten_principles.html. 2000-08-14.

2000 年 7 月，《全球契约》论坛第一次高级别会议召开，参加会议的 50 多家著名跨国公司代表承诺：在建立全球化市场的同时，要以《全球契约》为框架，改善工人工作环境、提高环保水平。《全球契约》行动计划已经有包括中国在内的 30 多个国家的 200 多家著名大公司参与。随着经济全球化的不断发展，联合国的影响也越来越大，联合国这次提出的《全球契约》号召，已经对全世界的企业尤其是跨国公司的经营活动产生了巨大的影响，促进了企业社会责任运动的发展。

第四章 企业、政府与社会

企业（business）是指"具有一定组织结构的、为社会提供一定的产品或服务、同时以实现自身合理利益为目的的经济组织"①。政府（govennment）是指"名为国家权力的执行机关，即国家行政机关"②。社会（society）是指"由一定的经济基础和上层建筑构成的整体，也叫社会形态，泛指由于共同物质条件而互相联系起来的人群"③。企业是社会的一个基本组织，是社会财富的基本生产经营单位，以创造社会财富为己任，是与社会不可分离的一个有机体。企业与社会是共荣共衰、共同进退的关系，企业承担社会责任是促使企业与社会共同进步与发展的纽带。

第一节 企业与社会的关系

企业是国民经济的细胞，从一定意义上讲，也是社会的细胞。企业与社会相互依存、相互制约。企业的生存和发展离不开社会，社会的发展和繁荣也离不开企业。因此，正确处理企业与社会的关系，对于搞活企业，发展整个国民经济，都具有深远意义。

一、企业与社会关系的内涵

企业是利润导向型的组织集合，包括个人所有制企业、合伙制企业及股份制公司。从规模来看，既有个人所有的小型经济组织形式，也有巨型的股份公司，大多数是处于两者之间的中型企业。社会可定义为一个社区、一个国家或者是由一群有共同传统、价值观、制度和相同志趣的人所组成的团体。社会是以共同的物质生产活动为基础而相互联系的人们的集合，它是人们在生产、分配和交换过程中相互作用的产物。马克思说："生产关系总和起来就构成为所谓社会关系，构成为所谓社会。"④ 企业作为系统，归属于社会系统之中，企业本身就是一种社会经济组织，由于国家是从社会中产生出来又强加于社会的，因而企业与社会

---

① 李国炎，等. 新编汉语词典 [M]. 长沙：湖南出版社，1996：433.
② 李国炎，等. 新编汉语词典 [M]. 长沙：湖南出版社，1996：433.
③ 李国炎，等. 新编汉语词典 [M]. 长沙：湖南出版社，1996：433.
④ 马克思. 资本论：第1卷 [M]. 北京：人民出版社，1975.

的关系，一般表现为企业与政府、部门的关系。社会向多元化发展给企业与社会的关系注入了新的内涵。所谓多元化是指权力在社会许多集团或组织之间分享，不再集中在某个集团或少数几个集团手中的一种状况。一个多元化的社会是一个特殊利益集团的社会，在一个多元化的社会里，有许许多多的集团和组织为谋求各自的利益而形成特殊利益集团。近年来，利益集团在向专业化方向发展，每个利益集团都有其宗旨和追求的目标，代表了社会生活的各个层面消费者、雇员、社区、政府及企业等。正是各特殊利益集团间的博弈导致了社会利益配置的均衡。

企业与社会是一个不可分割的整体。对此，张玉红表示："企业兼具'经济人'和'社会人'的双重属性……"① 社会需要企业，因为它不仅是先进生产方式的产物，而且以其独特的组织结构和先进的运营方式，创造着前所未有的经济与社会双重效益。国家进步、社会繁荣与企业效益的发挥有着内在联系，企业天然负有服务国家与社会的重任。因此，作为从事社会经济活动的主要部门，一方面，企业具有经济属性，即必须通过生产产品或提供社会服务取得利益，求得自身的发展，也就是说企业首先要履行自己的经济责任；另一方面，企业还必须履行和实现应负有的社会责任，即在以营利为目的的生产经营活动中，履行回报社会、支持公益、保护环境等多种社会责任。因为企业是社会的企业，社会是企业的发展空间和利润来源。离开了国家的支持和社会的认可，企业将寸步难行。企业的生存和发展是与国家和社会同步的，国家、社会整体利益实质蕴含着企业个体利益。企业如果尽可能多地分担国家与社会责任，就能有效地营造出自己赖以生存、发展所必需的良好的宏观空间，自己的成长才有了更多的切实保障。若企业行为将可能损及国家与社会利益，则可能被社会和公众所抛弃，甚至无法在社会上立足。所以说企业经济责任是企业社会责任的基础和前提，企业社会责任是企业经济责任的延伸和保障，二者是一种辩证的互动关系，二者和谐统一才能使企业得到最大的发展。可见，企业承担履行社会责任，是社会对企业和企业出于自身发展的必然要求，并非是企业的一种额外责任。

二、企业与社会的关系内容

（一）企业是社会存在和发展的基础

1. 企业的经营行为对社会产生巨大的影响

企业的经营行为将对社会产生外部性影响，其体现在两个方面：

（1）正的外部性，即边际社会收益（MSB）大于边际私人收益（MPB），它

---

① 张玉红. 从企业与社会的关系出发构建我国企业社会责任［J］. 企业论坛，2010（21）.

为社会提供就业机会、税收来源、生产商品和提供服务，并投资于厂房、设备和新产品的开发，企业对社会产生正的外部性，使得社会的整体福利状况有了改善，促使了社会发展水平的提高。

（2）负的外部性，即企业的边际私人成本（MPC）小于边际社会成本（MSC）。例如，环境污染、危险的工作条件、伪劣产品、各种歧视性商业行为、违法或缺德的行为以及对社会政治和政府系统的冲击，等等。"现代资本主义国家所面临的主要社会问题，比如环境污染、滥用经济优势垄断价格、排挤中小竞争者、生产出售假冒伪劣产品、为追求经济效益而过度利用自然资源、侵害劳动者的合法权益、向政府官员行贿、非法提供政治捐款以及其他类型的公司法人违法犯罪行为，无不与公司有着或多或少的直接或间接的联系。尤其是近几十年来，公司为了追求利润最大化目标而不顾社会公共利益，使资本主义国家的社会问题日趋严重"[1]。其实不光是在资本主义国家，在中国这些问题同样存在，尤其是具有垄断地位的国有企业，其行为与其社会责任的履行严重脱节，近些年来频频出现生产安全、劳动合同与劳资纠纷问题、劳动保障和社会保险问题。尤其是近些年来出现的国有煤矿矿难等重大安全生产事故，给环境和社会发展带来了极大的危害。

此外，企业活动会产生负的外部性，如环境污染、资源开发等公害，其实质是将企业成本的一部分转嫁到社会，并对社会生活的质量和可持续发展产生现实的和未来的负面影响，这种企业利益和社会利益的冲突客观上要求企业以承担在环境、资源方面的责任来服从社会目标。"如果公司都自愿遵守环境法，它们将会大大改善现代商业企业的重大的负面外部影响；如果公司都遵守工作场所安全制度或药品检测制度，那么它们就可以减少商业行为的其他各类的负面影响；如果公司都自愿按照法院的诠释遵守反垄断法，就会更公正地处理经济利益在消费者和其他经营者之间的分配"[2]。

2. 企业为社会创造财富

对于一个国家来说，绝大部分社会财富的创造都是由企业完成的，因此企业数量的多寡、企业规模的大小、企业实力的强弱就决定了这个国家财富创造能力的高低。要想让国民经济得到持续快速的发展，首先必须保证使企业得到持续快速的发展，只有诞生出更多数量的、更大规模的、更具竞争能力的企业，才能够创造出更多的社会财富。

---

[1] （韩）李哲松. 韩国公司法［M］. 吴日焕，译. 北京：中国政法大学出版社，2000：2.
[2] （美）罗伯特 C 克拉克. 公司法则［M］. 胡平，林长远，徐庆恒，等，译. 北京：中国工商出版社，1999：570.

3. 企业为社会创造就业机会

在宏观经济政策的四大目标（就业、经济增长、物价稳定和国际收支平衡）中，就业处于最突出的位置。因此，保持充分的就业是任何一个政府的首要目标，尤其对于我国这样一个人口众多的大国来说，充分就业的任务极其艰巨，压力非常之大。如果要想使我国的失业状况得到明显的改善，要想实现全社会的充分就业，就必须大力发展企业。因为企业是社会就业的主要渠道，社会的主要就业人口都是在企业中完成的。

4. 企业为社会提供公益事业

公益事业是对政府公共服务之外的一种极为有益的补充。政府财力有限，不可能包揽所有的公共事业，而且政府所能够关注的范围也十分有限，因此在政府之外需要有另外的机构来负责这些政府关注不到和无力关注的事业，这就需要解决资金来源的问题。这些钱从哪里来呢？普通社会公众自然可以对此做出自己的贡献，以期获得积沙成塔、集腋成裘的效果，但是其中的主力还是企业。毕竟企业是财富的主要创造者，因此也就自然成为主要的出资者。

5. 企业为社会提供投资机会

社会中的居民由于种种原因，如劳动报酬的积累、利息收入、接受遗产等，手里往往积攒了一定的资金。这些资金如果窖藏在居民家中，未能产生任何的回报或效益，就造成了巨大的浪费。因此，具有投资意识的人们希望能将这些资金用于再投资，从而获得利润和利息回报。居民的投资分为两种，一种是直接投资，即独资、合伙或者以股份制方式投入于企业之中；另一种是间接投资，即将资金存在银行里，然后由银行将这些闲散资金贷给需要资金的部门。但不管是直接投资也好，还是间接投资也好，最终资金基本上都用于企业投资，正是企业为社会提供了各种各样的投资机会。居民通过投资于企业，可以使自己的"死钱"变成"活钱"，获取丰厚的回报。

（二）社会也是企业存在和发展的基础

企业和社会是一种相互依存的关系，不仅企业是社会存在和发展的基础，而且社会也是企业存在和发展的基础。

1. 社会为企业提供各种生产要素

企业是一个生产经营的单位，在企业生产经营的过程中，不可避免地需要引进各种生产要素，利用这些生产要素组织生产过程，创造出人类所需要的各种商品和服务。人们有句话叫作"巧妇难为无米之炊"，说的就是如果没有生产要素，那么企业是什么都生产不出来的。如果一个企业什么生产要素都没有，只有一枚公章，那我们说这个企业多半是搞诈骗的，并不是一个真正意义上的企业。企业需要的生产要素主要是三种，即人力资源、资金和技术。这些要素都是企业自己无法生产的，而是需要由社会来提供的。

2. 社会为企业提供制度框架

我国自从 1950 年代中期以来，模仿苏联的经济制度，建立了中央集权的计划经济制度。但是后来我们发现这种计划经济体制是缺乏效率的。于是在某些领域，这种制度开始出现某种松动。从允许和鼓励个体经济开始，私营企业开始出现，个体私营企业的出现改变了国有经济一统天下的格局。与国有企业相比，个体私营企业具有完全的自主权，因此也就具有了比较灵活的经营方式和比较高的生产效率，在市场竞争中居于十分有利的地位。

3. 社会为企业提供市场基础

在市场经济中，市场对企业的限制是企业永远无法摆脱的。现代生产固然可以脱离自然条件的限制，可以脱离原料主产区，可以摆脱季节的限制源源不断地生产出各种产品，但是这一切的一切都需要有一个前提，那就是企业所生产的产品必须有市场。企业生产出来的东西，必须有人购买，企业才有可能从产品销售中获取回报，完成资本积累的过程。

4. 社会环境对企业经营行为有很大的影响

企业的经营行为，作为一种社会经济活动，必然会受到社会和生态环境的影响。一个社会政治制度、政府法规、社会公众的态度、道德和伦理观念，以及包括科学技术和国家之间的竞争等社会因素，都能对企业的成本、价格和利润产生积极或消极的影响。马斯洛（Maslow Abraham H., 1953）认为不健全的社会难以成就健全的企业。所有想要不断发展的企业必将把怎么处理好与社会和生态环境的关系放在重要的位置。影响企业经济行为的社会环境主要有政府决策、技术进步、自然生态、经济体制、文化氛围等。政府的决策包括政府对企业的经济行为制定的各种法律法规、政府对企业的征税以及政府为鼓励或限制企业的发展实施的各种措施，如优惠政策或行业准入等；技术进步对企业的影响具有关键性和主导性，技术的进步能提高企业的产品质量或降低生产管理成本，但是技术的获得也需要一定的成本，如研发成本或技术购买成本，整个行业技术的提高也会对企业的技术水平产生积极的作用，因为此时存在一定的技术外溢现象；自然生态对企业的经济活动的影响可以说是基础性的，企业的存在和发展离不开赖以生存的自然环境，自然环境的变化会对企业产生积极或者消极的作用。

三、企业与社会关系的模式

企业社会责任是指企业在追求自身利益发展的同时应承担的义务，国外企业与社会关系一般有两种基本模式：传统的规范经济模式和社会责任模式。

(一) 传统的规范经济模式

这一模式以传统的观点来看待企业的运作，它的假设前提是企业的决策过程完全是理性的，而厂商最主要的目标就是利润最大化。企业管理当局的任务就是设法以最有效率的方法来组合各项生产资源，使生产成本为最低，同时将产品卖给愿意支付最高价格的顾客，以为企业创造最大的利润。这种传统模式认为企业是拥有该企业所有权的股东的私产，因此，企业管理者只需对股东负责，不必承担除此之外的责任，包括社会责任。企业只要以"经济人"的观念努力为股东赚取利润就可以了，因为利润越大，企业对社会的贡献越大。

传统经济模型的理论渊源是亚当·斯密的企业利润最大化。亚当·斯密（1776）认为，企业的社会责任就是单一向社会提供产品和劳务，并从而使企业利润最大化。在现代经济学家中，1976 年诺贝尔经济学奖获得者，主张自由经济学说的美国经济学家弗里德曼（Friedman M., 1962）是这种观点的支持者，他在 1962 年出版的《资本主义与自由》一书中说："几乎没有什么事情可以像企业主管接受社会责任观点，而非尽力去为股东赚钱这件事那样彻底破坏我们自由社会的根基"①。传统的经济模式把企业的功能视为纯经济性的，经济价值是衡量企业成功的唯一尺度。这种纯经济企业价值观体系的主要论点有：

1. 企业主管无权慷他人之慨，擅将企业的资金用于社会

这种观点认为企业的奖金是归股东所有，企业的经营者只是接受股东委托来加以经营而已，因此没有权力将企业的奖金和利润用于社会行为，否则便会损害股东和员工以及消费者的利益。弗里德曼（1962）对此有一段明确的阐述："在自由企业、私人财产体系中，一个公司主管是企业所有者的一个员工，他对他的雇主负有直接的责任，那个责任就是依照他们的欲望去经营企业。雇主的欲望通常是尽可能去赚更多的钱，并遵守那些由法律规定和由道德习惯规定的社会基本规则，只要他的行动与他的'社会责任相一致'因而减少了股东的报酬，他就是在花股东的钱。只要他的行动降低了员工的薪金，他就是在花费员工的钱。"②

2. 企业无法承担大量的社会责任

企业虽然拥有一定的经济资源，但它必须明智地使用这些资源。虽然企业可以将少量资源花在承担社会责任上面，但它不能为承担社会责任而投入重要的经济资源，除非这些资源可在企业承担社会责任期间获得补充。如果企业被迫去承担社会责任，则为此而增加的成本将把各种产业中边际厂商赶出企业的行列。此外，如果某厂商因负担社会责任而提高了该企业的成本与产品价格，但其竞争者

---

① （美）弗里德曼. 资本主义与自由 [M]. 张瑞玉，译. 北京：商务印书馆，1986.
② （美）弗里德曼. 资本主义与自由 [M]. 张瑞玉，译. 北京：商务印书馆，1986.

都未这样做，那么这个去做的企业则可能失去与同业竞争的能力，甚至将被淘汰，这是不公平的，也是不经济的，如果把这些费用转嫁到消费者头上，那也是不妥当的。

3. 参与社会目标冲淡企业的主要目标

企业的主要目标是赚钱，社会责任是政府部门的事。如果企业热衷于参与社会目标，就可能冲淡企业目标，转移企业主管的兴趣，减弱企业在市场中的地位，其结果是使企业在经济和社会这两个角色上都不能有好的表现，到头来两头落空。

4. 企业的社会行动会降低企业在国际上的竞争力

因为企业的社会行动可能导致增加企业成本，这些成本通常会转移到产品价格上，这将使从事社会活动的企业在国际上处于不利地位，会减少其在国际市场上的销售量。

（二）社会责任模式

社会责任模式认为企业除了要为其股东赚取合理利润外，也应为各有关利益群体履行其应负的社会责任。这种模式对于企业使命的基本认识和传统经济模式正好针锋相对，其主要论点是：

1. 社会大众期望企业承担社会责任

支持社会责任模式论点之一是根据"社会契约"的观点，它的基本看法是：企业的运营须由社会大众同意，企业的基本目的是满足社会大众的需要，使社会满意。在以前，企业只要是以有效方法生产出产品和劳务就算履行了其"社会契约"，而现在社会大众的期望扩大了。

2. 企业承担社会责任是一种长期的自利

企业承担一定的社会责任，从长期看，这实质上是一种自利行为。较好的社会可以产生较好的企业环境，将会有一个较好的社区可供企业在其中运营，并可提供较优秀的员工。企业的社会行动可使大众对企业产生良好的印象，提高企业的商誉等。

3. 企业可以更有效地执行社会行动

企业拥有解决社会问题的资源与能力，因此应该履行其社会责任。企业拥有可使用于解决社会问题的宝贵资源，拥有大量的管理人才，也拥有大量的资金，将可以比其他组织更有效率地执行社会行动。

4. 企业应对社会问题负责

社会问题的造成有各种原因，有些是企业运行造成的，有些是社会运行本身自发性的问题。对于企业所造成的问题，不论是有意还是无意的，企业自然应负起责任，而至于社会本身自发性的问题，对企业而言，是一种挑战，也是一种机会，是检验企业的一种测试，对于企业来说，应该动员自身所拥有的力量，协助解决各种社会问题。胡锦涛在2008年11月22日的亚太经济合作组织（APEC）第十六次领导人非正式会议上提到"当前的金融危机给我们的一个重要启示就是，企业在追求经济效益的同时，应该在市场运作中采取谨慎、稳妥、负责任的态度，充分顾及整个经济平稳运行，认真应对各种风险和隐患，主动防止因自己经营不当给经济发展和人民生活带来冲击。"他同时强调："企业应该树立全球责任观念，自觉将社会责任纳入经营战略，遵守所在国法律和国际通行的商业习惯，完善经营模式，追求经济效益和社会效益的统一。"①

四、企业在社会资源分配中的角色定位

企业聚集着一个国家的主要生产力，投入经济运行的资源大量地存在于企业之中，这些投入运营的资源都是属于经营性资产，企业是这些资产的实际控制者和使用者。资源通过企业进出市场，要使这些资源能够通过市场调节达到优化配置，这就需要企业能够作为市场的主体，对市场的供求信息做出正确判断和适当反映，以决定它所控制和使用的资源如何通过市场进行交换。市场对资源的配置作用，要通过企业这个市场主体的市场取向来实现。

（一）生产商角色

从企业含义来看，它必然是以营利为目的的经济实体，它的最基本职能就是生产社会所需要的，并能在生产过程中向社会需求量最大且利润最高的组合点靠拢，从而达到资本化加速之目的。为社会提供满意的产品和服务，创造良好的经济效益和社会效益，这既是企业的首要任务，也是企业的天职。

（二）纳税人角色

为国家提供税收，形成国家财政收入的主要来源。国家税收主要来源于企业，企业愈发展，为国家提供的税收愈多。

（三）管理者角色

搞好企业内部管理，全面提高企业素质。加强和改进企业管理是企业永恒的主题，在现阶段企业要把改革、改组、改造与加强企业管理结合起来，全面提高企业的素质和市场竞争能力，为企业的生存和发展奠定基础。同时还要遵守国家的法律、法规，依法经营企业。市场经济就是法治经济，企业的一切生产经营活动必须符合国家的法律、法规。企业要依法经营、依法管理，从严治企，只有这样，才能有助于国家微观经济活动繁荣有序、活而不乱。

---

① 胡锦涛. 坚持开放合作，寻求互利共赢［R］. 亚太经济合作组织第十六次领导人非正式会议，2008 - 11 - 22.

（四）企业要成为技术创新的主体

创新是一个民族进步的灵魂，是一个国家兴旺发达的不竭动力。建设国家创新体系是知识经济时代整个国民经济和社会发展到一定阶段的必然要求，是国家经济转型的需要。作为国家创新体系中重要组成部分的知识创新、技术创新都有自己的位置，而居于该体系核心位置的则是企业。因为创新体系落实到微观，就是企业的产品竞争力，而产品的竞争力是要靠企业来完成的。

（五）企业要成为追求社会经济综合效益的实践者

企业在传统的工业经济时代以获得利润为主要经营目标，知识经济时代则呼唤现代企业超越利润经营目标，确定保证生态、经济、社会协调发展的"综合效益观"，这样就提出了更高的时代要求，不仅要追求企业的微观经济效益，还要追求社会的宏观经济效益；不仅要追求当前经济效益，还要追求长远经济效益；不仅要追求直接经济效益，还要追求间接经济效益；不仅要追求单项经济效益，还要追求综合经济效益。

第二节　企业与政府的关系

企业与政府的关系，可以看作是一个组织中组织成员与组织者的关系，那么，它们之间的关系，也就具有组织成员与组织者关系的特点，是一种既互相制约，又互相依存的关系。

一、企业与政府的制约关系

企业与政府的相互制约关系，一方面体现为目标的相互制约关系，另一方面则体现为职能的相互制约关系。

（一）企业与政府目标的相互制约关系

企业为追求经济利润，通过各种手段获得对市场的垄断地位。不管哪一种形式的垄断，其结果都会造成社会生产效率降低，社会总福利减少，这些都是对社会资源和自然资源的一种浪费。企业对技术资源的垄断，导致新的科学技术不能尽快转变为社会生产力，及时造福于社会；企业对市场资源的垄断，导致消费者购买企业产品的成本增加；企业对自然资源的垄断，导致自然资源得不到充分的利用，由垄断产生的垄断价格，又把本来对自然资源拥有所有权的很多消费者排斥在消费者之外，造成社会的不公平；企业对行政资源动机垄断，更是诱发政府官员腐败的温床。企业的这些行为，既是对社会福利的一种侵害，又是导致社会不公平、激化社会矛盾的一个重要诱因，对于政府期望通过不断发展生产、提高生产效率，以满足人们日益增长的物质和文化生活需要，平衡社会各个阶层和各种团体的利益，实现社会和谐发展，以实现其执政地位稳定的目标，形成一种制约关系。

（二）企业与政府职能的相互制约关系

政府要监督市场，加强和完善对企业的宏观管理和调控，需要运用各种经济手段、法律手段和行政手段，对企业的经济运行状况进行检测、监察、调节和控制，一方面使企业为实现其经济利润的目标所能运用的手段受到国家各种法律、法规和行政监督的限制，另一方面，政府实现对企业的管理，经常要求企业对政府相应的管理措施提供协助，如提供财务报表、进行内部审计和外部审计，这些工作都将增加企业的经营成本，减少经济利润。政府要调节收入分配，提供社会保障，势必要向企业征收各种营业税和所得税，这更直接造成企业经济利润减少。

二、企业与政府的依存关系

企业与政府的相互依存关系，一方面体现为目标的相互依存关系，另一方面体现为职能的相互依存关系。

（一）企业与政府目标的相互依存关系

企业为实现经济利润，必须在价值链的各个环节，实现价值的增加，政府从其价值增加部分征收各种税收；企业通过销售产品或提供服务，产生纯利润，政府又从这些纯利润中，征收所得税。这些税收，是政府实现其目标和发挥其职能的主要经济来源。同时，企业在生产经营过程中，需要大量雇佣员工，就业人口的增加，也可以减少社会不稳定的因素。此外，对政府或社会而言，企业对垄断的嗜好，并不总是坏事。企业对技术资源垄断的需要，促使企业增加科研的投入，产生各种新技术。这些新技术虽然暂时甚至永久地被企业垄断，但客观上仍将提高社会总的生产效率，为未来创造更多和更好的社会福利。企业对市场资源垄断的需要，迫使企业诚信、守法经营，重视社会公众形象的建立，这些都有利于政府各项法律、法规的落实，使政府更高效地发挥其职能。企业，特别是知名企业，如果不重视维护自身市场形象，对其生产经营造成的打击，有时是致命的。企业对行政资源垄断的需要，使企业对政府透明度提出要求，迫使政府实行机构改革，实现公平、公开和公正，提高执政效率。企业对自然资源的垄断，也会因为其垄断经营产生比完全竞争市场更多的税收来源，这些税收对政府实现其目标提供了强大的经济支持。

（二）企业与政府职能的相互依存关系

企业的目标与政府的目标虽然存在一定程度的偏差，但企业生产者、管理者、技术创新的主体、先进文化和新生活的倡导者这几项职能，对政府实现其目标和发挥其职能，无疑都是有利的。政府具有引导市场职能，制定和实施导向性的经济发展战略、经济计划和产业政策，引导企业沿着正确的轨道发展职能；管理市场职能，提供公共产品和服务职能，实际上都是为企业服务的职能。政府监督市场的职能；加强和完善对企业的宏观管理和调控职能；调节收入分配，提供社会保障职能，虽然对企业实现其目标有一定的制约作用。但也应该看到，政府对市场的监督和对企业的宏观管理和控制，可以为企业的经营创造一个更加公平的市场竞争环境；政府调节收入分配，提供社会保障，一方面可以平衡各社会阶层的利益，减少社会动乱的因素，为企业经营创造一个安定的政治环境，另一方面还可以为企业创造更多的消费者，使企业实现更多的销售，产生更多的经济利润。

三、企业与政府的契约关系

在市场经济条件下，政府和企业的关系是一种契约关系，这主要体现在以下几点：

（一）政府最终是为企业服务的

从市场经济的内在要求来看，政府不是天然地作为企业的管理者和领导而存在的，政府最终是为企业服务的。正因为如此，所以西方国家把政府统计在服务业之中，目的就是为了说明政府是为企业服务的。因为在现代经济条件下，企业是生产力的最主要组织方式，政府要推动生产力发展，当然就要为企业服务。在这点上，我们必须要从根本上转变观念，应该充分认识到政府不是作为企业的领导存在，而是为企业服务的。

（二）政府不是对企业配置资源的主体

在市场经济条件下，政府一般不能配置资源，资源的配置主要是靠市场，因而企业获取资源的最主要途径是市场，市场调节着资源在企业中的配置。也就是说，市场是配置资源的主体，资源的配置主体并非是政府，所以我国政府要大规模地从资源的配置过程中退出来。当然，有些资源是需要政府配置的，比如土地、政府负责建设的公共工程项目、政府自身的消费，等等，但是这些由政府配置的资源的配置过程，也必须市场化。

（三）政府为企业提供的公共产品

政府虽然要推动生产力发展，但政府自身并不能去亲自组织和发展生产力，而是主要为作为生产力组织方式的企业提供良好的社会秩序。也就是说，政府的主要职能是维护企业的经营秩序，而不是具体负责生产力的发展和增长，因为政府并不是生产力的载体和组织者。具体来说，政府要维护产权秩序，维护契约秩序，维护法律秩序。总之，政府要保证良好的社会秩序，这是政府的主要职责。

也就是说，政府推动经济发展，并不是指政府自身整天去带头发展经济，发展经济是企业和市场的事，政府主要是提供良好的社会秩序。如果说，政府自身去搞经济，即使是经济发展很快，但社会秩序却非常糟糕，那么这个政府也是失职的。因为政府不是发展经济的主体，而是提供公共产品即社会秩序的主体。

（四）政府对企业的挤出效应要有必要的约束

所谓政府对企业的挤出效应，就是指政府在投资上对企业所发生的挤出效应。一般来说，政府在启动经济中，往往要通过举债的方式获得投资资金，从而通过政府投资而启动经济，这在经济低迷时是应该的，但是因为在资源既定的条件下，政府投资会对企业的投资产生挤出效应，因而对政府投资必须要有应有的界定和约束。也就是说，政府到底应该借多少债，投资多少，这主要是要取决于政府在启动经济时所花费成本的状况，或者说，是取决于政府在创造企业发展环境时所支付的成本状况。比如说，如果仅仅靠企业的投资，市场需求启动起不来，那么政府就可以借债启动需求，政府借债的目的是要启动投资，甚至启动消费，但这种启动要考虑成本，如果启动成本甚至高于企业自身启动需求的成本，那么政府就不能再举债。因此，政府借债的数量，要取决于政府为企业创造良好外部环境所支付的成本状况。也就是说，如果政府借债很多，但结果却是无法启动需求，那么政府就不应该再借债了，所以说，政府借债的多少，最终是由政府为企业创造外部环境时所支付的成本决定的。

四、政府在企业发展中的角色定位

企业之所以能够持续发展，是因为与政府的扶持密切相关。一般情况下，政府通过采取制定法规、政策等方式，为企业的发展创造良好的外部环境。在特殊情况下，政府也可以采取资本和人事渗透的办法直接作用于企业。政府在经济活动中的定位及其角色问题，不同时代的经济学家都对这一问题给予了高度的关注，并提出了各自的主张。重商主义主张，政府应从有利于积累资金的需要出发，在进出口贸易中必须扮演重要角色。凯恩斯（Keynes John Maynard）认为，"由于市场的不完全，政府应该干预经济。"而姚金海认为："在西方发达国家市场经济发展过程中，早期奉行经济自由主义，市场自由竞争至上，由市场'看不见的手'发挥作用，政府只是'守夜人'和'夜警'，结果导致'市场失灵'，只能国家出面干预经济，加强政府宏观调控，奉行政府干预的'凯恩斯主义'，发挥'看得见的手'作用……"[①]

[①] 姚金海.市场缺失和政府越位的法理分析——兼论市场与政府关系定位［J］.经济论坛，2005（23）.

(一) 政府对公平竞争的维护

竞争是市场经济运作的基本规律和动力之源。所谓"竞争",是指市场中的各利益主体(通常表现为法人或自然人)在市场经济条件下,为了达到利益最大化的目的而与其他利益主体所进行的一种比赛。在市场运作过程中,竞争通常被区分为有序竞争和无序竞争。国家制定和实施竞争政策的目的,就是为了保护有序竞争,打击无序竞争。无序竞争一般包括过度竞争和垄断两种类型:过度竞争,所谓"过度竞争",就是在一个市场区域内,对与市场相对有限的现实需求来说,即相对于有限的消费者购买能力而言,所有参与这一市场竞争的企业,在它们的供给能力已经严重过剩的条件下,仍然能够在较长的时间内,持续进行着激烈的市场竞争,如中国家电行业,特别是彩电业就是如此。所谓垄断就是在为整个市场提供某种商品和服务时,与许多分散的小公司相比,当一个单独的公司可以更廉价地完成任务时,就形成了自然垄断。在这种情况下,竞争就是资源的浪费,这种垄断的例子就是地方公共事业部门。

(二) 政府是企业产品的主要购买者

从企业的角度,政府开支所导致的产品需求可以分为直接需求和间接需求两类。直接需求是指政府作为企业产品或服务的直接购买者而导致的需求,包括政府为维持日常办公所进行的政府采购大批量购买办公用品、电脑、电话、公务用车等,还有政府的各种投资行为,如基础设施(道路、桥梁、通信等)的建设,社区的公共设施(交通灯、道路栏杆等)的更新与维修等。政府本身可以作为产品的直接购买者,但政府同样可以使一批潜在的商品购买者拥有资金,这样政府就成为潜在的购买者,包括政府对国有企业进行投资、政府发给公务员工资等,这些购买者所产生的需求就构成了企业产品的间接需求。实际上,源于政府的市场还包括另一个重要的方面。在某些发展中国家或发达国家的发展初期,政府往往承担着为本国产品开拓国际市场的任务。

(三) 政府帮助企业

政府有一套帮助企业的复杂而强大的项目网络,其中涵盖关税保护、大量的业务来源和直接资助。一般来说,在政府与企业的关系越是密切的国家和地区,政府担当"推销员"角色的可能性就越大,政府购买当地企业产品的可能性也越大,即源于政府的市场潜力越大。上述情况在中国的很多地区都可以见到。但是,除政府必需的采购投资行为外,政府对企业的"拯救性采购"和"应急性推销"只能作为企业的短期利益看待。市场经济的基本要求是政企分开,各为其职,如果企业长期依赖政府行为求得发展,则自身的竞争实力得不到提高,一旦市场环境或政治环境发生变化,政府不愿或无力再保护企业时,企业就会面临灭顶之灾。1998 年发生的亚洲金融危机中韩国的大企业遭受沉重打击就是明显的例证。

(四) 政府制定游戏规则

政府为企业行为制定广泛的规则,企业在这些行为里可以较为自由地按照自己的利益行事。政府制定的管理条例类型多种多样,对企业的约束程度各不相同,但它们都致力于建立游戏规则。在与企业的关系中,政府并不总是扮演消费者与推销员的角色,很多情况下,政府是作为宏观经济中的调节员和市场运行的管理者出现的。而所谓的宏观经济调节和市场运行管理,最终的客体指向仍然是企业。

(五) 政府从社会需求出发进行资源的再分配

政府通过转移支付,研究和开发支出,税收刺激和财政资助,不断进行资源的再调整。政府还对企业施加道德压力,使它们按照普遍接受的社会目标行事,政府保护社会各方利益免受企业剥削,比如,很多受法律保护的投资者、消费者、雇员和企业竞争者的利益。

第三节 企业、政府与社会责任

企业是国民经济的"细胞",每个企业所谋求的是自己这个"细胞"的自身利益,即微观经济利益。政府是社会公众利益、国家利益的代表,它所谋求的是关系整个社会和国家的宏观经济利益。为了提高社会经济运行效率,要界定企业和政府这两个行为主体在履行社会责任方面的作用范围,使它们在各自的分工范围内充分发挥各自的作用。

一、企业—政府—社会关系的模型

从不同的角度看待企业—政府—社会关系,运用一定的分析框架或模型评估经济、政治和文化力量的相互作用。美国经济学家乔治·斯蒂纳(1997)、约翰·斯蒂纳(1997)用四个基本模型代表了企业、政府与社会关系中的四种基本观点。这四个模型都是现实的简单抽象,它们既是描述性又是规范性的,不仅描述企业与政府关系是如何维持的,而且也说明应该怎样维持这种关系。此外,这些模型都是动态的,它们所描述的关系随着时间的推移都将发生变化。

(一) 市场资本主义模型

该模型中企业存在于市场环境中,市场环境就像企业与非市场环境力量的缓冲器,企业系统可以在相当程度上免受环境中社会力量的直接影响,专注于解决与市场经济力量有关的问题。同时,市场环境既受企业决策影响,也受社会、政治、法律和文化力量的影响,是由它们共同作用形成的。这一制度的有效运营取决于一系列的基本前提：一是政府对经济生活干预降到最低程度；二是个人在追求他们自己的利益时，拥有最大限度的自由，个人也将充分利用这种自由做出选择；三是个人可以拥有私有财产，并可以自由地投资于有风险的企业。

（二）主导模型

主导模型定义了考察企业—政府—社会关系的第二种基本途径。这个模型中，企业和政府主宰着社会中的绝大部分个人和团体，这种思想可以由金字塔式的社会等级结构来描述。小部分精英凌驾于系统之上，以牺牲大多数人的福利为代价，为少数特权人物赢得财富和权力。主导模型如图4-1所示。

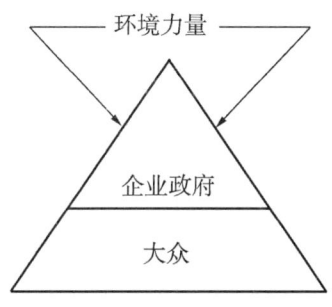

图4-1　主导模型

（三）动态力量模型

动态力量模型展示了企业—政府—社会关系是一种相互作用的系统。它表明，对企业的主要影响来自于环境力量的变化，既包括经济的也包括非经济的力量；它们对于公众的价值判断、希望、需求以及如此等等的因素都有影响；这些力量对于政治过程产生影响，反过来又影响企业和其他组织。动态力量模型还表明，企业也会影响社会中的其他因素。

尽管动态力量模型看上去较为复杂，它表明在企业—政府—社会关系中与企业有关的各种主要影响力量。然而，它并没有完全揭示出社会中各种主要力量之间的影响与反应的复杂性。对企业的主要影响来自于环境力量的变化，既包括经济的也包括非经济的力量。此外，这一模型还表明，企业也会影响社会中其他所有因素。动态力量模型在本质上不同于主导模型，它将经济系统描述为一种由宽泛的多种力量相互作用的系统。在动态力量模型中，许多重要的力量在主导模型中被看作可以忽略的非重要因素。

这一模型说明企业深深植根于所在的环境中，必须对许多力量，包括作用于企业系统的经济和非经济的力量做出反应。一个开放的社会是各种因素相互影响的网络，企业无法独立于它所在的环境而存在，也无法主宰这一环境。同时，企业是形成环境变化的主要因素,特别是通过它与政府之间的相互作用,以及引进新产品或者服务等行为。企业能否取得广泛和有力的公众支持,取决于它是否能够针对各种环境力量做出正确的调整,企业必须对社会、政治和经济的力量做出综合反应。当企业系统对环境的影响是更为积极的而不是消极的时候,也就是说,当企业为环境所提供的收益大于它对环境所造成的成本时,企业所获得的支持也就更大。企业—政府—社会关系随着社会观念、组织以及社会过程的变化处于不断的演化过程中。动态力量模型如图4-2所示。

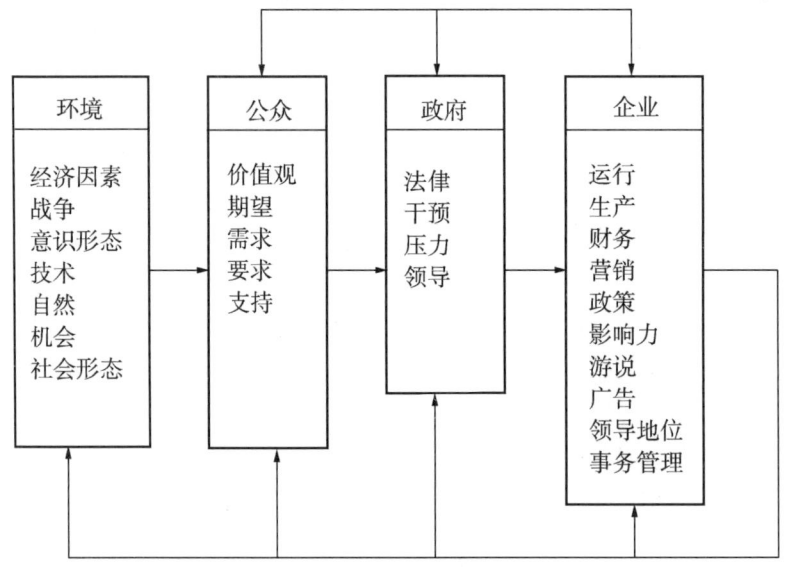

图4-2 动态力量模型

（四）相关利益团体模型

在相关利益团体模型中,企业处于一系列多边关系的中心,相关的利益集团则被称为相关利益团体。相关利益团体是那些将受益于或受损于公司运营的人,他们的利益与公司的存在相关。对于一个大企业来说,这一相关利益团体的定义包括范围广泛的各方,按照对于企业的重要性可以划分成两大类——一级相关利益团体和二级相关利益团体。一级（primary）相关利益团体指那些对企业的生存不可缺少的人。这包括企业的所有者、消费者、职员、供应商、债权人、社区以及政府等。二级（secondary）相关利益团体包括与企业的生存关系不大的其他组织和个人,但企业经营对他们的利益有影响。例如,环境主义者、媒体、学者和批评家甚至竞争者。

相关利益团体模型重新定义了管理的优先次序,使之根本不同于市场资本主义模型。在市场资本主义模型中,企业是所有者的私人财产。企业通过运作将所有者的资本和供应商的原材料以及职员的劳动力相结合,生产出产品,通过出售满足消费者的需求。企业运营的主要目的是满足一个相关利益团体——投资者的要求。在相关利益团体模型中,每一相关利益团体的利益都必须予以考虑,而不是简单地作为可以增加投资者财富的工具。相关利益团体是根据他们在企业中的合法利益来定义的,而不是简单地根据企业的利益来定义。企业必须对各种相关利益做出恰当有效的反应。正因为如此,就不能一味地强调所有者或投资者的利益。按照相关利益团体模型的描述,强调企业对社会中许多团体的责任,这种责任不是在传统的经济理论中所强调的那种责任。传统的企业鼓励主宰他所在的环境,削减其他相关利益团体的利益,目的是要追求所有者的利益。相关利益团体理论强调了企业的社会责任,要识别并通过工作来满足广泛的相关利益团体的要求。

企业—政府—社会关系的相关利益团体模型不仅否定了市场资本主义模型的中心因素,而且与另外两个模型也有本质的不同。它与主导模型恰恰相反,在主导模型中,企业对于一定环境中的相关利益团体施以控制,而不是真正关系他们的利益。相关利益团体模型与动态力量模型也有不同。动态力量模型描述了公司和其所在环境之间的重要力量或势力流量,这种力量是对现实的一种估计,而不是在公司做出某种改变时可以实现的一种理想状况的描述。相关利益团体模型的侧重点更为宽泛,它揭示了范围广泛的环境因素,包括但不仅限于相关利益团体。

(五) 四种模型的含义

这四种模型既是描述性的又是规范性的,也就是说,它们不仅描述了企业—政府关系是如何维持的,而且也说明了应该怎样维持这种关系。倾向于某一模型的个人或团体会根据现实情况得出不同的道德结论。对于企业中的大多数经理,特别是中小企业中的经理来说,市场资本主义模型居于主导地位。由于这一模型的影响,许多经理认为,他们的决策应该主要依据经济方面的考虑,而解决社会问题则是次要的,甚至是一种不合适的目标。然而,经理们都能够充分理解动态力量模型的观点,明白公司是受各种组织和力量的左右,公司的业务受这些力量的影响非常大。从这意义上来讲,他们也许会认为,公司应该付出努力,监测公司所处的环境中的各种经济力量的变化,并做出及时恰当的反应。相关利益团体模型描述了企业处于各种利益的中心。根据这一观点,很容易得出结论,管理者拥有道德职责,要更为深入地考虑他们的决策对于各种相关利益团体利益的影响。

主导模型基本上是由许多但并不一定是全部企业批评家所赞同。这种模型描述了这样一种情况,现实世界不同于民主理论,平等和公正的基本原则经常遭到破坏。赞同这一模型的人认为,企业力量太强,改进和激进的变革是必要的。

但这些模型都过于简单,无法充分揭示企业—政府—社会关系中各种力量的情况。例如,市场资本主义模型并没有解释在多大程度上市场环境可以保护企业免受特定的非经济环境力量的影响。相关利益团体模型也未能解释到底每一相关利益团体对于公司有多大的影响。这些模型也不是静止的,它们所描述的关系随着时间的推移都将发生变化。

二、企业、社会与企业社会责任的关系

(一)企业承担一定的社会责任将促使企业与社会共同发展

企业与社会是共存共荣的关系,企业的存在以社会的存在为前提,企业的发展从根本上取决于社会的进步。沃海恩和弗里曼说:"企业和社会存在千丝万缕的联系,彼此相互影响,其影响的结果对两者而言,有时是消极的,有时是积极的"①。企业通过承担社会责任为社会的发展做出贡献的同时,也会使自己拥有更好的外部环境并从中受益。莫里根(Mulligan Thomas M.)也认为:"企业的道德使命就是运用所能获得的想象力和创造性,为人类世界更加美好而创造产品和服务。这一使命比企业行使其他任何职责都重要,这里包含两个观点:一是企业员工有足够的道德判断力来评价他们能够提供的产品和服务,并具体地确定哪些是具有道德价值的;二是企业员工应该努力创造和销售具有道德价值的产品和服务,而排斥缺乏道德价值的产品和服务,哪怕法律没有要求这样做,哪怕这样做不能带来利润"②。对于企业履行社会责任对社会产生的效应,郭文美和黎友焕认为"作为有责任感的企业不仅仅是以营利为目的,还应该关注利益相关者的利益,如为消费者提供可靠安全的产品,同商业合作伙伴建立良好的合作关系,关注环境和社会公共事业等,而这些正与实现社会的可持续发展的要求相吻合"③。对于企业社会责任缺失所造成的后果,张衔和谭克诚(2011)将其概括为:企业对员工社会责任缺失影响员工生产积极性,威胁其再生产能力,进而影响社会再生产的正常进行,损害社会长期稳定的发展。大量假冒伪劣产品和服务的出现,严重侵害了消费者的健康和权益,扰乱市场经济的正常秩序,损害经济的长期增长。无约束下的企业行为会带来生态环境和资源的耗竭性使用。同时,他们指出

---

① (英)帕特里夏·沃海恩,R 爱德华·弗里曼. 布莱克韦尔商业伦理学百科辞典 [M]. 刘宝成,译,北京:对外经济贸易大学出版社,2002:51.
② Mulligan Thomas M. The Moral Mission of Business [C] //Tom L Beauchamp, Norman E Bowie. Ethical Theory and Business. Englewood Cliffs: Prentice Hall, 1993: 66.
③ 郭文美,黎友焕. 食品企业履行社会责任刻不容缓 [N]. 中国贸易报,2007 – 12 – 13 (1).

"企业社会责任问题给人和自然带来的严重负面后果，也会反作用于企业本身，最终使企业的长期发展难以为继。"①

基于企业与社会所存在的密切关系，企业必须为社会承担一定的社会责任，以此来促进社会的发展。首先，社会为企业提供了积极有利的发展条件，企业有责任给予相应的"回报"。例如，从企业与政府的相互关系可以看出，政府为企业的发展提供了不可或缺的基础设施和公共产品。其次，企业承担一定的社会责任有利于企业的长期发展。企业的发展不能只看眼前的利益，而是要着眼于长期的战略目标，企业与社会必须朝着健康的方向发展，并且在共同的发展中相互促进、共同繁荣。如果企业与社会的其中一方不能很好地发展，另一方必然不能很好地发展，而双方的共同发展则能够达到双赢的结局。最后，企业承担一定的社会责任有利于促进企业与社会关系的深化。

（二）权利和责任的关系是企业社会责任的基础

企业是社会资源的受托管理者，社会把人员、资金、物质、信息等社会资源委托企业进行经营活动，要求企业创造更多的物质财富，为整个社会服务，在获得经济繁荣的同时，也取得政治、道德和文化的全面进步。作为社会有机体的一分子，企业具有双重职责：一方面，它作为社会有机体生存发展的手段而存在，要服务于社会；另一方面，它作为相对独立的商品生产和经营者，必须谋求自身的发展。企业社会责任缘于企业的社会权利，有权利就应承担相应的责任。权利与责任对等的原则是界定企业应不应该承担社会责任和承担多少社会责任的基本依据。如果没有权利与责任的对等关系，那么企业对社会环境造成的负外部性就没法通过企业承担一定的社会责任来补偿，市场环境就会受到破坏。如果忽视权利是责任的源泉这种隶属关系，就会出现从人人有责到人人都不负责的现象。伊·谢·科恩对此说道："如果每一个人都对一切负责，那就意味着人们以及他们的职责都是无人称的，结果实际上任何事情都不负具体责任。责任人人都有份的原则如果不加上权利和职责的协调和隶属关系，就不可避免地变成大家都无责任。"② 总之，"权利与责任关系是企业承担道德以及社会责任的基础"③。戴维斯和弗雷德里克（Keith Davis, William Crittenden Frederick, 1984）对此提出了"责任铁律"（Iron Law Responsibility）的观点：企业社会责任来源于企业的社会权利，有权利就应该承担相应的责任，"从长期看，只要有人不能以社会认可的负

---

① 张衔，谭克诚. 企业社会责任研究新探. 中国流通经济 [J]. 2011 (1).
② (俄) 伊·谢·科恩. 自我论 [M]. 佟景韩，译. 北京：生活·读书·新知三联书店，1987：461.
③ Carroll Archie B. Business and Society: Ethics and Stakeholder Management [M]. Cincinnati: South-Western Publishing Co., 1993: 18.

责任态度行使权利,他就必然会失去权利"①。塞斯(Sethi S. Prakash)也认为:"在企业对非市场力量的反应与社会对企业应当做什么的期望之间存在一个'合理的距离'。"② 如果这个距离变得过大,企业将彻底停止运行。"历史经验证明,如果不按照社会的愿望去使用权利,拥有某种权利的机构将会失去那种权利"③。

三、构建和谐社会与企业社会责任

企业履行社会责任是企业的文化和价值的基本体现,是社会主义精神文明建设的重要组成部分,在和谐社会建设中具有不可缺少和无可替代的地位。企业要承担构建和谐社会的责任,最重要的是应化责任为竞争力,把提高责任竞争力作为企业参与社会和谐发展的主要途径。

(一)企业履行社会责任有利于国民经济发展和市场体制完善

构建和谐社会是一个复杂而长期的过程,它的基石就是经济的繁荣发展,而在这一方面能有所作为的就是企业,企业发展为社会和谐提供经济支撑和物质基础。企业只有具备了社会责任意识,才能提供更多的就业岗位,通过生产经营满足人们的物质和精神两方面的需求,落实以人为本的发展观。落实企业社会责任对于经济的另一个积极影响是可以完善我国现有的市场体系。我国不少企业存在弄虚作假、偷税漏税等失信的商业行为,这已成为我国市场经济建设和社会发展的公害。企业是市场经济的细胞,提倡企业社会责任、诚信经营,无疑是完善我国市场经济体制的重要途径之一。

(二)企业履行社会责任是调节社会公平与经济效率的有效杠杆

首先,公平是效率的起点,社会整体的效率和可持续发展,必须以公平为保障。其次,公平也是效率的目标。经济社会发展的目标,不只是追求 GDP 的增长,其最终目的是增进全体人民的福利。企业社会责任要求企业诚信经营,严格遵守国家相关的法律法规,遵循市场运作规则,进行公平竞争。和谐社会的目标是实现社会的全面进步,和谐社会所要求的公平并不是与效率对立的公平,而是可以增进效率的公平。实际上,在各个经济领域,竞争与合作是同时存在的,两者都是推动社会发展的力量,并且缺一不可。片面强调竞争,很容易将人导入"人越自私,社会越进步"的错误世界观之中,加大社会的不公平,拉大社会发

---

① Keith Davis, William Crittenden Frederick. Business and Society: Management, Public Policy, Ethics [M]. New York: McGraw-Hill, 1984: 34.
② Sethi S Prakash. A conceptual framework for environmental analysis of social issues and evaluation of business response patterns [J]. The Academy of Management Review, 1979, 4 (1): 63-74.
③ (美)乔治·斯蒂纳,约翰·斯蒂纳.企业、政府与社会[M].张志强,王春香,译.北京:华夏出版社,2002:138.

展差距；片面强调合作，也很容易误入"干好干坏、干多干少一个样，平均分配"的错误观念之中，降低了经济效率。企业积极履行遵纪守法、公平竞争的社会责任，还将会塑造全社会讲究诚信与真诚的良好氛围，促进各种市场主体在遵循公平的前提下追求经济效率，实现全社会的可持续全面发展①。

（三）企业履行社会责任利于完善法制社会的建设

首先，和谐的社会关系有利于法制社会的建设。社会主义市场经济是法制经济，法律责任是市场经济条件下企业必须履行的起码责任。其具体要求就是企业必须依法经营，在法律允许的范围内追求经济利益的最大化，为社会创造财富。而企业社会责任的各项标准可以看作是法律对于企业要求的具体化，督促其自觉接受法律约束。与此同时，企业社会责任要求企业用民主的方式管理企业，注重人本管理。企业的各项管理都要通过各种法律和民主的方式进行。从企业内部来说，必须强调民主管理，最大限度地让职工参与企业管理。这有利于企业消除不和谐因素，理顺内部关系，形成安定和谐的局面。假如所有企业都能达到自身和谐，那么建设和谐社会的目标也就触手可及了。其次，和谐的社会关系有利于调节收入差距。收入差距过大是影响社会和谐的重要因素，也是影响企业和谐最突出的问题。企业社会责任可以弥补两次分配论的缺陷。对于经营状况良好的企业，应鼓励其为有需要的弱势群体、低收入人群主动捐赠，以促进社会公平的实现，缓解由收入差距过大而引起的社会利益矛盾，减少社会不安定因素。

（四）企业履行社会责任是维护社会稳定的重要稳压器

首先，企业是社会的重要组成部分，企业的发展状况和营利水平直接决定了很多人的生活水平。同时，企业是人们群居和与人交往的主要活动空间，企业的工作、文化氛围影响着从业人员的身心健康和社会大众的精神面貌。企业社会责任要求企业保障和提高员工的生活水平、保护员工的合法权益，这是实现和谐社会最重要的前提。其次，企业是社会劳动力最主要的吸纳部门，是解决社会就业问题的根本渠道。企业社会责任要求企业通过不断扩大自身规模，公平合理地为社会提供更多的就业岗位，尽可能实现充分就业，最大限度降低失业率，使广大劳动者都能享受到社会发展的好处，进而维护社会稳定，促进和谐社会的发展。因此，企业积极承担社会责任是维护社会稳定进而建设和谐社会的重要环节。

（五）社会履行责任也是一种竞争力

许多企业有这样一种担心：企业承担社会责任，会不会影响其竞争力？对于这个问题，企业社会绩效理论有了详细论述。由于企业社会责任而产生的绩效难以测量，不同企业的社会责任绩效也难以进行比较，但是许多实证研究结果表

---

① 陈永正，贾星客，李极光. 企业社会责任的本质形成条件及表现形式 [J]. 云南师范大学学报，2005 (5).

明,企业社会责任与企业绩效两者之间的关系是正相关的(章辉美、张坤,2012)。黎友焕和叶祥松认为:"企业的生存是社会的需要。如果企业的存在对社会没有任何好处,甚至有害于社会,企业就没有存在的必要。而以企业的力量造福于大众,回报社会,这正体现了企业作为伦理实体与'法人人格'的本质内涵,即企业的自主权益和社会责任的统一。"① 实际上,在现代社会中,企业承担适当的社会责任不但不会影响企业的竞争力,相反,还会增强企业的竞争力,履行社会责任实际上是企业竞争力的一种来源;同时,在政府和社会的认同下,还会为企业的发展创造一个良好的外部环境,打开一个更加广泛的发展空间,从这个角度上说,企业承担社会责任的多少也是企业竞争力的体现。衡量一个企业是否优秀,除了它的利润、规模这些因素外,企业是否具有社会责任,将占据越来越重要的位置。企业承担一定的社会责任还可以为企业营造良好的社会形象,提高企业品牌与声誉;在人力资源、财务表现、融资等方面,可以获得更多投资者和金融机构的支持;而与当地公众建立良好的信任关系,则能够吸纳更有价值的资源,整合形成更强大的竞争力。

(六) 企业履行社会责任是公共环境和自然环境的保护屏障

企业的生产经营活动是人类获取自然资源的主要方式,消耗资源的基本生产载体,企业在进行生产经营活动并为社会创造财富的同时,也在不断地消耗着自然界的各种资源。由于自然资源的有限性和稀缺性,加之在当今我国各种资源日趋紧缺和资源矛盾相对突出的关键时刻,有限的资源制约了企业的进一步扩大再生产,企业财富的创造能力和社会的可持续发展在很大程度上受制于自然资源的数量与质量,企业发展与自然环境息息相关。企业社会责任要求企业采取实际行动支持保护自然环境,要求企业改盲目性粗放式发展模式为有计划的节约资源发展模式,实现经济社会的可持续发展。阿奇·B. 卡罗尔(Carroll Archie B.)和安·K. 巴克霍尔茨(Buchholtz Ann K.)认为:"企业对自然环境的污染和消耗起了主要作用,几乎在每个国家,企业的每个环节都要对消耗大量的原料和能量负责,也要对引起的废物堆积和资源降解负责。"② 企业积极履行社会责任将有助于缓解城市尤其是工业企业集中的城市的经济发展与环境污染严重、人居环境恶化之间的矛盾,有助于改变社会自然资源的紧张态势,最终将起到对公共环境和自然环境的有效保护。

四、加强政府规制,强化企业社会责任

---

① 黎友焕,叶祥松. 企业社会责任与竞争力之辩 [N]. 中国冶金报,2008-04-01 (4).
② Archie B Carroll, Ann K Buchholtz. Business & Society: Ethics and Stakeholder Management [M]. 5th ed. Thomson Learning. Cincinnat: South-Western College Publishing, 2003.

(一)建立和完善企业社会责任评价和监督机制

首先,政府要组织专家和公众建立企业社会责任的评价体系。这一评价体系的建立,一方面要学习国外的先进经验,尽量与国际接轨,另一方面要考虑我国的国情,由企业的利益相关者提出对企业的要求,然后结合两方面的内容酌情确定。完善企业社会责任的监督机制,首要的是建立起与我国国情相符的企业社会责任会计及审计制度,完善并加强企业社会责任的信息披露工作。其次,政府要求企业提供社会责任报告,以自我监督社会责任履行情况。再次,要完善对企业社会责任的社会审计制度,对企业社会责任的履行情况进行相应的监督检查,更好地促使企业承担起社会责任。最后,对企业社会责任的监督要有广泛的社会基础,需要社会公众的参与。政府要加强社会责任理念的宣传,发动广大社会公众对企业履行社会责任的状况进行监督,促使企业在全社会的关注下规范其行为,更好地履行其社会责任。

(二)切实转变政府职能

第一,政府要深化经济体制改革,建立现代企业制度。政府首先要深化经济体制改革,真正做到政企分开,建立现代企业制度,特别是要用一种比较稳妥的办法处理好国有企业的所有权与经营权分离的问题,政府只能以投资人或股东的身份对企业进行管理,而不能用行政命令或政策强迫企业承担过多的社会责任。另外,政府应建设和完善市场经济体制,充分利用市场机制对企业行为进行监管。这一点可以向美国学习,鼓励发展社会审计机构和市场评议机构,并充分发挥它们的作用,及时对企业的社会责任情况进行披露和评价,引导全社会对企业进行监督。

第二,政府应为企业提供良好的外部环境。在现代市场经济条件下,政府的重要职能就是服务,政府与企业的关系是社会组织为企业提供服务和企业为社会组织支付费用从而影响社会组织活动范围的一种双向制约关系。企业承担社会责任,为社会发展尽自己的义务,政府也要主动为企业发展提供服务,营造良好的政策环境、市场环境、法制环境、政务环境和舆论环境。只有建立起政府与企业之间的良性互动机制,才能建立良好的政企关系,促进企业更好地履行社会责任,推动社会的可持续发展。

(三)完善企业社会责任的相关立法

政府要完善企业社会责任的相关立法,将有关企业社会责任的要求转化为详尽的成文法律。一旦将社会责任转变为法律义务,就会对企业的行为产生很大的影响,对规范企业行为起到强制性的作用。当然,并不是所有的企业社会责任都能转化为成文法律,如慈善责任就不宜做强制性规定。有了成文的法律法规,那么对待这些责任,政府就可以在一些规章制度或舆论中做出引导,或在政策上有所倾斜，引导企业更好地履行社会责任。有了完善的法律法规，还要严格执法，做到执法程序明确，监督工作规范严格，使企业在法律面前，在国家机关的监督控制之下自觉履行社会责任。

另外，还要通过法律手段，将政府管理纳入法制化轨道。规范政府行为，依法行政，尽量减少和杜绝政府以企业社会责任为借口，强行要求企业捐赠、赞助等会增加企业额外负担的行为。特别是针对中国普遍存在的地方保护主义的情况，地方政府应加强认识，从全局角度考虑问题，企业则完全可以依法保护自己的合法权益。执法部门更应该对政府行为进行有力的监督和管理，一旦发现其有违法现象，必须予以制止。

（四）构建高效、权威的政府规制机构

改革开放以来，随着立法的加强，我国政府规制机构也有所增加，但各规制机构之间存在着职能交叉、职权不明的现象，因而导致各规制机构执法宽严标准不一、相互推诿或重复干预等问题，这不利于维护法规的统一性，从而使得规制机构在执法中缺乏权威和效率。规制机构与一般的行政机构不同，它们集执行权、自主裁决权、准立法权、准司法权等于一身，且涉及面广、作用不一、程序亦各异，以致对企业或个人的权利时有造成损害的情况。因此，为了提高政府规制机构的效率和权威性，首先，真正实现政企分开，转变政府职能，打破行政性垄断，切断规制机构与被规制企业之间的利益联系，以建立公平竞争的市场环境。其次，以规制法为依据，建立法定的政府规制机构，明确规定规制机构的职责并授予相应的法定权力。再次，确认和保障规制机构与人员的独立地位，使其能够公正地发挥规制职能。推进政府规制方式创新，加快电子政务建设，降低行政成本，提高效率，方便企业和消费者。

第五章 企业社会责任

第一节 企业社会责任的含义

一、企业社会责任概念的演进

社会责任并不是一个新概念,早在20世纪初就有学者在其论著中涉及有关思想,但直到博文(Bowen Hwand R.,1953)《企业家的社会责任》一书出版时,才推动了有关社会责任的探讨。

(一)企业社会责任概念的提出

19世纪早期,西方企业对社会责任并不是很关心,他们普遍认为企业只是为自己和股东创造利润。1953年美国最高法院维持新西泽州法院支持A.P史密斯铁路公司慈善活动的判例才使企业慈善捐赠的合法性予以承认。索尔特(Titus Salt)在1851年提出的被称为"慈善家的住房建设"计划中最早表达企业社会责任的观点(任荣明、朱晓明,2009)。在《改变中的经济责任的基础》一文中,克拉克(Maurice Clark)指出"社会责任中有很大一部分是企业的责任",主张"我们需要有责任感的经济原则,发展这种原则并将它深植于我们的商业伦理之中"。因此克拉克被认为最早提出企业社会责任思想(沈洪涛、沈艺峰,2007)。企业社会责任的具体概念则是由被誉为"企业社会责任之父"的博文提出的,现代企业社会责任的研究领域也由此开创。博文于1953年在其著作《企业家的社会责任》一书中提出,企业追求自身权利的同时必须尽到社会责任和义务,应该在保护社会大众的利益和改善社会的活动中发挥积极作用。同时,他给出了企业家社会责任的最初定义:"企业家有义务按照社会所期望的目标和价值,来制定政策、进行决策或采取某些行动"。①

继博文之后,更多学者参与了企业社会责任的研究,研究对象也开始从企业家个体转向企业作为经济组织的社会责任,研究始于对概念的界定。在该领域几乎与博文齐名的戴维斯(Davis Keith,1975)强调"责任铁律(Iron Law

---

① Bowen H R. Social responsibilities of the businessman [M]. New York: Harper & Row, 1953.

Responsibility)",即"那些不承担社会责任而使用权利的人最终将失权利"①。基于这个观点,戴维斯认为企业"对社会责任的回避将导致社会所赋予权利的逐步丧失",因此,社会责任是指"企业考虑或回应超出狭窄的经济、技术和立法要求之外的议题,实现企业追求的传统经济目标和社会利益"②。

1970年代初,关于企业是否承担社会责任引起了广泛争论,两位著名经济学家弗里德曼和萨缪尔森分别提出了相互对立的观点。因此,戴维斯重新强调"就讨论目的而言,企业社会责任指企业考虑和回应的议题要超出企业狭隘的经济、技术和法律要求",并且"企业有义务评价其行为结果对外部社会系统所造成的影响,确保其决策能够促进社会福利并取得企业追求的传统经济利润"。③弗雷德里克(Frederick W. C.)强调:"社会责任意味着企业家应该监督经济体制的运行以满足社会的期望,促进社会的进步。他强调生产的经济意义在于,生产和分配应以提高总体社会经济福利为目的,公众期望社会的经济,人力资源能通过企业被运用于广泛的社会目的,而不是单纯为了个人和企业狭隘的有限利益。"④麦克奎尔(McGuire Joseph W.)提出,"一个组织不仅仅在经济和法律义务方面,而且在道德伦理义务方面也负有责任"⑤。企业在做决策时应该和对待其他义务一样,要重视道德伦理的义务。这里的道德义务可以被理解为这样两层意思:一层是对社会其他部门的责任感并作为内部的约束;另一层是自愿的行为,这样它就失去了责任的强制性,从而成为一种慈善行为。虽然麦克奎尔未具体说明应该包括哪些责任,但却详细阐述了企业经营中对政治、社会福利、教育的必要关注。沃尔顿(Walton C. C.)认为:"社会责任的概念能够使人们认识到企业和社会之间存在的密切关系,企业行为不仅影响他人,还可能影响整个社会系统。因此,当企业在追求经营目标时,管理人员必须考虑到更广泛的社会系统。"⑥

(二)企业社会责任概念的发展

斯坦纳(Steiner George A.)提出:"企业除了必须遵守基本的经济原则外,

---

① Davis Keith, Blomstrom Robert L. Business and Socity: Environment and Responsibility [M]. 3rd ed. New York: McGraw-Hill, 1975.
② Davis Keith, Blomstrom Robert L. Business and Society: Enviroment and Responsibility [M]. 3rd ed. New York: McGraw-Hill, 1975.
③ Davis Keith, Blomstrom Robert L. Business and Society: Enviroment and Responsibility [M]. 3rd ed. New York: McGraw-Hill, 1975.
④ Frederick W C. The Maturing of Business-and-Society Thought [M]. Pittsburgh: University of Pittsburgh, 1978.
⑤ McGuire Joseph W. Business and Society [M]. New York: MGraw-Hill, 1963: 144.
⑥ Walton C C. Corporate Social Responsibilities [M]. Belmont: Wadsworth Publishing, 1967.

还有责任帮助社会实现基本目标。企业越大，社会责任也越大，而且企业承担社会责任能够带来短期利益和长期利益。"曼尼（Manne H. G.）提出："任何关于企业社会责任可行定义的另一方面是，企业的行为必须是自愿的行为才算是合格的，并且为此而付出的必须是企业真实的支出而不是个人的慷慨捐助，法律等强制要求承担的责任不应该包含在企业社会责任之列。"① 约翰逊（Johnson W. B.）分析了四种关于企业社会责任的定义：第一是传统定义，即"一个承担社会责任的企业，其管理人员应该能够平衡各种利益关系，不仅顾及股东的最大利益，还应该兼顾雇员、供应商、交易商、当地社区和国家的利益"。第二是利润最大化定义，即"社会责任的观点表明，经济组织能够通过实施社会责任项目来提高组织的利润"。第三是效用最大化定义，即"社会责任的第三个方法是假设经济组织的根本动机是效用最大化，企业追求多重目标而不仅仅是利润最大化"。第四是社会责任的词典定义，即"企业具有一系列动态的目标和责任，其选择和实现是根据重要性来排列与评估的，企业对此要像有道德的公民一样进行选择"。约翰逊认为："这4种定义实际上是从不同角度相互补充企业社会责任的概念。"②

1970年代中期，弗雷德里克将企业社会责任定义为"企业回应社会压力的能力"并用"企业社会责任"来代替。同样，阿克曼（Ackennan R. W.，1976）和鲍尔（Bauer R. A.，1976）批判早期企业社会责任的定义过于强调企业承担社会责任的动机，而忽视其实施，他们建议企业采取三方面的行动对社会进行回应，即监控和评价外部环境条件、关心利益相关者的要求、设计一些计划和政策以回应不断变化的环境及利益相关者的要求。由于这个概念有助于企业社会责任的实施，所以，社会回应管理一直是20世纪八九十年代研究的主题，并成为企业社会责任管理实践的重要方法之一。普雷斯顿（Preston L. E.）和波斯特（Post J. E.）认为："大多数企业社会责任概念主要是关注企业经营行为对社会所造成的影响，具有模糊而笼统的含义，与企业管理的内部活动或企业所处的外部环境缺乏联系，因此，他们选择用'公共责任'来代替'社会责任'，用来定义在公共生活的特定环境下组织管理的功能。"③ 他们提出：企业实施对公共责任的管理，要考虑的是企业基本的经济活动及其所造成的内外部影响；企业公共政策的制定要广泛考虑政府要求、法律规定、公众观点等因素，不能仅仅依靠个

---

① Manne H G, Wallich H C. The Modern Corporation and Social Responsibility [M]. Washington D C: American Enterprise Institute for Public Policy Research, 1972.
② （美）约翰逊. 将帅之道：世界500强企业领导力教程 [M]. 杨壮，译. 北京：中国社会科学出版社，2006.
③ Preston L E, Post J E. Private Management and Public Policy: The Principle of Public Responsibility [M]. New Jersey: Prentice Hall, 1975.

人道德观点或少数利益群体来对企业社会责任范围进行界定。这一观点表达了对企业经营中内、外部社会问题的关注，也表达了公共责任对企业公共政策制定的影响。但由于"公共责任"的措辞仍显得过于模糊和空泛，后来的研究更倾向于选择"社会责任"或"社会政策"来阐述同一议题。塞西（Sethi S. P., 1979）首先提出了包含"社会义务""社会责任"和"社会回应"的企业"社会绩效维度"。在他看来，社会义务是指企业回应市场压力或法律约束的行为，其标准是经济和法律；"社会责任却超出了社会义务的范围"，是指将公司行为提高到一个水平，使之适应现行的社会规范、价值和绩效期望；社会回应则是企业行为对社会需求的适应，涉及企业在一个动态社会系统中长期的角色①。

1990 年代后期，理论界又提出了企业公民理论，即将企业看成是社会的一部分，认为企业同个体的社会公民一样，既拥有社会公民权益，又必须承担对社会的责任。查尔斯·汉迪（Handy Charles）提出了企业社区的概念，认为"一个公共企业不仅应该被看成是财富的一部分，而且应该被看成是一个共同体，任何人都没有权利拥有这个共同体"②。乔治·恩德勒（Enderle Georges, 2002）从经济伦理学的角度提出了"平衡企业"概念，认为作为一个道德行为者的企业，具有经济的、社会的和环境的责任，它在各个层次上与其他行为者有关联，并在某种不确定的和变化着的范围内进行运作。以上对企业社会责任的定义表明，企业管理理念和经营理念已经发生了深刻变化，企业不但要为股东创造利润，而且还要考虑对利益相关者负责；不但要考虑产品的技术水平，而且还要关注产品的环保质量；不但要考虑生产效率，而且还要考虑在生产过程中劳动者的权益；不但要考虑产品的知名度，而且还要关注企业的社会形象（美誉度）。这些不仅都超出了传统对企业的"经济人"假设，而且还把企业看成是与社会不可分割的一部分，企业与社会密切相关。

二、关于企业社会责任的代表性定义

（一）企业社会责任的定义

关于企业社会责任，目前没有形成统一的认识，存在多种多样的定义，例如：

（1）哈罗德·孔茨（Koontz Harold）和海因茨·韦里克（Weihrich Heinz）

---

① Sethi S Prakash. A conceptual framework for environmental analysis of social issues and evaluation of business response patterns [J]. The Academy of Management Review, 1979, 4（1）：63-74.
② 查尔斯·汉迪. 管理学 [M]. 周旭华，译. 北京：中国人民大学出版社，2007.

认为，"公司应当承担社会责任，就是要认真考虑公司的一举一动对社会的影响"①。

（2）戴维斯（Davis Keith，1975）和罗伯特·L. 布卢姆斯特朗（Blomstron Robert L.，1975）对企业社会作如下定义："企业社会责任是指决策者在谋求企业利益的同时，对保护和增加整个社会福利方面所承担的义务"②。这个定义表明了企业社会责任的两个积极面——保护和改善。保护社会福利意味着要避免对社会的消极影响，改善社会福利则意味着为社会创造积极的利益。

（3）麦克奎尔（McGuire Joseph M.，1963）将经济和法律目标联系起来强调企业社会责任，他认为："企业社会责任意味着企业不仅仅有经济和法律义务，而且还对社会负有超过这些义务的某些责任"③。该定义也是一个包罗甚广的企业社会责任概念，但它的可取之处在于它承认经济目标以及法律义务的首要性。

（4）埃德温·M. 爱普斯坦（Epstein Edwin M.，1987）将企业社会责任与企业管理对利益相关者和伦理规范日益增多的关注联系起来。爱普斯坦认为："企业社会责任就是要努力使企业决策结果对利益相关者产生有利的而不是有害的影响。企业行为的结果是否正当是企业社会责任关注的焦点"④。

（5）斯蒂芬·P. 罗宾斯（Robbins Stephen P.，1991）对"企业社会责任"这样定义："企业社会责任是指超过法律和经济要求的，企业为谋求对社会有利的长远目标所承担的责任"⑤。世界可持续发展企业委员会（World Business Council for Sustainable Development）则认为："企业社会责任是企业针对社会（既包括股东也包括其他利益相关者）的合乎道德的行为"。Business for Social Responsibility（一个民间组织）认为："企业社会责任是指以达到或超越社会对企业提出的伦理、法律、经济和公共期望的方式经营企业"。

（6）世界可持续发展委员会指出，企业社会责任在广义上是指企业对社会合乎道德的行为，特别是企业在经营上必须对所有利益相关者负责，而不只是对股东负责。企业社会责任是企业承诺持续遵守的道德规范，为经济发展做出贡

---

① （美）哈罗德·孔茨，海因茨·韦里克. 管理学［M］. 郝国华，等，译. 北京：经济科学出版社，1993.
② Davis Keith，Blomstrom Robert L. Business and Socyety：Environment and Responsibility［M］. 3rd ed. New York：McGraw-Hill，1975：39.
③ McGuire Joseph W. Business and Society［M］. New York：McGraw-Hill，1963：144.
④ Epstein Edwin M. The Corporate social Policy Process：Beyond Busindss Ethica, Corporate Social Responsibility and corporate Social Responsiveness［J］. California Management Review，1987（3）：104.
⑤ Stephen P Robbins. Management Englewood Cliffs［M］. New Jersey：Prentice Hall，1991：124.

献，并且改善员工及其家庭、当地整体社区、社会的生活品质。

（7）中国人民大学教授常凯指出："企业社会责任是指在市场经济体制下，企业除了为股东追求利润外，也应该考虑相关利益人，即影响和受影响于企业行为的各方利益。其中，雇员利益是企业社会责任中的最直接和最主要的内容。"①

（8）刘俊海认为："所谓企业社会责任就是企业不能仅仅以最大限度地为股东营利作为唯一存在的目的，而应当最大限度地增进股东利益之外的其他所有社会利益。"② 曾培芳认为"企业社会责任是企业行为外部性的客观表现，即如果企业为了个体利益的行为导致的结果客观上给其他个体或社会带来了收益，那么这种行为的外部性就是其所谓的社会责任"。③

（9）ISO 26000 国际标准提出，社会责任是"组织通过透明和道德的行为，为其决策和活动对社会和环境的影响而承担的责任"④

（10）李伟阳，肖红军（2011）从社会福利视角对"追求对社会负责任的企业行为"的本质属性进行最高层次的抽象。他们概括了企业社会责任的"元定义"，将其界定为在特定的制度安排下，企业有效管理自身运营对社会、利益相关方、自然环境的影响，追求在预期存续期内最大限度地增进社会福利的意愿、行为和绩效。

笔者认为，企业社会责任就是指在某特定社会发展时期，企业对其利益相关者应该承担的经济、法规、伦理、自愿性慈善以及其他相关的责任。

企业应当承担多少以及何种类型的社会责任一直是一个引起关注和争论的热点问题。

综合以上分析，我们可以得出三个结论：①企业社会责任是社会对企业的期望，必须从社会而不是从单个企业的角度来理解企业社会责任。②从形式上看，"综合责任说"有助于完整地反映期望，因而优于独立责任说，从内容上看，两者实际上关注的是同一个问题，即除了经济和法律责任外，企业还应该履行什么责任，如果对这第三种责任认识一致，两者便没有本质区别。③经济、法律以外的责任不是公益责任，而是道德责任。道德责任是理解企业社会责任内涵的关键⑤。由此导出我们对企业社会责任的理解：企业社会责任是指企业应该承担

---

① 常凯．公司的社会责任与劳动关系的法律调整［J］．中国人力资源开发，2003（2）．
② 刘俊海．强化公司的社会责任［C］//王保树．商事法论集：第2卷．北京：法律出版社，1997．
③ 曾培芳，陈伟．论公司的社会责任——基于法经济学的角度分析［J］．法治论丛：上海大学法学院上海市政府管理干部学院学报，2004，19（4）．
④ ISO．ISO 26000：Guidance on Social Responsibility［R］．Geneva：ISO，2010．
⑤ 周祖城．企业社会责任：视角、形式与内涵［J］．理论学刊，2005（2）．

的，以利益相关为对象，包含经济责任、法律责任和道德责任在内的一种综合责任。

三、企业社会责任的两种代表性观点

关于企业社会责任，有以下几种颇具代表性的观点。

（一）密尔顿·弗里德曼的企业社会责任说

密尔顿·弗里德曼（Friedman Milton）于 1970 年 9 月 13 日在《纽约时报杂志》（*New York Times Magazine*）上发表了题为《企业的社会责任就是增加利润》的文章，文中对企业的社会责任提出了鲜明的观点。密尔顿·弗里德曼认为，"企业有且只有一种社会责任，即在游戏规则（公开的、自由的、没有诡计与欺诈的竞争）范围内，为增加利润而运用资源来开展活动"①。其主要理由如下：只有人才能负有责任，公司是一个虚拟的人，只能负虚拟的责任。公司总裁作为代理人履行企业社会责任将损害他人的利益。在以私有产权为基础的、理想的自由市场中没有人能够强迫其他人，所有的合作都是自愿的，如果参与这种合作的各个方面不能够得到好处，他们就没有必要参加进来。除了个人共享的价值观与责任外，不存在其他任何的价值观和"社会的"责任。社会是人的集合体，是人们自愿组成的各种群体的集合体。在实际中，社会责任学说通常只是一种伪装，是为了获得自身利益才这样做的。

（二）企业承担道德责任说

正如乔治·斯蒂纳和约翰·斯蒂纳所说，"企业社会责任的观念是在与传统经济观念相对抗的过程中缓慢发展起来的。这两种观念之间的紧张状态并没有停止，它还会继续下去"②。企业社会责任是针对传统企业责任提出来的另一种企业责任。独立责任说清晰地表明，企业除了履行传统的经济责任外，还需履行别的责任，即所谓的社会责任。而且，独立责任说承认履行经济责任和社会责任之间存在对立的一面。弗里德里克把始于 1960 年代的关于企业社会责任的讨论划分为三个阶段："第一阶段，管理者在经过许多思考之后，接受了他们负有社会责任这个观念；第二阶段，他们学着怎样在他们的掌管之下建立和完成社会项目；第三阶段，专家和管理者们正在寻找能够指导企业社会行为的道德标准"③。

---

① Friedman Milton. The social responsibility of business is to increase its profits [J]. New York Times Magazine, 1970（13）.
② （美）乔治·斯蒂纳，约翰·斯蒂纳. 企业、政府与社会 [M]. 张志强，王春香，译. 北京：华夏出版社，2002：131.
③ Frederick W. C. Business and Society: Management, Public Policy, Ethics [M]. 5th ed. New York: McGraw-Hill, 1984：28-41.

这从一个侧面说明，人们逐渐认识到，道德责任是企业应该对社会履行的责任之一。

斯蒂芬·P. 罗宾斯（Robbins Stephen P.）区分了社会责任（social responsibilty）和社会义务（social obligation），认为一个企业只要履行了经济和法律责任，就算履行了社会义务，而社会责任则在社会义务的基础上加了一个道德责任，促使人们从事使社会变得更美好的事情，而不做那些有损于社会的事情①。即使是"利润最大化"论的支持者密尔顿·弗里德曼（1970）也承认企业应该履行道德责任。以至于阿基·B. 卡罗（2000）认为，弗里德曼接受了企业社会责任四层次模型中的三个层次：经济的、法律的和道德的，唯一没有包括进去的是自愿或慈善的层次。当然，因为密尔顿·弗里德曼强调只对股东负责，是否能真正做到合乎道德地对待利益相关者是值得怀疑的。唐纳德森和李·E. 普雷斯顿（Donaldson Thomas，Preston Lee E.，1995）就尖锐地批评道："与利益相关者理论相对立的其他解释，比如管理者为股东服务理论，对于道德都是漠不关心的"②。但无论如何，企业应该履行道德责任这一点是得到广泛认同的。

四、企业社会责任的古典观和社会经济观

在西方企业伦理学和管理伦理学著作中，社会责任是一个含义极广因而也是歧义较多的一个概念。较为流行的说法有："只是创造利润""不仅是创造利润""是自愿的活动""关心更大的社会系统"和"社会敏感"等。有关定义可分为两类，斯蒂芬·P. 罗宾斯（1997）将其称之为"古典观"和"社会经济观"。

（一）企业社会责任的古典观

古典观的最重要支持者是经济学家、诺贝尔奖获得者密尔顿·弗里德曼（Friedman Milton，1996）。弗里德曼认为股东只关心一件事：财务收益率。所以，无论是市场上的单个企业，还是整个国家的所有企业，为了自身的发展，都不应该承担较高的社会责任，否则将会使企业的经济绩效降低，即企业的社会责任与经济绩效是负相关的关系，企业唯一的社会责任就是追求利润最大化，也就是企业社会责任一元论。罗宾斯认为，从微观经济学的一般观点出发，可以得出这样的结论："如果企业的社会责任行为增加了经营成本，则这些成本必须或是以高价转嫁给消费者，或者是通过较低的边际利润由股东们承担。但在一个竞争的市场中，如果管理当局提高价格，必然减少销售"③。完全竞争的市场并未假设成

---

① （美）斯蒂芬 P 罗宾斯. 管理学［M］. 黄卫伟，等，译. 北京：中国人民大学出版社，1997：98.
② Thomas Dunaldson, Lee E Preston. The Stakeholder Theory of the Corporation: Concepts, Evidence and Implications［J］. Academy of Management，1995（1）：76.
③ （美）斯蒂芬 P 罗宾斯. 管理学［M］. 黄卫伟，等，译. 北京：中国人民大学出版社，1997：101.

本中含有社会责任成本。因此，提高价格必然损失市场。另外，在一个竞争的市场中，投资是向回报率最高的地方流动的。如果担负社会责任的公司不能将高的社会成本转嫁给消费者，而不得不在内部吸收这些成本的话，其回报率必然降低。经过一段时间，投资就会从担负社会责任的公司流出来，去寻找由于不承担社会责任而有更高回报率的公司。

（二）企业社会责任的社会经济观

与古典观对立的社会经济观认为，利润最大化是企业的第二位目标，而不是第一位目标，企业的第一位目标是保证自身的生存。这种观点认为企业是社会的一个组成部分，有责任为社会财富的最大化做出自己的贡献，针对古典观的观点，社会经济观主要有四种代表性的观点：

1. 利益相关者观点

利益相关者理论明确指出："企业对界定清晰的利益相关者负有社会责任"，这些利益相关者包括股东、债权人、员工、消费者和供应商等交易伙伴，也包括政府部门、本地居民、当地社区、媒体和环保主义者等压力集团。这种观点把企业社会责任等同于企业责任，具体可概括为六个主要方面：企业对员工的责任（如员工安全健康、住房医疗、再培训等）；企业对消费者的责任（如质量保证、不进行欺诈等）；企业对政府的责任（如纳税、履行政府经济政策等）；企业对社区的责任（如对社团和慈善事捐赠、美化环境等）；企业对环境的责任（如环境治理、资源综合利用等）。

2. 社会契约的观点

以唐纳德森（Donaldson Thomas，1982）为代表的"社会契约论"坚持一种更广泛的，超出法律的社会契约，认为企业功能的基础在于社会契约，企业作为社会中的一员，被赋予了存在和经营的权利，因而也理应有义务对社会负责。

3. 社会本位观点

该观点认为企业不仅应当考虑所有利益相关者的利益，而且还应当尽力帮助解决与企业无直接关系的社会问题。格里芬（Griffin R. W.）认为："企业社会责任是指在提高自身利益的同时，承担回报和增加整个社会福利等方面的责任"[①]。他指出，对企业行为要为社会和环境责任负责的强烈要求使得企业需要将社会和环境政策纳入企业经营战略，以达到获得持续竞争优势的目的。

4. 多元社会责任的观点

多元社会责任的比较流行的观点是把企业社会责任划到企业责任属下。持此观点的人们认为，企业责任可分为企业经济责任、企业法律责任、企业道德

---

① （美）里基 W 格里芬. 实用管理学 [M]. 杨洪兰，康芳仪，译. 上海：复旦大学出版社，1989.

责任和企业社会责任。企业经济责任是指企业所负有的谋求利润最大化之责任。企业法律责任为法律所明文规定的企业义务。企业道德责任是指企业有能力认识到并有能力控制但未控制其自身,其行为对社会福利造成重大负面影响且超出社会既定行为标准,从而企业应承担道义上的责任。企业社会责任是指企业对其有着间接关系的第三人所应负的除经济、法律、道德三方面以外的责任。

（三）对企业社会责任的古典观和社会经济观的评价

虽然古典观与社会经济观对企业的社会责任的看法持相反的意见,但这两种看法之间并不是完全对立的,究其原因,一方面是他们对这一问题的研究选择的框架不同,另一方面是他们对企业所要承担的社会责任在定量上没有进行明确区分,因而得出两种非此即彼的矛盾结论。因此,笔者认为企业承担社会责任是很有必要的。企业承担社会责任的必要性和意义在于：

（1）承担适当的社会责任可以使企业获得成本优势。成本优势指企业通过在内部加强成本控制,在研发、销售、服务和广告等领域把成本降低到最低限度而获得相对于竞争对手的优势。奉行诚实守信、公平竞争、遵守基本的行业规则是企业社会责任的重要内容。

（2）承担适当的社会责任可以使企业获得差异化优势。迈克尔·波特（Michael Poter）认为,差异化优势是企业向顾客提供的产品和服务在产业范围内独具特色从而可以给产品带来额外的溢价,如果一个企业的产品或服务的溢出价格超过因其独特性所增加的成本,那么拥有这种差异化的企业将获得竞争优势。差异化竞争优势的一个重要表现是企业拥有良好的"信号标准",信誉或形象是其最典型、最重要的因素。企业良好的"信号标准"有助于考虑选择一个特别的供应商,或在买方采购决策中起重要作用。因为信誉、形象等信号标准而引起的壁垒具有持久性,企业承担适当社会责任所获得的信誉和形象可以转化为差异化优势。

（3）承担适当的社会责任可以转化为企业的重要资源。企业资源通常是指企业在向社会提供产品或服务的过程中所拥有的能够实现企业战略目标的各种要素集合,包括人力、物力、财务、技术创新、组织和商誉等。企业通过承担适当的社会责任可以为自身塑造良好的企业形象,在消费者当中形成良好的口碑,从而为企业创造商誉。

第二节 企业社会责任的内容

一、企业社会责任的特征和原则

(一) 企业社会责任的特征

企业社会责任是企业作为主体对社会承担的责任,从整个社会的角度考虑,企业是众多社会主体中一员,企业没有必要也不可能行使所有社会组织的功能,企业只需承担其应负有的社会责任。一般而言,企业所应承担的社会责任具有以下特征:

(1) 企业社会责任是对传统的股东利益最大化的企业理念的修正,是企业实现经济利益的要求。现代企业制度的确立,几乎改变了整个社会结构,也确立了企业在社会经济中的重要地位。传统的企业理论和企业法以股东为出发点,认为最大限度的营利从而实现股东利润最大化是企业最高甚至唯一的目标。而企业社会责任论则以社会本位为出发点,认为企业的目标应是二元的,除最大限度地实现股东利益外,还应尽可能地维护和增进社会利益。对企业来说,利润和社会利益任一目标都将受到另一目标的制约,二者在相互约束的条件下实现各自的最大化,以便在企业目标上达到一种均衡状态。从法律层面来定义社会责任,法学专家认为对社会负责并非要求企业必须抛弃传统的经济使命,也并不是说履行社会责任的企业与社会责任感相对较差的企业有不同的营利能力。社会责任要求企业在可获得利益与取得利益的成本之间进行权衡。显然,企业社会责任是对股东利润最大化这一传统原则的修正和补充,且这一修正和补充并不否认股东利益最大化原则,其主旨在于以企业的二元目标代替传统的一元企业目标。企业利润的目标和社会目标的冲突及其平衡,正是企业社会责任理论提出和建构的出发点和归宿。

(2) 企业社会责任是一种积极责任,是第一性义务,不包括不履行第一性义务所应承担的不利后果(第二性义务)。"责任"一词常常包含一方主体基于他方主体的某种关系而负有的责任;负有关系责任的主体不履行其关系责任所应承担的否定性后果两层含义。前者为第一性义务,后者为第二性义务。尽管违反第一性义务将产生某种道义甚至是法律上的否定性后果,但依多数学者的理解,第二性义务并未纳入企业社会责任这一范畴。可以说,企业社会责任中的"责任"仅指"第一性义务"(包括法律义务和道德义务)。此外,就第一性义务而言,企业社会责任不仅要求企业负有不威胁、不侵犯社会公共利益的消极不作为义务,更要求企业应将维护和增进社会公共利益作为积极的义务,而后者才是企业社会责任的真谛。从这一角度说,企业社会责任表现为一种积极责任。

(3) 企业社会责任的主体是企业及其经营者。企业社会责任研究务必须解决责任的归属问题：社会责任究竟是由企业来承担还是企业经营者来承担。笔者认为，应该将企业社会责任的主体分为两个层次来讨论。现代企业一般都是拥有独立财产和具有独立人格的法人，都具有主体资格，企业法人能够而且应该成为责任的主体。也就是说，具有独立人格的企业应该是企业社会责任的责任主体。传统企业主流理论认为，企业经营者仅仅是股东的代理人或者受托人，因此企业经营者只需对股东负责。企业社会责任理论则要求企业经营者要平衡企业厉害关系人之间的不同利益要求，在企业利害关系人之间进行资源的分配和再分配。换言之，企业社会责任理论认为，企业经营者不仅要对股东利益负责，而且应对非股东利益相关者负责。由于企业不履行社会责任从根本上说是企业经营者未尽其职责所致，既然企业有履行社会责任的义务，那么企业经营者就应该履行该义务，企业对社会的义务转化为企业经营者对社会的义务。因此，企业不尽社会责任（违反社会义务），应首先由企业承担责任，而企业经营者也须承担责任。

(4) 企业社会责任以社会公众，具体而言是企业的非股东利益相关者为社会义务的相对方。企业的社会责任对谁负责？这是企业社会责任相对于人的问题。在企业社会责任问题上，不存在像一般债权关系、合同关系上的与责任相对应的特定的权利人。社会利益的主体是社会公众，侵犯社会利益也就是侵犯社会公众的利益。如果笼统地以社会公众作为社会责任的相对人，必然会因为责任的相对方的不确定性，而无法建立起让企业承担社会责任的法律机制，从而使企业社会责任虚构化。"按照各国的通常理解，企业社会责任的相对方是企业的非股东利益相关者，是指在股东以外，受企业决策与行为现实的和潜在的、直接的和间接的影响的一切人，具体包括雇员、消费者、债权人、所在社区以及资源和环境的受益者等。"[1]

(二) 企业社会责任的原则

在企业社会责任理论演化的过程中，众多研究者试图将企业社会责任的原则具体化。但他们的努力都没有在三种互相关联却截然不同的现象之间做出区分：对整个企业的期望是因为企业的经济机构角色，对特定企业的期望是因为这些企业的目的与行为，以及对管理者的期望是因为他们在企业里扮演着道德模范的角色。一旦这三种分析的层次（制度的、组织的以及个人的）区分开来，那么一些在之前互相对立的概念就可以融合在一起来解释与三种层级相对应的三种企业社会责任原则。Wood 对此所做的归纳与总结如表 5-1 所示。

---

[1] 王玲. 论企业社会责任的涵义、性质、特征和内容 [J]. 法学家，2006 (1).

表 5-1 企业社会责任的原则

原则	合法原则	公共责任原则	管理判断力原则
定义	社会给予企业合法身份与权利。从长远来看,那些没有按照社会所期望的有责任的使用权利的企业将会失去权利（Davis, 1973）	企业对与它们参与社会的首要和次要领域相关的结果负有责任（Preston, Post, 1975）	管理者是企业中的道德模范。在企业社会责任的每个领域中,他们有义务对具有社会责任性的结果使用这种判断力（Wood, 1990）
适用层次	制度层次,基于一个企业作为企业组织的基本义务	组织层次,基于一个企业的具体环境以及与环境的关系	个人层次,基于个人是组织中的具体行为者
关注点	义务与认可	组织的行为参数	抉择、机遇和个人责任
价值	定义了企业与社会之间的制度关系,并将社会对企业的期望具体化	将企业的责任限定为与企业的行为和利益相关的问题,不限定企业可能的行为的范围	将管理者的责任定义为道德模范与在履行社会责任的过程感知选择机会并进行抉择

资料来源：Donnal Wood. Corporate Social Performance Revisited, The Academy of Management Review [J]. 1991, 16 (4).

二、企业社会责任的基本要素

（一）企业社会责任的市场行为

企业社会责任的市场行为是企业通过竞争的市场所体现的社会责任。企业的生存和发展要在竞争的市场中实现,企业要发展,就要扩大生产规模,就要扩大招聘员工,这就扩大了社会就业；企业追求利润的不断扩大,就为政府增加了税收。因此,对企业社会责任的最大检验是市场行为。企业社会责任的市场行为体现了典型社会契约理论的功利性特点。企业是一个为利润而营运的经济组织。企业在承担社会责任时履行了社会契约,并且认为对自己是有利的。企业承担社会责任化解了企业与社会的紧张关系,从而改善了企业生存的社会环境,为企业发展创造了更好的社会条件。

（二）企业社会责任的责任行为

企业管理者应对一切承担企业经营风险的利益相关者负责。企业的所有权不应仅是股东所投资的实物资产,还应包括雇员所投入的专有技能,以及债权人、供应商和客户所投入的专用投资。企业管理者的任务在于使企业创造的社会总价值最大化,而不仅是最大化的股东投资回报,他们必须全面考虑企业的决策和行为对企业所有利益相关者的影响。企业社会责任的责任行为要素体现了典型社会契约理论的平等性特点。企业利益相关者存在着一种复杂的社会契约关系。在这种复杂的社会契约关系中,企业利益相关者各方在缔约时的地位都是平等的,企业利益相关者的社会契约平等性是企业这一相对固定契约关系得以成立的基础。

(三)企业社会责任的自愿行为

企业社会责任的自愿行为是不完全社会契约的要求。这些不完全社会契约由于受到社会条件的限制,不能在社会契约中确定下来。企业社会责任的自愿行为表现为两点:"第一,超越法律的要求。法律是对社会行为的一种约束,但有些社会行为法律尚未约束或约束的还不够严格。企业社会责任要求企业必须自愿去承担法律尚未约束到的社会责任。如少数种族的权益,工人的安全,环境污染的控制等。第二,社会舆论的要求。社会舆论对企业社会责任起到一种监督作用。社会舆论所提倡的企业社会责任要求企业对社会舆论做出积极的反应,如对慈善团体机构的捐助、支持教育等。企业社会责任的自愿行为体现了典型的社会契约理论的自由性特点。在完全社会契约条件下,企业自愿去承担社会契约所要求的社会责任;在不完全社会契约条件下,企业应自愿去承担法律尚未约束到的社会责任和对社会舆论做出积极的反应"[1]。

三、企业社会责任的范围

在法律的、行政的、经济的以及社会的多种约束和影响下,企业社会责任的范围不断得到扩展,企业社会责任包括企业个体责任、企业市场责任和企业公共责任。

(一)企业个体责任

企业个体责任包括企业对员工和企业对所有者的责任。

(1)企业对员工的责任。企业是员工的利益共同体,员工在企业中通过劳动创造价值,企业理应给予员工相应的报酬和保障。这就要求企业对员工的安全、教育、福利等方面承担义务,企业必须为员工提供公平的就业、上岗、调动和晋升的机会,健全劳动保护制度,保证员工有安全、卫生的劳动环境等。

(2)企业对所有者的责任。这是企业最基本的社会责任,企业对所有者的责任概括起来有三个方面:一是保证所有者资产增值保值和投资者股票升值,为投资者提供较高利润的责任;二是及时准确披露消息的责任;三是公正合理的对待所有者的利润和附加利润分配的责任。

---

[1] 林军. 企业社会责任的社会契约理论解析[J]. 岭南学刊,2004(4).

（二）企业市场责任

企业市场责任是指企业对消费者的责任和企业对合作者的责任。

（1）企业对消费者的责任。企业的利益蕴含在消费者的利益之中，企业要对消费者履行在产品质量或服务质量方面的承诺。企业有义务为消费者提供高质量、安全、价格公平、无公害的商品，及时为消费者提供各种有关的咨询指导以及培训和优质的售后服务。

（2）企业对合作者的责任。企业的生存和发展过程是一个与合作伙伴共同成长的过程——合作是一种契约化的互利关系，而契约化的互利关系本质上是一种责任关系。企业对合作者的责任一般来讲主要有三个方面：一是向对方披露真实信息，主动为对方减少风险的责任，任何有意隐瞒真实信息，通报虚假信息不仅是对对方不负责任的行为，同时也是自杀行为；二是与对方共同分析市场前景，签订对双方都有利合同的责任；三是严格履行合同的责任。

（三）企业公共责任

企业公共责任是企业为了获得使用公共资源的权利而必须承担的责任，包括企业对政府、社区以及生态环境的责任。

（1）企业对政府的责任。这要求企业应按照有关法律、法规的规定照章纳税并接受政府的监督，不得逃税、偷税和非法避税；同时企业必须生产社会所需的物质产品和精神产品。

（2）企业对社区的责任。任何一个企业都是在一定的社区中存在和发展的，社区是企业成长的土壤。因此，回馈社区是企业的责任，企业应为社区提供劳动就业机会，为社区的公益慈善事业提供捐助，还应该积极参与社区的建设。

（3）企业对生态环境的责任。企业的生态环境责任反映的是人类与自然的关系，其本质上反映的是整个人类利益的问题。企业借由对环境的审视、资源回收工作的推动、污染的防治，以及减少资源的浪费等活动与机制，以减轻其对环境的影响。企业的生态责任要求企业一方面应当生产对环境无害或较少危害的绿色产品，倡导绿色生产和绿色消费；另一方面企业应当合理利用资源，减少对环境的污染，并承担污染环境的相关费用。

四、企业是否应该承担社会责任

关于企业是否应该承担社会责任，黎友焕和叶祥松描述道："社会各界包括企业界和理论界对企业社会责任的争论从没有停止过"[①]。这说明，学术界大体可分两种观点，一种是支持企业履行社会责任，另一种则是反对企业履行社会

---

① 黎友焕，叶祥松. 企业社会责任与竞争力之辩［N］. 中国冶金报，2008-04-01（4）.

责任。

（一）对企业社会责任支持的观点

该观点认为企业承担社会责任可以平衡企业的势力与责任，减少政府干预，增加企业的长期收益，对利益相关者需求的变化做出反应，解决由企业引起的社会问题。这一观点的主要论点有：企业权责相符，社会赋予企业生存的权利，那么企业就应该承担相应的责任和义务。社会进步离不开经济的发展和企业的繁荣，但是单纯的经济繁荣并不等于社会进步。因而，企业作为社会的一分子也应为完全意义上的社会进步尽责尽力。承担社会责任有助于企业追求长远利益；企业承担一定的社会责任，从长期看，实质上是一种自利行为。企业履行社会责任，不仅能得到社会较好的接纳，还有利于树立良好的企业形象。企业因此将拥有良好的外部环境和较高的员工士气，反过来也能够促进企业的发展。社会问题的造成有各种原因，有企业运行的原因，也有社会本身自发性的原因。对于企业所造成的问题，企业自然应负起责任，企业应动员自身所拥有的力量，协助解决各种社会问题。

被誉为"社会良心的维护者和社会问题的解决者"的美国管理学家安德鲁斯（Andrews K. P.）认为："利润最大化是公司的第二位目标，而不是第一位目标，公司的第一位目标是保证自身的生存"[①]。彼得·F. 德鲁克（Peter Drucker F.）认为："企业的目的必须在企业本身之外。事实上，企业的目的必须在社会之中，因为工商企业是社会的一种器官"[②]。诺贝尔经济学奖获得者西蒙是企业社会责任的赞成者。他认为，"企业的社会责任应是企业组织活动的目的，企业经济活动只是基于事实的判断，而企业的社会责任则是从道德价值推演获得的企业目的之一"[③]。他指出环境污染的蔓延会使社会成本增加，损害价值原则（社会责任原则）。企业防止公害，并将其纳入企业成本，这就履行了社会责任，维护了价值原则，尽管在一定程度上会影响效率原则。他还认为企业活动中的各种现象都存在效率问题，这些都离不开道德价值的评判。只有既看到事实方面的合理性，又看到其价值因素，这样企业的效率原则和社会责任原则才能得到协调。为此，他特别提醒企业，不能只注意直接效果，应该同时注意间接社会效果，防止价值取向的偏差。

（二）反对企业社会责任的观点

反对企业承担社会责任的第一观点认为企业承担社会责任会降低经济效率和

---

① （美）K P 安德鲁斯. 可以使优秀的公司有道德吗？[M] // [作者不详]. 哈佛管理文集. 孟光裕，译. 北京：中国社会科学出版社，1985：413 - 414.
② 彼得 F 德鲁克. 管理——任务、责任、实践 [M]. 北京：中国社会科学出版社，1987：81 - 82.
③ 西蒙. 现代决策理论的基石 [M]. 北京：北京经济学院出版社，1991.

收益，造成竞争者之间成本的差异，对利益相关者形成隐性成本，损害股东、员工和顾客的利益。第二种反对的观点是基于对企业承担社会责任以后业绩下降的担忧，认为企业无法承担大量的社会责任。企业虽然拥有一定的经济资源，但它必须明智地使用这些资源。企业可以将少量资源花在承担社会责任上面，而不能为承担社会而投入重要的经济资源，如果被迫去承担社会义务，则为此增加的成本将把各种产业中的边际厂商赶出企业的行列。第三种反对的观点认为承担社会责任会冲淡企业的主要目标。企业的主要目标是营利，社会责任是政府部门的事情。如果企业热衷于承担社会责任，就可能转移企业经营者的兴趣，减弱企业在市场中的地位，其结果是使企业在经济和社会两个角色上都不能有好的表现，最终会两头落空。企业的社会行动会降低企业在国际上的竞争力，导致企业成本的增加，这些成本通常会转移到产品价格上，最终由消费者承担。这将使从事社会活动的企业在国际上处于不利地位，减少国际市场上的销量。第四种反对的观点认为企业社会责任的义务对象并不存在，对于社会责任向谁承担，谁可以作为权利人请求社会责任的履行等问题，理论界至今没有给出令人满意的答案。

　　传统经济理论反对企业把责任扩展到市场决策以外，并强烈反对企业承担任何责任，认为与其承担社会责任不如高效生产产品和提供服务，为股东尽可能多地创造财富。这种观点本质上是将企业看作一个经济实体，将经济价值观当作企业行为决策的唯一因素。坚决拥护这个观点的代表人物就是诺贝尔奖奖金获得者米尔顿·弗里德曼（Friedman Milton, 1970），他坚信经营者让企业履行社会责任属于非法处置股东资产的行为，违背代理人最大化股东利润的义务。若让企业承担社会责任，必会打破经济自由基础之上的和谐秩序。他强调自由社会存在且仅存的企业社会责任，就是在遵守游戏规则的前提下使用资源及从事旨在增加利润的活动。弗里德曼还相信，如果企业承担过多的社会责任，就是在扮演了经济角色外还承担了政治功能，会威胁到政治的自由。这种混合的政治和经济力量由企业管理者来控制是很危险的[①]。

　　波斯纳（Posner Richard A., 1973）认为在利润最大化前提下，企业承担社会责任可能会产生很多危害："一是试图以最低成本为市场生产产品而不想改良社会的企业最终可能一事无成；二是企业社会责任的成本在很大程度上以提高产品价格的形式由消费者来承担，这不仅损害消费者利益，而且企业最终也会被逐出市场；三是公司承担社会责任会降低股东自己履行社会责任的能力，相反企业利润最大化可以增加股东财富，股东可以用这些财富来承担社会责任。他指出，

---

① Friedman Milton. The social responsibility of business is to increase its profits [J]. New York Times Magazine, 1970 (13).

企业的社会责任成本将以产品价格上升的形式转嫁给消费者,这不但会损害消费者利益,而且其自身也可能会被逐出市场。然而通过利润最大化可以增加股东财富,股东可以利用这些财富来承担社会责任。"①

哈耶克（Hayek F. A.，1996）是另一位反对企业社会责任的诺贝尔经济学奖获得者,他是自由秩序的著名倡导者,他认为,"企业社会责任是有悖于自由的,因为企业参与社会活动的日渐广泛必然导致政府干预的不断强化,企业履行社会责任可能的结果将是不得不按照政府的权威行事从而损害自由"②。自由激进的企业批评家们有时也反对企业承担社会责任。他们相信,应是政府而不是企业带头解决社会问题。较多的政府干预才是合适的方法,让企业知道什么是符合公众利益的决策。左派的激进主义者还认为,企业社会责任理论会导致当剥削成性的管理精英们按照自己的议事日程行事时,受欺骗的公众会浑然不觉。总之,反对企业承担社会责任的观点从最保守的到最激进的各派都有。

史密斯（Smith Rutherford）指出："'企业社会责任'一词含义模糊,单凭这一点它已经失去了存在的意义"③,在他看来,"企业社会责任"只不过是一种宣传工具而已。

关于赞成和反对企业承担社会责任的具体争论,表5-2列出了已提出的一些主要观点④。

表5-2 赞成和反对社会责任的争论

赞成的观点	反对的观点
公众期望 　　公众的意见表现在支持企业同时追逐经济的和社会的目标	**违反利润最大化原则** 　　企业只有在追求其经济利益时,才是在承担社会责任

---

① Posner Richard A. An Economic Approach to Legal Procedure and Judicial Administration [J]. the Journal of Legal Studies, 1973 (2).
② Hayek F A. The Corporate in a Democratic Society: In whose Interest Ought It and Will It Be Run? [C] // H I ansoff. Business Strategy. Harmondworth: 1969: 266.
③ Smith Rutherford. Social Responsibility: A Term We Can Do Without [J]. Business and Society Review, 1988 (31).
④ Monsen R J. The Social Attitudes of Management [M] //J M McGuire ed. Contemporary Management: Issues and Views. Upper Saddle River, NJ: Prentice Hall, 1974: 616; Davis K, Frederick W C. Business and Society: Management, Public Policy, Ethics [M]. 5th ed. New York: McGraw-Hill, 1984: 28-41.

续表 5-2

赞成的观点	反对的观点
长期利润 　　具有社会责任感的公司趋向于取得更稳固的长期利润	**淡化使命** 　　追求社会目标淡化了企业的基本使命，即经济的生产率
道德义务 　　企业应当承担社会责任，因为负责任的行为才是所要做的正确的事情	**成本** 　　许多社会责任活动都不能够补偿其成本，必须有人为此买单
公众形象 　　公司通过追求社会目标可以树立良好的公众形象	**权力过大** 　　企业已经拥有了大量的权力，追逐社会目标将会使它们的权力更大
更好的环境 　　企业的参与有助于解决社会难题	**缺乏技能** 　　企业领导者缺乏处理社会问题的必要技能
减少政府管制 　　企业社会责任感的加强会导致较少的政府管制	**缺乏明确的责任** 　　企业与社会性行动之间没有直接的联系
责任与权力的平衡 　　企业拥有大量的权力，这就要求相应的责任来加以平衡	
股东利益 　　从长期来看，具有社会责任感将提高企业的股票价格	
资源占有 　　企业拥有支持公共项目和慈善事业的资源	
预防胜于治序 　　企业应在社会问题变得十分严重之前采取措施，以免付出更大的补救代价	

第三节　企业社会责任的模型

一、企业社会责任范式

美国经济发展委员会在1971年6月发表的《工商企业的社会责任》报告中用三个同心责任圈来说明社会对企业的期望（如图5-1所示）。最里边的圆指企业的基本经济责任，它包括明确的有效履行职能的基本责任，如生产、人员雇佣等，因为它们是企业生存之本。经济发展委员会提出的第二个大圆是为了得出一个伦理道德的表述方式，而且它要超出经济的行为，这个圆在承担经济责任过程中重视社会标准或社会价值观，包括在执行这种经济职能时对社会价值观和优先权的变化要采取一个积极态度的责任，比如环境保护或重视员工等。第三个圆，也就是最大的圆，包含着企业能够承担的新责任，特别是改善企业赖以发展的、在法律和价值观已有要求之外的社会和环境条件，最多的是体现在企业的慈善行为上。美国经济发展委员会在报告中对企业的社会责任进行了列举，共58种行为，涉及10个方面的领域。它们是：经济增长与效率，教育，用工和培训，公民权利与机会均等，城市改建与开发，污染防治，资源保护与再生，文化与艺术，医疗服务，对政府的支持。对这些社会责任行为，美国经济委员会又区分为两个基本类别，一是纯自愿的行为，这些行为由企业主动实施，并由企业始终发挥主导作用；二是非自愿性的行为，这类行为由政府借助激励机制的引导，或通过法律、法规的强行规定而得以落实。

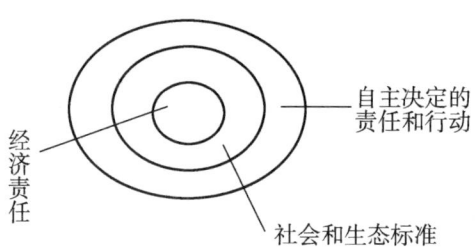

图5-1　企业社会责任范式

其中，中间的圆与最外边的圆在性质上是不同的，中间的圆在价值观或法律方面对企业具有约束作用，而最外边的圆则是指企业的意愿。所以，某些责任只是根据被社会化的价值观而确定的，而另一些责任则涉及企业方面，诸如与失业、贫穷等现象做斗争的唯意志行为。第一类责任作为约束加以规定，而第二类责任则是完全非强制性的。这样，在区分企业的消极态度与积极态度时，或者在遵守标准的行为与自由决定的行为的差异之中，出现了不同程度的责任，这一见解确定了公司的社会责任，扩大了公司与其社会经济和生态环境之间的互动关系。

二、阿基·B. 卡罗尔的四责任模型

阿基·B. 卡罗尔（Carroll Archie B.，1991）认为，企业社会责任是社会在一定时期对企业提出的经济、法律、道德和慈善责任。

1. 经济责任

社会要求企业首先是一个经济组织，也就是说，企业首要任务是生产社会需要的产品和服务，并以在社会看来反映了所提供产品和服务的真实价格出售。经济责任是社会要求企业做到的，如营利、销售收入最大化、成本最小化、制定明智的战略决策、关注分红政策等。

2. 法律责任

社会在赋予企业经济任务的同时，制定了要求企业遵守的法律。因此，遵守法律是企业对社会承担的责任。法律责任是社会要求企业做到的，如遵守所有法律、条例、履行合同义务等。

3. 道德责任

道德责任包含了超越法律规定的、社会成员所期望的或禁止的活动，是社会期望企业做到的。道德责任涉及与尊重和保护利益相关者道德权利相一致的社会准则。一方面，道德和价值观的变化是立法的先导；另一方面，道德责任包含和反映了新出现的、社会要求企业遵守的价值观和准则，尽管它们比现行的法律要求更高。

4. 慈善责任

慈善责任也称为企业自愿的或自行处理的责任。把慈善活动归为社会责任也许不恰当，因为慈善活动是自愿的，法律没有规定，社会也没有对企业普遍提出这样的要求。慈善责任是社会希望做到的，如企业捐款、支持教育、志愿活动等。

企业社会责任定义实质内涵是由经济、法律、伦理和慈善这四个方面责任构成的。企业社会责任是某一时期社会对组织在经济、法律、伦理和慈善这四个方面所寄予的期望，其具体内容如表 5-3 所示。

表 5-3　阿基·B. 卡罗尔的四责任模型

责任类别	社会期望	例　子
经济责任	社会对企业的要求	营利。尽可能扩大销售，尽可能降低成本。制定正确的决策。关注股息政策的合理性
法律责任	社会对企业的要求	遵守所有法律、法规，包括《环境保护法》《消费者权益法》和《雇员保护法》。完成所有的合同义务，承兑保修允诺
道德责任	社会对企业的期望	避免成问题的做法，对法律的精神实质和字面条文做出回应，认识到法律能够左右企业行为，做正确、公平和正义的事，合乎伦理的开展领导工作
慈善责任	社会对企业的寄望/期望	成为一个好的企业公民，对外捐助，支援社区教育，支持健康/人文关怀，文化与艺术，城市建设等项目的发展，帮助社区改善公共环境，自愿为社区工作

阿基·B. 卡罗尔指出，四责任模型实际上是利益相关模型，对不同利益相关者的关注各有侧重。经济责任影响最大的是企业的所有者和员工，因为如果经济效益不佳，所有者和员工的利益直接受到影响。法律责任对企业所有者来说很关键，但在当今社会中，企业面临的多数诉讼威胁来自员工和消费者。道德责任对所有利益相关者都有影响，但从企业实际遇到的伦理问题看，最常涉及的是消费者和员工。慈善责任主要影响社会，接下来则是员工，因为有研究表明，企业在支持慈善事业方面的表现如何会显著地影响员工的士气。企业社会责任的四个层次如一个金字塔，如图 5-2 所示。

该金字塔图描绘了企业社会责任的四个层次。经济责任是基本责任，处于这个金字塔的底部。同时，期望企业遵守法律，法律是社会关于可接受和不可接受行为的法规集成。再上去就是企业道德责任这一层次。这一层次上，企业不仅有义务去做那些正确、正义、公平的事情，还要避免或尽量减少对利益相关者（雇员、消费者、环境等）的损害。在该金字塔的最上层，寄望企业成为一位好的企业公民，也就是说期望企业履行其自愿或自由决定或慈善责任，为社区生活质量的改善做出财力和人力资源方面的贡献①。

---

① Carroll Archie B. The Pyramid of Corporate Social Responsibility: Toward the Moral Management of Organizational Stakeholders [J]. Business Horizons, 1991 (7/8): 42.

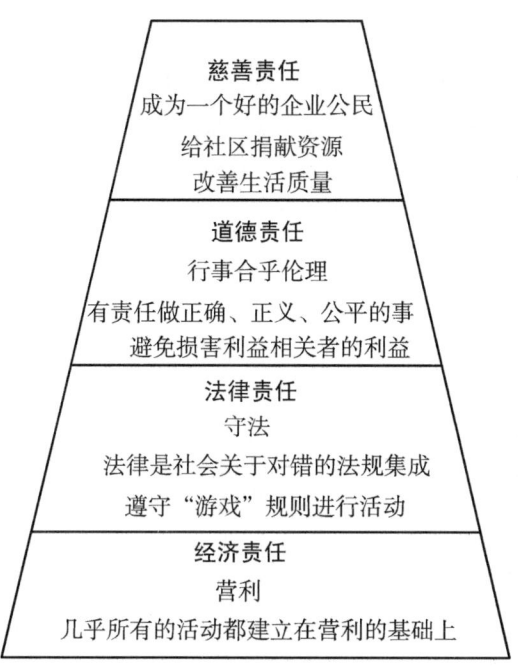

图 5-2　企业社会责任金字塔

三、罗宾斯基于组织生命周期的企业社会责任扩展四阶段模型

对企业来说，由于其所处的发展阶段不同，其社会责任意识和承担社会责任的能力是不同的。因此，企业承担社会责任是有一个过程的。罗宾斯（Stephen Robbins P.）在其《管理学》中，描绘了一个企业社会责任扩展的四阶段模型，试图对这一问题给予具有实际指导意义的说明，该模型如表 5-4 所示。

表 5-4　企业社会责任扩展的四阶段模型

阶段	管理者对谁负责
第一阶段	所有者与管理层
第二阶段	雇员
第三阶段	具体环境中的各种成分
第四阶段	更广阔的社会

在罗宾斯看来，作为一个管理者在追求社会目标方面，即在承担社会责任方面，其所做的一切取决于管理者认为应对哪些人负责任，也即是取决于管理者的

社会责任意识。罗宾斯认为,"企业管理者在何种程度上履行社会责任,除了决定于他们对社会责任内容的认识程度之外,还与管理者自由决定权的大小程度有关"①。并不是所有的企业自诞生之日起就有能力自觉地、积极地承担社会责任,这取决于多方面因素的综合作用。例如,政府机构、工会、员工、企业家的素质、国民整体素质、企业文化、企业经营状况、企业综合实力、顾客、供应商、所在社区及公众利益集团等。然而,在企业的不同发展阶段,这些因素作用的结果是不一样的。为此,我们借助于组织生命周期理论,把企业履行社会责任行为分为四个阶段来展开讨论,这将有助于我们对问题的认识。

1. 第一阶段即生存阶段

处在第一阶段的管理者,将通过寻求成本最低和利润最大来提高股东的利益。处于创建初期的企业,首选目标便是生存并在社会上立足。在此阶段,企业管理者追求的基本社会目标是通过经济活动降低成本,实现利益最大化以提高股东利益。唯有这样才能获得广大股东的支持,得到更长远的发展。

2. 第二阶段即稳定阶段

在第二阶段上,管理者开始承担对员工的责任,并致力于人力资源管理,因为他们认识到获得、保留和激励优秀员工的重要性。为此,他们会努力改善工作条件、扩大雇员的权利和增加工作保障。经过艰苦创业,企业发展会步入到一个相对稳定的阶段,这时社会目标将发生转移。接下来,企业要做的就是要巩固已有根据地,蓄势扩展势力范围,寻求更高的发展。因此,它们承担社会责任的目标主要是承认对员工负有责任,并集中于人力资源管理。它们将通过获得、留住和激励优秀的员工,通过改善工作条件,扩大员工权力和增加工作保障等,为进一步的发展聚集资源和力量。

3. 第三阶段即发展阶段

在这个阶段,管理者会扩展管理目标,开始重视公道的价格、安全高品质的产品和服务以及良好的供应商网络等。管理者在此阶段逐步意识到只有首先间接满足了其他利益相关者的需要,才能顺利履行对股东的责任。企业的成长经过了前两个阶段的积累,开始进入一个快速发展的良性循环时期。企业将调整发展战略,实现包括纵向一体化和横向一体化两方面发展的规模扩张。在此阶段,企业管理者考虑的社会目标将由实现股东短期利润最大化转向企业长期利润最大化。因此,其社会责任的目标也会随之扩展,公平的价格、高质量的产品和服务、安全的产品、良好的供应商关系等上升为企业经营理念的主流价值取向。只有这

---

① (美)斯蒂芬 P 罗宾斯,玛丽·库尔特. 管理学[M]. 孙健敏,等,译. 北京:中国人民大学出版,2004.

样，才能间接的满足利益相关者的需要，企业的管理者才能最终履行对股东们的责任，并使股东的利益得到最大限度的实现。

4. 第四阶段即社会化阶段或自我实现阶段

第四阶段，管理者履行的社会责任同严格意义上的社会经济观的定义相一致。本阶段，管理者将其经营的事业视为公众财产，因而对社会整体以及提高公众利益负责。承担这样的责任意味着管理者积极促进社会公正、保护环境、支持社会活动和文化活动。管理者的态度也不会因这些活动是否会对企业利润产生不利影响而改变。犹如个人职业生涯的定层设计一样，企业的发展最终也将会达到一个自我实现的最高境界。因为企业具有个性化的一面，是由个体、群体为实现一定目标而形成的一个有机体，企业家精神和价值观在某种意义上对企业发展的影响是深远的。在这一阶段，企业的规模已达相当的程度，其经济实力对它所在的社会各个方面都能产生一定影响，因此，企业的社会目标则应更加宏大，它将开始对社会整体状况负有一定的责任感。承担这样的责任意味着企业经营者积极促进社会公正、保护环境、支持社会公益活动和文化教育活动等。"即使这些活动短期内对企业的利润产生消极影响，其责任感也不会有所降低，当他们已经认识到企业的发展必须和社会发展的总体目标相一致时，企业自身的发展才会有一个更大、更加繁荣的未来"①。

四、企业社会回应循环模型

企业社会回应（corporate social responsiveness）是关于企业社会责任的另一种表达方式，是行动导向的企业社会责任。威廉·弗雷德曼（Frederick William, 1960）认为企业社会回应与企业社会责任的区别在于，企业社会回应指的是企业对社会压力做出反应的能力、组织的机制、程序、安排和行为模式综合作用。他进一步指出，"倡导企业社会响应就是促进企业绕开社会责任，集中考虑更具体的问题，即怎样对环境压力做出有效反应"②。

企业社会回应是企业对包括所有利益相关者在内的社会提出的要求做出反应。按照这一理解，企业社会响应突出的是企业及其行动和结果，而企业社会责任强调的是社会对企业提出的要求。从对社会要求做出反应的角度出发，一些学者提出了企业社会响应的不同策略。伊恩·威尔逊（Wilson Ian）提出了企业可采取的社会回应战略有四种：反应性策略，防御性策略，适应性策略，主动性策

---

① 夏恩君. 关于企业社会责任的经济学分析 [J]. 北京理工大学学报，2001（1）.
② Frederick W C. The growing concern over business responsibility [J]. California Management Review, 1960 (2): 54–61.

略。凯思·戴维斯（Davis Keith，1975）和罗伯特·L. 布卢姆斯特朗（Blomstrom Robert L.，1975）概括了五种可供选择的社会压力回应策略：退出，采取公共关系方法，采取法律措施，讨价还价，解决问题。埃德温·M. 爱普斯坦（Epstein Edwin M.，1987）认为企业社会回应是广义的，并把它称为企业社会政策过程。他提出："企业的有些问题是因为内部和外部利益相关者的不同要求和期望而引起的"，而企业社会回应着重关注"对企业预测，回应和管理这些问题的能力进行确定，运用和评价的过程"①。

企业批评与社会回应相互作用的结果如图 5-3 所示，随着积极因素和消极因素的交互作用，最后的结果是企业表现和社会满意的总体水平都会得以提高，企业要是不对社会期望予以回应，就可能衰败，从而导致企业与社会关系的重大变化。

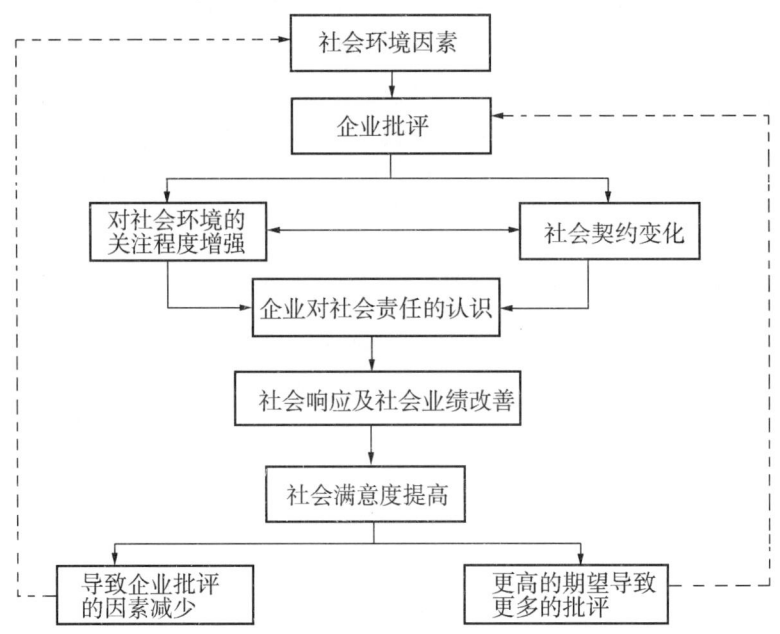

图 5-3　企业批评与社会响应之间的循环

资料来源：Carroll Archid B，Buchholtz Ann K. Business and Society：Ethics and Stakeholder Management [M]. 4th ed. Cincinnati Ohio：South-Western Publishing Co.，2000：29.

---

① Epstein Edwin M. The Corporate Social Policy Process：Beyond Business Ethics，Corporate Social Responsibility and Corporate Social Responsiveness [J]. California Management Review，1987（3）.

五、战略视角下企业社会责任分析框架

肯尼斯·安德鲁斯（Andrews Kenneth P.）指出："企业战略分析框架中应当包含社会责任成分，战略决策包括四个主要方面：一是识别和评价契约的优势和劣势；二是识别和评价环境中的机会和威胁；三是识别和评价管理者的个人价值观和管理抱负；四是识别和评价对社会所应承担的责任"[①]。弗里曼（Freeman, R. E., 1988）和小吉尔伯特（Gilbert Daniel R. Jr.）提出，企业伦理规范避免沦为浮夸的说教就必须将其和企业战略联系起来，企业战略的概念里应该体现企业社会责任的思想。企业社会责任战略分析框架如图5-4所示。

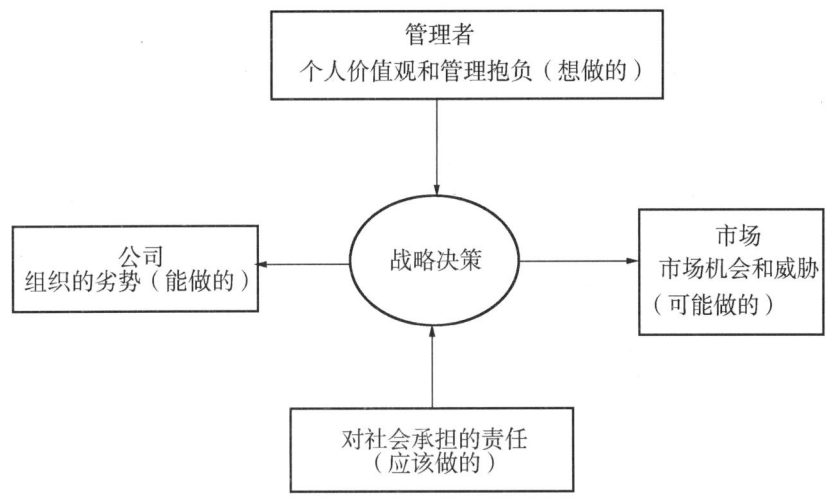

图5-4 战略分析框架

目前，国内已有学者提出了"责任型战略"，具体是指"企业以承担社会责任为愿景，将诚信经营、节约能源、爱护环境、善待员工、热心社会公益的经营理念贯穿在企业采购、研发、生产、销售以及市场服务等价值链的各个环节，塑造具有高度亲和力和感召力的企业文化和品牌形象，更加有效地整合社会资源，创造有利于企业经营和发展的内外部环境，从而打造企业的社会责任竞争力，获取竞争优势，保证企业可持续发展的新型战略。"[②] 很多企业已经认识到，要实现持续发展，应当将社会、环境以及利益相关者的责任成功融入企业当中。一定

[①] （美）K P 安德鲁斯. 可以使优秀的公司有道德吗？[M] // [作者不详]. 哈佛管理文集. 孟光裕, 译. 北京：中国社会科学出版社，1985：413-414.

[②] 姜秀珍，金思宇. 嵌入企业社会责任的战略绩效评价模式构建[J]. 中国人力资源开发，2008（10）.

程度上，可以说企业社会责任已经成为企业未来的战略竞争工具和方法。这也要求现代企业必须从战略的高度对待企业社会责任，制定战略时不仅要考虑股东的利益，还应该注重利益相关者的利益，把社会责任纳入到企业的战略规划中去。

第六章　企业社会责任的绩效研究

企业承担社会责任，自觉地进行合乎伦理的经营，必然要付出成本，这就涉及企业伦理和企业绩效的关系问题。承担社会责任和取得经济绩效，对企业来说都是最现实的问题，而两者看上去又是矛盾的。

第一节　企业社会责任与企业绩效的关系

一、企业社会责任与企业经济绩效的关系综述

概括地说，关于企业社会责任与企业经济绩效的关系，一般有四种看法。

（一）企业社会责任是资产

此种看法强调社会责任感是组织有效性的基石和保证，一套建立在合理的伦理准则基础上的组织价值体系也是一种资产，它可以带来多种间接收益。持此看法的重要代表人物是林恩·夏普·佩因（Lynn Sharp Paine）女士。在她看来，对建立和维持一个有效的组织来说，伦理是一种促进因素，而不是一种阻碍因素。佩因（1994）从三个方面阐明了企业伦理作为一种资产所带来的间接收益。

1. 组织功效

在林恩·夏普·佩因（1994）看来，一套良好的价值体系对于取得和维持杰出的组织业绩十分重要。一个被普遍接受的目标和一套完善的价值体系是组织力量，也是组织个性（标识）的源泉，能够让组织成员更加自豪和满足，利于公司适应环境，从而推动公司的长期发展繁荣。佩因指出，在当今巨变的环境中，只有那些能够识别和适应环境变化的公司才能占有优势。组织结构从等级制和集权制转向分权制和授权制是企业适应环境变化的基础。不过缺乏有效的手段来指导和限制员工的权力，分权和授权就会变得非常危险。一套良好价值体系的存在是这种问题最好的解决之道。同时，一套明确的价值体系既可以减少监督管理的层次，又不至于失去控制重点和组织中心。"这样或那样的研究均已表明，经理人员如果希望培育一个充满信任、责任和抱负的组织环境，就必须建立一套基于合乎伦理原则的组织价值系统。虽然没有任何一套单一的价值组合适合于每一家公司，但是，通常与忠诚（如诚实、公平和信赖）联系在一起的价值都是在任

何有效的价值体系中必备的价值要素"①。

2. 市场关系

佩因（1994）指出，"社会责任意识和伦理观念不仅有利于组织的运作和控制，而且也是在市场上识别一家公司的关键，它有助于公司与主要利益相关者建立起牢固的关系"②。根据《财富》杂志的评判标准，信誉因素比财务业绩更能提升或挫伤一家公司的声望。公司不负责、非伦理的行为会损害其在顾客心中的形象，从而对市场份额产生巨大的、难以挽回的损失，这一点与财务业绩不同。许多公司都不断从之前的经历中认识到，财务亏损可以通过之后的盈利来弥补，而失去的信任必须通过长期不懈地努力才能挽回，甚至有很大无法挽回的可能。相反，坚持合理的伦理原则，勇于承担社会责任，着眼于利益相关者的需求，公司便可以减少或避免市场损失。因为赢得了顾客、员工和供应商的信任，公司也便赢得了收益、效率和灵活性，同时也可以降低控制成本和交易成本。总而言之，企业要想在当下环境中处于不败之地，组织及其领导者必须深刻把握利益相关群体的利益及需求，在战略导向上必须定位于创造价值和赢得共同利益。同时，组织的着眼点应该是利益关系而非利益交易。简而言之，组织必须坚持伦理的观点去处理市场活动。

3. 社会地位

在佩因看来，公司经营具有伦理导向的第三个好处表现在非市场关系方面，特别是与以利益相关者为代表的广泛的社会团体之间的关系方面。在信息技术迅速发展的今天，公司活动处在包括媒体、政府和各种公众利益集团的广泛监督之下。一个合乎伦理经营从而具有较好信誉的公司，不仅可以减少遭受起诉、法律制裁和政府限制性法规裁的可能性，而且可以赢得利益相关者的信任和合作，从而有助于获得竞争优势。另外，佩因指出，在许多地区，国际性法规也逐渐形成，世界各国通过区域性贸易协定，诸如世界贸易组织和世界银行等全球性机构，制定了一些用以衡量合格法人资格的国际性标准。虽然其中一些标准不具有法律强制性，但却成为划分公司责任的公共规范。一个对社会负责的公司，不仅在一国内，也会在世界范围内确定其社会地位。总之，佩因认为，公司合伦理经营和承担社会责任，并不能带来直接的经济收益，但社会的发展要求公司承担社会责任和讲求信誉。公司伦理，已成为人们衡量一个企业是否杰出的重要尺度，是一个公司生存和发展的基本条件。"良好的声望有助于公司吸引顾客、投资者、潜在员工和商业伙伴。今天，许多消费者和投资商都希望从所打交道的公司中找

---

① Paine Lynn Sharp. Managing for Organinzational Integrity [J]. Harward Business Review，1994（3/4）.
② Paine Lynn Sharp. Managing for Organinzational Integrity [J]. Harward Business Review，1994（3/4）.

出高水准的公司；越来越多的消费者不仅对他们所购买的产品和服务感兴趣，而且对提供这些产品和服务的公司的行为感兴趣"①。

（二）企业社会责任与经济绩效存在正相关关系

此种看法明确提出公司社会参与和经济绩效之间存在一种正相关关系，认为承担社会责任的公司不会降低公司的经济绩效，因为社会参与为公司提供了大量利益，足以补偿其付出的成本。持这一看法的有哈特利（Hartlery R. F.）、斯蒂芬·P. 罗宾斯（Robbins Stephen P.）。

哈特利明确反对"公司越讲求伦理，利润损失就越大"的看法，而认为高度诚实和符合道德规范的行为更有利于业务，更有利于利润。因为满意的顾客会带来回头生意，坚决制止贿赂、回扣、弄虚作假、虚报支出等不合道德规范的做法，这有助于整个行业维持一个更健康的商业环境。公司诚实经营的好名声会成为一种强有力的竞争优势。"尽管在短期内，忽视严格的道德准则会带来更多的利润，但从长远看，符合道德标准的做法与日渐增多的利润是一致的"②。

罗宾斯也通过引述一项研究证明，公司的社会参与直接有利于公司的绩效。该研究涉及的13个被调查的公司中仅发现有1家社会参与同经济绩效是负相关关系，而且在此个案中，承担社会责任的公司的股票价格并不低于股票价格的全国指数。为了使其观点更有说服力，罗宾斯考察了一组近期发展起来的社会意识共同证券基金，并将它们的经济绩效同全部共同基金的平均水平相比较，如表6－1所示。这些基金近年来从不投资以下公司：与制造防务武器有关的公司，利用核能的公司，卷入酒类、赌博、烟草、价格管制或犯罪性诈骗的公司。但是，它们的财务业绩却与全部证券基金的平均水平相当。由此，斯蒂芬·P. 罗宾斯的结论是："没有足够的证据表明，一个公司的社会责任行为明显降低了其长期经济绩效"③。

表6－1 社会意识基金的总回报率（1986—1990年）

序号	基金	总回报率（%）
1	卡尔费特社会投资（Calvert Social Investment）	74
2	德赖费斯第三世纪（Dreyfus Third Century）	59
3	帕克斯世界（Pax World）	77

---

① （美）林恩·夏普·佩因. 领导、伦理与组织信誉案例 [M]. 韩经纶，等，译. 大连：东北财经大学出版社，1999：5－6.

② （美）罗伯特 F 哈特利. 商业伦理 [M]. 胡敏，等，译. 北京：中信出版社，2000.

③ （美）斯蒂芬 P 罗宾斯. 管理学 [M]. 黄卫伟，等，译. 北京：中国人民大学出版社，1997：101.

续表 6-1

序号	基金	总回报率（%）
4	先锋基金（Pineer Fund）	68
5	先锋1（Pioneer 1）	60
6	先锋2（Pioneer 2）	47
7	全部证券基金	69

希尔曼 A.J.（Hillman A.J.，2001）和凯姆 G.D.（Keim G.D.，2001）等的实证研究表明，"企业的利益相关者管理与企业的经济绩效之间存在显著的正相关关系，而企业的社会绩效与企业经济绩效之间则呈显著的负相关关系"[1]。因此，如果以企业的组织使命和根本目标为判断标准的话，企业仅应承担利益相关者管理所限定的社会责任。企业除承担利益相关者管理这一社会责任之外，企业还被迫承担政府规定的社会责任，这往往导致企业经济绩效的降低，否定企业"经济人"属性。企业绩效是一个包括经济绩效和社会绩效的多重概念，其中经济绩效是最根本的，它是企业最基本的组织目标，也是构成企业生存和发展的基础。企业应该承担的社会责任边界应以法律规定企业必须承担的社会责任和能够促进企业经济绩效提高的那些社会责任为限。

斯派塞（Spicer，1978）研究企业社会责任与企业价值之间的关系时，选取了 ROE、EPS 或 ROA 指标进行实证分析，研究结果表明两者之间存在正相关关系。李红玉（2007）将与企业有经济利益关联的群体划分为不同等级的利益相关者，并对他们与企业绩效的关系进行实证研究，得到结果：企业社会责任的履行与企业价值显著正相关。同时，企业的不同利益主体对企业绩效有不同程度的影响，各经济主体的利益与传统的股东的利益最大化并不矛盾。王晓巍、陈慧以 2008—2010 年沪深两市 328 家上市公司的数据为样本，建立结构方程模型，实证分析企业承担对不同利益相关者的社会责任与企业价值之间的相关性。其研究结果表明，"企业承担的对不同利益相关者的社会责任与企业价值存在正相关关系，企业对不同利益相关者的社会责任对企业价值的影响程度不同，企业对股东的社会责任对企业价值的贡献度最大，企业对不同利益相关者履行社会责任存在相互影响。"[2]

---

[1] Hillman A J, Keim G D. Shareholder value, stakeholder management and social issues: What's the bottom line? [J]. Strategic Management Journal, 2001 (22): 125-139.

[2] 王晓巍、陈慧. 基于利益相关者的企业社会责任与企业价值关系研究 [J]. 财会通讯, 2011 (12).

（三）企业社会责任与经济绩效的负相关关系

此种看法认为企业社会责任与企业的经济绩效之间是负相关的关系。这种观点以经济学家、诺贝尔经济学奖获得者米尔顿·弗里德曼为代表，认为"企业讲究伦理、承担社会责任与企业经济绩效是矛盾的"①。有些企业管理者和经济学家提出，"在商言商"（the business of business is business），企业就应该集中全部精力制造产品和提供服务，并以较低的有竞争力的价格实现销售，当这些经济任务完成了，最有效率的企业也就得以生存和发展了。即使企业社会责任的初衷是好的，但这种行为会降低企业的经营效率，从而使社会丧失保持人们更高生活水平所需的经济产品。

哈迪斯（Pasaribu Hadi S., 2003）对印度尼西亚的企业进行了实证研究，发现企业社会责任与财务绩效无关。Robert W. Ingram 和 Katherine B. Frazier（1980）研究发现企业社会绩效与财务绩效呈负相关。他们认为，企业承担社会责任需要付出相应成本，这一成本就使得企业在与不承担或少承担社会责任企业的竞争中处于不利的财务状况。万斯（Fogler H. R., 1975）和福格勒等人（Nutt F., 1975）提出的实证检验证据却并不支持公司社会责任与企业经济绩效之间存在正相关关系。Crisóstomo 等（2011）的研究表明，企业社会责任与企业价值呈现负相关关系，企业履行社会责任会降低企业价值。顾湘、徐文学（2011）选取沪市 A 股电力，煤气及水生产、供应业的上市公司为样本，依据 2007—2009 年的报表数据，结合相关理论，对企业社会责任与企业价值的相关性进行实证分析，得出结果，"企业价值与股东社会责任呈明显正相关关系，而与其他利益相关者社会责任呈负相关关系。"② 因此企业社会责任与盈利之间的关系是复杂、多变的，但"承担社会责任的企业肯定不比那些不承担社会责任的企业经营得差，或许要比它们经营得好"③ 这一结论似乎比较准确。人们已普遍认识到，企业社会责任已成为关系到公司生存和长期发展的重要问题，理论探讨的重点不是企业是否应当承担社会责任，而是对企业社会责任的范围应如何界定、企业怎样来承担社会责任的问题。

（四）企业社会责任与经济绩效的辩证关系

此种看法认为公司的社会责任行为和公司经济绩效的关系极为复杂。其中可能存在一种因果关系，即如果有证据表明社会参与和经济绩效是正相关的，这也

---

① Friedman Milton. Capitalism and Freedom [M]. Chicago：The University of Chicago, 1996.
② 顾湘，徐文学. 基于利益相关者的社会责任与企业价值相关性研究 [J]. 财会通讯，2011（1）.
③ Fogler H R, Nutt F. A Note on Social Responsibility and Stock Valuation [J]. Academy of Management Journal, 1975, 18（1）：155 – 160.

许并不意味着社会参与产生了更高的经济效益,也可能正相反。这就是说,它可能表明正是高利润才使企业有条件广泛参与社会活动,承担社会责任。乔治·斯蒂纳(1997)、约翰·斯蒂纳(1997)和詹姆斯·E. 波斯特(Post James E., 1998)认为企业社会责任与经济绩效两者无论是正相关还是负相关,都是难以证明的。他们提出,企业经营合乎伦理是企业和社会之间达成的一种社会契约,社会赋予企业一种职权,可以将资源有效转化为社会所需要的产品。同时,社会给予企业采取必要与合理行动的权利,并允许获得投资回报。而"合理的行动"就是指企业的行为必须符合法律和社会伦理的要求。企业一方面必须营利,一方面必须承担社会责任,因而问题的关键只在于寻求使两者得以协调的广泛的原则。Chen 等(2011)研究表明,企业社会责任的履行短期内可以提高企业的经营业绩,但长期却具有不确定性。陈玉清、马丽丽(2005)选取不同的变量反映企业社会责任,通过实证分析研究表明企业社会责任的履行对企业价值影响具有行业的差异性。波斯特(1998)认为,以下三条原则是有参考性的:

1. 长期利润和短期利润关系原则

波斯特指出,所有社会责任行为,例如,建立公司内的儿童看护中心、为雇员提供医疗保健、资助科学研究和教育机构等,通常都会增加公司的成本。除非这些社会责任行为被事先计划好需要支出,不然它们肯定要减少公司的利润。因此一个公司会因履行社会责任而牺牲短期经济利益,不过短期所失可以从长期回报中获得补偿。如果公司的雇员因医疗保健计划的实施而减少了病休和缺勤,减少了事故医疗和健康保险的花费,那么他们就会更健康地投入工作从而增加产量,增加长期利润。

2. 适度利润和最大利润关系原则

波斯特认为,一般说来,最大利润是公司经营活动的"正式目标"。然而在某些时候,企业的判断都是从小于最大利润的角度而慎重做出的。从此角度说,公司似乎更愿意追求适度利润而不是最大利润。适度利润可视为公司的管理者和所有者都满意的收益。适度利润可能会比较低,但要高于使公司得以维持经营的最小回报,它是一个公司在不利的经济条件下或政府严格管制情况下所能做得最好的。更重要的是,追求适度利润可以使公司减少经营压力,承担起相应的社会责任。

3. 股东利益和其他利益相关者关系原则

在波斯特看来,公司高层管理者肩负着为股东创造尽可能多利润的责任,因为吸引人们到资本市场投资除了由经营状况决定的利润外,还有由投资者作为股东可能获得的回报。有较高利润的企业将吸引投资者,而低利润率会给公司管理者带来巨大压力，驱使他们为提高公司财务业绩而努力。波斯特强调，在任何情况下，管理者必须考虑所有的利益相关者而不是仅仅关心股东的利益。公司高层管理者的工作是和所有公司利益相关者接触，这其中就包括那些倡导公司应有高水准社会责任的团体。管理者的中心目标是改进和增加公司的整体利益，而不是单独哪一类利益相关者的愿望；公司要实现多方面的目标，而不仅仅是利润目标。

二、企业社会责任与企业经济绩效的互动分析

大部分研究表明，企业承担社会责任和企业经济绩效成正相关关系，即企业承担社会责任会促进企业经济效益的实现，这和经典经济学理论认为的"企业承担社会责任会加重企业的负担，影响企业实现其经济利益"相反。当前的事实表明，改善和维护员工权益、满足消费者要求、促进社区发展、保护资源环境以及消除贫困等，越来越被企业或企业家看作是企业发展的新机遇。

（一）企业承担社会责任对企业行为的影响

在世界经济日益全球化的今天，企业在社会发展中所扮演的角色和发挥的作用越来越重要，在经济和社会健康发展中所承担的社会责任也日益增多，包括教育、公共健康、就业福利、住房、社区改造、环境保护和资源保护等，其原因在于加速发展的企业活动不断改变着整个世界，而不断变化的世界为企业发展提供的有效资源的质量高低又决定着企业未来的可持续发展。无疑，健康的社会状况又将使企业获得长期收益。对于上述观点，林小芳等认为："企业履行社会责任对于推动企业自身发展，树立品牌形象与效应有积极作用。"①

企业承担社会责任可以在三个层次上影响企业的行为，具体表现在：

第一，企业承担社会责任是企业合法生存、经营的依据。市场经济是法制经济，在市场经济条件下企业应承担政府法律法规规定的"社会责任"，如缴纳税收或费用、提供劳动保护及安全保障、社会保障及社会保险、环保、质量达标等，美国著名管理学家斯蒂芬·P. 罗宾斯将其称为"社会义务"。他说："一个企业当符合了其经济法律责任时，它已经履行了它的社会义务"②。企业承担法律法规规定的义务是社会对其最基本的要求，否则企业就不能生存。

第二，企业承担社会责任必将给企业带来可持续发展的机会。社会是企业之

---

① 林小芳，郑珠仙. 和谐社会背景下企业社会责任问题探讨［J］. 重庆科技学院学报：社会科学版，2011（4）.
② （美）斯蒂芬 P 罗宾斯，玛丽·库尔特. 管理学［M］. 孙健敏，等，译. 北京：中国人民大学出版社，2004：117.

母，企业依托社会而存在和发展。企业承担社会责任可以更多得到政府的支持及消费者的理解，促进企业的可持续发展。例如，英国伦敦股票市场推出的"《金融时报》道德指数"，它以环境稳定、股东关系良好、支持人权为标准，赋予上市公司新的社会责任，那些一心只想赚钱而不顾社会影响的公司将无缘进入道德体系评价系统，像烟草、武器等盈利丰厚但道德素质不高的公司都被排除在了道德指数评价系统之外。此道德指数推出后，投向那些社会责任表现良好公司的资金增长达到四倍以上。

第三，企业承担社会责任是企业社会资本的投入。很多国内外知名企业都把企业社会责任作为企业发展的战略，而不仅仅是机会。企业家很清楚市场环境的改善、贫困的减少和社会的和谐以及自然资源的可持续地有效利用是一个企业"立于不败"的基础。

（二）企业社会责任对企业经济效益的影响

事实上，越来越多的企业实践和众多的研究成果充分说明，在社会责任和企业绩效之间存在正向关联度，企业完全可以将社会责任转化为实实在在的竞争力。可以说，社会责任和社会贡献是企业长远绩效的根本保证。

根据切斯特·巴纳德（Barnard Chester Irving）的组织理论，组织的有效性在于对目标的共同认同、建立在目标认同基础上的为组织做贡献的意愿以及顺畅的信息沟通。没有这三方面的条件，就不能形成有效的组织。企业如果只强调经济利益，不承担经济之外的任何社会责任，那么相应地也会导致员工只追求薪资最大化，这样员工就不能产生事业的使命感和成就感。企业必须有利润之上的追求，单纯追求利润最大化只会产生投机心理和短期行为。而被短期利益蒙蔽了双眼的企业由于缺乏长远眼光，最终也难以赢得成功。社会责任要求企业权衡收益与获得这些收益的成本。许多人认为，在企业积极努力承担社会责任的同时，企业和社会的财富也都得到了增加。

1. 企业社会责任有利于企业财务绩效

提倡社会责任不仅仅是为了提升企业社会形象，更重要的是能获得进入国际市场的通行证，提升企业的长期营利能力。杜邦公司之所以能从一个总资产为36000美元的火药小作坊成长为年销售收入超过240亿美元的跨国巨头，与公司对企业社会责任的重视有很大作用。越来越多的企业实践和众多的研究成果充分说明，在社会责任和企业经济绩效之间存在正向关联度，企业完全可以将社会责任转化为竞争力。道琼斯可持续发展指数的金融分析师发现，与那些丝毫不考虑社会和环境影响的公司相比，那些充分考虑了这些因素的公司股票业绩更佳。

2. 承担社会责任有助于降低企业运营成本，提高效率

企业承担社会责任有利于优化并创造更广阔的生存环境。比如，如果企业能在保护环境、消除贫穷、提高人类生活质量等方面承担社会责任，就可以免受政府部门、公益团体、社会公众的惩罚以及行为上的限制，保证企业正常的生产经营活动不受干扰，保证决策和经营的自主性和灵活性。企业自行担当适当的社会责任，还有可能降低政府制定新的管制法律法规和限制的可能。从长远角度来看，企业承担相应的社会责任与追求利润最大化之间并非水火不容。一个有远见的企业家不仅应追求企业的短期利润，更应关注企业长期获得利润的能力。而且企业自觉承担社会责任有助于增强企业的长远发展力，企业在市场竞争中自觉承担相应的社会责任容易在社会公众中获得更高的信任度。

3. 企业社会责任对企业社会效益的影响

企业因自觉承担相应的社会责任而获得的良好信誉会是一笔相当可观的无形资产，有助于树立良好的企业形象，使其产品和服务对消费者具有更大的吸引力，从而在市场竞争中获得更有力的地位。企业承担社会责任可降低监管力度和市场壁垒，增加社会对企业的认同感，减少或消除企业公共危机，创造对企业发展有利的条件和机会。

4. 自觉承担相应的社会责任是企业的无形资产

企业经营活动就是与利益相关者的合作过程。在合作中，势必涉及处理问题的价值取向，而社会责任能使企业超越自身的利益，正确解决企业在社会中的定位问题，看到社会的整体利益和长远利益，看到人和社会发展的需要，从而正确处理企业内外的各种关系。所以说，社会责任是协调企业内外关系，保证企业顺利发展的重要手段，是企业的重要无形资产。

5. 企业社会责任对企业活力的影响

企业活力就是在复杂多变的环境中实现效益目标，谋求生存发展的活动力。衡量企业活力的三个重要因素是企业在复杂、开放环境中的应变力，创新能力及竞争发展力。企业内部利益相关者主要是员工和股东，在处理企业经营者与员工、股东三者之间的关系时，要讲经济原则、科学原则和责任原则。只有三者协调统一，才能使员工及股东得到除了物质利益上的满足外，还有精神、情感上的满足，可以增强员工对企业的归属感。企业内部的经济管理和科学管理都必须具有道德上的合理性，违反伦理合理性的经济管理和科学管理不仅会受到社会舆论乃至法律的谴责和制裁，同时这种经营管理所带来的效率和效益也是短暂、不稳定的。

6. 企业社会责任对企业可持续发展的影响

承担企业社会责任为企业可持续发展提供了物质基础。企业承担保护、改善

生态环境的社会责任，从根本上保证人与自然和谐相处，会为企业的持续生产经营提供丰富的原始材料，并对企业员工的身心健康也产生积极影响。企业要可持续发展就必须有一个良好的外部环境，外部环境就包括了政治环境和生态环境。企业承担社会责任就可以为企业可持续发展战略提供良好的外部环境。企业对社会负责，环境得到保护、员工的基本利益得到保障、社会弱势群体各安其所、顾客基本需求能够得到满足，企业的持续生产经营才能有良好的外部环境和安定的政治局面，企业自身的长足发展才能得到保证。

（三）企业经济绩效对企业社会责任的作用

"高的经济绩效可以带来高的企业社会绩效"，这是西方学者对企业社会绩效与经济绩效因果关系的另一个研究结论。企业社会绩效与经济绩效的相关关系不是简单的单项关系，而是相互促进的良性循环关系，如图6-1所示。

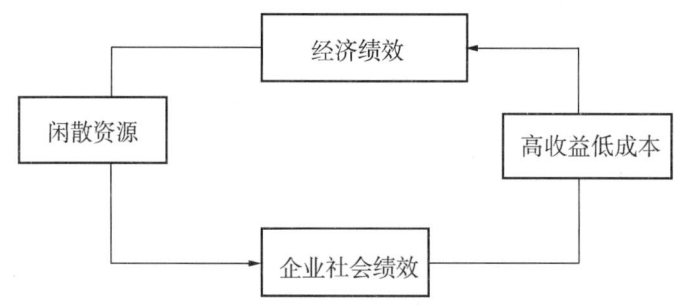

图6-1 企业社会绩效与经济绩效的良性循环关系

现代社会，随着商品生产的社会化、专业化程度不断提高，企业之间的相互依赖程度日益加强，企业与其他组织以及社会公众的关系也日益密切，企业的所有行为都可能受到社会因素的影响，也可能对社会产生作用。企业作为一个"社会人"，不能脱离社会而孤立的存在，在保证其资产保值增值的前提下，企业必须放弃损人利己以及短期行为，回报社会并考虑企业的长远发展。良好的经济绩效能够为企业承担社会责任提供有力的支持。事实上，企业在追求利润的同时也就自觉或不自觉地促进了社会的发展。企业良好的经济绩效是企业社会责任的必要条件，如果企业不追求合理利润，社会资源就不能得到最优配置。企业经营生产，为社会提供产品或服务、促进社会就业，这些都是企业应当承担的最基本的社会责任。

因此，企业不提高经济绩效它所承担的社会责任将难以持续。正如乔治·斯蒂纳和约翰·斯蒂纳所说的那样："一个企业的盈利是企业承担社会责任的前提条件，一个企业盈利越多，承担的社会责任就能越多，利润是社会责任产生的前提"①。另外，企业承担社会责任时，要继续生存就必须获得为了弥补风险和承担未来责任而需要的最低限度的利润率。同时，企业应当将权利与义务对等原则当作考量是否应该承担社会责任的基本原则。若企业承担了不应当承担或者不可能承担的社会责任，跨越了自身的权限和能力就会引起新的社会问题，这反而是对社会不负责任的表现。不难理解，一个处于成熟稳定阶段的企业应当比一个刚刚处于创业发展期的企业要承担的社会责任更多。所以说，企业良好的经济绩效为企业承担社会责任提供了强有力的支持。综上所述，企业社会责任与企业经济绩效是一种辩证关系。

第二节 企业社会责任与财务绩效关联性研究

一、国外企业社会责任与财务绩效关联性研究综述

企业社会责任与企业财务绩效的关联性问题是 20 多年来国外企业管理领域研究的一个热点问题。卡罗尔（Carroll Archie B.）认为："企业社会责任与企业财务绩效之间的关系是复杂的，而且无论从理论上还是从方法上看，过程也是很复杂的。但明确企业社会责任与企业绩效的关系，无论对企业管理者、股东、甚至直接或间接地对企业的所有利益相关者来说，其价值都是无法衡量的。企业的利益相关者所关心的一些重要问题受企业社会责任与财务绩效关系影响，并可能由此影响企业的发展。"② 格里芬（Griffin J.）和马洪（Mahon J.）认为："最早提及企业社会责任与财务绩效关系问题的是 Bragdon 和 Marlin，他们在一篇论文中提出了一个简单而又重要的问题：污染是否有利可图。"③ 随后的一些实证研究主要集中测试了股市收益与企业社会责任的关系，这些研究只对一个纬度的企业社会责任如环境污染感兴趣。

尽管关于企业社会责任与企业财务绩效关系的研究方法不断改进，但关于两者的结论仍然存在争议。多年来，在企业社会责任与企业财务绩效之间关系的研

---

① （美）乔治·斯蒂纳，约翰·斯蒂纳. 企业、政府与社会 [M]. 张志强，王春香，译. 北京：华夏出版社，2002.
② Carroll Archie B, Buchholtz Ann K. Business and Society: Ethics and Stakeholder Management [M]. 4th. ed. Cincinnati: South-Western publishing Co., 2000: 43.
③ Griffin J, Mahon J. The corporate social performance and corporate financial performance debate: Twenty-Five Years of Incomparable Research [J]. Business and Society, 1997 (3): 36.

究上形成的看法是不一致的。普雷斯顿（Preston Lee E.，1997）和奥班农（Bannon Douglas P. O.，1997）对这一关系做过认真的研究，他们仔细分析了美国 67 家大公司 1982—1992 年的有关数据，继而得出这样的结论："对于美国大公司而言，社会表现和财务绩效之间存在正相关关系"①。Jeff Frooman（1997）对企业不负社会责任和非法行为反应的实证文献进行了分析，认为股市对那些不负社会责任和违法的企业持否定态度，证明了企业的社会责任行为与财务绩效的正向关系。辛普森（W. Gary Simpson，2002）和特奥多尔（Theodor Kohers，2002）对美国国有银行 1993—1994 年的企业社会责任与财务绩效的关系进行了研究，他们以企业社会再投资行为排序作为企业社会责任评价，用总资产利润和贷款损失率评价财务绩效，也发现二者间存在积极关系。

在对化学行业所进行的研究中，马洪（1999）和格里芬（1999）发现感性的企业社会表现衡量标准与企业财务信息之间存在着"一定的关联性"，但总的说来，"这二者之间是相互矛盾的"②。罗曼（Roman Ronald，1999）、海伊博（Hayibor Sefa，1999）和阿格尔（Agle Bradley，1999）基于对马洪（1999）和格里芬（1999）所运用的数据的再分析，得出了这样的结论："这方面的绝大多数研究支持了这个观点——至少可以说，好的社会责任不会导致不良的财务绩效"③。另外他们还表明：通过了解到的这方面的多数研究都表明了企业社会表现与企业财务绩效之间有着确定无疑的正相关关系。因此，他们得出良好社会责任不会导致不良社会绩效的结论。

二、衡量企业社会责任与财务绩效的指标与方法

在检验企业社会责任与财务绩效关系的研究中，有两个必须解决的问题：一是如何衡量企业社会责任，二是如何衡量企业财务绩效。

（一）衡量企业社会责任的方法

斯特兰德（Strand Rich）曾说："衡量企业社会责任的方法由于方向和概念上的含糊与冲突而变得更加困难"④。据里德（Reed L. 1990）等学者的不完全统计，衡量企业社会责任的方法至少出现过 14 种以上，本书主要介绍五种值得借

---

① Preston Lee E, Bannon Douglas P O. The Corporate Social – Financial Performance Relationship：A Typolgy and Analysis [J]. Business and Society, 1997, 36 (4)：419 – 429.
② Mahon John, Griffin Jennifer. Painting a Portrait：A Reply [J]. Business and Society, 1999, 38 (1)：126 – 133.
③ Roman Ronald, Hayibor Sefa, Agle Bradley. The Relationship between Social and Financial Performance [J]. Business and Society, 1999, 38 (1)：121.
④ Strand Rich. A Systems Paradigm of Organizational Adaptations to the Social Environment [J]. The Academy of Management Review, 1983 (1)：90.

鉴的方法。

1. 声誉指数法

该方法由专家学者、甚至 MBA 学生通过对企业各类社会责任方面的相关政策进行主观评价后得出企业声誉的排序结果。这种方法的优点在于：第一，由于同一个分析人员对每个企业采用同样的标准，所以可以保证评价者内部的一致性；第二，该方法具有主观方法的优点，代表了专家的意见；第三，该方法通常能够总结出对不同企业中同一类重要利益相关者的看法。然而，声誉指数法也有不足，其中最主要的问题是它依赖分析人员的判断，具有很强的主观性。同时，它所采用的研究样本很小，所得出的结论可能会缺乏普遍性。

2. 内容分析法

该方法通过分析企业已公开的各类文件或年度报表等来确定每一个特定项目的分值，从而得出对企业社会责任的评价依据。按照雅培（Abbott W. F.）和蒙森（Monsen R. J.）的定义："内容分析法是一种用于收集数据的技术，这类数据包括以奇闻逸事和文学等形式记载的定性信息，然后将数据分类以推算出反映不同复杂程度的定量指标"[1]。内容分析法有两个突出的优点：①一旦确定变量，衡量步骤较为客观；②可用于较大样本的检验。而它的主要缺点是变量选择较为主观，主要根据企业自己的表述而非其真实的行动进行判断；同时，大部分企业文件或财务报表并不能衡量企业社会责任。

3. 企业声誉评级法

此方法由《财富》杂志所创。虽然也是一种声誉指数法，但它的优点在于采用的样本量较大，而且评判者都是很熟悉和了解所在行业以及有关问题的专家。不过，卡罗尔（Carrol A. B., 1979）发现该方法在企业社会责任的概念界定上不够清晰；此外，法雷尔（Fryxell）和吉罗德（Gerald E.）等指出："《财富》专家看起来极有可能无法在企业声誉的财务方面和非财务方面进行充分的甄别，因而无法进行有效的衡量"[2]。Harrison, Jeffrey S. 和 Freeman R. Edward 也指出："《财富》的企业声誉评级法最致命的缺陷在于它仅仅只提供了关于衡量企业社会责任的一份概要"[3]。

---

[1] Abbott W F, Monsen R J. On the Measurement of Corporate Social Responsibility: Self-report Disclosure as a Method of Measuring Social Involvement [J]. Academy of Management Journal, 1979 (3): 504.

[2] Fryxell Gerald E, Wang Jia. The Fortune Corporate "Reputation" Index: Reputation for What? [J]. Journal of Management, 1994 (1): 1-14.

[3] Harrison, Jeffrey S, Freeman R Edward. Stakeholders, Social Responsibility and Performance: Empirical Evidence and Theoretical Perspectives [J]. Academy of Management Journal, 1999 (5): 481.

4. TRI 法

TRI 方法完全是对企业社会责任行为的定量反映。根据美国 1986 年的《紧急计划和公众知情权法案》，所有标准行业代码为 20～39 的企业、全职雇员在 10 人以上，并且在生产、加工过程中使用了清单上列出的化学品或使用化学品达到一定数量的企业都必须主动披露其排放到空气、水和土壤中的废物和有害物质的数量。显然，TRI 法最为致命的缺陷就在于它的数据库只包括了一部分行业数据。

5. 企业慈善法

美国公共管理协会在 1980 年代末开始出版《企业 500 强企业慈善指南》。该书较为全面地分析了 500 多家大企业的捐赠情况，在此基础上，根据每家企业的捐赠总额和捐赠占税前净利润的百分比这两个指标分别算出其统计标准值，然后将两个 Z 值加起来得到企业的慷慨指数，最后根据企业在总样本中的相对表现评出一个等级，如 A^+、A^-、B^+ 等。企业慈善法虽然能够克服通过主观印象来评价企业社会责任的局限性，但是它们毕竟都只反映了企业社会责任的某个方面，因而难以全面体现企业的社会责任。

（二）衡量企业绩效的方法

1. 彼得·德鲁克以"改革"为核心的观点

彼得·德鲁克（Drucker, Peter F.）在 1955 年前后撰写了许多说明企业组织搜集其主要竞争对手信息的重要性文章，他强调"每一个企业组织，都需要一个核心能力——改革"[1]。德鲁克认为，评价一个企业改革的出发点不能仅从自身绩效出发，而应仔细评估其所处行业在一定时期内的改革，以及企业在改革中的地位和作用。他强调绩效评价系统必须首要集中考虑管理部门的意识，然后再提供一个内在的组织机构。首先设计一系列特定性质的问题，将雇员的注意力转移到真正需要重视的地方，然后使雇员能够重视并发现这些方面可能存在的问题。德鲁克的观点虽然没有形成一个完整的理论模型，但是他对竞争和改革的理解为非财务指标进入绩效评价系统提供了理论基础。

2. 罗伯特·霍尔的"四尺度"评价法

罗伯特·霍尔（Robert Hall）认为评价企业绩效需以四个尺度为标准，即"质量、作业时间、资源利用和人力资源的开发"[2]。霍尔把质量、时间和人力资

---

[1] （美）彼得·德鲁克. 管理：使命、责任、实务（使命篇）[M]. 王永贵, 译. 北京：机械工业出版社, 2006.

[2] （美）罗伯特·霍尔, 马克·利伯曼. 宏观经济学原理与应用[M]. 程坦, 译. 大连：东北财经大学出版社, 2003.

源等非财务指标导入企业绩效评价系统，并认为企业组织可以通过对上述四个尺度的改进，减少竞争风险。但他也指出要求企业在各方面都做出改变是困难的，在一段时间内，企业在这四个方面的改进是逐步递增的。这个理论很重要的一点是，任何指标的改进都不能以牺牲其他指标为代价，如作业时间的改进不应以降低质量为代价，同样，质量方面的改进也不应以牺牲资源为代价。但是，霍尔的"四尺度"评价法在人力资源开发方面没有提出更为具体的建议，这也是其缺陷之所在。

3. 斯坦利的"金字塔形"评价法

美国学者斯坦利·E. 西肖尔（Seashore Stanly E., 1965）将衡量组织经济活动的一系列标准组成一个呈金字塔形的有层次的系统，这是一个企业绩效评价标准更为完备的理论模型。位于塔底的是一些评价企业当前活动进行的标准——多且复杂；位于中部的是如硬指标销售额和利润率以及满意感这样软指标的中间标准，这些标准的度量值本身正是企业要追求的成果；位于塔尖的是"最终标准"，反映合理应用环境资源和机会以达到持续发展的目的。这里，他将企业持续性发展作为评价企业绩效的最高标准，侧重于战略性布置与规划，表明单纯追逐经济利益已不是企业绩效评价的全部和终极目标。

4. "绩效棱柱"评价方法

英国克兰菲尔德学院（Cranfield University）的安迪·尼利（Neely Andy, 2000）和克里斯·亚当斯（Adams Chris, 2000）等提出了绩效棱柱的概念，绩效棱柱是一个以利益相关者为中心的业绩评价体系，它用棱柱的五个面分别代表公司业绩评价的五个方面，即利益相关者的满意、贡献、战略、过程和能力五个方面具有内在联系，该模型的创新之处在于既强调了利益相关者价值的取向，又测量了利益相关者对公司所做的贡献。业绩多棱柱体示意图如图 6 - 2 所示。

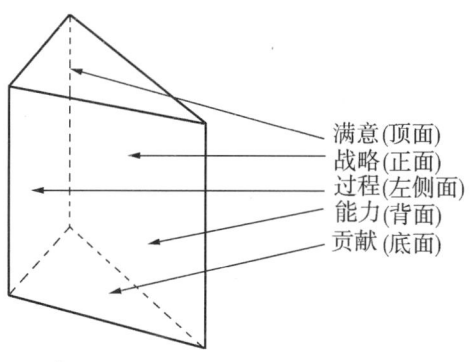

图 6 - 2　业绩多棱柱示意图

业绩多棱柱从利益相关者的满意度和贡献角度来考虑目标和战略，从而对整个经营过程提出改进要求，这一点是业绩多棱柱相对于综合计分卡的突破，但是该模式并没有进一步分析经营者的利益通过什么机制与企业的经营目标及战略相联系，使业绩相关者分析对于业绩评价的影响还没落实到实处。并且，该模式更多地集中于业绩的改进（performance improvement），而不重视通过指标设计及其他业绩评价的其他环节相配合发挥其激励作用。

第三节　基于利益相关者的企业绩效评价模式

一、利益相关者理论在企业绩效评价中的研究综述

利益相关者理论日渐盛行后，理论界对企业社会绩效应由利益相关者来评价达成了共识。企业的利益相关者除了包括传统模式下的顾客、员工、投资机构、供应商外，还包括政府、社区、政治集团、行业协会等。只要在企业中有合法利益的利益相关者都会投入到企业活动中获取收益，而且各类利益相关者的利益是平等的，没有任何一种利益优先于其他利益。

（一）利益相关者理论在企业绩效评价中的进展

对利益相关者理论的研究目前更多地强调规范性研究，从而使这一理论在实践上缺乏可操作性。正因为如此，"规范分析的利益相关者理论与实证检验的企业社会绩效（corporate social performance）研究从 1990 年代开始全面结合。"[①]道克里高斯（Doucouliagos，1997）的实证研究表明，劳动管理型企业的绩效普遍好于资本管理型企业。多位学者对荷兰公司的雇员参与制度的案例调查研究表明，员工通过职工持股计划参与公司决策能够提高工人的工作满意度和对所完成工作任务的理解，增强工人的责任感和共担企业风险的意识，避免职工的过度流动，有利于提高企业绩效。布鲁姆（Bloom，1985）、迪利昂（Dhillion，1994）和拉米雷兹（Ramirez，1994）等的实证分析也证明职工持股计划与企业绩效呈正相关关系。希尔曼和凯姆（Hillman，Keim，2001）等的实证研究表明，企业的利益相关者管理与企业的经济绩效之间存在显著的正相关关系，而企业的社会绩效与企业经济绩效之间则呈显著的负相关关系。因此，如果以企业的组织使命和根本目标为判断标准的话，企业仅应承担利益相关者管理所限定的社会责任。显然，这里应该对企业的"经济人"行为予以充分肯定。但是，关键问题是如何界定

[①] 沈艺峰，林志扬．相关利益者理论评析［J］．经济管理，2001（8）．

企业与政府的社会责任边界。因为企业除承担利益相关者管理这一社会责任之外，企业还被迫承担政府规定的社会责任，这往往导致企业经济绩效的降低，否定企业"经济人"属性。

持否定态度的学者则认为：利益相关者治理缺乏法理基础，利益相关者的概念本身模糊不清，缺乏可操作性。虽然利益相关者模式有助于增加利益相关者对企业的专用性投资，但企业也要为此付出很高的代价，其中包括维持企业内部低效率的工作、雇佣低效率的供应商。彼莫名（Bemoaning, 1993）指出：1980年代的德国只创造了美国同期60%的服务工作。乔顿和舒密特（Gorton, Schmidt, 1998）的计量检验结果证明德国《共同决策法》的引入与企业绩效呈负相关关系。企业的首要功能是价值创造，企业创造组织租金的能力及结果称之为企业的经济绩效。企业除追求经济绩效之外还要承担一定的社会责任，企业履行社会责任的状况称之为企业的社会绩效。施莱弗和萨摩斯（Shleifer, Summers, 1988）的计量检验表明恶意收购在给股东带来巨额收益的同时使利益相关者付出巨大的成本。如果将这些成本计算在内，恶意收购只是将财富从利益相关者手中转移到股东手中，因而"股东主权主义"模式并没有有效地增进社会财富。

国内也有学者对中国的企业利益相关者进行分类和定量分析。陈宏辉等（2004）通过借鉴"多维细分法"和"米切尔评分法"研究中国企业利益相关者的分类问题。统计分析的结果显示，可以从主动性、重要性和紧急性三个纬度上将中国企业的10种利益相关者细分为核心利益相关者、蛰伏利益相关者和边缘利益相关者三大类，而且不同的个体因素和企业因素会对工作企业利益相关者分类的认识产生差异。吴玲等（2003）将企业对利益相关者的分类管理和分类管理的绩效评价结合起来，建立了具有绩效和管理双向信息反馈特征的分类管理的定量模式。一方面使企业对利益相关者实施分类管理变得定量与可控，另一方面使绩效评价真正起到对管理的导向作用，使利益相关者理论具有可操作性，并为企业通过对不同利益相关者实施分类管理来实现持续发展提供理论指导和策略依据。笔者的研究团队也曾经通过大量的调查问卷收集我国有关企业社会责任行为与企业绩效的相关资料，然后通过SPSS软件对企业的社会责任行为与绩效状况进行统计分析，其研究表明："不同规模、不同地域、不同行业状况下，企业的各种社会责任行为与企业绩效存在着显著的差异。"[①] 王晓巍和陈慧（2011）以2008—2010年沪深两市328家上市公司的数据为样本，建立结构方程模型针对企业承担的对不同利益相关者的社会责任与企业价值的相关性进行实证研究。得出

---

① 黎友焕. 企业社会责任实证研究[M]. 广州：华南理工大学出版社，2010：98.

结论:"企业承担对不同利益相关者的社会责任与企业价值存在正相关关系,企业对不同利益相关者的社会责任对企业价值的影响程度不同,企业对股东的社会责任对企业价值的贡献度最大,企业对不同利益相关者履行社会责任存在相互影响。"①

(二) 利益相关者理论的企业绩效评价方法

从1980年代开始,西方理论界针对企业社会绩效相继提出了各种不同的利益相关者评价模型,利益相关者理论主要衍生出以下三种评价企业绩效的方法。

第一种方法,认为企业绩效指的就是企业社会绩效(Corporate Social Performance,CSP),着重从企业处理社会问题和承担社会责任两方面来评价其绩效的优劣。其中影响最大的是美国学者索尼菲尔德(Sonnenfeld Jeffrey,1982)的外部利益相关者评价模式和加拿大学者克拉克森(Clarkson A.,1995)的RDAP模式。

第二种方法,认为企业绩效不仅包括企业的财务绩效,还包括许多非财务绩效;对企业绩效的评价必须将财务绩效和非财务绩效结合起来考虑。这一将利益相关者理论和企业战略性竞争优势结合在一起进行分析的方法,集中体现在由哈佛大学教授罗伯特·S.卡普兰(Robert S. Kaplan)和诺顿研究院的执行长官戴维·P.诺顿(Divid P. Norton)于1990年代初提出的"平衡计分测评法"之中,他们认为管理一个复杂性的企业组织,需要从最关键的四个方面来测评企业绩效:财务(financial)、顾客(customer)、企业内部流程(internal business process)、学习与成长(learning and growth),并建立了一套完整的测评体系(Kaplan,Norton,1993)。

第三种方法,将企业绩效分解为企业的任务绩效和周边绩效两个组成部分,认为两者分别受到企业的各种利益相关者利益要求及其实现方式的影响,只有将任务绩效和周边绩效结合起来才能真正有效地评价企业绩效。

这三种方法的共性表现为:一是都以利益相关者理论为基础;二是都不同程度地拓展了传统的企业绩效评价思维框架,都认为企业绩效不只是企业的财务绩效;三是都借用了别的学科知识,如运用企业伦理理论、战略管理理论、组织行为学理论等对企业绩效进行综合评价。

二、企业社会绩效的利益相关者评价模型

国外理论界对企业社会绩效评价(Evaluation of Corporate Social Performance)

---

① 王晓巍,陈慧. 基于利益相关者的企业社会责任与企业价值关系研究 [J]. 管理科学,2011 (6).

的研究大致可以分为两个阶段。早期的研究主要从企业如何处理社会问题和承担社会责任（corporate social responsibility）这两个方面来评价企业的社会绩效。例如，普瑞斯顿（Preston, 1977）在加拿大企业皇家调查委员会（The Royal Commission on Corporate Concentration）关于企业社会绩效的实证研究中认为，应按照企业处理社会问题的四个方面（对问题的认识、分析和计划、政策制定、执行实施）进行评价。沃提克和寇克兰（Wartick, Cochran, 1985）把企业社会责任定义为经济责任、法律责任、道德责任、其他责任，认为应从这四个方面搜集数据对社会绩效进行评价。

利益相关者理论日渐盛行后，理论界对企业社会绩效应由利益相关者来评价达成了共识。自1980年代开始，西方理论界针对企业社会绩效相继提出了各种不同的利益相关者评价模型。例如：加拿大学者克拉克森（Clarkson A., 1995）的RDAP模式，他用销售服务、环境保护、雇佣歧视等要素建立三维立体评价模式，以及从经济责任、法律责任、道德责任、其他责任四个方面对企业社会绩效进行评价。阿特金森（Atkinson A., 1998）提出利益相关者的战略绩效评价系统，作为对平衡记分卡的改进。索尼菲尔德（1982）的外部利益相关者评价模式从社会责任和社会敏感性两个方面对企业进行社会绩效评价。

(一) 克拉克森的RDAP模式

克拉克森（1995）认为企业不是政府或慈善机构，它只需要处理利益相关者问题，不需要处理社会问题。他认为利益相关者是指在企业过去、现在、未来的活动中具有或要求拥有所有权、权益和权利等的个人或集团。克拉克森把利益相关者分为主要利益相关者（primary stakeholders）和次要利益相关者（secondary stakeholders）。主要利益相关者是指一旦没有他们企业就无法正常运行的利益相关者。典型的主要利益相关者包括股东、投资机构、职工、顾客、供应商和政府。次要利益相关者是指可以影响企业也可以被企业影响的群体，但他们不介入企业的事务。根据这个定义，典型的次要利益相关者包括媒体、社会团体、民族组织、宗教组织和一些非营利组织等。

经过长期的实证研究，克拉克森总结典型的企业利益相关者问题，认为"应从企业、员工、股东、顾客、供应商、公众利益相关者等方面搜集数据来评价企业社会绩效"[1]。其中，企业方面包括企业历史、行业背景、组织结构、竞争环境、经济绩效，在利益相关者管理方面的目标、准则，以及企业的利益相关者和社会问题管理系统的概况。其他方面则是企业对不同利益相关者的管理政策，对

---

[1] Clarkson A. Stakeholder Framework for Analyzing and Evaluating Corporate Social Performance [J]. The Academy of Management Review, 1995 (1).

员工在不同利益相关者管理方面的培训考核,对不同利益相关者管理的结果或反响。克拉克森编制了指标描述与数据搜集指南,仍以公众利益相关者方面为例。

(1) 公众健康、安全与保护。这是指企业在公众健康、安全与保护方面的政策、行为准则、目标。它包括企业对供应商、分销商、顾客等在公众健康、安全与保护方面的政策延伸及对员工在这些领域的培训和考核。其绩效数据主要包括公众投诉和批评的原始记录、处理紧急事务的有效性、是否只在政府施加压力时才变革政策、公关危机的决策速度以及与竞争对手的比较。

(2) 能源与原材料节约。这是指企业在能源与原材料节约方面的政策、目标和计划。它包括企业的废品管理措施;对能源和原材料的浪费、再利用、循环使用等方面采取的措施;企业对供应商、分销商、顾客在能源与原材料节约方面的政策延伸及对员工在这方面的培训与考核。其绩效数据主要有原材料节约数据、消耗量的变化数据、废物减少数据、相关研发费用以及与竞争对手的比较。

(3) 环保。这方面主要是投资项目中是否贯彻环保原则以及对投资项目的环保评价。其绩效数据包括利益相关者对投资项目的投诉记录、在投资项目中成功处理环保问题的记录、企业的投资项目中宣称的环保原则是否与实际相符。

(4) 公共政策参与。这是指企业是否直接或通过行业协会在制定公共政策过程中发挥作用,企业在公共政策参与方面的政策,以及企业的董事会在公共政策制定中的作用。其绩效数据包括企业参与制定公共政策的相关记录、企业在公共政策参与方面和竞争对手的比较。

(5) 社区关系。这是指企业在社区联系与沟通方面的计划和政策及企业对员工在这方面的考核;企业是否与利益相关者协商制定影响社会的决策;是否给予当地社区一些具体的利益和回报(如雇用本社区的员工、为社区提供商业机会等)。其绩效数据包括企业与利益相关者协商制定决策的记录、企业为社区提供的价值与利益、企业员工为社区服务的记录、企业用于奖励员工在社区服务方面的优良表现的费用。

(6) 社会投资与捐赠。这是指企业是否有详细的社会投资与捐赠的政策、计划、准则。其绩效数据包括企业每年用在社会投资与捐赠方面的费用及这项费用占销售收入的比例、与竞争对手在这方面的比较。

在此基础上,克拉克森借鉴了沃提克和寇克兰(Wartick, Cochran, 1985)描述企业社会绩效战略的四个术语,建立了评价企业社会绩效的 RDAP 模式,这四个术语是"对抗型"(reactive)、"防御型"(defensive)、"适应型"(accommodative)和"预见型"(proactive)。克拉克森对 RDAP 模式做出了解释,如表 6-3 所示。

表6-3 RDAP 模式

等　级	定位或战略	绩　　效
对抗型	否认责任	比要求的做得少
防御型	承认责任但消极对抗	尽量少履行
适应型	承认并接受责任	仅做到所有要求的事项
预见型	预见将要担负的责任	比要求的做得多

(二) 阿特金森的战略绩效评价系统

阿特金森 (Atkinson A., 1998) 提出利益相关者的战略绩效评价系统, 作为对平衡记分卡的改进。该理论认为: 企业是由许多利益相关者构成的; 各个利益相关者对促进企业长远绩效有重要的影响作用; 满足利益相关者的利益要求能够得到他们的帮助, 这是企业取得良好绩效的前提; 在企业知识资本还不丰富的情况下, 企业价值最大化在一定程度上就是股东价值最大化。因此, 股东价值最大化是企业的根本目标, 而其他利益相关者价值最大化是第二层次目标, 如图6-3所示。

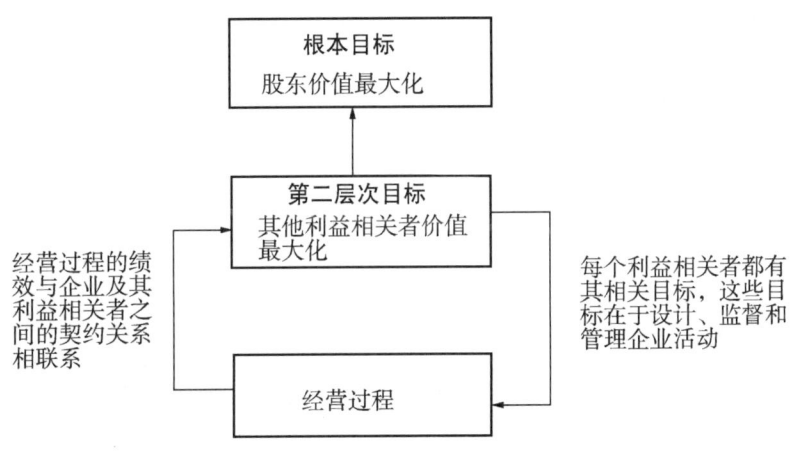

图6-3　阿特金森的战略绩效评价系统总体框架示意图

利益相关者的战略绩效评价系统的好处在于: 首先, 所包含的利益相关者更为全面, 既包括股东、顾客、员工等直接利益相关方, 又包括供应商、社区和政府等间接利益相关者; 其次, 明确提出企业的根本目标在于股东价值最大化, 其他利益相关者的利益则被放到次要地位。分清了主次, 目标多元化的矛盾得到了有效解决。不过该方法也存在一定缺陷, 其假定财务资本是企业的主要资源而忽视知识资本的地位，理论在实际应用中遇到了较多困难，这是该系统的两个主要缺点。由于主流公司治理理论由委托代理理论向利益相关者理论的转变，利益相关者理论逐渐得到人们的普遍认可。广义的利益相关者包括员工、社区、环境保护团体等。他们或多或少能够影响到企业战略目标的实现，而企业决策和行为又会在一定程度上影响到他们利益的实现。因此企业经营应当按照"企业价值最大化"的原则，妥善协调好各个利益相关者的利益，采取"共同治理模式"。

（三）索尼菲尔德的外部利益相关者评价模式

索尼菲尔德（Sonnenfeld Jeffrey）认为，企业社会绩效评价是让外部利益相关者对自身社会绩效所进行的评价，企业为了完善自身管理，应更多地考虑企业利益相关者管理的社会影响（社会敏感性），如是否合法地进行生产经营、是否导致严重污染、是否正确对待少数民族员工、是否恰当处理社区关系、是否正确处理顾客问题等。这样不仅可以使企业清楚自己的社会绩效在同行业中的位置，知道企业资源应重点分配给哪些利益相关者，还能促进企业经理与利益相关者的沟通。

索尼菲尔德通过对美国林业的外部利益相关者的问卷调查，从社会责任和社会敏感性两个方面对六家林业企业进行社会绩效评价。这几家企业的市场和规模大致相当。他通过与这六家企业的103位经理反复面谈确定了调查内容和对象。问卷要求利益相关者们（包括投资分析家、工会领导、环保主义者、政府监管员、联邦监管员、国会议员、行业协会官员、学者等）对这几家企业的社会责任和社会敏感性进行综合评价，同时对社会敏感性的七个维度分别评价，评分标准为5分制，4～5分为较好，3分为一般，1～2分为较差。社会敏感性的七个维度是：局外人的可接近性；对公共事务有准备性；在公共活动中的可靠性、一贯性；企业对外言论的可信性；在外部批评者眼中的合法性；对外界重大事件的关注程度；公众利益与企业利益的清晰度。问卷收回后进行了一系列的统计分析，结果索尼菲尔德发现，外部相关者对企业的社会绩效评价与企业经理们对本企业的社会绩效评价并不一致，没有一家企业对自己在同行中的社会绩效排名与利益相关者的评价相同。因此，企业内部人士和企业外部人士对企业社会绩效的理解和评价存在显著的差异。

通过上述分析，索尼菲尔德得出以下结论：一是不同的利益相关集团对同一行业的社会绩效评价不同。从本质上讲，在该行业有较大利益的相关者对该行业更友好；反之，在该行业只有较少利益的相关者对该行业不太友好。二是对企业社会敏感性的评价可以分为不同的维度。三是企业经理们对本企业社会绩效的评价与外部利益相关者的评价有很大的区别。

相比之下，国内在企业社会绩效评价方面的研究刚刚起步。虽然有学者从企业的社会性角度对企业的社会责任进行了界定（姜喜荣，2000），但没有提出对企业社会绩效进行评价的模式或方法。另外，有的学者从企业是生产组织并且是生产关系的载体出发，赵雯认为"企业评价应以满足各不相同的利益集团的要求与期望"①；刘文鹏提出了"非财务性业绩评价系统"②；陈维政等（2002）在总结国内企业社会绩效研究存在问题及借鉴外部利益相关者、RDAP 评价模型的基础上，提出了中国企业社会绩效评价研究的五点设想。徐光华等认为"CSR 已成为企业战略绩效评价体系构建的重要基石，并与经营绩效、财务绩效和社会绩效构成了企业战略绩效体系的三个板块，并形成一个循环闭合系统——时钟绩效模型。"③ 郑若娟、陶野（2012）指出造成各学者关于企业社会绩效与财务绩效关系研究得出不同结论的原因，并提出相关改进的建议，进一步完善了企业社会绩效评价的体系。但是，上述这些研究仅仅是在观念上突破了传统的企业财务评价理论，企业与外部利益相关关系的评价仅限于顾客对企业的评价或外部市场和内部市场对企业的评价，缺乏系统的理论基础和完善的评价方法，对于如何具体评价企业的社会绩效，并没有深入系统地研究。

三、基于利益相关者利益要求的企业绩效评价框架

一般来说，基于利益相关者利益要求的企业绩效评价可以按照以下的程序性步骤来进行分析：

（一）对企业的利益相关者进行界定和分类

克拉克森（Clarkson A.，1995）认为利益相关者是指在企业的过去、现在、未来的活动中具有或要求拥有的对企业的所有权、权益、权利等的个人或集团。他把利益相关者分为主要利益相关者和次要利益相关者。主要利益相关者是指一旦没有他们企业就无法正常运行的利益相关者，典型的主要利益相关者包括股东、投资机构、职工、顾客、供应商和政府。次要利益相关者是指可以影响企业也可以被企业影响的群体，但他们不介入企业的事务。根据这个定义，典型的次要利益相关者包括媒体、社会团体、民族组织、宗教组织和一些非营利组织等。

（二）明确每一类利益相关者的利益要求

不同利益相关者的利益要求显然是不同的，这就需要企业决策者明确不同利益相关者的利益要求究竟是什么，并从中甄别出哪些利益要求是合法、合理且易于实现的。只有真正了解利益相关者的利益要求，才可能使之得到相应的满足，

---

① 赵雯. 企业经营综合评价指标体系研究 [J]. 当代财经，1995 (5).
② 刘文鹏. 业绩评论新领域——非财务性业绩评价系统 [J]. 对外经贸财会，1998 (7).
③ 徐光华，陈良华，王兰芳. 战略绩效评价模式：企业社会责任嵌入性研究 [J]. 管理世界，2007 (11).

从而改进企业的任务绩效和周边绩效。一般情况下，要完成这一工作就需要与各利益相关者进行实地访谈，然后恰当运用德尔菲法来归纳各种利益要求。

（三）对利益相关者的利益要求排出先后顺序

不同利益相关者间的利益诉求不仅会有较大差异，而且还可能出现冲突和矛盾。例如，员工要求改善工作条件、提高工资水平就可能与股东追求利润最大化的要求发生冲突，社区要求企业提供更多的就业机会也会使得企业管理人员左右为难。让企业同时满足所有的利益相关者利益要求，哪怕全都是合法、合理的利益要求，也只会让企业中充满了争执和混乱，并导致企业运营的瘫痪。必须要收集大量的数据并运用统计方法，对利益相关者的利益要求排出优先顺序，才能对企业绩效做出正确的评价。

（四）确定利益相关者利益要求的多种实现方式

实际上，所有企业都可以采取多种方式来实现不同利益相关者的利益要求，只是这些方法效果好坏有差异，有些不能令利益相关者满意，进而影响了企业绩效。与甄别利益相关者需求为何一样，选取何种方法也需要采用实地访谈和德尔菲法来完成这一工作。克拉克森认为企业不是政府或慈善机构，只需要处理利益相关者问题，不需要处理社会问题。而且我们很难准确地界定企业社会责任、社会敏感性的确切含义，以及社会责任与社会问题的区别，因此对企业社会绩效的评价模式不应建立在概念评价模式之上。

（五）基于利益相关者的评分判断企业绩效情况

一般来说，判断企业绩效情况需要设计一份结构化的问卷来衡量企业的任务绩效和周边绩效，并让相应的利益相关者进行态度和意愿的评分，然后运用统计软件进行计算，得出分数。企业社会绩效评价应是企业为了完善自己的管理特别是利益相关者的管理，让外部利益相关者对自身的社会绩效进行评价，应更多地考虑企业的利益相关者管理的社会影响。例如，是否合法地进行生产经营，是否导致严重污染，是否正确对待少数民族员工，是否恰当处理社区关系，是否正确处理顾客问题等。这样不仅可以使企业清楚自己的社会绩效在同行业中的位置，知道企业资源应重点分配给哪些利益相关者，还能促进企业经理与利益相关者的沟通。

（六）考察企业绩效与利益相关者的利益要求及其实现方式的关系

根据上述步骤得到的数据，可以进行回归分析，找出某一利益相关者的哪些利益要求、哪些利益要求的实现方式是影响企业任务绩效和周边绩效的原因，从而为企业改进绩效提供重要的参考依据。这一步骤是必不可省的，否则绩效评价就演变成"为评价而评价"，却不清楚究竟是利益相关者利益要求及其实现方式的哪些因素是导致企业绩效优劣的原因，也就无法采取相应的措施来改进企业绩效了。基于利益相关者利益要求的企业绩效评价框架如图 6-4 所示。

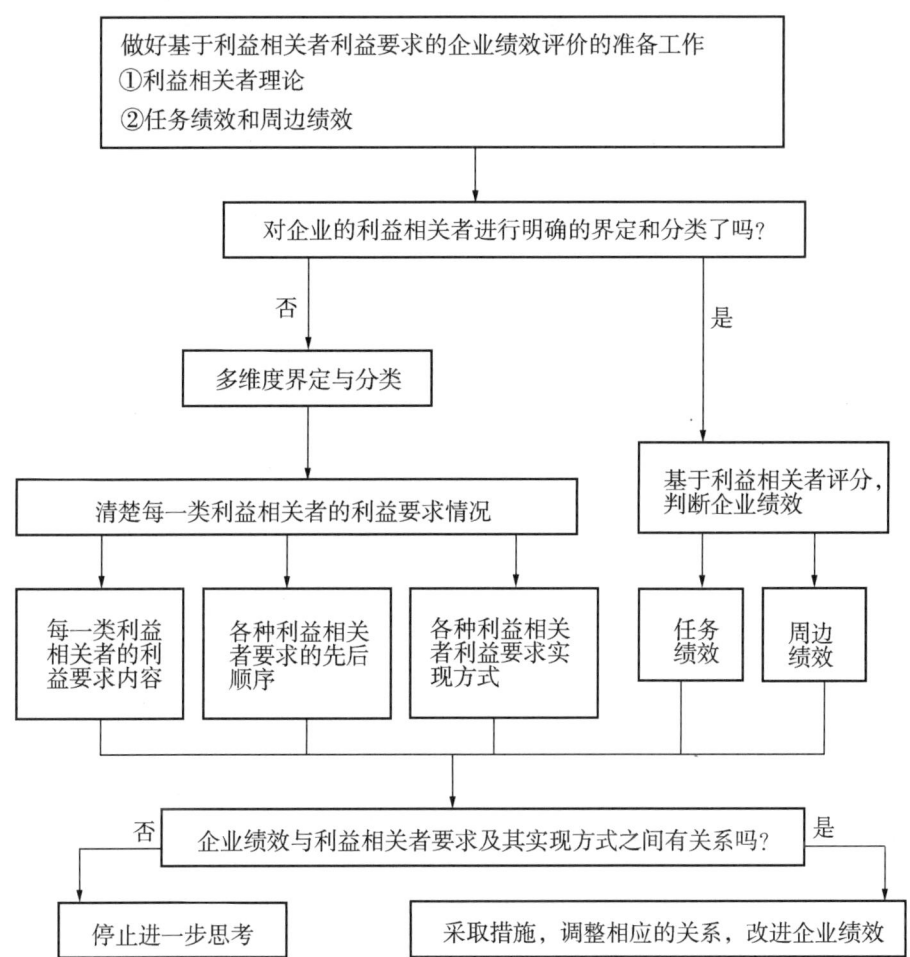

图 6-4 基于利益相关者利益要求的企业绩效评价框架

第七章 公司治理与企业社会责任

第一节 公司治理的基本理论

一、公司治理的含义

迄今为止,国内外文献中关于什么是公司治理,并没有统一的解释,比较流行的定义有以下几种:

(1) R. I. 契科尔(Tricker R. I.)认为:"公司治理本身并不关注企业的运行,而是给企业提供全面的指导以及监控管理者的行为,以满足超过企业边界的利益主体的合法预期。他把公司治理归纳为四种主要行为:① 战略。制定公司长期的发展战略。② 形成活动。只参与重大决策。③ 监督。监督经理人员的行为。④ 会计责任。确保法律上对会计责任的要求。R. I. 契科尔(1894)还认为,公司治理就是存在于治理主体与其成员、管理者、其他利益相关者、审计员和政策制定者之间的正式和非正式的联系、网络及结构。此外,公司治理的两个关键因素就是监督管理者的绩效和保证管理者对股东和其他利益相关者相关主体的责任"①。

(2) 科克伦(Cochran Philip L.)和沃特克(Wartick Steven L.)在其发表的《公司治理——文献回顾》一文中认为:"公司治理是指高级管理阶层、股东、董事会和公司其他利益相关者在相互作用中产生的具体问题。构成公司治理问题的核心是:① 谁从公司决策或高级管理阶层的行动中受益;② 谁应该是从公司决策或高级管理层的行动中受益。当在'是什么'和'应该是什么'之间不一致时,一个公司治理问题就会出现"②。

(3) 柯林·梅耶(Myer C.)在其《市场经济和过渡经济的企业治理机制》一文中,把公司治理定义为:"公司赖以代表和服务于它的投资者的一种组织安排。它包括从公司董事会到执行经理人员激励计划的一切东西,并认为:公司治

---

① Tricker R I. Corporate Governance [M]. Burlington: Gower Publishing Company Limited, 1984.
② Cochran Philip L, Wartick Steven L. Corporate Governance: A Literature Review [J]. USA Financial Executives Research Foundation, 1988.

理的需求随市场经济中现代股份有限公司所有权和控制权相分离而产生"①。

（4）孟克斯（Monks R）和米诺（Minow N.）在其《监督监督人：21世纪的公司治理》一书中这样定义公司治理："参与决定公司发展方向和绩效的各相关利益主体之间的联系。因此，它是关于在不妨碍企业家创新动力的情况下，怎样利用公司权力处理为之服务对象的利益"②。

（5）孟克斯（Monks R.）把公司治理定义为："影响公司的方向和业绩表现的各类参与者之间的关系。主要参与者包括：股东、经理、董事会和其他利害相关者。他们之间的关系涉及主要参与者的权利、责任和影响，以及在决定公司的方向、战略、业绩表现上能做什么和应该做什么"③。

（6）哈特（Hart O.）认为："公司治理结构可以看作初始契约没有明确规定的决策机制。更准确地说，治理结构系指对于公司非人力资产剩余控制权的分配，即在契约事先没有明确指定资产的用途时，由谁来决定资产的使用"④。

（7）吴敬琏（1994）认为："所谓公司治理结构，是指所有者、董事会和高级执行人员及高级经理三者组成的一种组织结构。在这种结构中，上述三者之间形成一定的制衡关系。通过这一结构，所有者将自己的资产交由公司董事会托管；公司董事会是公司的决策机构，拥有对高级经理人员的聘用、奖惩和解雇权；高级经理人员受雇于董事会，组成董事会领导下的执行机构，在董事会的授权范围内经营企业"⑤。

（8）林毅夫等（1995）指出，"所谓的公司治理结构，是指所有者对一个企业的经营管理和绩效进行监督和控制的一整套安排，通常人们所关注的公司治理结构，实际指的是公司的直接控制或内部治理结构。对公司而言，更重要的应该是通过竞争的市场所实现的间接控制或外部治理⑥"。因而他们是从内外两个角度来界定公司治理的，同时内外两个角度的中心是所有者对经营管理与绩效的监督与控制。

（9）张维迎（1996）认为："公司治理结构狭义地讲是指有关董事会的功

---

① Mayer C. Corporate Governance in Market and Transition Economics [M]. Shanghai: For Presention at International Conference on Chinese Corporate Governance, 1995.
② （美）罗伯特·孟可斯，尼尔·米诺. 监督监督人：21世纪的公司治理 [M]. 杨介棒，译. 北京：中国人民大学出版社，2006.
③ Robert A G Monks. 公司治理 [M]. 美国 Blackwell 出版社，2001.
④ Hart Oliver, Moore John. Debt and Seniority: An Analysis of the Role of Hard Claims in Constraining Management [J]. The American Economical Review, 1995 (85).
⑤ 吴敬琏. 现代公司与企业改革 [M]. 天津：天津人民出版社，1994.
⑥ 林毅夫，等. 国有企业改革的核心是创造竞争的环境 [J]. 改革，1995 (3).

能、结构、股东的权力等方面的制度安排"①。

（10）奥沙利文（O. Sull-ivan，2000）对"市场的神奇性坚信不移"，认为能够支持公司资源自由流动的"市场控制"型治理是最优的。

（11）奥沙利文（2007）认为，能够催生创新的资源配置过程所具有的开发性、组织性和战略性，意味着支持创新的公司治理制度必须满足三个条件：财务承诺、组织整合和内部人控制，共同为企业创新提供制度支持。

上面关于公司治理的定义有以下几个相同点：①注重对利益相关者的考虑，但股东仍是进行问题的逻辑出发点；②强调管理者的创新自由和对其他利益相关者的责任；③寻求从企业内部改善公司治理结构，以达到前面两个目标。

二、公司治理的主要理论

有关公司治理理论的框架学术界有不同的看法，但归结起来，当前的主流公司治理理论主要有以下几种：

（一）新古典经济学的公司治理理论：古典管家理论

在新古典经济学中，企业是经济人并且具有完全理性。在新古典经济学看来，市场是完全竞争的，在这样的市场里信息和资本能够自由流动。在新古典经济学的假设条件下，市场机制的运作是不需要任何成本的，因此就不存在企业与市场机制之间的替代，即利用企业内部的行政决策部分地替代市场配置资源的功能。因此，新古典经济学实际上不存在现代意义上的企业理论。这样，在他们看来，企业的所有者主导了企业的行为，企业的经营者只是一个按照所有者的命令行事的管家，不应该具有区别于企业所有者的意志，这样也就不存在代理问题。在新古典经济学关于市场具有完备信息的假设条件下，公司的行为并不决定于公司内部的信息和控制权的安排，企业只需要被动地接受市场的配置。所以公司治理即公司内部的控制权安排的模式，对于公司的行为并不重要。古典的管家理论显然不能解释现代市场经济条件下公司的治理行为，因为现代公司所面临的市场并不是一个完全竞争的市场，现实社会的情况十分复杂。而就企业本身的行为而言，也并不是被动地根据市场条件做出反应，企业的行为是对所有者、经营者的经营思想、行为目标和外部条件的综合协调的结果。

（二）信息经济学的公司治理理论：委托代理理论

信息经济学是 1960 年代以来经济学的一个重要研究领域，其对新古典经济学有着根本性的突破，该理论放弃了对新古典经济学的信息完全和完全理性假

---

① 张维迎. 所有制、治理结构及委托—代理关系——兼评崔之元和周其仁的一些观点 [J]. 经济研究，1996（9）.

设。其假设：一方面由于有限理性，人不可能拥有完全的信息；另一方面，信息的分布在个体之间是不对称的。基于这两方面的修正，产生了委托—代理理论。委托代理理论把公司治理看作是一种委托代理关系，股东是委托人，而经营者是代理人。委托人与代理人之间利益既相同又相悖的现实，要求企业建立激励机制以调动代理人的经营积极性。运用制衡机制来防止代理人的权力滥用，并由此构建以董事会建设为核心的内部治理机制、决策机制和以产品市场、资本市场、并购市场、经理市场为主要内容的外部治理机制，这就是所谓公司治理机制的由来。这一企业治理理论以股东为中心（shareholder-focused theory），其强调的是"资本雇佣劳动"，劳动者从属于资本，只是处于被动地位，管理者也仅仅只是所有者财产的代理人而已。由于这一系列理论长期以来在公司治理理论中处于主导地位，因此被称为主流的公司治理理论。这一理论指出公司治理结构问题是由股东与经营者之间的相互制衡引起的。现代企业是以大规模生产、复杂的技术创新和内部层级制管理为基础的，两权分离也就成为其基本特征，这种治理模式一方面更好地实现了物质资本和人力资本的结合，另一方面委托人与代理人之间利益相悖的状况为企业的经营管理带来了挑战。

委托代理是一种制度创新，在优化资源配置的同时也带来了不少问题：① 由于公司所有权的日益分散，作为单个股东拥有的股份很少，同时存在"搭便车"的机会主义倾向，股东对经营者的控制力度大为降低，经营者反而具有更高的控制权。② 作为经理革命完成的标志，经理主权已替代股东在西方占据主导地位（不过对于这一点也有人持反对意见，他们认为股东仍然具有对企业的最终控制权）。③ 随着经理主权的日益强大，以及现代公司中股东对经理监督和激励力度的下降，逐渐滋生了经理忽视股东利益的趋势。

（三）组织行为和组织理论的公司治理理论：现代管家理论

基于完全信息假设下的古典管家理论显然不符合现实，不完全信息的存在使该理论无法解释现代企业所存在的两职分离与合一的现象。虽然委托—代理理论的提出有助于解释两职分离及其绩效的关系，但是现代组织理论和组织行为方面的研究表明，代理理论的前提假设是不合适的，而且也有许多实证结果与代理理论是截然相反的。在此基础上，唐纳德森（1990）提出了一种与代理理论截然不同的理论——现代管家理论（modern stewardship theory）。他认为，代理理论对经营者内在机会主义和偷懒的假定是不合适的，而且经营者对自身尊严、信仰，以及内在工作满足的追求，会促使他们努力经营公司，成为公司资产的"管家"。现代管家理论认为，在自律的约束下，经营者和其他相关主体之间的利益是一致的。

(四) 现代公司治理理论：利益相关者理论

公司治理理论最近的发展，是将公司治理作为公司各契约方共同参与从而形成的制衡体系。利益相关者理论认为，企业的目标函数不应只顾股东利益最大化，而应将所有"利益相关者"的利益纳入考虑之中，相关利益者应该共同分享企业剩余和控制权。这意味着，从公司治理的角度来看，一方面要求公司具有一个更加广泛的管理目标——最大化各种利益相关者团体的总体福利，另一方面则意味着利益相关者团体应该分享控制权，在此基础上产生的公司治理理论成为共同治理理论。其对公司的认识主要有以下几方面：

（1）现代公司是一个状态依赖的结合体。在正常经营时，股东是一个公司的所有者，但公司的经营决策权掌握在其代理人即董事会手中；而在经营进入亏损和破产阶段后，公司的所有权就为公司的债权人所有；更进一步，当公司的资产不足以支付员工工资时，员工就成为公司的实际控制人，有权就公司的资产处置做出决定。所以，从公司是一个与经营状态相依赖的结合体来说，公司的行为和发展与股东、债权人和职工都有着密切的利益关系，将公司仅仅当作股东所有的主体这一观点是片面的。从这一角度现代化公司理论提出，应当让除股东以外的其他与公司利益相关的主体一起来参与公司的治理。

（2）从价值形成角度来看，公司的价值形成是由多因素促成的。从投入角度来看，公司价值的最大化建立在与供应商以及其他合作伙伴之间稳定关系的基础上，稳定的合作关系有利于公司不断降低投入成本，保持投入的稳定性；从需求角度来看，消费者、经销商也是公司价值形成和最优化的重要因素，公司需要与消费者、经销商形成相互信任的关系以保持其产品的市场占有率，建立具有竞争力的市场形象。因此，要使公司的决策行为最终能够成为促进公司价值增加的优化行为，必然要求在公司治理框架中有公司的供应商、经营商和消费者的参与。

（3）从对公司利益和股东利益的理解角度，现代公司理论提出了对公司利益的重新认识，其认为股东利益最大化并不能完全概括公司行为的新特征。在现代市场条件下，公司是一个责任主体，在一定程度上还必须承担社会责任。公司的价值不仅体现在股东的利益上，也体现在公司对社会的贡献方面。

正是由于公司概念的进一步丰富，出现了要求相关利益者共同参与公司治理的呼声。一些国家在实践中已经引入利益相关者治理结构，使公司的行为在整体上更加符合社会发展的要求。

三、公司治理的主要流派

围绕公司治理的目标、制度安排如何影响公司的业绩以及公司治理的规则应如何改革等一系列问题，法学家和经济学家们逐渐在公司治理领域形成了如下几种主要的学术观点。

（一）金融模式论

美国的主流观点是金融模式论，也被称作金融市场理论。该理论认为，股东拥有公司，公司应按照股东的利益进行管理。最大化股票的价值即等同于最大化公司财富创造，也即是公司的价值可以在金融市场得到表现。其理论基础是有效市场理论，即股票价格完全由金融市场决定并有效地反映该公司的所有相关信息。根据这一理论，因为控制权市场的存在将使价值下降的公司面临被收购的威胁，所以金融市场能够比较有效地解决代理问题，特别是解决校正公司扩张投资或建立公司帝国以及公司治理的主要理论流派层对股东的不负责任等问题。然而，这一理论同时也承认，控制权市场事实上在很大程度上被摧毁或削弱了，因此，该理论提出了相关的改革公司治理结构的措施，其政策着眼点在于试图促使经理人员对股东的利益更负有责任。

（二）"市场短视"论

这一理论认为，金融市场是短视和缺乏忍耐性的，股东们并不了解长期利益的意义何在，在公司为长期利益进行投资时，股东们通常会倾向于卖出股票，这将直接导致股票价格的下降。该理论认为，来自金融市场的短期压力迫使公司管理层在很多情况下将精力集中在短期业绩上，因此公司可能实际上是在进行低业绩的操作，导致牺牲了长期利益和竞争能力。市场短视理论的赞同者认为，金融市场模式理论的基本前提是错误、不现实的，股票价格在公司实际潜在的价值上提供的只是一种粗浅的信息。原因有三个：① 股票价格运动基本上是无规律的；② 股票价格的变化是由投资经理们的交易行为所带动的，而这些经理们则是根据他们的短期业绩来取得报酬的；③ 投资经理们在评估公司长期投资方面可能是误导性的。一些学者认为市场短视源于 1980 年代美国公司的高资本成本所导致的经理人员选择短视性投资行为。但对于 1980 年代后期和 1990 年代初以后的市场短视现象，由于美国资本成本的下降，一些学者将其原因归结于美国"公司内部及贯穿所有公司的投资资金分配的那些制度"。美国的制度是"流动的资本"制度，公司股票通常由短期持有者持有，投资者更关心的是公司的短期盈利而非公司的长期竞争能力。

基于以上观点，市场短视理论提出了与金融市场模式截然相反的公司治理改革措施。即当金融模式理论的主张者极力强调增加股东对公司的监督和控制时，市场短视理论则将改革方案集中在如何使经理人员从股东的压力（或者说金融市场的短期压力短期股票价格业绩的压力）中解放出来，包括替代性地通过阻止交易和鼓励长期持有股票来试图实现股东的利益等。

(三)"相关利害者"论

与金融模式理论和市场短视理论的分歧是,相关利害者理论与前两者的分歧首先体现在公司的目标上。相关利害者理论认为,公司存在的目的不是单一地为股东提供回报。这一理论又有两大分支:一种观点认为,公司必须服务于它的股东;另一种观点认为,公司的存在是为社会创造财富。股东们实际上十分了解什么是他们拥有资本的自我利益(无论是长期的,还是短期的),但很可能股东利益的最大化往往同整个社会的财富创造最大化不一致。即是说公司政策可以为股东创造更多的财富,却未必形成最佳的社会总财富。相关利害者理论的支持者认为,公司治理改革的要点在于:不应把更多的权利和控制权交给股东,相反,公司治理层应从股东的压力中分离出来,将更多的权利交给其他的利害相关者,如职工、债权人或者(在某些场合还包括)供应商、消费者及公司运行所在的社区(Blair M. M.,1995)。其中,一个重要的改革方案就是增加职工的所有权和职工对公司财产的控制权,赋予关键的利益相关者进入公司董事会的权利。

四、公司治理的主要模式

对治理模式的分类目前没有一致的看法和统一的标准,比较普遍的看法如下:

(一)从变迁看公司治理模式

1. 古典模式

这一模式以亚当·斯密(Adam Smith,1776)在其《国富论》中描述的自由企业为典型代表,"这种企业组织形式大致经历了简单协作、工厂手工业到工厂制度的普遍建立"[①]。在英国直到19世纪中叶股份有限公司普遍兴起以前(1956年英国颁布《股份公司法》),古典模式一直是英国企业的主导模式。在古典模式下,企业所有权安排呈现出的特征是:① 企业所有者成为索取剩余的监督人;② 其他要素所有者以契约的形式受雇于企业所有者并受其监督;③ 企业所有者同时拥有监督权、剩余索取权、资源使用权和经营决策权。这种治理模式是资本家与企业家合一的体制,企业被称为"企业主企业"。

2. 经理人模式

由于竞争的加剧和大规模生产的要求,古典模式越来越不适应企业发展的需要,于是股份制企业应运而生。虽然股份制有利于资本的筹集,使大规模生产成为可能,但是出于公司资产负债率和破产风险的考虑而实行的责任有限和分散风险的制度安排又会带来协调众多股东偏好的困难。企业所有权安排不得不做出调

---

① (英)亚当·斯密. 国富论 [M]. 谢祖钧,等,译. 长沙:中南大学出版社,2003.

整,即剩余索取权与监督其他要素的权利相分离。这样,企业所有者或股东拥有剩余索取权,职业的支薪阶层则持有监督权,经理们充当了监督人的角色。由于企业的资产分散地归属于许多人,因此需要有民主的决策程序来执行和保障每个人的权利。因而股东大会成了股份制企业制度的相应机构,由股东大会表决选出的董事会全权行使企业的经营决策权。同古典模式下资本家和企业家合一的体制不同的是,这时的董事长不再仅仅代表他个人的利益,而更多地是代表所有股东的利益。随着经济的发展和企业规模的进一步扩大以及资本市场和经理市场的逐步成熟,现代意义上的股份制企业所有权已变得相当分散,股东实际上并不参与高层管理的决策,而受薪的经理人员既管理短期的经营活动,也决定长期发展的目标和政策。公司董事会虽然具有否决权,可他们很少提出正面的可供选择的方案。由此出现了所有权与经营权的真正分离,这就是20世纪初西方国家发生的所谓"经理革命"。"经理革命"意味着由董事会操纵企业的历史终结,在董事会与企业经理阶层之间,原本模糊的委托—代理关系变得清晰了,企业所有权与经营权真正实现了分离,董事长(股东)监督经理阶层并分享剩余,经理阶层负责运营企业并获取收入。

3. 投资人模式

20世纪六七十年代以来,西方国家机构投资者在股份公司中的比重呈现不断上升的趋势。机构投资者在公司中控股比例的不断扩大给公司的治理结构提出了更高的要求。他们不再仅仅处于事后的被动反应局面,也不再仅仅要求分享公司剩余,而是要求对公司进行全过程控制,使公司的发展更能维护他们的长远利益。自"经理革命"以来,由经理人员实际控制企业,公司董事会对经理的软约束正在发生新的变化,这种新的变化被称为"投资人革命"。用美国公司治理结构权威麦克·尤西姆(Useem Michael)的话说,"这场革命标志着美国企业制度已经从经理人员事实上执掌全权的'经理人资本主义'转变成了投资人对经理人员实行有效制约的'投资人资本主义'"[1]。

(二)从股权集中度看公司治理模式

1. 股权高度分散流动的英美模式

这种模式又称为保持距离型模式(arm's–length)或市场型治理结构。其最大的特点是股东高度分散,并且流动性强。公司治理结构依赖于企业运作的高度透明和相应完善的执法机制。由于股权分散,小股东在公司决策中所发挥的作用十分有限,不足以对公司管理产生压力,因此这种模式中的股东通常并不直接干

---

[1] Davis Gerald F, Useem Michael. Governance Leadership and Convergence [J]. Corporate Board, 2001, 22 (127): 17 – 22.

预公司运营,而关心股票市场的涨落,通过股票买卖形式"参与"公司重大问题决策。公司治理中的激励约束机制是通过外部力量特别是资本市场的股价波动性得以实现。这种模式要求一个庞大、发达、有效率的资本市场,完善的财务审计制度以及严格的信息披露制度。公司治理把股东财富最大化视为公司的最高目标,注重分工和制衡,收入中红利的比例较大,这样资金可以回流到市场以维持股价。管理人员的选择本身也是市场行为,流动性很大。

首先,有效的资本市场降低了投资者监控的信息成本。在英美信息有效率的市场里,能够真实反映投资价值的股票价格提供了有关上市公司管理效率的信息,投资者只要观察股价就可以得到市场参与者对公司经营前景的预期和对企业家才能的评价,从而降低了投资者对公司经理的监督成本。其次,这种股价机制给经理人员以压力,使其努力工作,用良好的经营业绩维持股票的价格。再次,股权期权制度有效激励经理的行为。作为激励制度经营者的股票期权合同将公司剩余索取权同剩余控制权相匹配,将经营者的利益与所有者的利益相联系,使经营者按照所有者利益选择行为,为实现股东利益最大化兢兢业业地工作。在实现公司绩效最优的同时,其自身的福利也随股价的上升而大大提高,有效解决了代理中的利益背离问题。

2. 股权相对集中稳定的大陆模式

大陆模式又称为控制导向型（control oriented）融资模式或内部控制式治理结构。公司治理结构多为大银行直接持股,银行与公司的存贷关系使银行成为公司的一个重要利益相关者。银行控制的方式是向监事会派出代表。德国的公司实行双重委员会制度,设监事会和管理委员会,监事会由股东代表、雇员代表和独立董事共同组成,管理委员会的委员称为执行董事,负责公司具体运营。日本则是公司法人间相互持股,总裁会就是股东大会,日本略不同的是公司的董事长多为退休总裁或外部知名人士,对公司决策过程影响不大。中国内地模式的公司治理综合考虑各方面利益相关者,强调协调合作,经理人员多为大股东选派,其变动更多的受大股东影响,而不是市场。

3. 股权高度集中的家族模式

家族模式又称为东亚模式或香港模式,突出特点是稳定和家族控股。在大部分东亚国家和地区,公司股权集中在家族手中,如韩国家族操控企业总数的48.2%,中国台湾是61.6%。马来西亚是67.2%,是典型的家族控制型治理结构。以香港为例,除汇丰银行外,在香港联交所上市的大多数公司,从第一次公开发行起,大股东就一直保持控股。控股家族一般普遍参与公司的经营管理与投资决策。内部人管理和经理人员高比例持股,使得公司利益和个人利益趋于同步。实现双重激励和约束机制是家族模式治理的主要控制方式和行为特征。

（三）其他分类的公司治理模式

1. 市场导向型模式

从狭义上讲，市场导向型的公司治理模式就是通过公司内部的制度安排使股东与经营者之间的权利相互制衡，从而使代理问题降到最低限度。它主要是通过股东大会、董事会和首席执行官等严密的组织制度来治理，在英、美等市场化程度很高的国家较为普遍。但由于这些国家的股东数量非常分散，相当一部分股东只有少量股份，这就导致实施治理的成本很高。同时由于存在着免费搭车问题，在很大程度上还会导致投资者对企业的监控不力，股东权威受到挑战，以"用脚投票"代替了"用手投票"。在这种模式下，解决经营者与股东之间的代理问题，除合理配置公司权利、科学设计治理结构外，还可通过市场对公司经营者进行激励与约束，形成内部治理与外部治理相结合的公司治理机制。这种模式虽然能合理配置公司资源，充分发挥创新精神，提升企业的竞争力并获得高的资本收益率，但会带来诸如由高度分散的股权结构造成经营者的短期行为，以及公司股权的高流动性而导致公司资本结构的差稳定性和由于并购的发生而使经理人员的积极性难以发挥等局限性。

2. 银行导向型模式

这种模式的公司治理是由债权人与代表股东利益的经营者之间的利益不一致和信息不对称所造成的。公司股东采用积极的手法，主要通过一个能信赖的中介组织或股东当中有行使股东权力的人或组织达到参与公司治理结构治理的目的，他们通常是找一家银行来代其控制与监督公司经营者的行为。如果股东对公司经营者不满意，可直接用手投票。这种主要通过内部结构来实施的公司治理结构就是典型的银行导向型的公司治理模式，在日本和德国比较盛行。其中，在日本公司治理中，银行及法人股东可通过积极获取信息对公司实行严密的监督，董事会中公司内部的高中层管理人员占绝大多数。日本实行的是由股东、从业人员、银行及社会组成的多元化共同治理模式。而德国公司治理模式有两个特征：一是业务执行职能和监督职能相分离，并成立了与之相应的两种管理机构——董事会和监事会，这就使股东确实能发挥其应有的控制与监督职能；二是员工通过选派代表进入监事会和执行理事会参与公司的决策，这种员工参与决策制使企业决策比较公开民主，既有利于调动各方面的积极性，减少摩擦和冲突，保持企业和社会的稳定与持续发展，又有利于股东和员工对经营者的监督以减少失误和腐败、降低代理成本。

第二节 利益相关者与公司治理

一、利益相关者参与公司治理的必要性

当前企业的资源配置方式和组织结构的网络化变革带来了一系列新的治理问题，而这些都是传统的企业理论不能解释的。新经济、新企业的蓬勃兴起要求探索新的治理模式，要求对传统的以股东为核心的剩余索取权和控制权配置体系进行变革，要求更多地把掌握新企业发展关键资源的利益相关者纳入治理系统。因而，新企业治理在本质上就是如何顺应新的经济背景，充分考虑利益相关者在企业治理中的地位，强调对不同资源提供者激励的多元治理模式。

（一）公司治理结构的利益相关者模型

一个公司的利益相关者模型与传统的模型有很大的不同，如图7-1所示。从图7-1可以看出，与其他模型相比，利益相关者模型突出了两方面特征：第一，公司的最高权力机关由利益相关者（不仅仅是股东）的代表组成；第二，

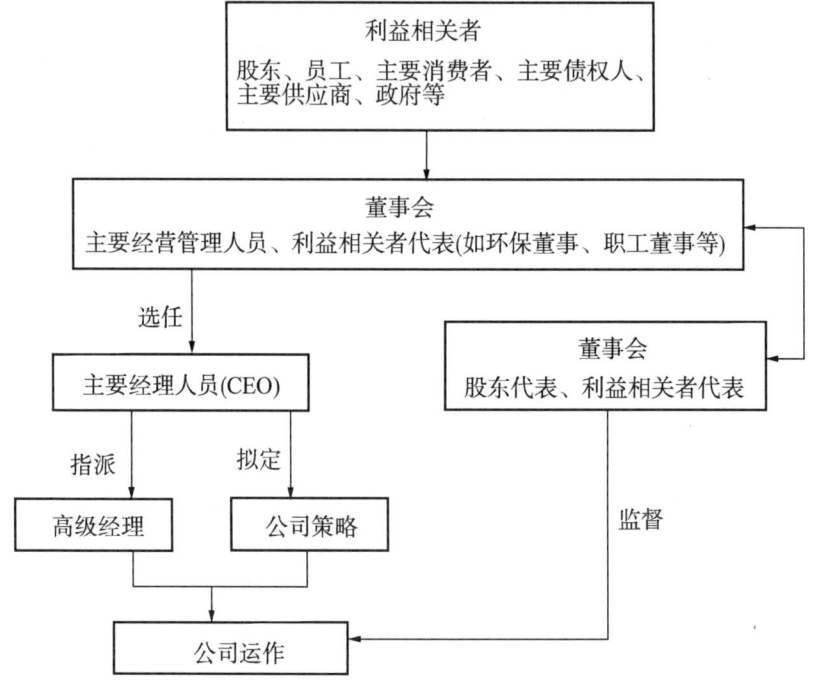

图7-1 公司共同治理结构模式图

资料来源：刘连煜．公司治理与公司社会责任［M］．北京：中国政法大学出版社，2001：124．

公司的目标不仅是盈利最大化，而且还要承担相应的社会责任。我国学者杨瑞龙将这样一种基于利益相关者理论构建起来的公司治理结构模式称之为"共同治理模式"。"共同治理模式"彻底改变了"单边治理"的治理模式，强调了一种利益相关者广泛参与的共同治理模式。

（二）公司治理、准租金分配与利益相关者治理

对公司治理的解释有很多观点，多是从控制权配置的角度把它理解为代理关系、不完全股东和经理层之间的相互制衡关系。哈特（Hart Oliver, 1995）和摩尔（Moore John, 1995）认为，委托契约是公司治理问题产生的基础，进一步说就是委托人和代理人之间存在利益冲突。"由于交易成本的存在，这种冲突无法通过事先完备的契约来解决，而只能通过以控制权配置为基础的公司治理结构进行事后协调"①。基于此，威廉姆森（Williamson Oliver E., 1985）将"治理系统"定义为用以明晰交易过程中产生的准租金事后分配的一组复杂约束集。这里把委托人和代理人之间的利益冲突明确为关于交易产生的准租金分配。Zingales Luigi（1998）则把治理产生的必要条件归纳为：企业需求创造了准租金；这种准租金无法事先完美地进行分配。在这个意义上，他把公司治理定义为"明晰企业创造的准租金事后分配的一组复杂约束集"②，事实上也就是把威廉姆森所说的交易关系限定在企业组织的范围内。这些利益相关者投入了特定的资源，并由于资产专用性等原因创造出了准租金，但由于契约的不完全，准租金无法事先圆满分配，必须借助公司治理结构进行充分协调，以求得公司长期经营目标的最大化。

公司治理的结构和机制影响企业准租金分配，进而影响不同利益相关者的利益，主要表现在：公司治理事先的制度安排能够影响资源的投入及其使用效率。一方面，理性的资源投入者会根据治理制度事先确定的收益回报情况决定其资源投入的多少，如果现有的制度能够给他们带来稳定的高回报预期，就会投入更多的资源，反之则不会。另一方面，如果关于资源投入的契约已经确认，不合理的治理制度安排会诱发偷懒、规避行为或者其他资源使用的非效率行为。一旦利益相关者关于资源投入的契约签订，那么在投入的数量上就不能改变，但是由于企业生产中监督问题的存在，偷懒、规避行为就一定会产生；同时，在某些情况下监督技术的不可能性也会加剧这种趋势。更为严重的是，这可能会导致人为地扭曲资源使用效率。

---

① Hart Oliver, Moore John. Debt and Seniority: An Analysis of the Role of Hard Claims in Constraining Management [J]. The American Economical Review, 1995: 85.
② Zingales Luigi. Corporate Governance, The New Palgrave Dictionary of Economics and Law [M]. Basingstoke: Macmillan, 1998: 497–503.

（三）生产、激励与利益相关者治理

如果初始契约是完全的，那也就意味着企业准租金的分配可以事先明确地界定，按照哈特的理论，公司治理也就没有存在的必要性。激励和监督都是从委托—代理角度对代理人行为的一种修正，但不同的是激励是一种主动的修正，即通过激励制度的设计使代理人与委托人实现利益交集最大化，从而在代理人实现自己目标的同时也实现了委托人的目标。而监督是一种被动的修正，就是通过减少委托人与代理人之间的信息不对称程度，使代理人尽可能少地偏离委托人的目标。

如果生产的可监督性较低，那么在某一临界值以下，激励是比监督更为有效地提高代理人努力程度的手段。代理人行动可观测程度可能对于生产产生监督和激励影响。在代理人可观测程度较高的情况下，例如，公司雇员从事的是简单体力劳动，没有专用性的人力资本投入，投入和产出之间的关系是相对明确的，那么监督可能是有效率的。随着代理人行动复杂性的提高，其可观测程度也逐步降低。例如，公司知识员工从事的创造性活动，就很难通过监督其努力程度来实现产出的最大化。这时实现产出最大化的最佳选择就是通过激励性报酬制度的设计，使得代理人承担一部分风险，并能够从自身努力程度的提高中获得更多利益，诱使其采取最佳行为，从而实现委托人的最大化目标。这就使我们更有理由相信，随着知识经济条件下人力资本专用性的提高，雇员员工的劳动复杂程度已经大大提高，越来越难于进行有效的监督，同时，人力资本在价值创造中的作用也越来越重要，激发知识员工的生产积极性对于企业的成败也变得至关重要。

二、利益相关者参与公司治理的理论基础

传统公司治理理论把更为广泛的相关者的利益排除在外（Moon Christopher J.，Otley Mike，1997），而现代公司治理更应向着"利益相关者中心"靠拢，利益相关者理论向传统的"股东主权"模式提出了新的挑战和质疑。

（一）利益相关者理论

并非只有股东才能承担剩余风险，包括人力资本在内的其他参与者同资金供给者相比处于相同甚至更难转移的风险之中。传统把作为所有者的一切权力和责任赋予股东，并非出于自然规律，而仅是一种法律和社会惯例而已。在公司的实际发展中，这些股东几乎没有任何人们所期望的、其作为公司所有者本身所应有的典型的权利和责任（玛格丽特·M. 布莱尔，1999）。企业就其本质而言，可以看作是利益相关者缔结的一组合约，其中每个产权主体向企业投入专用性资产，构成了"企业剩余"生产（或财富创造）的物质基础。对"企业剩余"做出贡献的不仅仅是股东投入的实物资产，而且还有雇员投入的专用性人力资产以及债权形成的资产等。按照谁贡献谁受益的原则，产权主体都有权参与剩余分配，都应该属于企业的所有者。有限责任和多元化投资能够有效地帮助股东分散风险，并且企业经营业绩不佳时，资本有着更多的退出渠道。而其他那些向企业贡献了专有性资产的利益相关者承担的风险更大，这部分资产一旦用作他用，其价值就会降低。为激励这些专用性资产进入企业，企业需要给予其一定的剩余收益，应该设计一定的契约安排和治理制度来分配给利益相关者一定的企业控制权，即所有的利益相关者都应该参与公司治理。

（二）社会契约理论

根据社会契约理论，企业是参与缔结社会契约的一方。在契约主义理论看来，社会契约是一系列企业与其他集团之间自愿同意并相互受益的安排，企业有义务在企业与社会这一广泛的社会契约中得到详细的解释。按这个理论，以雇员和股东为例的各种集团也参与到一些与企业之间的特殊合同中，履行与各利益集团的合同义务是企业的责任。社会契约理论是一个非常抽象的概念，暗含着企业必须符合公众的期望，社会契约理论是企业社会责任的扩展概念，它不加严格限制地增加了企业对许多因素的义务。

同时，企业也是一个人力资本和非人力资本的特别契约。人力资本不同于物质资本，一方面人力资本属于个人，人力资本的所有权仅限于体现它的人；另一方面人力资本是一种主动性资产，产权的主体事实上严格控制着人力资本的供给，因此，对人力资本拥有者提供激励性契约成了企业保持竞争力的中心问题。剩余所有权和控制收益权的分散对应的利益相关者共同治理的企业所有权安排是最优的。知识经济的到来以及企业日益复杂的外部经营环境更是突显了人力资本的重要性。

（三）社会本位思潮的影响

就根源而言，本位主义产生于利益冲突。19世纪中期以后，出现了各种严重的问题，如劳资对立、贫富悬殊等，经济危机的爆发，引发了人们对私权绝对自由的思考及检讨，民商法的价值也由私权神圣、对个人自由的放纵，走向对团体、社会利益的优先推崇。从身份到契约是人类历史发展的第一个台阶。所谓"制度"，就是在市民社会中，社会本位成为最高指导原则，在私权利与公权利的矛盾统一、相互磨合中求得秩序、公平与发展，目前我们的社会正处于这样一个发展阶段。现代市场经济环境中，公司人格表现出明显的双重性，即经济性和社会性，公司在自然属性上是以营利为目的的经济人，自然属性的"扩张性的或自我主张的本能使他只顾自己的意愿和要求，不惜牺牲别人来设法满足这些欲望和要求，并克服一切对这些欲望和要求的阻力"；而公司的社会属性要求公司作为社会成员，更多地考虑到利益相关者的利益。传统的公司法是以股东的利益为优先考虑的，与个人本位相一致，而"利益相关者"公司治理就是在股东之外，还要考虑到社会利益，它是与社会本位相协调的公司治理模式。利益相关者的积极参与可使公司符合公众对公司的期望，成为还具有社会性目的的组织。

三、利益相关者参与公司治理的动因分析

经济学家詹森（Jensen Michael, 1976）和麦克林（Meckling William, 1976）在《企业理论：经理行为、代理成本和所有权结构》一文中把企业定义为各种资源的所有者、各级管理人员、工人和技术人员彼此之间订立的一组合约。就公司的所有参与者及其相互关系而言，公司在本质上也是利益相关者之间的一组合约。公司不仅是一个独立的生产者或法人，而且需要各种利益相关者的参与，缺少了其中任何一种利益相关者，就不可能产生公司。本书以各利益相关者的责权利为基础，把个体行为作为研究公司组织的逻辑出发点，从公司各利益相关者个体的动力、能力和利益着眼，分析他们参与公司治理的动因。

（一）股东

股东作为物质资本的提供者可以说是公司治理的原动力。股东既是剩余收益的索取者又是经营风险的承担者，所以在现代公司制度中把股东作为公司治理的原动力。在私有财产制度下，所有者可以自由使用自己的财产，独自承担由此带来的风险。风险承担者股东作为所有者应该支配公司而且能够治理公司，因为股东投资的目的是获取投资收益，股东为了谋求投资收益最大化，理应参与公司治理活动。从追求自身利益最大化的角度来说，股东应该治理公司。股东的投资从形式上看纯粹属于股东个体的行为，他完全可以根据其自身的偏好和所掌握的信息，决定购买哪家公司的股票。但是，股东投资的非偿还性，使得股东的回报更大程度上依赖于公司这种经济组织。对于股东，公司组织有利于实现其投资回报，同时，由于物质资本的可分离性以及公司法人地位的独立性，股东承担投资受损的风险是不可避免的。所以，为了确保投资回报和规避风险，股东对公司资产的利用情况进行监控，在公司治理当中股东最有动力，也最有能力。

（二）债权人

债权人作为公司外部融资的重要来源，其目的在于获得利息收入。与股东相比，债权人所拥有的自由度较小。一般来说，公司可以选择债权人，但很难选择股东（尤其是上市公司）。此外，债权人一旦投资，在经营正常的情况下无权干涉公司的管理过程，不过其拥有要求还本付息的权利。尽管债权人一般很难具体、实际地限制公司的资金运用，但债权人有权对公司借款的使用进行监控这一点是毋庸置疑的。债权人具有监督公司经营的强烈动机。由于非抵押债券与债务延期的盛行，债权人同股东一样承担着风险。因此，债权人对公司进行适当监控

的要求也越来越强烈。由此看来，债权人在监督公司经营中充当某种角色并参与公司治理是必要的。从债权人角度出发，他们不可能对其贷款置之不理，所以债权人也有足够的动力和能力参与到公司治理中来，以保证公司到期能够还本付息，降低债权人的贷款风险。对债权人来说，破产法仅仅赋予其追索公司剩余财产的权利，却并不能完全有效地保障其原有的全部权益。如果一个积极的债权人试图制约债务人的行为，就必须踊跃地参与公司治理，从事前、事中及事后三个阶段来实施监督，以使债务人的机会主义行为的不良后果和贷款风险降至最低。

斯蒂格利茨（Stiglitz Joseph E.，1999）认为，理解现代公司制度的关键在于对监督成本的认识：谁能有效地从事监督活动？谁有动力去从事这些监督活动？他认为，现代公司中有两类机构符合这两个标准："一个是银行，另一个是工会"①。银行具有信息优势和人才优势，又是公司的债权人，既有能力又有动力去监督公司经理人员的行动。不过，如果银行贷款份额不足以构成公司融资的依赖，则银行会仅仅关心还本付息问题，而不愿付出监督努力。解决这一问题的途径在于，要么使银行成为主银行，要么让银行持有股份。一旦银行的利益与公司密切相关，监督动力问题也就迎刃而解。德国和日本都采取了主银行制，使债权人（即主银行）得以在公司治理中发挥重要作用。

（三）经营者

在现实经济活动中，许多物质资本所有者常常在资本市场扮演"投机者"的角色，他们只关心市场上资本价格差所蕴含的套利机会，对公司的生存和发展并不在意。万一所投资的公司业绩不佳甚至破产，他们首先想到的也是卖出手中所持有的股票。真正在公司中倾注心血的是公司的经营者以及广大员工，他们向公司投入了大量专用性人力资本，一旦公司经营出现亏损或者面临倒闭，不仅会产生投资损失，甚至会危及自身及家人的生存。从这个角度看，人力资本的提供者对公司的经营也是承担风险的，因此他们主观上具有参与公司治理的强烈愿望。在现代激烈的市场竞争中，公司面对的是高度不确定性的环境——机遇和挑战并存。公司所选择的行业发展导向、技术前景、重大生产经营决策乃至社会经济环境变化，如国家宏观经济政策、社会消费趋向、金融市场波动等，无一不从各个方向影响甚至决定公司的生存和发展。公司要适应外部环境的威胁和把握住机遇，同时又要与自身优劣势相结合，就必须在市场竞争中拥有足够的灵活性和应变性，这一切就决定了经营者在公司中的核心地位。为此，经营者作为管理创新的灵魂，应被赋予充分自由的发展空间。也就是说，公司面对的环境不确定性越高，经营者的作用就越显著，经营者对公司前景的认识和战略上的把握，更多

---

① 约瑟夫·斯蒂格利茨. 改革向何处去？论十年转轨俄罗斯[J]. 经济问题, 1999 (7).

地表现为一种经验和直觉。但是不可否认，经营者作为经济理性的个体，同样也会追求自身利益，在此动机下，经营者与所有者利益产生分歧，就可能导致"逆向选择"和"败德行为"，减低企业的营利能力，阻碍其发展壮大。管理创新的客观需求要求对经营者进行激励。这样，采取何种激励方式就成了现代公司治理的核心问题。赋予经营者以剩余索取权也许可以算是较为适当的激励方式。

当然，经营者作为一个完整的个体，还具有社会地位、荣誉、权力以及事业成就感等多维度的追求。简单地把经营者看作唯利是图的小人并不恰当，因为经营者在为其他相关利益主体创造回报的同时，在很大程度上也实现了他的上述追求。因此，经营者在追求其个人价值的同时，也实现了他人的利益，这是经营者参与公司治理的基础。在传统的公司治理中，经营者始终是治理的核心。从利益相关者的角度考虑，经营者剩余索取权的实现与公司财富的增值休戚相关，所以说，在既赋予经营者以剩余控制权，又赋予其剩余索取权的情况下，经营者有足够的动力和能力参与公司治理。

（四）职工

职工是公司的一般劳动力资源，作为职工个体，在给公司提供人力资本的同时，要求获得相应的工资报酬、安全福利保障以及其他涉及人身的自由权利等。同时，公司有对职工提供激励和监督的必要性。因为职工个体的人力资本是公司财富创造过程的客观需要，而职工也会追求其自身的利益。职工还必须要维护自身的合法权益，于是会形成某种组织，正式的如工会、职工代表大会等以抗衡来自公司的压力。其主要原因乃在于公司的交易谈判带有"俱乐部产品"的特性，通过组织的方式集体提供，这显然比个体要有效一些。但根据奥尔森对集体行动的分析，其对公共利益的提供根据集团人数的多少而不同，但一般都是低于最优供给水平。这就决定了有必要让职工参与公司治理。鉴于职工是人力资本的提供者，既然他向公司进行了投资，他就有权利要求回报，并有权利对公司行为实施监督。从主观愿望上来看，职工同经营者一样，有足够的动力参与公司治理。德国职工参与制的实践也充分向我们表明，客观上职工也有能力参与公司治理。

职工可以通过工会维护自身的合法权益。工会的监督优势在于，工会成员接触公司日复一日的实际运作，对公司的发展有很深的了解，因而获取与监督有关的信息成本是很低的，即便银行也比不上；工会成员与公司的生存和发展息息相关，如果公司破产，职工们的损失也许超过物质资本要素供给者的损失。例如，职工们失业后便失去了工资收入，原先培育起来的专用性人力资产也一文不值。因此，职工作为一个集体有更大的、不可分散的风险。有些人担心，职工们取得监督权后，会不会只追求自身利益最大化？这是显而易见的，任何一个要素所有者都是自利的，问题的关键在于，如何设计一套制度以协调要素所有者的个人利益与公司的集体利益？斯蒂格利茨认为，年金制度的广泛使用起到了这样的作用。由于职工们的年金的很大比例是用于投资本公司的，所以他们会像股东们一样监督经理的行动。职工持股计划的实施更消除了职工与股东角色的差别。

四、利益相关者在公司治理中的作用评价

（一）赞成利益相关者参与公司治理的观点

实行"利益相关者"的治理模式，要求公司治理结构的主体之间应该是平等独立的关系。这些相互关联的主体包括股东、债权人、经营者、生产者、消费者、供应商及其他有关利益群体，上述相互关联的主体组成了利益相关者，而企业的效率则需建立在利益相关者平等的基础上。这样一种利益相关者共同治理企业的模式反映了现代市场经济的要求。赞成利益相关者模式的人指出企业将利益相关者纳入企业治理结构在以下几个方面具有明显的优势：

1. 降低代理成本

利益相关者参与企业治理可以降低代理成本。在股份公司中，由于所有权与控制权的分离，经理人可能会利用其持有的控制权来谋求自身利益最大化，从而发生代理成本。而信息不对称的存在导致处在公司外部的股东很难监控经理人的行为。债权人作为企业的利益相关者具有信息优势，既有动机也有能力监督经理人的行为；员工则在企业的内部，能直接观察到经理人的行为，因此，他们参与企业治理能明显降低代理成本。现代企业要获得更多的利润，必须有足够的创新能力，而创新能力只能来自人力资本。即使企业想维持现状，若没有富于创新能力的企业家和一批忠诚职工的支持也是不可能的。人力资本与物质资本相对地位的变化增强了企业中人力资本所有者的谈判力，从而使得利益相关者参与企业治理越来越具有可能性。利益相关者参与公司治理能够激发利益相关者对企业利益的关注，减少员工偷懒行为，降低企业激励监督的成本。同时，利益相关者模式使企业、员工、供应商、社区之间签订了一份隐形保险契约，他们的利益得到了企业的隐形保护，这可以确保利益相关者在与企业合作时投入更多的专用性资产而无须担心遭到敲诈。这些因素使企业和利益相关者之间形成稳定的合作关系，大大减少了交易成本。

2. 有利于提高公司长期绩效

利益相关者参与公司治理能够对各利益相关者形成有效的利益保护，激励其为公司长期绩效的提高而努力。利益相关者在公司中一般都处于"外部人"地位，他们的利益往往会受到经理人员和大股东的侵犯，这对于企业的长远发展显然是不利的。《DECD公司治理原则》认为："公司的竞争力和最终成功是集体力量的结果，体现了各类资源所做出的贡献，包括投资者、雇员、债权人等。公司应当认识到利益相关者的贡献是建立一个有竞争力而且营利的公司的宝贵资源……认识到利益相关者的利益以及他们对公司长期成功的贡献……"也就是说，在公司治理中，应当强调对利益相关者利益的保护，这将有利于公司长期绩效的提高①。公司的最终成功是各种要素提供者共同合作的结果。实际上，在利益相关者中建立有效的合作是为了公司的长期利益。只有充分认识到这一点，才能促使公司的经营者更好地善待利益相关者。

一个公司持久的竞争力依靠不同资源提供者的协同工作。阿尔钦（Alchian Armen，1972）和德姆塞茨（Demsetz Harold，1972）从公司内部结构的角度认为，"公司的本质不是雇主和员工之间的合约关系，而是一种团队生产"②；詹森（Jensen M.）和麦克林（Meckling W.）认为，"公司是资本投入者和劳动投入者之间的一组多边合约关系。它不是个人，而是使许多个人冲突的目标在合约关系框架中实现均衡的复杂过程的焦点"③。从这一角度来看，公司治理必须认同和保护利益相关者的合法权益，并且鼓励公司和利益相关者之间就创造财富和工作机会以及保护公司的创新能力进行积极的合作。股东价值最大化并不直接等同于公司创造的社会财富最大化，包括股东在内的公司利益相关者的利益最大化应该被列为现代企业的经营目标。

从理论上讲，如果公司治理制度能够充分保护利益相关者的利益，就可以减少其面临的实际风险，从而鼓励他们进行专有性投资，这对公司而言是极为有利的。如果一个公司在实际中注重债权人的利益，就可以避免机会主义行为，稳定双方融资关系，从而降低交易成本。而如果对职工的合法权益进行有效的保护，职工就会安心为公司效力，有动力去进行专业化的技能培训，从而提高生产效率。这些做法都能带来双赢的结果。总之，利益相关者参与公司治理可以减少市场的不确定性，使交易双方都能够为了共同的目标而努力，最终提高公司的长远绩效。

3. 创造良好的外部环境

利益相关者参与公司治理能够创造良好的外部环境，有利于公司社会责任的实现，缓解与社会的矛盾。在企业的长期经营过程中，关于公司应不应该承担社会责任的争论很多。问题的关键在于，公司承担社会责任会不会与企业利润最大化的目标相悖？越来越多的人已经认识到，一个健康的企业和一个病态的社会是

---

① 李维安. 中国公司治理原则与国际比较 [M]. 北京：中国财政经济出版社，2001：155.

② Alchian Armen, Demsetz Harold. Production, Information Costs and Economic Organization [J]. American Economic Review, 1972, 62 (50)：777-795.

③ Jensen M, Meckling W. Theory of the Firm：Managerial Behavior, Agency Costs and Ownership Structure [J]. Journal of Financial Economics, 1976 (3)：305-360.

很难并行的。承担社会责任可能在短期内减少公司利润，但良好的社区环境、社会环境、生态环境对企业的长期发展至关重要。企业在力所能及的范围内履行社会责任还可以改善与社会的关系，改善企业在公众心目中的形象，提高社会对企业行为的认可、支持等，企业这样做既有利于自己也有利于社会。如果忽视社会责任会给公司带来不可估量的损失。同时，企业承担社会责任也是其作为社会成员，对社会负责的一种行为表现。利益相关群体参与到公司治理中来就可以促进公司更多地考虑消费者、客户、社区、社会团体等的利益，也就可以为公司的发展营造一个稳定的环境。

4. 更好地实现公司短期利益和长期利益

利益相关者参与公司治理，能够使企业较好地兼顾公司的短期利益和长期利益，使企业在最优的方式中经营。"企业履行社会责任能够增加生产者剩余"①，而利益相关者参与公司治理正是企业履行社会责任的一个重要体现。在现代公司经济活动中，特别是上市公司股权的细小分散化，任何一个单独的股东都不愿意承担巨额的监督费用及不愿意他人的"搭便车"行为，他们大多"用脚投票"，只关心公司的股价是否上涨，是否能分红获取股息等。上述行为人是以投机方式成为公司股东的。依据现行"股东至上"的治理模式，面对这样的情况，一方面经营者必须充分考虑股东对短期利益追求的需要，以至形成公司整体行为的短期化。另一方面，企业是需要长期发展的，而经营者也不可能在经营企业时考虑只经营公司短短几年就离开，他们同样希望能够维持自己现有的利益和良好的声誉。作为一个理性人，经营者希望最大化公司的长期利益，这同时也是在最大化自己的长期利益。这种同时需要兼顾最大化短期和长期利益的情况使经营者处于一种两难的境地，忽略或重视其中的某一方面都可能给经营者带来巨大的成本。

利益相关者参与公司治理，可以缓解经营者的两难境地。利益相关群体均与企业利益息息相关，那么经营者就应该最大化利益相关者的利益，而不同的利益相关者团体重视不同的短期和长期利益。因此，董事会内部对长期、短期利益的权衡就会相互消长，经营者就不可能一味地只重视公司的短期利益，也不会再因实行长期决策造成的短期收益下降或低回报而担心。总之，从利益相关者的角度考虑，公司经营者的处境会比现行治理模式更有利于经营者自觉维护公司的短期和长期利益，会使企业在最优的方式中经营。

(二) 反对利益相关者参与公司治理的观点

传统股东模式的支持者认为利益相关者模式存在巨大的缺陷，这表现在：

(1) 利益相关者的概念模糊不清，缺乏可操作性。利益相关者通常指在企

---

① 黎友焕. 企业社会责任实证研究 [M]. 广州：华南理工大学出版社，2010：163.

业内投入专用性资产的人或组织,但对于投入多少专用性资产或投入的资产专用性程度多高才能算作利益相关者参与企业的治理,对此利益相关者模式并没有给出确切的回答。

(2) 利益相关者理论的研究方法偏重于规范分析,而实证研究明显不足,这已在一定程度上制约了其在学术界的地位。利益相关者理论主要有三类研究方法:描述性/实证性方法、工具性方法和规范性方法。其中,描述性/实证性方法旨在说明或解释企业及其管理者实际上是如何行动的;工具性方法旨在说明如果企业及其管理者采取某一种方式的话,会出现什么后果;规范性方法旨在指出应该怎么做,它关注的是企业及其管理者行为的道德合适性。其中,规范性方法使该理论在企业目标、企业本质、企业剩余权、企业契约、企业社会责任、公司治理本质等方面的研究取得了丰硕的成果。然而,正如琼斯所指出的——"利益相关者理论的规范性分析的学问确实是非常需要的,但是工具性和描述性/实证性方法也需要给予关注",该理论在实证研究领域的成果显得比较薄弱。

(3) 缺乏一个主导的利益相关者。该模式没有详细区分企业产权关系的层次,而是笼统地将所有与企业活动有关的主体统统纳入企业所有者的范畴,将所有与企业经营业绩有关的主体同等对待,没有确定主导利益相关者。把和企业有关的外部主体,如社区、顾客群、政府等,都算作企业治理结构的主体,这抹杀了企业产权分析的层次性,使得分析过程比较混乱。该模式的核心是所有利益相关者共同分享企业所有权,但是它没有明确由哪一个利益相关者来主持企业所有权的分享。从现实来看,每个利益相关者或每类利益相关者所承担的风险是不同的。有的利益相关者承担的风险大,有的利益相关者承担的风险小,因而其重要性也是不同的。没有主导利益相关者,企业所有权是难以分配的。

(4) 虽然利益相关者模式有助于利益相关者增加企业的专用性资产投资,但企业也要为之付出很高的代价。这些代价包括:维持企业内部低效率的工作,雇用低效率的供应商,由于利益相关者的制约而丧失高效决策和适应性,以及严重的内部人控制问题。本杰明(Benjamin,1993)的研究指出,1980年代德国只创造了相当于美国60%的服务工作。另外,企业以利益相关者的利益为由抵制恶意收购有可能造成严重的内部人控制,助长经理人员的败德行为,最终使整个社会受损。对29个州修改公司法的过程进行分析后,爱德华和弗舍尔(Edward,Fischer,1994)指出,"与其说《公司法》的修改是为了保护利益相关者的利益,还不如说是企业经理层和工会为了保护自己的利益而进行的成功游说"[1]。

---

[1] Edwards J, Fischer K. Banks, Finance and Investment in Germany [M]. Cambridge:Cambridge University press,1994.

利益相关者模式的弊端在经济增长迟缓时得到充分体现,例如,企业在重大的、涉及利益相关者利益的改革时,由于利益相关者的制约往往不能实行,严重阻碍了企业的发展。

第三节 企业社会责任与公司治理结构

一、企业社会责任与公司治理结构的关系

公司社会责任理论的扩展及其立法化的实现,对公司治理结构产生了重大影响。法学上关于公司社会责任的讨论是围绕董事会的义务而展开的,公司治理结构一向被视为落实公司社会责任的重要一环。发达国家在公司治理结构中或多或少体现、贯彻了公司社会责任理论。概而言之,公司社会责任与公司治理结构的关系可从两个方面予以考虑:

(一) 公司社会责任与公司内部治理结构

在传统公司内部治理结构中,股东在终极意义上享有公司控制权的法律思想贯穿或体现于整个设计之中。依其设计,股东被赋予了资产受益、重大决策和选择管理者的权力。在有关股东大会、董事会、监事会和经理之间的责权划分和制衡关系结构中,主要以确保公司行为符合股东的利益最大化为目的。这样,公司的传统内部治理结构力求将股东置于金字塔式的公司权力结构之塔尖,通过建立自下而上层层负责的机制,以确保股东对公司自上而下的控制权。

"从资本的角度,传统公司内部治理结构所贯彻的股东本位实际上是物质资本本位"①。总体上,公司社会责任理论并不一般地反对传统内部治理结构对股东控制权的保障,但认为股东只是公司利益相关者之一,除此之外还存在着多个分别与公司存在某种利害关系的主体。该理论认为,没有这些利益相关者及其在公司中的权益,作为组织的公司将无法存续,公司正是所有利益相关者围绕权益获取和保护进行合作和博弈所形成的契约组织,而非传统理论认为的仅仅是物质资本所有者基于营利动机而组成的联合体。公司社会责任理论基于上述认识的引申意义是:公司作为一个多种利益冲突及合作的载体,必须权衡不同利益相关者的诉求,所有利益相关者均应在相互合作中获得实现和保障其权益的恰当方式。公司社会责任相关理论主张在公司与各个利益相关者签订的契约之外,确立股东与非股东利益相关者共同分享公司剩余收益权及控制权的机制,以实现预先的契

---

① 卢代富. 公司社会责任与公司治理结构的创新 [M] //顾功耘. 公司法律评论. 上海:上海人民出版社,2002:37.

约安排与相机决策程序在功能上的互补,从而使各利益相关者的权益保障各得其所。简言之,依公司社会责任理论的逻辑,改革公司的传统内部治理结构就是让非股东利益相关者参与公司治理。非股东利益相关者参与公司内部治理,实际上涉及三个程序:第一,确认目前或未来的对公司有利害关系的主体;第二,辨明这些主体对公司所享有的利害关系的内容;第三,将这些主体的利益置于公司的战略计划的制定、公司正常经营期间决议的作出、公司事务的管理之中。

(二) 公司社会责任与公司外部治理结构

公司社会责任的界定不仅要求改革以股东为本位的公司内部治理结构,以促进各方利益相关者参与公司内部治理制度的形成,而且还要求构造与公司社会责任相适应的公司外部市场环境。从经济法学的视角言之,由公司所处的外部市场环境所形成的对公司的激励和约束机制构成公司外部治理结构。按照公司治理的主流理论,包括产品市场、劳动市场、资本市场等在内的所有市场都是公司治理的手段,它们对公司治理发生作用的机理亦大致相同。毋庸置疑,市场机制是激励和约束公司的诸种外部因素中最为重要的力量。然而市场亦存在失灵问题,对于那些在公司中做出过专用投资的非股东利益相关者而言,失灵的市场常常使其无奈地成为竞争、非自愿和非可归咎的牺牲品。此类问题的存在表明完全放任自由的市场是排斥公司社会责任的。倡导公司社会责任意味着要对市场进行必要的调控,在充分发挥其作为资源配置基本手段功效的同时,又尽可能地为公司社会责任的生成提供相应的空间。公司外部治理结构基于市场环境而形成的公司监控和约束机制而形成,故所谓调控市场实则是一个矫正公司外部治理结构的过程。依公司社会责任的要求调控市场或矫正公司外部治理结构,在更深层次的意义上是指应发挥国家在干预社会经济生活方面的作用。当然,这种干预主要依赖法律手段介入社会经济生活,且经济手段和行政手段应尽可能体现为法律形式①。此外,由于董事会处于股东、债权人、雇员等各种利益相关者之间的利益冲突与融合的交叉点上,他们的战略决策行为和战略管理行为对公司责任的落实意义重大。因此,除对股东负责以外,通过法律和法律以外的正式制度和非正式制度的建设倡导董事会于公司决策和管理行动中考虑非股东利益相关者利益的权限和责任,便成为依公司社会责任的要求来调控市场或矫正公司外部治理结构的一个必然选择。

二、构建以社会责任为导向的公司治理结构

公司社会责任意味着应改革公司的传统治理结构,让非股东利益相关者参与

---

① 卢代富. 公司社会责任与公司治理结构的创新 [M] // 顾功耘. 公司法律评论. 上海:上海人民出版社,2002:40 – 44.

公司治理，即重构我国公司法人治理结构。公司内部治理结构应处理两个方面的问题：一是基于股票所有权和管理公司的控制权相分离而形成的物质资本所有者或股东对公司经理的约束与监控问题；二是基于公司的利益相关者理论而形成的非股东利益相关者参与公司治理问题。一个有效率的治理结构不应是"股东利益至上"的单边治理结构，而应该是利益相关者共同拥有所有权的多边共同治理结构。为了适应公司社会责任的要求，对于公司治理结构应在如下几方面进行改革：

（一）吸收职工、债权人以外的利益相关者参与公司治理

1. 设立消费者董事

一般情况下，消费者可通过市场机制而无须特别参与公司治理来保护自己的权益。但在市场机制尚未健全的今天，公司侵害消费者权益事件的时有发生，使得消费者维护自身权利的意识愈加强烈。在市场供应充分的情况下，消费者甚至可以用"脚"投票，抵制公司的产品、服务。对此，黎友焕和陈小平（2009）认为："在市场经济条件下，经济主体的行为取决于货币'选票'，消费者消费行为实际上是对产品和生产者的'投票'过程，因此，消费者的购买行为对企业行为具有很大影响。"① 从此意义上说，消费者完全可以决定公司的命运，让消费者参与公司治理不失为一种积极必要的探索。事实上，将消费者代表引入公司决策层，如在公司中建立消费者董事制度，让消费者代表参与公司的决策过程，公司一方面可以通过消费者董事更好地维护消费者应有的权益，另一方面也可从他们那里获取顾问式的支持，知晓消费者最新和最迫切的需求。

2. 设立环保董事及其他

我国相当一段时间以来的粗放型经济增长方式已直接或间接地导致了生态环境遭到破坏，人们的生存和发展条件有所下降，地区综合实力及人民生活综合质量的提高呈停滞态势，公司创造社会财富的背后是沉重代价的付出。因此，将环境保护代表引入公司决策层的环保董事制度也是公司履行社会责任，实现其与社会和谐的有益尝试。适用环保董事制度的公司限于那些在其生产、经营过程中及用户和消费者在产品或服务的使用或消费过程中具有污染环境之虞的公司。环保董事既包括国家环保部门、民间环保组织选派的代表，也应包括公司所在社区的居民代表，还包括使用或消费公司产品或服务的用户和消费者代表。

对于适用环保董事制度的对象并不是所有企业，而应将其范围限制在那些在生产、经营过程中及其用户和消费者在产品服务的使用和消费过程中具有污染环境可能或必然的公司。无论是针对公司生产可能造成的环境污染所设立环保董

---

① 黎友焕，陈小平. 从ISO26000看我国消费新理念［J］. 企业社会责任，2011（2）.

事,或者根据公司运作实际吸收其他一些利益相关者参与公司治理,此种董事多元化的设计,其终极目的在于提升公司运营效率,促进并保证公司社会责任的实现。

(二)完善职工参与制度

1. 建立职工董事、职工监事与职工的沟通机制

由职工选举产生的职工董事、职工监事,必须对职工负责,接受职工监督。这具体包括以下几方面:首先,在董事会、监事会审议重大议案时,职工董事、监事应充分表达职工和工会的意见,并及时向职工以及工会反馈除公司商业秘密外的一切内容。其次,凡由职工代表大会及其工作机构做出的决议,职工董事、监事应按决议精神行使表决权。再次,职工董事、监事应定期向职工代表大会报告工作。最后,职工董事、监事应定期接待职工来访,接受职工质询和询问。

2. 完善职工权益受侵害的救济制度

对有关职工工资、福利、安全生产以及劳动保险等涉及职工切身利益的事项,职工代表大会有审议和通过权;而对重大生产经营决策和重要规章制度的制订,职工有咨询建议权。当公司董事、经理等经营管理人员利用其职权侵犯职工合法权益时,如对于须经职工代表大会通过的事项未经通过即予实施,或者对于应当让职工知悉的事情故意隐瞒,致使职工无法表达意见而给其权益造成损害的,有关责任人员必须承担赔偿损失的民事责任。另外,为保证职工监事依法行使监督权,应规定职工监事在行使职权时,公司任何人均不得予以干涉,否则应对相应的损害承担赔偿责任。为保证公司工会活动的顺利开展,还可规定公司如能提供却拒不提供工会必要的活动条件,应追究公司领导人员的行政责任。

3. 完善职工董事、职工监事的选举和罢免机制

在任职的实质条件方面,职工董事、监事必须是职工代表但不包括高级管理层的职工,同时他们还需符合《公司法》以及公司章程关于董事、监事任职条件的规定。此外,鉴于其特殊身份,职工董事、监事必须具备一定的经营管理知识,对本公司生产经营管理的各个环节比较熟悉。在任免的法律程序方面,职工董事、监事一般由工会委员会或职工参与制度专门小组组长联席会议提名,由职工代表大会按民主程序并以差额、无记名投票方式选举产生,未经选举机构同意,其他部门不得擅自罢免。

(三)理顺独立董事和监事会的关系,完善独立董事制度,加强监事会的监督作用

独立董事制度源于美国,独立董事是既不代表出资人,也不代表公司管理层,而是独立于公司的经营和管理活动以及那些有可能影响他们做出判断的事务之外,与公司没有任何关联,能够客观、独立地做出判断的特定董事。1990 年

代以来，许多国家纷纷仿效，引发了一场公司治理中的"独立革命"。我国引入独立董事制度的一个重要原因是监事会难以发挥其监督职能，目前这两种制度并存的现象实质上是制度设计上的浪费。针对现状，建议采纳欧盟的做法，在《公司法》中授权公司选择单层制（独立董事制度）或者双层制（监事会制度），并应制定切实可行的加强监事会职能的制度安排，而不是现在监管乏力的尴尬局面，实施保证独立董事独立性的措施。

独立董事应逐步实现职业化，由管理层来制定独立董事的道德规范、行为准则和执业操守并颁发执业资格证书，形成一支像注册会计师、注册律师那样的专业化队伍，以弥补由于现代公司约束软化所带来的法律真空。由独立董事协会负责推荐人选，培训考核并考察监督，并由其根据上市公司的需要来提名，由股东大会采用累计投票制的方法来选举和决定独立董事及其固定薪酬，其薪酬由保险公司来发放，即采用独立董事保险中介制度。上市公司独立董事保险中介制度是指上市公司股东大会根据独立董事协会的提名，采用累计投票制选举决定独立董事，选择一家保险公司来为上市公司和独立董事投保，保费的一部分用于支付独立董事的薪酬。在这里引进保险公司的一个目的是把独立董事的薪酬发放权从董事会手里转移到保险公司手里，其作用是切断董事会或高层管理人员从经济上制约独立董事的可能性，以切实保证独立董事的独立性。

（四）确立债权人参与治理制度

通常当公司经营正常时，即企业有清偿债务能力，债权人作为固定收益索取者的收益能够得到保障时，债权人并不主动干预公司治理，此时股东对经理有最终的控制权。但是当公司经营不善、濒临破产、债权人的权益无法得到保障，只有通过破产清算机制来尽可能减少损失时，这时债权人成为公司实际的剩余索取者。一个企业控制权的合理配置是当企业可以偿还债务时，经理人拥有企业的控制权，否则由债权人拥有企业的控制权，这样可以一定程度上减少代理成本。债权人承担着债权到期无法收回的风险，他们也应该拥有对公司的监督权、剩余索取权和公司的控制权，债权人应参与公司治理。由于当前我国破产法律制度尚不完善，政府干预较多，债权人权限较弱，处于相对被动的地位，更多时候，债权人的权益受到不同程度的侵害。

为促进债权人参与公司治理，依据利益相关者理论和公司承担社会责任的要求，公司治理更应强调共同治理，其突出特点是强调各种利益相关者的共同治理。在确立了要不同的利益相关者参与公司治理的方向后，应注意恰当界定介入公司内部治理的利益相关者的范围，因为若所有的利益相关者都直接参与治理就会与效率原则相悖。公司应该视具体情况（诸如谈判能力、投入要素的专用程度等）选择其他利益相关者进入公司内部治理结构，以确立对其利益的保障机制。

第八章 国际企业社会责任运动

企业社会责任的概念首先是在1920年代提出,但其作为一股强劲的社会运动并在全球范围内引起广泛的影响则是从1980年代才开始。它是伴随着经济全球化而产生的全球伦理化问题。

第一节 国际环境保护运动

环境保护已成为国际社会的共识,是全人类共同关注的一个热点问题,在一定程度上环境关系已成为诸多国际关系的重心。国际政府组织和非政府组织(NGO)在国际环境保护运动中起着绝对性推动作用。借鉴国际环境保护运动的发展历史,加强环境保护的国际立法、加强环境标准的建设,将对各国的环境保护起到重要的作用。

一、国际环境保护运动的兴起

环境保护运动兴起于美国,美国环境保护运动经历了前后两个阶段:

第一阶段,从欧洲人登上北美大陆到1920年代。此阶段欧洲人在北美进行疯狂的殖民掠夺,而在美国"超验论"及欧洲浪漫主义的影响下,H. 索罗主张人权,尊重他人的生命。1890年,美国"边疆的消失"代表着政治权利彻底击败了人与自然和持续发展的人类梦想。当时,一些知识分子及官僚阶层提出了环境保护思想,要求对有限的资源进行"聪明利用和科学管理",之后罗斯福总统接受该运动的理念并发起了保护资源的运动。

第二阶段,从"经济大萧条"和"尘暴"开始。美国随着经济的发展,1930年代出现了严重的环境问题,如尘暴、旱灾等,这些环境问题迫使美国人开始反思人与自然关系,并逐步改变以往只重经济发展的价值观。1869年,德国科学家海克尔(Ernst Haeckel)提出了"生态学"的观点。而后,克莱门茨(Clements Frederic, E.)于1916年出版了《植物演替:对植被发展的探讨》,作为生态环境发展的一个里程碑。他指出,全球每个区域的植物都经历了从幼小状态发展到复杂平衡的生态演变过程,而生态学也研究这一系列发展过程。19世纪末,美国人输入了由随意开发自然的价值观指导的、大草原不能适应的农业系统,而逐步被外来群落侵入。因此,生态学家利奥泊德揭露了各类由政府指导或完全以个人利益为中心的价值观的片面性,从生态学的角度构建了内部结构是生物区系金字塔的土地共同体。强调其中每个成员都有继续生存的权力;人类只是大自然中的一员,要尊重其他成员和共同体。卡森(Carson Rachel,1962)的《寂静的春天》和哈丁(Hardin Garrett,1968)的《公地的悲剧》,指出人类当前面临的主要问题是环境污染和环境破坏。

随着经济全球化的快速发展,生态环境问题逐步超越国界,一国境内的生态环境问题逐步越过国界向其他国家或者地区蔓延,进一步形成全球环境问题。但是,直到1960年代末,对环境问题的关注几乎都来自西方国家。在发展中国家,工业化建设对环境的破坏正在进行着。发展中国家认为环境问题是西方国家的奢侈品。印度总理甘地(Indira Ghandi)认为"贫穷是最坏的污染",他在1972年于斯德哥尔摩召开的就发展中国家环境为主题的联合国人类环境大会上担任重要职位(Strong,1999);中国代表团团长唐克说:"我们认为在这个世界上人是最宝贵的"①,可见发展中国家当时对环境保护问题的忽视。对于当前我国的环境污染问题,厉以宁指出:"我国企业排污是环境污染的最主要源头,据估计,我国工业企业污染约占总污染负荷的70%。而工业企业排放的污染50%左右是因为企业管理不善造成的。对化工、石油等部门的一些重点企业调查发现,污染物排放总量中大部分是管理不善造成的,有的物料流失率高达86%。"② 而对于环境保护问题的忽视,"在中国市场经济发展初期,无论是地方政府还是企业自身,考虑环境因素的比较少,人们把目光更多地放在经济蛋糕的增长问题上,更多地关注GDP数字的攀升,直到最近几年,由于一系列环境问题开始危及增长甚至已影响整个社会发展,人们才开始重新认识并重视起环境问题。"③ 1968年12月3日联合国大会通过2398-XXDI号决议,决定召开关于"人类环境"的世界大会。这一决定产生了强烈影响,尤其是在政府间国际组织中,几乎所有组织都意识到了环境问题的重要性。

二、1970年代:现代环境保护主义的形成

(一)现代环境主义开始形成

在1970年代早期,人们主要关注生物环境,诸如野生生物管理、土壤保护、水污染、土地退化和荒漠化——人被认为是这些问题的根源。1970年4月22日

---

① Clarke R, Timberlake L. Stockholm Plus Ten—Promises, Promises? The Decade since the 1972 UN Environment Conference [M]. London: Earthscan, 1982.
② 厉以宁. 超越政府与超越市场——论道德力量在经济中的作用 [M]. 北京: 经济科学出版社, 1999: 24.
③ 黎友焕, 刘延平. 中国企业社会责任建设蓝皮书 (2010) [M]. 北京: 人民出版社, 2010: 67.

这一天，美国哈佛大学学生丹尼斯·海斯（Dennis Hays）发起并组织的保护环境活动，得到了美国环境保护工作者和社会名流的支持，全美国有2000多万人参加了这次活动。他们举行集会、游行、示威等一系列宣传活动，高举着受污染的地球模型，要求政府保护环境和资源。为此，美国国会休会一天，同时，美国三大商业网和公共广播公司对活动的具体情况作了详细报道。这次是人类有史以来第一次大规模的群众保护环境的运动，其极大地推动了全球范围开展保护环境及资源的活动。之后，世界地球日在世界范围内建立环境保护意识，也推动了环境保护活动的发展。

理论层面上看，西方国家对于环境退化的看法分为两个学派：一种学派谴责那种无情的对经济利益的追求；另一种则谴责环境污染的增长。就像一个评论者所说："没有减少的污染和不稳定的人口是对我们生活方式和生活本身的最大威胁（Stanley基金会，1971）。"这些观点在其研究的年代里被禁锢，罗马俱乐部（the Club of Rome）关于全球未来的计算机模型吸引了全世界的关注。罗马俱乐部是一个由50个自己任命的"聪明人"（和女人）组成的，他们定期聚会商讨世界大事，与Pugwash科学家小组关于冷战的研究很相似。罗马俱乐部在其出版的《增长的极限》（The Limits to Growth）一书中分析了五个因素——技术、人口、营养水平、自然资源与环境。它的主要结论是：如果该趋势继续发展下去，全球体系将于2000年崩溃。如果这一现象没有发生，人口和经济增长也将停滞（Meadows，1972）。尽管《增长的极限》遭到了大量专家和学者的批评，但它却首次提出了"外在极限"，即经济的发展受资源和环境的制约。

1972年的世界完全不同于现在——冷战仍然使世界上最发达的国家相互隔离，殖民时代尚未完结。尽管电子邮件已被发明出来（Campbell，1998），但20年后它才被广泛使用。个人电脑尚不存在，全球变暖首次被提到（SCEP，1970），对臭氧层的威胁被认为主要来自大型超音速飞机。尽管跨国合作已经出现且作用越来越大，但离全球化概念的形成仍还要等20年。南非种族隔离仍然存在、欧洲柏林墙依然矗立，因此1970年代的世界是以多种方式强烈极化的时代。与这种背景不符的是"人类环境"的世界大会于1972年在斯德哥尔摩召开了，让人吃惊的是这一会议形成了一个后来被称为"斯德哥尔摩协作"的精神。

（二）联合国人类环境大会（斯德哥尔摩会议）

1972年6月5—12日，联合国人类环境大会在瑞典首都斯德哥尔摩召开，这次会议把发达国家和发展中国家集中到一处（除苏联及其盟国），使环境成为国际性重大问题。这次会议在瑞典召开的直接缘由是来自欧洲严重的大气污染所形成的酸雨对瑞典很多湖泊造成了严重的破坏。这次大会的共有600名代表参加，其中包括113个国家的代表、所有重要国际组织的代表、400多个非政府国际组织派出的700名观察家、以个人名义与会的代表和大约1500名记者。这次大会的宗旨——环境保护得到世界范围内的普遍重视。大会讨论并通过了《联合国环境大会宣言》和《环境行动计划》。

《斯德哥尔摩人类环境宣言》（以下简称《斯德哥尔摩宣言》）包括26项基本原则，强调人既是环境的产物，同时也是环境的塑造者；保护和改善环境对于人的幸福和发展具有重要的意义。《斯德哥尔摩宣言》宣布：全球自然资源不仅包括石油、天然气及矿物资源，也包括水、空气、动植物等，它们组成了巨大、复杂的自然生态系统。《斯德哥尔摩宣言》承认经济和社会的发展对人类生活和工作的环境来说是必不可少的，但对欠发展的最佳补救方式是增加资金和技术援助。此外，《斯德哥尔摩宣言》要求各国应合作确认及确立有关污染和其他环境损害的责任和赔偿的国际法，应当确定环境领域的标准和规范，但必须考虑各国尤其是发展中国家的主要价值标准。各国应为保护和改善环境进行合作，从而使国际组织发挥协调、有效和推动性的作用。《环境行动计划》由109个建议组成，其内容可以归纳为环境评价、环境管理和支持措施三个方面。环境评价计划被称为"地球瞭望计划"，包括环境分析、研究、监督和信息交换。其中，国际合作具有重要的作用。

在机构方面，大会设立了联合国环境规划署（UNEP）作为"联合国关于环境问题的中心"，其使命是"通过鼓舞、教育和促进来倡导各国家和民族对环境加以保护，改善他们的生活质量，而不危及后代人的利益"。另外，《斯德哥尔摩宣言》首次包含了对国际性环境事件的"灵活性法律"（Long，2000），此后越来越多的国际环境法律开始制定新的环境计划。

斯德哥尔摩会议有三个方面的意义：首先，明确阐述人"应该生活在一个舒适、安全的环境质量中"。从那以后，非洲统一组织（OAU）和50个世界国家制定了法律，保护环境作为人权的基本组成部分（Chenje，Mohamed-Katerere、Ncube，1996）。其次，在斯德哥尔摩会议之后很多国家都制定了《环境法》。1971—1975年间，经合组织（OECD）国家通过了31条国家级环境法律，而在1956—1960年仅有4条，在1960—1965年仅10条，1966—1970年仅18条（Long，2000），斯德哥尔摩大会的思想和方法成为以后《国际环境法》发展的主要特征。再次，环境已进入或被带到很多地区和国家进入最高层面上的议程。例如，在斯德哥尔摩会议以前全世界仅有10个国家设环境部，而到1982年已有110个国家设有环境部（Clarke，Timberlake，1982）。

三、1980 年代：环境保护与可持续发展的提出

（一）国际环保主义的发展与"可持续发展"观的形成

1980 年代后期，世界范围内出现了第二次环保主义浪潮。随着环保主义浪潮的兴起，社会公众的环保意识不断提高。在 1980 年代前期，美国经济长期疲软，加之里根政府放松环境领域的管制，社会公众也无暇顾及环境保护。但到 1980 年代后期，社会公众又开始关注环境保护。相关调查报告显示，从 1988—1989 年，有 80%的人认为"必须不惜代价地改善环境质量"。"美国主要的非政府环境组织的会员人数从 1981 年的 400 万增加到 1988 年的 700 万，然后猛升到 1990 年初的 1100 万人"①。民意测验还表明，在 1980 年代大部分时间里，认为环境是本国面临的最重要问题的英国民众比例一直在 10% 以下，但到 1989 年初上升到 35%。从 1985—1989 年，绿色和平组织和地球之友的英国会员增加了 6 倍，世界自然基金会的英国会员人数增加了 2 倍多。"英国绿党在 1980 年代一直不占优势，但在 1989 年的欧洲议会选举中获得了 14.5% 的选票"②。在法国和意大利，公众对环境的关注从 1960 年代末的高潮一直在回落，但到 1980 年代末出现了复兴。在 1989 年的欧洲议会选举中，法国绿党获得了 10.6% 的选票，而在 5 年前只有 6.7%。在一些环保意识一直很强的国家如德国、荷兰和北欧国家，绿党的支持率也在提高。在这一时期，澳大利亚、比利时、芬兰、德国、冰岛、意大利、瑞典和瑞士的绿党支持率也获得了提升。

1970 年代以后，随着环境问题的加剧及能源危机的出现，加之"增长的极限"产生的影响，全球围绕"环境危机""石油危机"爆发了一场关于"停止增长还是继续发展"的争论。人们逐渐认识到，割裂经济、社会和环境三者的关系而谋求自身的发展，可能给人类社会带来毁灭性的灾难。源于这种危机感，1980 年代后逐步形成了可持续发展的思想。"可持续发展"一词在国际文件中最早出现于《世界自然保护大纲》（IUCN，1980），该词最初源自于生态学，指的是合理规划和管理资源的一种战略思想。

（二）《我们共同的未来》与"可持续发展"

联合国于 1983 年 11 月成立了世界环境与发展委员会（WECD）。1987 年，世界环境与发展委员会的各成员们，经过四年研究和充分论证，把他们的研究成果《我们共同的未来》（*Our Common Future*）提交给联合国大会，正式提出了

---

① McCormick J. Reclaiming Paradise：The Global Environ-mental Movement［M］. Indiana：Indiana University Press，1989：12.

② McCormick J. Reclaiming Paradise：The Global Environ-mental Movement［M］. Indiana：Indiana University Press，1989.

"可持续发展"的概念和模式。

在《我们共同的未来》的报告中,"可持续发展"被定义为"既满足当代人的需要,又不对后代人满足其需要的能力构成危害的发展"①。"可持续发展"是一个包含经济、社会、文化和自然环境等综合的动态的概念。该概念从理论上阐述了发展经济与保护环境和资源是紧密联系、互为因果的观点(WECD,1987)。《我们共同的未来》主要包含两个方面:一是反思和否定传统经济发展模式;二是设计合理、规范的可持续发展模式。该报告同时指出,以往人们注意到经济发展影响环境,而现在人们更感到生态环境的退化阻碍经济的发展。针对传统的经济发展模式,报告强调变革人类以往落后已久的生产方式、生活形态,就为设立合理的可持续发展模式;报告提出建立高产低耗的工业,清洁利用能源资源,保障粮食的长期稳定供给,促使人口与资源的相对平衡。与此同时,《我们共同的未来》全面阐述、系统分析了经济发展与保护环境的关系,深刻反思了人类发展历史上错误的行为,其提出的"可持续发展"理论逐步得到了全球不同国家或地区认可。

"可持续发展"概念一经提出立即引起了国际社会的广泛关注。1988年年初,在联合国开发计划署理事会全面委员会的磋商会议期间,南北国家围绕"可持续发展"的含义问题展开了激烈的争论。1989年5月举行的第15届联合国环境规划署管理理事会会议讨论通过了《关于可持续发展的声明》。该声明指出,"可持续发展系指满足当代人需要而又不削弱子孙后代满足其需要之能力的发展,而且绝不包含侵犯国家主权的含义。要达到可持续发展的目标,必须加强国内合作和国际合作"。②随着经济水平不断提高以及改革开放不断深入,我国也在1996年3月的八届全国人大第四次会议批准了《国民经济与社会发展计划和2010年远景目标纲要》,其中明确做出了中国今后在经济和社会发展中实施可持续发展战略的决策。胡锦涛在2012年十八大的讲话中提出我国未来要在全面建设小康社会基础上努力实现的新要求就包括了经济持续健康发展。

针对"可持续发展"理念,目前有人提出了其他的看法,指出不能单纯提"可持续发展"。这种观点认为,"可持续发展"作为一种基础发展战略,从本质上讲是特殊的调整战略,而不是一种新文明的开拓。这种观点指出,在人类发展史上,经历过刀耕火种的野蛮农业文明时代,而随着人类对农业时代的放弃,才促成了工业文明的产生和快速成长。但工业革命改变人们的生产方式、生活形态,同时也带来了一系列生态环境问题。同样可以推断,被称为"黑色文明"

---

① 世界环境与发展委员会. 我们共同的未来 [M]. 长春:吉林人民出版社,1997:52.
② Norman Moss. Managing the Planet: the Politics of the New Millenium [M]. London: Earthscan, 2000:93.

的工业文明不是人类的新文明。寻求新文明的战略不应简单转换旧文明，而应该放弃或重置生产方式、生活形态，它是一种文明革命，也是实现与自然和谐相处的"绿色文明"的转变。

此后，环境与发展成为更加稳固的社会与自然法则中合法的研究课题，同时也是新的解决跨地区问题原则的研究课题。环境经济学、环境工程学以及其他以前的边缘学科开始成为学术研究领域中固定的学科，发展出了自己的理论，证明了它们在现实世界中的价值。而要实现可持续发展，必须要社会各个领域的参与。金乐琴指出："可持续发展是企业社会责任的重要领域，企业社会责任在推动可持续发展方面发挥着独特的作用，一定程度上弥补了政府干预和市场调节的缺陷。我国企业承担可持续发展责任需要企业和社会的互动。"[1]

（三）多边环境协议

1980年代，环境与可持续性仍然没能被提到很高的法则性和互助实施的位置上。作为变化的早期指示，OECD在1987年建立了开发咨询委员会，负责起草将环境与发展结合起来的行动指南。1987年24个国家签署了蒙特利尔公约，公约提出了一个在世界南方与北方、政府与商业组织之间开展合作以解决全球环境问题的模式。不过，在1980年代对于臭氧层耗竭问题要比对待其他进入到公开议程中的环境问题直接得多，其中主要是气候变化问题。

1988年1月，来自世界各国政府、政府间和非政府组织的代表聚集多伦多，召开了名为"变迁中的大气：对全球安全的影响"的会议，通过了限制温室气体排放的自愿目标。之后，世界气象组织和联合国环境规划署共同建立了政府间气候变化小组委员会，从科学角度研究温室效应的预测、影响及对策等。1988年的发展势头在其后的几年中得到延续——1989年3月，在英国伦敦召开了有关臭氧层保护的部长级会议，决定对1987年《关于消耗臭氧层物质的议定书》进行修正，提出了全面禁止损耗臭氧物质的目标。同年，116个国家签署了控制危险废物越境转移及其处置的《巴塞尔公约》（*Basel Convention*）。这一公约引发了对不断增长的工业废弃物运往发展中国家问题的关注。基于对转移到非洲废弃物问题的考虑，非洲统一组织（OAU）在1991年召开了Bamako会议，禁止非洲进口这些废弃物，控制跨国转移，管理非洲境内的废弃物。

1989年3月，在法国等国的倡议下，24个国家的政府首脑会聚荷兰海牙，签署了"海牙宣言"。宣言承认大气威胁的严重性和现存环境治理机制的缺陷，并指出有必要设立有决策权的国际权威机构。在同年的巴黎七国集团会议上，环境问题首次被列入会议议程。七国集团的领导人认为，需要采取紧急的决定性行

---

[1] 金乐琴. 企业社会责任：推动可持续发展的第三种力量［J］. 中国人口、资源与环境，2004（2）.

动，保护地球的生态平衡。9月，在世界银行和国际货币基金组织的联合开发委员会会议上，法国和德国提议设立全球环境基金，对发展中国家制定的环境保护措施提供必要的援助。另一方面，到1980年代末，东西方关系迅速缓和，南北问题日益突出，这使得环境问题有可能成为发达国家政治和外交上的重要议程。

在上述背景下，1989年12月22日，第44届联合国大会经过各方，特别是南方国家和北方国家之间的协商讨论，通过了第44/228号决议，决定在1992年6月召开联合国环境与发展大会。决议对斯德哥尔摩人类环境大会召开以来国际上各种关于环境与发展问题的争论进行了归纳和总结，为环境与发展领域的国际合作规定了若干指导原则和基本主张。"会议决定设立一项自愿基金，用以协助发展中国家，尤其是最不发达国家，以便他们充分有效地参与会议及其筹备过程"①。决议还提出了讨论可持续发展问题的26点目标，同时决定成立一个联合国环境与发展大会筹备委员会，由联合国所有会员国或各专门机构的成员加入，并允许观察员参加。

四、1990年代：环境保护与可持续发展的实施

（一）环境的恶化及原因

随着全球化趋势的加快，社会公众逐步深化理解可持续发展的概念和意义。人们深刻认识到全球环境问题需要世界各国共同来解决。地球南部的环境问题也不断增加，因为一些新的组织开始要求为那些发展中国家诊断和解决这些问题，如匈牙利在1990年设置了区域环境中心以处理后苏联时代的中欧环境问题。

在世界其他地区，当技术进步改变工业社会时，只有很少发展中国家能够受益。有关传染病（艾滋病、痢疾、呼吸系统疾病和腹泻）的死亡人数是1999年死于自然灾害人数的160倍，这些自然灾害包括土耳其的地震、委内瑞拉的水灾和印度的飓风（IFRC，2000）。1995年红十字会与红新月会国际联合会依据对53个国家的调查所作的报告显示，在经济结构调整之后，每个人健康上的花费下降了15%。到20世纪末的1997年，有8亿人（占世界人口近14%）不仅每天挨饿，而且缺乏基本的读写能力，而这些都与可持续发展的观念是相背离的（Mayor，1997）。

就统治而言，发生在1980年代末的事件仍在继续影响全球政治的发展。当非洲和拉丁美洲的独裁和军事统治被选举推翻之后，没有一个地区能够不受其影响。一些欧洲国家的一党统治政府被无休止地送到了反对党的位置。人民开始行

---

① 万以诚，等. 关于召开环境与发展大会的决议．［Z］//新文明的路标：人类绿色运动史上的经典文献．长春：吉林人民出版社，1997：8-17.

使权利选举他们的领导人并要求行使责任。尽管有了这些统治上的根本变化，在这些国家里他们并没有马上对环境产生影响。在原苏联国家里，经济衰退使废弃物产生和能源消耗减少。这一效应是否是短暂的要以后才能看出。

在学术研究层次上，1980年代的思想被具体现实化了，例如股票持有者参与到环境和社会中，人们对这些环境和社会问题的责任不断增强，这些已然成为一些国际性的事件而备受瞩目。这种思想在1990年5月在挪威卑尔根召开的关于环境的内阁会议上第一次形成了非常具体化的文本。这次会议是为准备1992年巴西里约热内卢联合国环境与发展大会（UNCED）而召集的。

(二) 全球首脑会议与环境保护

176个国家（UN，1993）、100多个政府首脑（1972年的斯德哥尔摩会议上仅有两个）、10000个代表、1400个非政府组织（NGOs）和9000个记者（Demkine, 2000）参加了联合国环境与开发大会（UNCED）（Haas, Levy, Parson, 1992）。次地区和地区组织，诸如南亚联盟（ASEAN）、非洲统一组织、欧盟以及其他很多组织在地球首脑会议上发挥了重要作用。他们不断努力使联合国环发大会形成的行动计划——《21世纪议程》得以实施。首脑会议取得了以下七项成就。

1. 《里约环境与发展宣言》

1992年6月3—4日，联合国环境与发展大会在巴西里约热内卢举行。183个国家及70个国际组织参与该会，102位国家元首或政府首脑亲自出席会议。《里约环境与发展宣言》重申了20年前斯德哥尔摩会议明确的一些问题，把人类放在可持续发展的中心，认为人应"与环境相协调地、健康和富裕地生活着"。

这次会议不仅提高了社会公众的环境保护意识，而且把经济、社会发展与环境保护结合起来，提出发展与环境相互协调的"可持续发展战略"。截至1997年，全球约有150个国家建立环境保护的国家级研究机构，研究综合的可持续发展方法，尽管在一些国家或地区的可持续发展带有很大的政治性（Myers, Brown, 1997）。很多民间团体现在致力于制定议程和战略，其中90%以上是响应里约会议而建立的，大多数是在发展中国家。

2. 《21世纪议程》

《21世纪议程》是一个行动计划。其部分基于各国政府和国际团体的一系列特殊的贡献，包括《关怀我们的地球：一个可持续生活的战略》（IUCN、UNEP、WWF，1991）。《21世纪议程》是目前在环境领域中最显著和最有影响力的无约束的计划，致力于世界大多数地区环境管理的蓝图。

3. 《联合国气候变化框架公约》（UNFCCC）

政府间气候变化专门委员会（IPCC）在1990年提供了气候变化构成真正威

胁的证据，从而鼓励各国政府在首脑会议上签署了《联合国气候变化框架公约》（UNFCCC）。它成为首脑会议的核心部分，于1994年开始实施。2001年12月它拥有186个团体。这一公约的发展可以追溯到1990年第二次世界气候大会上，这次大会宣言推动了政策发展和全球气候观测系统（GCOS）的建立。

4. 《生物多样性公约》（CBD）

《生物多样性公约》（CBD）在1993年生效。它是第一个关于生物多样性保护和可持续利用的全球协议，是缔约国行动的指南。这一公约设定了三个主要目标：生物多样性保护、对其组成部分的可持续利用、对基因利用效益公正与平等的共享。该公约提到了很多生物多样性问题，如栖息地保护、生物安全、个人基本权利等。公约成为《国际法》的里程碑，以其综合与生态的途径对生物多样性实行保护而闻名。

5. 实施可持续发展（CSD）

1992年12月可持续发展委员会的建立是首脑会议的直接结果。虽然早在1980年代就确立了可持续发展的目标，直到里约会议才指定了一个国际机构用于检查和帮助国际组织取得这些目标。尽管有了这一显著的进步，委员会仍被指责在学术能力上对环境问题反应微弱，遭到了很多国家部长们的嘲讽（Long，2000）。经济、社会与环境政策的结合——布伦特兰委员会规定的可持续发展的要求，继续在不同水平上向陈规挑战。

6. 联合国防治荒漠化公约

尽管联合国防治荒漠化公约直到1994年谈判修改依据才结束，但联合国防治荒漠化公约（CCD）1992年即在与UNCED有关的过程中形成了。它在1996年生效，2001年12月时有172个成员。CCD被说成是"里约的继子"（CSE，1999），因为它没有得到像UNFCCC和CBD那样多的关注。工业化国家反对它，因为"他们不愿意承担防治荒漠化过程的财政责任"，认为没有看出来这些过程是全球性环境问题（CSE，1999）。全球用于防治荒漠化的费用预计每年将达110亿～220亿美元，而出资国在1991年仅提供了可怜的10亿美元用于防治世界范围内的荒漠化（CSE，1999）。

7. 关于森林问题的原则声明

该声明的核心矛盾还是南北矛盾。在大多数发达国家的支持下，美国在第二次预备会议上提出了一项全球森林公约。在1990年举行的七国集团首脑会议上，美国提议建立一项关于森林问题的框架性公约，并把它当作在环境与发展大会上的一项主要动议。"但在第二次预备会议上，七十七国集团认为大会前立即谈判和起草关于森林问题的国际公约的时机尚未成熟，他们只同意讨论一项非约束性的《关于世界森林原则的权威性声明》"①。在第三次预备会议上，只有美国继续要求在环境与发展大会上签署一项森林公约。

美国等发达国家指责一些发展中国家对热带雨林的乱砍滥伐，而以巴西、马来西亚为代表的发展中国家则指出，正是一些发达国家在历史上破坏了热带雨林，同时砍伐了温带和亚寒带的森林，因此发展中国家要求"森林"是指"所有类型的森林"。关于树林原则的谈判分化为两大主张，美国和加拿大强调"全球责任"，而巴西和马来西亚则强调"主权原则"。

（三）环境管理标准与 ISO 14000 诞生

1990 年代还有一个重大的事件——国际环境管理标准的确立。1980 年代后，发达国家的一些企业为了响应可持续发展的号召，减少环境污染以及提高企业的公众形象，纷纷建立自己的环境管理部门，开展环境管理活动。1985 年，荷兰提出"企业环境管理体系"的概念并于 1988 年试行实施，在 1990 年的环境圆桌会议上，荷兰还专门讨论了环境审核问题。基于质量体系标准（BS5750），英国也制定相应的环境管理体系（BS7750）。在英国的环境管理体系实施后，欧洲的许多国家开始开展认证活动，由第三方机构证明企业的环境绩效情况。这些环境管理的实践活动为 ISO 14000 系列标准的产生提供了基础。

1992 年，召开联合国环境与发展大会之后，各国政府领导、学者和社会公众认识到要实现可持续发展，就需改变以往传统的工业发展模式，从环境管理体系入手，建立预防污染的新观念。通过企业自我管理的方式，把环境管理融入企业日常生产经营活动中。1993 年 6 月，国际标准化组织（ISO）成立了 ISO/TC3207 环境管理技术委员会，宣布开展制定环境管理系列标准的工作，希望为企业和社会团体等所有组织的活动提出一定的标准，进一步推进全球的保护环境工作。

1990 年代后，环境问题变成了全球性的问题，ISO 采取了积极的措施控制环境污染的扩散。ISO 于 1993 年 6 月成立了第 207 技术委员会（TC207），负责环境管理工作，其目的是要开展保护环境工作，维持、改善生态环境的质量，减少各类社会活动所产生的环境污染，促进经济、社会的可持续发展。而委员会的职责是为环境保护等方面的国际标准提供一个范例，其工作范围是实现环境管理体系（EMS）的标准化。为此，ISO 中央秘书处为 TC207 预留了 100 个标准号，该类从 ISO 14001 ~ ISO 14100 标准标号被统称为 ISO 14000 系列标准。

此后，环境管理体系（EMS）产生了，作为整个管理体系的重要组成部分，

---

① Peter M Haas, Robert O Keohane, Mark A Levy. Institutions for the Earth: Sources of Effective International Environmental Protection [M]. Boston: MIT Press, 1993: 114.

其包括为制定、实施、审核和保持环境方针所需的组织机构、环保活动、职责分配、惯例运用、程序设定、过程监督和资源保护。经过了多年的发展与完善，EMS 到达了可以用一定标准衡量的程度。1996 年 9 月，为实现 EMS 标准化，ISO 制定了两个国际标准，包括 ISO 14001 和 ISO 14004 标准，这是环境管理体系标准化发展史上的重要里程碑。

五、21 世纪初环保运动的新发展

（一）环境兴趣和意识被重新激起

2000 年由于准备世界可持续发展首脑大会，人们和许多团体的环境兴趣和意识被刺激起来了，组织者意识到还有其他一些有趣的发展问题可能会在将来产生深远的影响。其中之一是不同的团体非常愿意为同一个事情在一起工作。联合国原秘书长科菲·安南（Kofi Annan）支持建立"全球契约"（Global Contract），"旨在增强私营企业与联合国三个机构——联合国环境计划署（UNEP）、国际劳工组织（ILO）和联合国人权最高委员会（UNCHR）之间的联系"[1]。关于保护人权的原则，劳动法和环境责任首次被这些官员在一个单一的国际性协议里提及。

（二）化学品管理

联合国环境规划署理事会推出了一个里程碑式的公约以控制持久性有机污染物。2000 年 12 月来自 122 个国家的代表在南非约翰内斯堡聚集，形成了一个关于对持久性有机污染物（POPs）开展国际行动的法律协议文本。

2001 年 5 月通过了《关于持久有机污染物斯德哥尔摩的公约》，公约涵盖了控制 12 种化学品的措施。在 2001 年 12 月有 111 个人和 2 个团体签署了该公约。公约呼吁消除 POPs 的生产和应用，同时也要消除那些可能无意生产的 POPs（UNEP，2001）。现在已比过去有了更广泛的有关化学品释放进入环境的信息。北美洲在这一领域开展了行动，特别是与美国有毒物质排放清单（TRI，2001）结合起来。这一清单是根据 1986 年美国应急计划及公众知情法（EPCRA）制定的。EPCRA 的目的是告知公众和公民在他们地区所存在的化学品的危险性。EPCRA 要求企业向州和当地政府汇报他们存放化学品的位置和数量。美国国会根据 EPCRA 的要求将有毒物质排放清单（TRI）公之于众。TRI 为公民提供了潜在化学品的信息及它们被利用的情况，使社会团体能够更有力地让公司负起责任，做出如何管理有毒化学品的决策。

---

[1] UN. The Global Compact: What It Is and Isn't [M]. New York: United Nations, 1999.

(三) 千年首脑会议

2000年，在纽约由联合国原秘书长科菲·安南主持的联合国千年首脑会议上，环境问题成为主要议题之一。首脑会议对环境问题重要性的认识是鼓舞人心的，但没有实际性的进展报告。就环境管理，秘书长进行了激烈的评论，他说：我们未能为后代提供"维持在这个星球上生活"的自由；相反，我们抢夺了属于我们后代的遗产来支付目前不可持续的环境行为（Annan，2000）。

(四) 气候及能源消耗

政府间气候变化专门委员会（IPCC）在2001年初宣称人为因素导致的气候变化变得越来越强，气候变暖发生得更快，结果比开始预测的要严重得多。由世界上万名科学家组成的专家组预测——21世纪平均气温将升高 $1.4 \sim 5.8$℃。IPCC 坚持"有新的更强的证据证明过去50年观察到的气候变暖归因于人为活动……而且，很可能20世纪的气候变暖是海平面上升的显著贡献因素，海平面上升通过海水的热膨胀和陆地冰的大范围消减而形成"（IPCC，2001）。全球气温快速上升的意义贯穿于经济、社会和环境等广泛领域，突出了控制导致全球变暖因子的紧迫性。其中第一和最重要的就是能源消费。全世界只有欧洲人均化石燃料消费趋于减少，但这种进程非常缓慢。

(五) 厄尔尼诺

对发生在1997—1998年间最严重的事件——厄尔尼诺效应的关注也越来越强，那次事件造成了严重的经济损失。人们通过研究这一事件所带来的教训，制定了一些消除未来厄尔尼诺效应的措施。

(六) 评估与早期预警

2001年6月5日世界环境日，由世界卫生组织、联合国环境规划署和世界银行等机构及组织开展了合作项目——"千年生态系统评估（MA）"，该项评估检查那些支持生命的过程，诸如草地、森林、河流、湖泊、农田和海洋。1500名世界著名的科学家历时4年、花费2100万美元开展这一研究（MA，2001）。联合国原秘书长安南在宣布这一研究时说："千年生态系统评估将描述地球的健康状况，从而大大增加我们要保护地球所需了解的知识。我们所有的人都不得不来共享地球的脆弱生态系统和珍贵资源，我们每个人应该去保护它们。如果我们将继续生活在地球上，我们大家都必须承担义务。"

开展这一研究的目的是为决策者就全球生态系统对人类生活与环境的影响提供权威的科学知识。它将为政府、私有企业及地方组织提供更好的信息，以便他们采取步骤以恢复全球生态系统的生产力。

千年生态系统评估（MA）已被各国政府作为满足三个国际协议——《联合国生物多样性公约》、拉姆萨尔《国际湿地公约》及《联合国防治荒漠化公约》

的评估需求机制。

第二节 国际产品质量保证运动

自商品生产以来，人类历史上就建立过以产成品检验为主的产品质量管理体系。随着科技的进步及生产力的发展，质量的内涵也在不断丰富和发展，从最初的检验实物产品质量发展为检验产品或服务满足规定和潜在需要的总和，进一步拓展到今天的实体，即可以单独描述、研究事物的质量，如某项活动或其过程，各类产品，各类组织、体系或人以及它们的任何组合。基于传统质量检验管理体系，引入数理统计方法或其他工具，使质量管理体系进入"统计质量管理"阶段。而到了近现代，产品质量管理体系由于与系统工程相结合，质量管理体系进入了"现代质量管理"阶段。

一、手工业时期的产品质量保证

由于手工业生产经营方式的影响，其产品质量主要依靠工人的实际操作经验，通过手摸、眼看等感觉器官估计和度量而定。工人既是实际的操作者又是质量的检验和管理者，且工人的经验就是实际标准。同时，主要靠"师傅带徒弟"的方式实施质量标准，因此，该时期的质量管理又被称之为"操作者的质量管理"。

随着经济社会的发展，出现了商品交换，商业就出现了。买卖双方不面对面的直接接触了，而是通过商人进行商品的交换和交易。以往在集市上通行的质量体系行不通了，质量担保就由此产生，从口头形式的质量担保转变为特定的质量担保书。随着商业的快速发展，为了促使相隔遥远的连锁性厂商和分销商实现有效地沟通，新的发明得以出现，即产品的质量规格。因此，大量的质量信息能够在买卖双方流通。而后，产生了简单的质量检验方法，它就是在手工业时期的质量管理体系。

18世纪中叶，欧洲爆发了工业革命，其产物就是"工厂"。由于工厂具有手工业者和小作坊无可比拟的优势，导致手工作坊的解体和工厂体制的形成。在工厂进行的大批量生产带来了许多新的技术问题，如部件的互换性、标准化、工装和测量的精度等，这些问题的提出和解决，催促着质量管理科学的诞生。

二、工业化时期的产品质量保证

到了20世纪，人类进入了工业化时代，它的特征是经营规模化、加工机械化及资本垄断。而在过去的一个世纪，产品质量管理也大致经历了三个阶段：

（一）产品质量检验阶段

资产阶级工业革命实现了生产方式的巨大变革，机械化大生产逐步替代了手工作业生产，大量劳动者集中到工厂内进行大批量生产，企业管理及产品质量管理也就自然而然产生。在 20 世纪初，社会公众对产品质量管理的认识仅限于简单的质量检验管理，之后，出现了通过严格检验来保证和控制出厂的产品质量管理体系。

在质量检验管理中，各式各样的检测设备被使用，严格把握产品的质量，检验全部出厂的产品。1918 年前后，美国出现了以泰勒（Taylor）为代表的"科学管理运动"。此项运动提出了"科学分工"的思想，并有计划分离各类职能，同时加入检验环节，以便管理和监管相关产品标准等的贯彻、执行。一般而言，计划控制、生产管理及检查监督分别由不同的人负责，最终能构成一支专业的检查部门，质量检验部门最终会被独立出来。最初，为了保证产品的质量，人们非常强调工长的作用，工长最终会承担保证产品质量的责任，故被称为"工长的质量管理"。

1940 年以前，在生产规模扩大的情形下，该职能又由工长转移到专业的检验工人，由专职检验部门实施质量检验，有人称它为"检验员的质量管理"。质量检验是在成品中挑出废品，以保证出厂产品质量。专职检验的特点是"三权分立"：有人专门负责制定标准、有人专门负责生产制造、有人专门进行产品质量的检验。专业检验不仅是从产成品中挑出废品，保证出厂产品的质量，也是生产过程中的一道重要工序。通过产品的质量检验，反馈产品的质量信息，最终提高产品的合格率。

这种检验也有自身的局限性：第一，当出现质量问题时，容易出现不同的负责人相互扯皮、推诿的情形；第二，该种检验属于"事后检验"，不能完全预防、控制生产的全部过程，一旦发现废品，很难进行补救；第三，种类检验要求对产品进行百分之百的检验，可能给企业带来巨大的经济负担，特别是在大规模生产及大批量生产的情况下，这个弱点显得尤为突出。之后，这种百分百检验改为抽样，以减少产品检验的成本及由此带来的损失。但实际上，产品检验具有"大批严、小批宽"的特点，当产品批量增大后，抽样检验的要求也变得越来越严格，因此，具有相同质量的产品可能因为批量大小的差异得到不同的处理。

一些著名的专家和学者关注到质量检验的问题，试图运用数理统计学的原理进行质量检验，保证质量检验的经济性及准确性。1924 年，休哈特（Walter A. Shewhart）提出控制和预防缺陷的概念，质量管理中引入数理统计方法，并创造出"控制图"（control chart），使质量管理进入新阶段。控制图的出现，标志着质量管理从单纯的事后检验转变为检验加预防的阶段，这也促使质量管理逐步形成一门独立的科学。因为基于质量控制的统计方法给组织带来了超额利润,第二次世界大战后,许多国家(如墨西哥、日本、挪威、印度、丹麦、瑞典、荷兰、西德、法国、比利时、意大利以及英国等)都开始进行统计质量控制活动,并取得了显著成效。随着质量控制的统计方法的发展,预防废品并检验产品质量的方法,从专业的检验工人转移到专业的质量控制工程师。

(二) 产品质量控制阶段

在休哈特发明出控制图以后,道奇(Dodge,1929)和罗米格(Romig,1929)提出了"抽样检查表"(A Method of Sampling Inspection),瓦尔德(Wald,1947)提出逐次抽检(序贯抽检)方法,1931 年休哈特正式出版了第一本关于质量管理的科学专著——《工业产品质量经济控制》。他们都是较早在质量管理中引入数理统计方法,为质量管理科学做出突出贡献的学者。然而,只有少数美国企业采用这类管理体系。特别是受 1920 年代经济危机的影响,资本主义的工业受到极大的创伤,先进的质量管理方法都没能付诸实施。

而在第二次世界大战中,由于战争对武器弹药等军需物质的需要,需要严格把控军需物资的质量,这就对质量管理提出了新的更严格的要求。缺少事前控制、质量保障的军需产品,会严重影响战争的开展,把数理统计的方法应用到质量管理的迫切性增强。因此,不仅在国防部门采用质量管理统计方法,而且其他部门如民用工业、保险部门、运输行业也得到推行,也使统计质量管理得到快速的发展。总而言之,这种方法实现了从事后控制转变到生产过程的积极预防控制。针对检验控制的传统管理思想而言,统计质量管理更新了检查职能,是质量管理的重要飞跃。而质量管理与数理统计方法的结合是该阶段的关键特征。

到第二次世界大战结束后,随着美国许多企业生产规模扩大,很多民用工业也纷纷运用统计质量管理的方法,其他一些国家,如法国、加拿大、意大利、德国、日本、墨西哥也纷纷推出统计质量管理,取得了突出的成就。但统计质量管理也存在内在的缺陷,比如:它非常强调质量控制中的统计方法,使质量管理常被误认为就是统计方法;它对质量的管理和监督限制于制造和检验部门,忽略了其他一些部门对质量的要求,从而不能调动所有部门的积极性。

(三) 产品全面质量管理阶段

产品全面质量管理从 1960 年代开始一直延续至今。之后,统计质量管理逐步向全面质量管理过渡,其原因有:① 人们越来越关注产品质量。过去,消费者往往只重视产品的使用性能,现在,消费者关注到产品的耐用性、可靠性、美观性、安全性等。② 系统分析方法被广泛运用到生产技术和质量管理活动中。产品质量管理要求用系统分析的方法研究产品的质量,把质量管理看作大系统中的一个子系统。③ 管理科学理论有了新发展，其中突出发展是越来越重视人的作用，如"职工参与管理"就是依靠广大员工实现质量管理。④ 大量保护消费者权益的运动不断兴起。1960 年代很多国家的消费者为维护自身利益，纷纷团结、组织起来与生产伪劣商品的企业抗争。⑤ 在当前激烈的市场竞争条件下，尤其是不断加剧的国际市场竞争，一些非政府组织也越来越重视产品的质量及生产该产品的企业信誉。

因此，仅运用统计方法来实现产品的质量管理，很难保证产品的质量和服务。同时，把质量检验的职能完全交给专业的质量控制工程师或相关技术人员，也存在较多不合理性。于是，全面质量管理的实践就逐渐孕育而生。美国通用电器公司质量管理部的部长菲根堡姆（Feigenbaum A. V.）最早提出"全面质量管理"的概念。1961 年，菲根堡姆的著作《全面质量管理》出版，他指出："全面质量管理是为了能够在最经济的水平上并考虑到充分满足用户要求的条件下进行市场研究、设计、生产和服务，把组织各部门的研制质量、维持质量和提高质量的活动构成为一体的有效体系"。因此，全面质量管理的核心思想是在一个企业中的各部门都要做质量发展计划、质量保持计划及质量改进计划，为企业的日常生产经营服务。自菲根堡姆提出全面质量管理的概念后，世界各国也开始深入研究质量管理，逐步运用全面质量管理的理论及相关方法发展质量管理。一般而言，全面质量管理（TQM）需经历四个发展阶段，以日本引进全面质量管理体系为例：

1. 日本引入全面质量管理

1950 年，戴明（Edwards Deming）博士研究质量管理并开展相关讲座，使日本人学习到很多全新的质量管理理论及方法。当时，质量管理理论并没有在日本完全提出，之后，质量管理理论为日本经济的发展做出了较大的贡献。而到1970 年，质量管理已经渗透到日本的各个行业。

2. 质量管理广泛采用统计技术和计算机技术

1970 年代后，日本企业运用质量管理的方法实现了巨大的收益，这也让日本充分了解全面质量管理的益处。之后，日本将质量管理当作一门科学来研究和发展，并采用统计技术和计算机技术推进其发展，在这一阶段，全面质量管理获得了突飞猛进的发展。

3. 全面质量管理的内容和要求得到标准化

随着全面质量管理理念在全球范围的普及，更多企业开始运用这种质量管理方法。国际标准化组织 ISO 于 1986 年把全面质量管理的内容进行了标准化，在 1987 年 3 月，ISO 正式颁布了 ISO 9000 系列标准，这使全面质量管理进入到新的阶段。

4. 质量管理上升到经营管理层面

随着质量管理向更高层次发展，企业的质量管理被提升到与企业生产经营管理同等重要的战略层次。同时，众多著名的专家、学者如朱兰、石川馨、久米均等人，都提出了许多质量管理的观点和理论，被一般大众认为是企业生产经营的生命线的质量管理逐渐被企业接受和认可。

（四）全面质量管理（TQM）的实施情况

二战之后，整个世界的经济需要恢复，全面质量管理概念逐步被世界各国所接受，在发展过程中，逐渐发展成"美国系统""日本系统"以及"苏联系统"三类系统，它们都有各自的特点。

1. 美国系统

在全面质量管理的发展过程中，不得不提及"无缺陷运动"。无缺陷运动发生于第二次世界大战期间，当时为了能够保证军需物资的质量，各个工厂建立了最新的质量管理组织。以美国为代表的美国系统，在质量管理过程中进行了质量成本或质量费用的研究，研究表明质量管理是需要管理成本的，而研究内容包括故障研究、评价鉴定研究和预防费用研究等。

2. 日本系统

1970年代后，日本就开始在全国范围内推进全面质量管理建设，它是基于美国质量管理的经验发展出了QC小组，即全民性的质量管理活动。随着QC小组的发展，其逐渐发展成为全面质量管理的要素之一，菲根堡姆等质量大师都到过日本推动QC小组的发展。截至1970年代末期，日本已经有70万个QC小组，500多万成员参加QC小组，形成了日本独具特色的"日本系统"。

3. 苏联系统

第二次世界大战结束，为了加快恢复工业生产的步伐，苏联和东欧开展了质量管理的研究，主要代表人物是布拉钦斯基和杜布维可夫，他们提出了全面质量管理的思路和模式。苏联为了鼓励改进产品的质量，将杜布维可夫创造的质量管理方法称为"萨莱托夫制度"。在萨莱托夫制度中，严格规定产品或零件的规格和标准，保证产品或零件方便快捷使用，进一步节约产品的生产成本。此外，萨莱托夫制度还提供操作方法、测定仪器、适当的信息等来生产和开展相关的培训活动。

从产品质量管理的发展历史可以看到，人们不断发展、完善所运用的方法、手段来解决质量问题；而这一过程伴随着科技的进步和生产力的提高紧密联系。同样可以预想到，随着高新技术的快速发展，解决质量问题的方法、手段必将更加丰富和完善，质量管理也逐步发展到新的阶段，即现代质量管理工程阶段。

三、产品质量管理的国际化

随着国际贸易的迅速扩大,产品和资本的流动日趋国际化,产品要打入国际市场或进行国际合作生产就要提高产品的质量信誉,提供产品质量可靠的证据包括两个方面,即国际产品质量保证和产品责任问题。

只有企业的质量管理体系有效性,才能促使采购商有足够的信心来采购该企业的产品。在日常生产过程中,企业的合作方往往邀请第三方来厂房进行质量保证的审核及评价,即以质量保证标准为依据开展外部质量管理活动。因此,在国际贸易的活动中,要求各国的质量标准能协调一致,以此减少质量保证的成本。基于以上理由,各国也制订了民用品质量保证的国家标准。

1979 年,加拿大制订了一套质量保证标准,把质量保证分为四个层次,并针对四个保证级别编写相应的选用指南,这些质量保证标准的名称分别为《质量保证大纲要求》《质量控制大纲要求》《质量验证大纲要求》和《检验大纲要求》。1985 年,加拿大修订了以上四个标准,把它们重命名为《质量保证大纲一类型》《质量保证大纲二类型》《质量保证大纲三类型》和《质量保证大纲四类型》。

1979 年,英国也制订了一套质量保证标准,把质量保证分为三个级别,这一套质量保证标准的名称为《质量体系设计、制造和安装规范》《质量体系和安装规范》和《质量体系和试验规范》。1981 年,英国还制订了三个相应的指导标准,让社会公众更好地理解这些标准,它们是《质量体系 Past1 的使用指南》《质量体系 Part2 的使用指南》和《质量体系 Part3 的使用指南》。由于英国作为 ISO 质量保证标准的重要起草国之一,在 ISO 9000 标准制订后,英国也就修订了 BS5750。

1980 年代初,瑞士、法国、荷兰、澳大利亚、挪威等国也纷纷制订了国际层级的质量保证标准,质量保证标准一般被分为三个层级,比如法国质量保证标准《供需关系中质量保证程度的选择指南》,在其标准中也是提供了对应的三种保证模式。

国际组织在产品质量保证方面也做出了巨大的努力。1973 年,在海牙国际司法会议上制定了《关于产品责任适用法律公约》。之后,欧洲理事会的成员国在丹麦斯特拉斯堡一致通过了《关于造成人身伤害与死亡的产品责任欧洲公约》。随着不同国家和地区陆续发布了一系列质量管理及质量保证标准,制订统一的质量管理国际标准也就显得越来越迫切。基于以上原因,1979 年,ISO 专门成立了质量管理和质量保证技术委员会,以此来负责制订质量管理方面的国际标准。1987 年 3 月,ISO 9000—9004 质量管理和质量保证标准正式发布,该标准总结和归纳了不同国家的质量管理经验,其发布后引起世界各国的关注并予以贯彻,标准适应了国际贸易发展需要,满足了质量方面对国际标准化的需求。

1987 年,中国正式推出自己的全面质量管理体系,随后呈现快速发展的态势。当前,全面质量管理体系从工业组织逐步拓展交通运输行业、商业组织及乡镇组织等,甚至有些事业单位也积极试行全面质量管理体系。质量管理的一些概念和方法先后被制定为国家标准,1992 年我国采用了 ISO 9000《质量管理和质量保证》系列标准,广大组织在认真总结全面质量管理经验与教训的基础上,通过宣传贯彻 GB/T 19000 系列标准以进一步全面深入地推行这种现代国际通用质量管理方法。

第三节 国际消费者保护运动

消费者运动指的是现代商品经济条件下,消费者为争取公平、公正、维护自身利益,与损害消费者利益的集体或个人进行斗争的一种有组织的运动。最初,消费者运动还是自发的群众性活动,慢慢才发展成为有组织的群众性活动。同时,消费者运动也呈现从政府的行政干预到运用法律保护消费者利益的转变。

一、消费者运动的兴起阶段

消费者运动产生于 19 世纪末 20 世纪初。当时主要资本主义国家纷纷进入垄断资本主义阶段,现代化大生产使得商品市场供过于求,形成买方市场,消费需求逐步由量的需求转化为质的需求,因而消费者开始对消费品的质量、安全性、消费交易的公平合理性提出了更高的要求。但是垄断资本家为了获取超额利润,不断控制割裂消费品的生产与销售,消费者的地位日益恶化,导致时常发生侵害消费者权益的行为。资本家为了利润最大化,不顾消费者的基本健康,制造假冒伪劣产品,可能使用发霉、变质甚至有毒原料生产产品。另外,随着生产力的快速发展,基于资本主义制度基础上的各种法律制度也越来越显现出该种制度的局限性。在这种情况下,广大消费者逐渐形成共同意识,要与损害消费者利益的行为进行斗争以维护自身权益;同时也认识到凭个别消费者的力量无法对抗有组织的企业者,必须团结才能产生力量。于是,消费者运动便应运而生。

纽约消费者协会于 1891 年成立,它是世界上第一个以保护消费者权益为宗旨的社会组织。此后,美国各地纷纷建立各式各样的消费者组织,并于 1898 年联合成立了美国消费者联盟,其成为世界上第一个全国性保护消费者权益的社会组织。1903 年时,该组织已在 20 个州设立了 64 个分支机构。1914 年时,美国消费者联盟成立了美国联邦贸易委员会,该委员会是第一个保护消费者权益的政府机构。

1929—1933年，发生了全球性的经济危机，经济濒临崩溃，物资供给不足，各类假冒伪劣产品充斥市场，社会公众也不断呼吁加强产品安全卫生的管理。这种背景下，美国兴起了消费者运动，该运动的主要内容是教育消费者更好地自我保护。1928年，作为全球第一个民间消费者教育机构——消费者研究所在美国成立，并开办了刊物《消费者纪要》。消费者研究所首次提出了要从安全健康角度对消费品生产销售进行适度的国家干预，对产品实施公正的检验并向民众公布相关信息、结果。消费者刊物的出现，为唤醒消费者的权利意识以及提高消费者的自我保护能力发挥了重要作用。

二、消费者运动的成长阶段

1960年代，一些西方资本主义国家的经济技术进入高速发展时期，一个代表着有固定职业和稳定收入、受过良好教育的消费者阶层兴起，他们开始对经济政治发挥着日益重要的影响力。

（一）消费者运动涉及的领域进一步扩大

消费者已经不单纯要求食品和药品的安全卫生，而是从食品、药品逐步扩展到家电、住宅、汽车等耐用消费品，要求国家相关部门及企业维护消费者利益，妥善解决与消费者密切相关的问题，提高产品质量及相关服务质量，保护环境等。

美国消费者运动进一步发展壮大。美国总统肯尼迪于1962年在《关于保护消费者利益的总统特别国情咨文》中，首先提出消费者的四项基本权利，它包括产品安全的权利、了解产品基本情况的权利、选择产品的权利及意见被听取的权利。1965年，美国国会屈于消费者运动的强大压力，举行了关于轮胎和汽车质量安全的听证会，于1966年通过了《国家交通和汽车安全法》，对美国汽车工业一味追求利润，不顾安全的做法起到了有力的制约作用。除此之外，《电冰箱安全法》《天然气、管道煤气安全法》等相继出台。1966年，制定了《香烟标识法》，它是该时期立法上的一项重大突破。其中，该法律的一项规定要求香烟生产厂商在产品上标明"吸烟有害健康"。美国时任总统尼克松于1969年又提出了消费者的第五项权利，即消费者的索赔权利。政府提出消费者的权利，促使消费者运动进入新的发展阶段，同时，美国政府也设立了一系列保护消费者利益的机构。

同期，英国也出台了一系列相关法律，除了关于普通消费品健康安全保障的《睡衣安全条例》《玩具安全条例》《炊具安全条例》和《化妆品条例》外，还对车辆、电器等具有较大危险隐患的消费品制造和销售做了严格规定，如《机动车检测条例》《电动设备构造条例》《机动车构造与使用条例》和《液化气气体条例》等。在此期间,英国还相继制定了《药物毒品法》《公共卫生法》《药剂法》和《食品与药品法》等,并于 1957 年成立英国消费者协会。

这个时期日本的消费者运动也得到快速发展。第二次世界大战结束之后,日本的消费者运动开始逐步兴起。当时,日本经济处于瘫痪状态,消费品供不应求,一些企业借机生产假冒伪劣产品。1950 年代左右,日本经济实现了快速发展,但也频繁发生一系列严重损害消费者权利及利益的事件。面对大量损害消费者行为的发生,日本国内要求保护消费者利益的呼声也越来越高。1948 年 9 月,一些家庭主妇组织起来召开"清除劣质火柴大会",积极抵制劣质火柴。会后,日本主妇协会正式成立,日本消费者运动由此开始。

除美国、英国和日本外,其他国家的消费者运动也蓬勃发展起来。1953 年,德国成立消费者同盟;1969 年,韩国成立国内"主妇俱乐部联合会",旨在保护消费者的权利;荷兰、法国等也陆续成立了有关保护消费者权利的组织。1960 年,美国、荷兰、英国、比利时、澳大利亚五国的消费者组织共同成立"国际消费者组织联盟"(IOCU),截至 1994 年,该组织的会员及通讯会员来自 110 多个国家,会员总数达 300 多个。1983 年时,每年的 3 月 15 日被国际消费者组织联盟定义为"国际消费者权益日",消费者运动逐步发展成为全球的潮流。

(二)维护消费者权益的队伍迅速扩大

不同国家的消费者运动具有不同的特点,美国的消费者运动比较关注提高消费者的维权意识。随着消费者运动的快速发展,一些消费者研究中心不断建立,较多专家及学者投身于消费者教育、研究工作中,成为运动的核心力量。与此同时,消费者运动还扩展到校园内,1970 年代末,美国 30 个州的 106 个院校建立了自己的消费者组织。消费者运动的快速发展对政府政策的制定产生了重大影响,促使美国政府于 1960 年代颁布了 20 余部消费者保护法律,各级政府也成立了消费者保护机构,其中,联邦政府中就有 30 多个消费者保护机构,比如联邦贸易委员会成立消费者保护局,主要负责与消费者保护有关的案件。各地还设有小额争议诉讼法庭,受理消费者申诉,及时解决争议。

日本方面,虽然消费者运动起步较晚,但是消费者运动的影响力却大大加强,对日本政府产生了深刻影响。1970 年代以后,日本消费者运动范围扩大,除了关注日常家用品的安全之外,对公平交易、营销手段及交易习惯等方面提出了高层次的要求。政府先后颁布了大量保护消费者权益的法规,并于 1970 年设立了消费者保护行政机构"国发生活中心",隶属于经济企划厅,独立行使职权,并在全国各都、道、府、县设立分中心,作为地方维权行政机构。其职能包括:提供改善民生的相关信息,举办各类与消费者利益相关的活动,进行产品比较，出版维护消费者利益的刊物等。在日本的消费者运动中，消费者组织起着至关重要的作用。

（三）维护消费者公平交易

1890年，美国联邦政府通过了《保护贸易和商业不受非法限制和垄断损害的法律》，它是最早一部国家干预消费者关系的法律。此后，其他国家也陆续通过了相关的法律，如德国出台的《分期付款买卖法》和《反不正当竞争法》。这些法律开始考虑消费者利益，适度限制生产者及经营者的权利。当前，虽然出台了一系列保护消费者权利和利益的法律法规，但也频繁出现了损害消费者利益的行为。

为了实现商品交易的公平，防范运用不正当营销，在消费者运动的推动下，西方传统契约法领域也出现重大的突破。过去，只有当消费者在产品的提供商有明确的契约关系时，消费关系中的受害者才能得到一定的赔偿。而1944年，美国发生一起"消费者诉美国可口可乐公司"的案件，在消费者举证及鉴定难的情况下，法院首次免除消费者举证责任而直接推定可口可乐公司承担责任。1963年发生"消费者诉尤巴电力公司"案件，该案件明确了厂商的"严格责任原则"，而产品责任原则进一步与保险制度挂钩，使消费者利益得到一定程度的保障。

同期，英国为了实现对消费者的充分保护，在传统契约法领域也有所突破，1961年英国出台了《反虚假拍卖法》，1969年出台了《分期付款消费法》。在1974年颁布的《消费者信用法》中，首次扩大了消费者一方的权利以及加重了经营者一方的义务。

日本政府在保护消费者利益方面也做了大量的工作，出台了一系列法律，1961年出台的《分期付款销售法》、1976年出台的《上门推销法》等。这些法律法规趋向于保护消费者权益，例如《分期付款销售法》规定：消费者使用分期付款的方式购买产品时，享有4天的"冷却期"，即在此期间，消费者可以撤回与厂商签订的契约，而不承担相关的违约责任；当消费者未能按期付款，享有20天"催付期"，期满后厂商才可以解除契约。日本在有关消费领域行政管理法规数量之多、涉及面之广超过了其他发达国家。

三、消费者运动的成熟阶段

1980年代初以来消费者运动出现了国际化趋势。一方面一系列消费者权益保护的国际公约得以出台，另一方面不同国家之间有关保护消费者权益的立法内容及原则日益趋同。

全球范围内出台了很多国际规范，如联合国出台的《控制限定性商业行为的多边协议准则》及《保护消费者准则》、欧洲理事会出台的《消费者保护宪章》等。其中《保护消费者准则》是在国际消费者联盟的倡导下制定的，分4个部分共计46条，是目前影响力最大的全球性消费保护立法。欧洲理事会的《消费者保护宪章》首次在国际范围内对消费者的结社权做出明确规定。1994年国际消费者联盟的会员已发展到90多个国家的300多个组织。消费者运动已形成席卷全球、势不可当的历史潮流。

我国的消费者运动起步较晚。但一开始就受到党和政府的高度重视，并纳入到国际消费者运动的大潮中。1987年，中国消费者协会被国际消费者联盟接纳为正式会员，中国消费者组织在处理国际事务中正日益走向成熟。

四、国际消费者联盟组织

国际消费者联盟（IOCU）是一个非营利的非政治性组织。1960年该联盟由英国、美国、荷兰、比利时和澳大利亚5国消费者组织于1960年发起成立，现其总部在英国伦敦，其成员包括90多个国家和地区的215个消费者组织。1987年，中国消费者协会也加入该组织。

（一）国际消费者联盟的宗旨

国际消费者联盟有如下宗旨：在全球范围内，积极推进各国政府及相关消费者组织维护消费者利益的工作，促使各国进行有关提升消费产品质量及服务的国际合作；促进其他各种国际合作，如保护消费信息、提升消费教育和保护消费者权益等；交流、收集与保护消费者权益的法律法规；出版保护消费者权益的刊物；与一些国际团体及联合国的相关机构保持长期、有效的联系；对发展中国家关于消费者方面的计划给予一切支持和援助。

（二）国际消费者联盟的组织结构

国际消费者联盟的全体大会由各个成员推选的代表组成；由35名成员组成理事会，理事会下设执行委员会；联盟的经费来源于出售出版物和会费；在联合国各个组织中，联盟是一个咨询组织。同时，该组织在联合国工业发展组织、联合国环境规划署、联合国国内妇女委员会、联合国亚太经济与社会委员会中也有自己的代表。

国际消费者联盟建立了相关的工作小组，主要负责商品检测、开展教育和开展法制等活动；在亚太地区设立顾问小组委员会，其主要任务是专门提供特殊的信息资料；中央秘书处下设图书馆，收集并传播与消费者利益相关的立法、技术、教育资料。同时，国际消费者联盟还负责制定一系列区域发展计划，进行有关向第三世界倾销危险药品、不完备商品标签、农药以及婴儿食品的监察等问题的研究。

国际消费者联盟制订了"公民"宪章，以唤起公民的批评、诉讼意识及社会责任。该组织每三年召开一次世界代表大会。国际消费者联盟同时拥有自己的出版刊物，如《国际消费者联盟组织通讯》（月刊）、《消费者国际监察焦点》（每年6期）、《消费者报道》（月刊）、《西班牙语消费者杂志》（季刊）、《国际健康活动新闻》（每年6期）、《消费者术语汇编》以及专题论文集和其他专刊。

五、保护消费者权益的国际标准化运动

维护消费者权益是世界各国共同的目标，也是标准化组织工作的重要领域。标准化组织能促进经济社会的平稳发展，它也能够制订、执行相关标准保证消费者的合法权益不受侵犯，并为维护消费者权益提供科学依据。

随着科学技术和世界经济的高速发展以及消费品市场的扩大，世界性的保护消费者权益的标准化工作变得更加迫切。1949年ISO成立了"消费者问题"技术委员会，其目的是通过标准化来保护消费者的权益。1978年5月ISO正式成立了国际标准化组织消费者政策委员会即ISO/COPOLCO，它的成立标志着保护消费者的工作向国际标准化的方向发展。我国已于1979年加入该组织，成为该组织的积极成员之一。

ISO/COPOLCO每年召开一次由全体成员国参加的大会，在全会期间还组织一次研讨会，研讨的内容都是各国消费者所共同关心的热点问题或今后开展国际标准化工作的新领域，这些举措对国际以及各国保护消费者权益的标准化工作都产生着极其重要的影响。从1979年开始，ISO/COPOLCO已对20个与消费者密切相关的热点问题展开了研讨。如1997年第14届全会的主题是"消费者需要的环境标志和产品评价"，导致ISO于1993年成立了国际标准化组织环境管理标准化技术委员会即ISO/TC207，从而推动了ISO 14000环境管理标准的研究与制订。1995年，第17届全会的主题是"服务——对国际标准化的一个挑战"，就消费者所关心的服务标准化的目的与目标、服务标准化的可行性、消费者对服务的期望以及旅游服务、旅行服务、健康护理服务、通讯服务等领域专门进行了深入交流和探讨，这次研讨会成为国际标准化活动的一个重要转折点，预示着服务领域国际标准化工作将掀开新的篇章。紧接着1996年世界标准日的主题就定为"呼唤服务标准"。

联合国将1999年确定为"国际老人年"，因此1999年ISO/COPOLCO研讨会的主题定为"人口老龄化——提高生活质量需要通过标准实现"。研讨的内容分4个方面：①消费者教育；②健康护理；③产品安全标准的制订；④营养补充，制药、医疗器械的安全性。这次研讨会提出：让大家共同探讨提高生活质量尤其是老年人的生活质量是需要通过消费者教育和制订标准来实现的。在本次全会上 COPOLCO 通过了制订"满足老年人和残疾人特殊需求"和"家庭健康护理"的国际导则的提案。中国代表团出席本届会议并发言指出：中国在 21 世纪将进入老龄化的社会，如何面对挑战，需要政府部门的高度重视，企业也应着手研究和开发适合老年人的产品和服务设施，在产品设计及标准中要充分地考虑老年人的安全问题并加强对老年消费者的安全教育。2000—2006 年国际标准化组织消费者政策委员会研讨会主题如表 8-1 所示。

表 8-1 2000—2006 年国际标准化组织消费者政策委员会（ISO/COPOLCO）研讨会主题

时 间	主 题
2000 年	全球市场的消费者保护——用标准作防护
2001 年	改善消费者服务——标准能帮什么？
2002 年	企业社会责任——概念和解决办法
2003 年	消费者信心和标准的作用——原则和道德实践
2004 年	管制、联合管制和自我管制——哪一个有风险？立法和标准：消费者保护伙伴
2005 年	给消费者一个更安全的世界——标准能够做什么？
2006 年	环境标准如何促进可持续消费？

资料来源：http://www.iso.org/iso/en/commcentre/events/archives.

随着全球化的不断深入以及跨国企业的发展壮大，社会责任的概念在全球范围内得到广泛传播，社会责任的理念掀起了巨大的浪潮。但是长期以来，没有一个统一明确的标准对社会责任是什么加以规范，也没有一个可供参考的模式指导社会责任的实践。ISO 国际标准化组织在规范国际社会责任的实践中发布了 ISO 14000、ISO 9000、ISO 50001、ISO 31000、ISO 22000 等国际标准，从环境保护、产品质量管理、能源管理、风险管理及食品安全管理等各个方面规范企业活动，而在 2010 年 11 月 1 日，ISO 终于对外发布了关于社会责任的标准 ISO 26000《社会责任指南》（ISO 26000：2010，Guidance on social responsibility，简称 ISO 26000）。这在社会责任发展历程中具有划时代的意义，这对于国际标准化组织来说是一次跨越，一次从工程技术领域到社会和道德领域的跨越。

第四节 国际劳工保护运动

一、劳工权利保护问题的产生和发展

（一）国际劳工标准的产生及内容

19 世纪初，为提升产品的国际竞争优势，欧洲主要资本主义国家的资本家

不惜以延长员工的工作时间、大量使用童工等手段以降低产品成本，这些行为促使一系列劳工运动频繁发生。丹尼尔·格兰德（Daniel L. Grand）"多次向欧洲主要国家的政府发出呼吁，希望就劳工立法问题达成共同协议，他被视为提出国际劳工立法理念的主要创始人"①。随后，为建立国际性的劳工组织并确立相关国际劳工标准，德国、法国及瑞士的政府进行了倡导和实践活动，一些劳工组织、专家、学者及社会民主人士也大力推进相关活动。到19世纪末，在得到德国、瑞士等国的支持后，"国际法律保护劳动者协会"正式成立了，并着手制订相关国际公约，此即国际劳工组织（International Labor Organization，以下简称ILO）的前身，该进程被第一次世界大战打断。第一次世界大战后，国际法律保护劳动者协会在召开的世界和平大会上决定建立一个三方性国家间组织。1919年10月29至11月29日，第一届国际劳工大会在美国华盛顿举行，国际劳工组织正式宣布成立，会议通过了《国际劳工组织章程》。国际劳工组织也与联合国签署相关协议，促使其成为联合国的专门机构，主要负责社会与劳工问题。第26届国际劳工大会于1944年在美国费城举行，会上通过了《关于国际劳工组织的目标与宗旨的宣言》（以下简称《费城宣言》），该宣言作为《国际劳工组织章程》的附件与《国际劳工组织章程》一起，至今仍然是关于国际劳工组织的宗旨和目标的宪章。

当前，国际劳工标准还没有统一的定义，"国际劳工标准"和"劳工标准"两词往往被相互混用，国际劳动标准的定义也存在多种表述，例如贸易社会条款、核心劳工标准、贸易劳工标准、贸易社会联系、人权社会标准等。尽管国际劳动标准的称谓各有不同，但可以把它们大致分为经济效益（与贸易效益相关的社会福利待遇标准）和伦理道德（如劳工权利、禁止劳动歧视、人格尊严等人权方面）等内容。而国际劳工标准在国际劳工组织那里也无完整的定义。

联合国经济合作与发展组织（Organization for Economic Cooperation and Development，以下简称OECD）的一份报告认为，只有一小部分可称为"核心劳工标准"（Core Labor Standards）的才属于这里所讲的"劳工标准"，这些精心选择的标准共同组成了人权保护的体系，在联合国的一些文件中也包含这些标准。这些标准包括：① 废除强迫劳动；② 自由结社与集体谈判；③ 消除使用童工；④ 就业无歧视。1998年，国际劳工大会通过了《国际劳工组织关于工作中基本原则和权利宣言及其后续措施》，该宣言明确把核心劳工标准称为"劳工的基本权利"。针对这些核心劳工标准，国际劳工组织把它们称之为"基本劳工公约"，即指由国际劳工组织理事会确认，不管成员国经济发展水平如何，为保护劳工人

---

① ILO. International Labor Standards: a Workers Education Manual. Geneva: ILO, 1978: 3.

权而应遵守的最基本国际劳工公约。这些公约大致可分为四大类：一是废除强迫劳动的条约；二是保证自由结社与集体谈判的条约；三是劳工享有平等权的条约；四是禁止使用童工的条约。

分析 OECD 的"核心劳工标准"与 ILO 的"基本劳工公约"，其内容完全相同。1996 年 WTO 新加坡部长会议上阐明，国际劳工组织是设立和处理这些标准的权力机构。因此，国际劳工组织所制定的最基本劳工公约也可作为"核心劳工标准"。根据黎友焕（2011）的研究，ISO 26000 关于劳工实践的部分列出劳工实践的主要议题有雇佣和雇佣关系、工作环境和社会保障、社会对话、工作中的健康和安全以及个人发展和职业培训。这相较之前的标准要更加全面，这也是 ISO 26000 科学性的体现。

（二）国际劳工标准的性质

从一定程度上讲，国际劳工标准应属于《国际法》的重要组成部分，同时，国际劳工标准在制定及实施等方面呈现不同于国际法的特点。

1. 国际劳工标准的制定体现了"三方性"

所谓"三方性"是指由各成员国派出政府、雇主和工人三方代表参加国际劳工大会，在讨论和通过公约和建议书草案时，各成员国的三方代表可以独立发表意见投票。

2. 国际劳工标准的内容表现出"国内性"

所谓"国内性"是指大多数公约及建议书主要以调整各成员国国内劳动关系为目标，如改善劳动条件、确定最低工资、限制工作时间、调整劳动关系、建立社会保险等，只有很少公约及建议书涉及各国之间的劳工关系问题。

3. 国际劳工标准的规定具有"灵活性"

所谓"灵活性"是指国际劳工标准在适用所有成员国条件下，为适应各成员国的具体情况，也规定了一些特殊的调整措施。有些公约允许某些成员国遵守国际公约中的主要条款，对某些暂达不到的条款予以保留或做出相关声明。

4. 国际劳工标准制定后的批准具有"自愿性"

所谓"自愿性"是指在制定国际劳工标准后，各成员国在批准时也享有自主性。国际劳动公约及建议书通过以后还没有直接的效力，只有当成员国政府承认该国际劳动公约及建议书时，公约和建议书才能对该成员国产生效力。成员国完全可以自主决定某一国际劳动公约及建议书的批准与否。

5. 国际劳工标准的实施具有严格的监督程序

国际劳工组织在长期实践基础上，建立了对国际劳工标准批准及实施的各项监督检查程序，成立了标准实施专家委员会、劳工大会标准实施委员会、理事会结社委员会等执行机构，定期监督各成员国批准和实施国际劳工标准的实际进展情况，以便发现和提出相关建议。就严格意义而言，该种监督机制具有一定的道义性，既非经济制裁，亦非政治谴责，不具有强制的约束力。

(三) 国际贸易与国际劳工标准问题的产生

"自从1815年维也纳国会首次提出通过跨国公司促进劳工标准的主张以来，国际社会已经考虑并讨论了国际劳工标准的重要性"[①]。1919年，英国出席巴黎和会的代表团在为国际劳工组织起草的章程草案（该草案最终未得到采纳）中载明："（国际劳工）公约的基本目标之一是消灭以压迫状态为基础的不公平竞争。当大会的2/3多数认为公约的条款没有付诸实施，签字国应当抵制在业已证明存在的不公平竞争条件下生产出的产品，除非这些条件在一年之内或大会决定的更长时间内得到了纠正。"[②]

在建立国际劳工组织初期，一些西方发达国家就试图在国际贸易活动中引入劳工标准。世界贸易和就业大会于1947年11月在哈瓦那召开，会上通过了《国际贸易组织宪章》（以下简称《哈瓦那宪章》），该宪章第7条就明确提出："所有国家在实现和维护与劳动生产率有关的公平劳工标准方面具有相同的利益，劳动生产率的提高有助于改善工资水平和工作条件。成员们认识到不公平的劳动条件，特别是生产出口产品部门的不公平的劳动条件给国际贸易造成困难。因此，各成员国应采取一切合适及可行的办法来消除其境内的上述不公平条件"[③]。

二、国际劳工组织与劳工保护公约

(一) 国际劳工组织的产生

1919年，国际劳工组织在巴黎召开的和平大会上正式成立。1919年4月，和平大会又通过了《国际劳工组织章程》。作为联合国的一个专门机构，国际劳工组织的建立旨在促使国际劳动组织建立的人权和劳工权益标准得到认可。国际劳工组织主要通过以公约和建议书的形式制定相关国际劳工标准，确定了最低标准的劳工权益，包括组织权利、结社自由、集体谈判、机会和待遇平等、废除强迫劳动以及其他规范的标准。同时，国际劳工组织主要在如下领域提供援助：职业培训和职业康复，劳动行政管理，就业政策，工作条件，《劳动法》和产业关系，合作社，管理发展，劳动统计和职业安全卫生，社会保障。它倡导建立专业的工人组织，并向这些组织提供专业的咨询及培训服务。截至2005年5月，现

---

① See Singapore Ministerial Declaration, para. 4, WTO Doc. WT/MIN (96) /DEC/W (Dec. 13, 1996), reprinted in 36I. L. M. 218, 221 (1997).
② http://www.ilo.org/public/chinese/region/asro/beijing/inchina.htm, 2005 - 12 - 05.
③ Jackson J H. Legal Problems of International Economic Relations: Cases, Materials and Text [M]. 4th ed. St. Paul: West Group, 2002: 1034.

有的 185 项国际劳工公约中，共得到 178 个成员国 7305 次批准。其中，基本公约得到成员国 1240 次批准，其他公约得到成员国 6065 次批准，共有 110 个成员国批准了所有八项基本劳工标准。

（二）国际劳工组织的宗旨

国际劳工组织的宗旨是通过劳工立法和开展技术合作，促进"社会正义"，维护"世界持久和平"。与《国际劳工组织章程》具有同等地位的相关规范的《费城宣言》明确了国际劳工组织的目标和宗旨：基于社会正义的基础目标，实现社会持久和平，使全人类不分种族、信仰或性别都有权利享有在保证自由和尊严、保障经济和机会均等的条件下谋求物质及精神等方面的发展。

《国际劳工组织章程》强调，只有实现社会的公平、正义，才能建立全球持久和平的局面。为了维护劳动的基本权益，改善工人劳动条件，国际劳工组织确立了如下方面的工作：① 调整基本工时，制定最大限度的工作日和工作周，并保证节假日；② 提供一定的工作岗位，防止失业，规定最低工资标准；③ 保护因患病或因工负伤的工人；④ 保护儿童、青年和妇女的权益；⑤ 建立养老金及残疾抚恤金的相关制度；⑥ 保护工人在外国受雇时的利益；⑦ 坚持同工同酬原则；⑧ 加大职业技术教育；⑨ 承认结社自由原则。

（三）国际劳工组织的组织机构

国际劳工组织的组织机构主要包括国际劳工大会、理事会、国际劳工局。国际劳工大会是国际劳工组织的最高权力机关。正常情况下，每年 6 月在瑞士日内瓦举行会议。大会的主要任务是讨论当前有关劳动领域的重要议题。

各个成员国派代表团参加国际劳工大会，代表团成员包括两名政府代表、一名工人代表及一名雇主代表，同时每个代表可有若干顾问陪同。国际劳工大会还设立一些委员会，如资格审查委员会、提案委员会、总务委员会、实施公约和建议书委员会等。

（四）国际劳工组织的三方机制

"三方性"原则是国际劳工组织行动的基本原则。国际劳工组织实行"三方机制"，即由会员国政府、雇主和工人三方面代表参加国际劳工组织机构的活动，三方代表享有独立平等的发言权及表决权。国际劳工组织实行三方性原则，这种原则可以作为各国建立三方机制的重要依据，也是各成员国政府、雇主和工会就其自身利益或共同关心的问题进行协商并达成一致的有效形式。作为国际劳工组织章程一部分的《费城宣言》中申明："反对贫困的斗争，需要各国在国内坚持不懈地进行，还需要国际间做持续一致的努力。在这种努力中，工人代表和雇主代表享有与政府代表同等的地位，与政府代表一起自由讨论和民主决定，以增进共同的福利，以有效地承认集体谈判的权利，促进雇主和劳动者加强双方在提高生产效能中的合作以及在制定与实施社会和经济措施中的合作。"①

三、经济全球化与劳工权利保护

在经济全球化的背景下，全球范围内的经济发展及财富增长的同时，也引发了大范围的企业社会责任运动。对此，黎友焕与丘新强认为："目前，企业社会责任运动从西方向全世界扩散和渗透，日益为人们所认可和接受，成为一种国际潮流，对企业自身的可持续发展以及国际贸易的进步都具有重要的意义。"② 而当前，很多企业存在的劳动问题，其所反映的是社会财富及权利的分配不均。

（一）经济全球化恶化了劳工问题

当前，全球形成了一个共同的市场，经济贸易活动逐渐打破了一国或地区的界限，不仅表现在商品及资本在全球范围内自由流动，市场经济的规则及惯例也在全球范围内快速流动。WTO 的宗旨是资本主义自由贸易下市场的不干预与无差别待遇，从而推动在世界范围内实现"市场经济，自由贸易"。然而，实现市场经济及自由贸易是以资本的扩张为手段，而资本扩张又要求压制劳动力的成本。随着经济全球化的快速发展，社会问题逐渐显著，而其中的劳资矛盾就是较为突出的矛盾。这主要表现在富人获得巨大收益、财富严重分配不均、失业率上升、社会保障体系不完善、劳动条件恶劣、很多工人处在贫困中。这些问题不仅存在于发展中国家，而且有向发达国家蔓延的态势。

经济全球化使劳工问题成为一个全球性的问题。因而，出现了以劳工为主体的反对全球化的运动，1999 年 12 月，在 WTO 西雅图会议期间发生了反对全球化的活动，抗议者要求解散 WTO。此后在其他国际会议上也出现了反对全球化的活动。然而，经济全球化已经成为世界经济发展的趋势，同时，也不能替代和动摇 WTO 的地位和作用。但如果忽视一系列的国际性的劳资冲突，可能引起全球局势的动荡。解决好劳工问题，不仅有利于经济发展的稳定，同时也有利于实现社会的稳定。因为在全球化过程中带来了巨额财富，也带来了巨大的不平等，这些不平等可能造成世界的不稳定。为了解决这些问题，必须将保护劳工权益当做全球共同努力的目标。

（二）国际劳工组织与"体面劳动"

国际劳工组织组织各类活动，推动实现 WTO 宗旨与保护劳工权益的目标。为应对经济全球化下的社会经济问题，特别是当前的劳动问题，国际劳工组织提

---

① 国际劳动组织网站. http://www.ilo.org/global/lang-en/index.htm.
② 黎友焕，丘新强. 国际企业社会责任运动对企业文化发展的影响——基于文化与有效性模型的研究[J]. 郑州航空工业管理学院学报，2007，25（4）：51-54.

出了"体面劳动"的概念。在国际劳工组织开展活动的基础上,在1998年第87届国际劳工大会上,国际劳工局局长索马维亚提出了"体面劳动",并要求把"体面劳动"作为国际劳工组织的战略目标。作为一种全球性的战略目标,体面劳动主要包括四个方面内容,即促进工作中的基本原则和权利、促进就业、促进社会保护、促进社会对话。

1. 关于促进工作中的基本原则和权利

在1998年6月国际劳工大会上,通过了《工作中的基本原则和权利宣言及其后续措施》,该宣言中提出基本原则和权利,对劳动者的基本权利做出具体规定。这些权利包括:承认结社自由和集体谈判的有效性,消除各式各样的强迫或强制劳动,禁止使用童工,消除就业和职业歧视。在这次会议上,国际劳工组织中174个成员国承诺遵守这些基本劳动权利。

2. 关于促进就业

就业权利作为劳工最基本的权利,也是劳动实现其他权利的前提条件。当前,就业问题逐渐成为影响经济全球化的世界性社会问题。需要大家的共同努力来保障劳工的基本就业权利,包括选择就业的方式、获取就业培训的机会、实现就业公平和平等待遇,获得生产性工作的机会及体面报酬等内容。

3. 关于促进社会保护

促进社会保护主要针对处于弱势的劳工群体,降低该类群体遭遇风险的概率及加强相关的社会性保护措施。而社会保护主要体现在两个方面,即社会保障和职业安全。其中,社会保障包括针对劳工失业、养老、工伤、疾病等方面的社会保险,也包括社会福利、社会救济等相关的社会保障。此外,职业安全则主要包括为劳工提供安全的工作环境及良好的工作条件。

4. 关于促进社会对话

社会对话可以实现有效沟通、协调劳资关系,其意义在于避免劳资对抗,实现劳资之间的相互合作。在相关企业和产业的层面上,主要采取集体谈判及员工民主参与的方式来实现社会对话;在国家或地方的层面上,就劳工问题和劳工政策,加强劳方、资方及政府的三方协商来实现社会对话。其中,协商及参与可以作为实现社会对话的基本手段。

总之,国际劳工组织提出了"体面劳动"的概念,它是反映了全体人民共同愿望的目标,同时它也提供了保护劳动权利的基本政策框架,是保护劳工权益活动的一种方法。

第九章 经济全球化与企业社会责任运动

第一节 经济全球化的基本理论

一、经济全球化的含义和本质

(一) 经济全球化的内涵

当前，经济全球化作为全球经济的重要趋势之一，它伴随现代经济出现，并伴随现代经济快速发展。在全球经济史中，最初跨国流动的生产要素是劳动力，之后出现了商品的跨国流动，接着是资本的跨国流动，而到今天，全球呈现生产要素的综合流动，特别是科技的跨国流动起着至关重要的作用。因此，经济全球化的概念曾经被认为是生产要素为实现优化配置而在世界范围的广泛流动。国内外对于经济全球化的定义也莫衷一是，目前有几种不完全相同的说法。比如，一些观点指出，经济全球化实质上是新型的国际关系体系，它包括生产全球化、金融全球化和科技全球化，主要是生产全球化占据非常重要的作用，其本质在发达国家的驱动下，以跨国公司为主要动力的全球产业结构调整。有人认为，经济全球化是各国经济走向市场化、走向开放的过程，全球经济最终趋向于一体化，国与国之间贸易依赖性增强。也有人认为，经济全球化是指各类企业或组织在世界范围内寻求资源的最佳配置，其基本特征是生产活动的全球化、资本流动的国际化、贸易的国际化、金融活动的全球化、劳动力流动的国际化。但较具权威性的是国际货币基金组织1997年5月下的定义："（经济）全球化是指跨国商品与服务贸易及国际资本流动规模和形式的增加，以及技术的广泛迅速传播使世界各国经济的依赖性增强。"[1] 而马克思主义经济学的观点则认为，经济全球化是生产社会化的结果，是资本主义经济体系支配和控制世界的过程。

综合上述分析，经济全球化的内涵可归纳为如下方面：经济全球化发生在全球经济上相互依存加强的背景下，但也伴随着不断加剧的全球经济竞争；经济全球化突出体现为资本、技术及劳动力等生产要素的国际流动日趋增强；科技创新

---

[1] 国际货币基金组织. 1997年世界经济展望 [M]. 北京：中国金融出版社, 1997: 45.

与制度变革促进了经济全球化的发展。

(二) 经济全球化的本质

1. 经济全球化是一种客观趋势

经济全球化作为一种客观的趋势,它是指由于资本的内在冲动、以信息技术为特征的科技革命、跨国公司的扩张渗透和全球市场经济的推行而导致的一种必然结果。但经济全球化又是一个主观的过程,它是由发达资本主义国家主导的、以发达国家最大利益的获取为目的的过程。为了在经济全球化中实现经济利益最大化,发达国家操纵三大国际经济组织,把一切能够取得最大利润的地方都纳入其剥削体系之中,同时根据自己的需要利用一切手段实行最大限度的贸易保护主义。

2. 经济全球化是一个历史范畴

经济全球化是人类社会发展到一定阶段的产物。具体地说,是全球经济进入1980年代随着跨国公司的国际垄断资本出现与发展而出现的产物,它不是机器大生产的产物,而是在国与国之间交流加深之后形成的。同时,经济全球化经历了长期发展过程。经济全球化最初开始于15、16世纪的地理大发现时期,这个时期,欧洲殖民者为了追逐最大经济利益把全球经济联为一体,落后国家也卷入到全球经济市场,从而形成了国家之间的国际分工。直到1980年代,在跨国公司和国际垄断资本的带动下,全球经济最终进入了经济全球化时代。可以看出,在私人垄断资本、国家垄断资本和国际垄断资本的发展中,对外扩张的形式虽然发生了变化,但不合理的国际分工格局始终没有改变,发展中国家仍然是发达国家的原料供应地、商品销售市场和投资场所。"由此所导致的资本主义生产关系在世界范围内也得到了进一步的发展,整个世界的贫富分化更加严重,经济全球化的本质也正是在历史发展的过程中形成和发展的"①。

3. 经济全球化是资本主义化的过程

然而,在经济全球化过程中,世界出现资本主义化,经济全球化实质上是发达国家把资本主义的制度、价值观念及生活方式转移到全球的过程。经济全球化给全球带来了先进的资本主义文明,但也给全球带来了资本主义的矛盾。发达资本主义国家在经济全球化中的主导作用主要表现在:① 经济全球化赖以发展的信息技术基础掌握在发达国家手中;② 发达国家的跨国公司掌握了全球经济网络,是经济全球化的主要载体;③ 全球经济活动使用的货币是美元等发达国家的货币,因而全球的金融网络也主要掌握在发达国家手中;④ 发达国家作为全球经济自由化的主要推动者,掌握着制定经济全球化"游戏规则"的主动权。

---

① 赵景峰. 马克思的世界市场理论与经济全球化研究 [J]. 毛泽东思想邓小平理论研究, 2004 (3).

因此，经济全球化是整个全球资本主义化的过程，本质上是资本主义全球发展的产物。

二、经济全球化的"双刃剑"效应

近些年来，经济全球化促使全球经济形成一个由众多国家组成的立体经济网络，全球范围内的大多数国家都被纳入经济全球化的运行体系之中。从经济的长远发展来看，经济全球化有利于促进全球经济的共同发展。但经济过度全球化可能导致全球市场的不稳定，给其他国家带来灾难。总体而言，经济全球化更是一把"双刃剑"。美国学者罗伯特·塞缪尔逊在《全球化的利弊——为不断发展的市场提供巨大的潜力，但也有危险》一文中也承认："全球化是一把双刃剑：它既是加快经济增长速度、传播新技术、改变国民生活水平的有效途径，但也是一个侵犯国家主权、侵蚀当地文化和传统、威胁经济和社会稳定的有很大争议的过程"①。

（一）经济全球化的积极效应

1. 经济全球化促进了世界经济增长

经济全球化有利于资源的优化配置。贸易、投资与金融自由化的发展推动世界各国积极参与国际分工，尤其是跨国公司以全球为贸易与投资的场所，使生产要素在地区和全球范围内实现了优化配置，从而提高了效率，促进了经济增长。

2. 经济全球化使贸易和投资自由化得到迅速发展

贸易与投资自由化是经济全球化的强大动力。贸易自由主义基本上已经成为国际贸易的理论基石。从实践上说，由于几乎所有国家都卷入世界经济体系之中，都从对外开放中获得了实惠，或得到经济互补，或得到先进技术，或刺激生产。因此，发达国家与发展中国家都承认贸易自由化带来的好处，而闭关锁国只会使经济倒退。

3. 经济全球化加速了技术转让和产业结构调整的进程

在经济全球化的过程中，技术转让和投资相互促进、不断发展，实现跨国合作。目前，跨国公司的技术创新和技术流动呈现全球化的特点。这主要表现在：首先，跨国公司为支撑生产发展，纷纷设立境外研发机构，其中以电子技术开发、计算机软硬件技术和生物工程技术为最多。其次，跨国公司内部常应用开发与研究互控制的方式来研发技术、创新发展。除此之外，跨国公司为了延长技术生命周期、提高技术使用效率，加快了技术转让的进程，这客观上使发展中国家有更多的机会选择跨国公司转移的技术，从而进一步加快产业结构转移升级，使

---

① （美）罗伯特·塞缪尔逊. 全球化的利弊——为不断发展的市场提供巨大的潜力，但也有风险［N］. 国际先驱论坛报，2000－01－14.

发展中国家经济从传统经济转变到现代经济上。

4. 经济全球化有助于发展中国家实现技术的进步

科学技术是第一生产力，经济全球化离不开科技的发展和进步，而大多数发展中国家科技水平较低。在现代经济中，西方发达国家发展了绝大部分的经济技术和方法，因此，为加快实现经济现代化的进程，发展中国家就必须从发达国家进口这些技术和方法，但发展中国家也需要依靠自身力量实现技术创新。否则，仅仅依靠自身的力量，不可能实现技术的发展和进步，使经济全球化成为口号。为实现技术的创新、缩小与发达国家在科技上的差距，发展中国家应尽快融入全球经济的大潮中，积极参与经济全球化的活动，在吸收国外先进技术的基础上，加快技术的创新步伐，走一条与自身国情相适应的技术发展轨迹，即获得消化吸收改进的技术发展道路，这也是一条尽快缩短与发达国家技术差距，实现经济现代化的必由之路。

（二）经济全球化对发展中国家的消极影响

德国汉斯·马丁和哈拉尔特·舒曼在《全球化的陷阱——对民主和福利的进攻》一书中尖锐地指出："全球化实际上是一个可怕的陷阱，任其发展的最终结果一定是社会结构的全面崩溃，经济福利和社会保障不复存在，取而代之的是无法遏制的两极分化和社会不稳定因素与日俱增。"① 经济全球化的消极影响可能导致发展中国家的小公司纷纷倒闭，而发达国家的大公司则不断壮大。

1. 经济全球化加剧贫富差距

经济全球化导致发达国家与发展中国家收入差距继续拉大，发展中国家之间收入差距扩大，最不发达国家有被"边缘化"的危险。在经济全球化过程中，由于西方发达国家在资金、技术、人才等方面占有一定优势，因而，发达国家成为全球化的最大受益者。

2. 经济全球化削弱发展中国家的主权

经济全球化一定程度上冲击和削弱发展中国家主权。随着经济全球化的快速发展，大型跨国公司也不断扩张，其生产经营结构越来越具有全球性特点，实际上，发展中国家已很难完全控制本国的生产结构。

3. 经济全球化使发展中国家的经济安全受到威胁

发展中国家加入到全球化中去，不可避免地要大力吸引外资，推动国内经济发展。近年来，在国际金融市场上流动着大量的发达国家的游资，这些资本流速快、投机性强、金融风险日益突出。金融全球化趋势的加强，要求各国放宽金融业的限制，取消外汇的管制、扩大金融市场开放，而发展中国家经济发展水平较

---

① （德）汉斯·马丁，哈拉尔特·舒曼. 全球化的陷阱 [M]. 北京：中央编译出版社，1998：42.

低，大多监控体系不健全，经济结构不合理，再加上宏观政策失当，这就为国际投机资本炒作提供了可乘之机。

4. 经济全球化导致金融风险和贸易风险的增加

经济全球化使生产要素的自由流动更为无序，经济运行速度加快，金融创新工具增多，这增加了各发展中国家政府实行宏观调控政策的难度，却为国际投机者在国际经济活动中，尤其是国际金融市场上兴风作浪提供了机会，特别是国际资本的巨额流动和国际金融投机活动的规模大大超过许多发展中国家的抵御能力，这些会使发展中国家成为国际投机和国际风险的牺牲品。与此同时，经济全球化既传导经济景气也传导经济衰退，因而增加了国际风险，增大了发展中国家经济的波动性，这就是说贸易固然是国际分工的实现手段，可以使贸易双方的资源得到更有效的利用，但是贸易也可以给发展中国家带来巨大的风险和损失。

5. 经济全球化对发展中国家民族经济和国内市场将造成冲击

经济全球化促使发展中国家的国内市场成为国际市场的重要组成部分。在这一背景下，发展中国家很难通过封闭市场来保护本国民族产业。过去，发展中国家受经济全球化影响较小，凭借严格的贸易保护政策建立了本国的传统产业。如今，随着跨国公司快速进驻发展中国家的市场，发展中国家传统产业面临严峻的国际竞争形势，很多落后产业将不可避免地被淘汰。

6. 跨国公司制约发展中国家的主权

从全球跨国公司的数量来看，发达国家的跨国公司占绝大比重，并主导着经济全球化的发展。一方面，发达国家的跨国公司利用雄厚的经济基础和强大的竞争力，垄断市场上的资金和技术，控制着发展中国家的产业或部门，甚至控制发展中国家的经济命脉，严重威胁发展中国家的经济安全。另一方面，它们以投资建厂、提供贷款、提供技术为条件，提出种种要求，左右与影响发展中国家的经济决策。此外，跨国公司的战略决策变化以及世界经济和投资国经济的变化也会对东道国国内的经济和政府经济政策的作用产生限制和影响。特别是近年来跨国兼并和收购迅猛发展，在许多发展中国家，伴随着大跨国公司收购当地主要公司的数量日益增多，出现的问题也日益增多。人们越来越担心东道国的某些产业被完全控制，政府决策能力被削弱。

三、经济全球化对企业社会责任的影响

全球化是指"把国内的经济与全球的经济进行整合"[①]。全球化是"为了达

[①] Daly, Herman E. Globalization and Its Discontents. Philosophy & Pubic Policy Quarterly, 2001, 21 (2/3): 17.

到经济目的,对国界的一种有效跨越"①。经济全球化对传统的企业生产经营方式产生了巨大的影响。

(一) 垄断加剧促使社会和企业重视企业社会责任

1830年代时,以美国为代表的资本主义发达国家大企业的兴起,导致垄断日益加剧,给资本主义世界的经济结构、社会结构带来了深刻影响。垄断不断引起一系列社会问题,引起了社会公众的极大不满。为了阻止大企业不断加剧的垄断趋势,反托拉斯法律体系逐步建立,同时政府也不断规范市场竞争秩序。在社会、经济及文化等方面的约束和影响下,企业的社会责任理念逐步得到推广,其内容和范围也不断得到扩展和发展。

(二) 各种企业经营约束规则趋同化促使企业伦理道德的约束功能加强

全球化的不断加深,导致了经济社会发展的各种资源和信息在全球范围内更快流动,各地区的经济发展方式、法规、规则、伦理道德、社会文化等方面在碰撞和摩擦中逐步走向趋同化,法规等经济发展硬约束手段的功能逐步退化,伦理道德等经济发展的软约束手段功能得到不断地加强,企业承担社会责任显得越来越重要。罗伯逊(Robertson R.,1992)认为全球化的基本含义是:"世界作为人类共同生存的空间正在迅速地压缩,人类的世界意识也在经历着高度的强化而进一步趋同"②。澳大利亚普林斯顿大学的辛格(Singer,2004)教授在第三届国际企业、经济学和伦理学学会的世界大会上发表了题为"一个世界"的开题演讲。他指出:"随着世界变得愈益密切相关,伦理就愈益需要超越国界。伦理学并不要求我们服从绝对规则,而是要求我们考虑所有那些受到我们行为影响的人的利益。这里涉及许多与全球化有关的伦理问题,如环境问题、WTO问题、富国对消除全球贫困义务问题等。我们能否顺利地通过全球化时代,取决于我们如何伦理地考虑我们生活在'一个世界'这一观点。"③

(三) 企业竞争优势的资源发生了新的变化

在经济全球化快速发展的前景下,竞争优势资源不断变化,企业生产经营中对产品成本、产品质量及企业的信誉等要求已经成为企业生产经营中最基本的要求,而企业为获取竞争优势,必须在产品的安全性、可靠性、多样性及企业专业性、商业道德等方面获得创新优势,而且这些方面越有优势就越有竞争力,企业社会责任作为管理创新的重要内容在企业追求竞争优势的过程中被不断挖掘和

---

① Daly, Herman E. Globalization and Its Discontents. Philosophy & Pubic Policy Quarterly, 2001, 21 (2/3): 17.

② Robertson R. Globalization: Social Theory and Global Culture [M]. London: Sage, 1992: 8.

③ 陆晓禾. 承认自由空间,承担道德责任——第三届"国际企业、经济学和伦理学学会"世界大会述评 [J]. 毛泽东邓小平理论研究,2004 (10).

扩大。

（四）跨国公司在整合世界资源的同时，对资源的相关利益者产生巨大的影响

1990年代以来，跨国公司以其低成本、强营销能力和强创新力的优势使全球商业竞争环境和世界资源的利用开发机制发生了剧变。"全球化促进了跨国公司的快速发展，跨国公司走向全球，通过创造价值、培育并增加市场、缩减成本而提升利润。成本缩减通过在原材料、有技术的劳动力、土地和税收成本更低的地方选址设厂来实现。与拥有市场、全球化技能、经验和资源的其他国家和地区的合作伙伴联合投资也能增加价值"。① 与此同时，"非伦理行为的严重事件却接连不断，例如，1984年美国的联合碳化物公司（Union Carbide Corporation）化学工厂毒气外泄，使印度死伤一万人以上；雀巢公司（Nestle）在非洲不发达国家促销问题奶粉造成很多婴儿死亡；以及一些美国跨国公司在南非支持种族隔离政策等"②③。因此，跨国公司在其经营业务走向全球化的同时也是对全球各种生产要素进行高效整合，而在更有效利用这些资源的同时必然影响了这些资源的利益相关者的利益，承担起对这些利益相关者的社会责任便有不可推卸的义务。因此，企业社会责任运动在整合世界资源的同时，对资源的利益相关者的利益保障起到了一定的作用。

第二节　全球化与企业社会责任运动

一、全球化下企业社会责任运动的产生

1930年代，在资本主义经济大萧条时期，欧美发达资本主义国家的一些企业为了避免和摆脱企业的经营困境，已经开始注意与重要利益的相关者发展密切的合作关系的问题，并提出了企业与社会同舟共济的观点。1960年代以来，经济全球化促使市场经济走向全球各地，但经济全球化也给世界各地带去了市场经济的基本矛盾——劳资矛盾。随着经济全球化的迅猛发展，出现了越来越多的带有市场垄断性质的跨国公司。跨国公司在给东道国带来经济发展的同时，也导致

---

① （美）约瑟夫 W 韦斯. 商业伦理——利益相关分析与问题管理方法［M］. 符彩霞，译. 北京：中国人民大学出版社，2005：236.
② Trotter R C, Day S G, Love A E Bhopal. India and Union Carbide：The Second Tragedy［J］. Journal of Business Ethics, 1989（8）：439－454.
③ Baker James C. The International Infant Formula Controversy：A Dilemma in Corporate Social Responsibility［J］. Journal of Business Ethics, 1985（4）：181－190.

了污染环境和侵犯当地劳工权益、偷税漏税等负面事件的发生。统计资料表明：经济全球化以来，一方面跨国公司的实力明显增强，资本迅速增值；另一方面失业率上升，贫困人口急剧增加。为了改变企业的形象和生存环境，谋求政府、社会和消费者的支持，以跨国公司为代表的一批大企业对法律约束的态度逐步从以往的排斥、被动接受转化为主动承担，甚至将法律内化为道德准则，并主动关注社会问题，进而自觉承担相应的社会责任，如捐助慈善事业、参与贫困地区扶贫、设立公益性广告、参与社区服务和环境保护，等等。对企业社会责任的呼声也越来越大，于是"企业社会责任运动"开始在发达资本主义国家的企业中兴起。这一运动倡导将企业的经济责任与社会责任融为一体，建立企业与社会之间相互依赖、相互促进的关系。传统的企业社会责任即一元社会责任（经济责任）逐步转变为全球化下的多元社会责任。

与其他的技术标准相比，企业社会责任具有自身独特的特点，它超越了以往简单的技术性指标，而强调在生产过程中关注员工的价值与利益，看重员工健康、安全地进行生产。同时，企业社会责任理念还强调对社会公众的人文关怀，注重为社会做出的贡献。从根本上说，企业社会责任运动的主要依据是利益相关者理论。该理论认为，作为独立人格的法人，企业有权利追求经济利益，实现企业利润最大化，为股东们创造更多的财富，但同时企业员工、消费者与企业生产经营密切相关，他们是企业的利益相关者，企业有责任和义务维护其利益相关者的利益，承担必要的社会责任。企业价值服务于企业社会价值，企业社会价值是企业价值的目的和归宿。

二、企业社会责任运动的国际化

如果说 20 世纪初期的企业社会责任运动大都是各国国内呈现的现象，且主要致力于本国一些具体矛盾的解决，那么在 20 世纪中后期，企业引发的一系列社会问题日渐明显，例如：全球贫富差距的拉大；跨国公司对全球影响力逐步增强，而企业社会责任运动在全球范围内迅速发展。当前，企业社会责任所关注的问题具有全局性、广泛性，除传统关于劳工权益、消费者权益、环境保护及节约资源等方面外，还包括人权保护、缩小贫富差距、防治腐败、实现社会公平、缩小各国之间的发展差距等宏大目标的实现，都被认为与企业的社会角色密切相关。近年来，一个显著特点是企业社会责任运动的广泛国际合作，最引人注目的是沙利文教士及其主张。

沙利文（John Sullivan）最初关注南非的种族隔离斗争，而后逐渐成为美国的著名人权领导人物。早在 1977 年，他提出"南非原则"，即在南非的种族隔离期间外商进入南非投资的标准，这促使许多跨国公司从南非撤资。在与一些大型跨国公司的合作下，沙利文还主持起草了一套"沙利文全球原则"，旨在规范在全球经济化过程中企业的行为。1999年11月，在联合国举行的一次会议上，联合国原秘书长安南宣布认同"沙利文全球原则"。按照沙利文全球原则，签署这项原则的公司在关注自身业绩的同时，有责任和义务承担社会责任并向公众发布当年的社会责任报告。

除"沙利文全球原则"外，联合国与其他一些组织签署"全球协定"，其目的是吸引跨国公司支持全球在保护人权、维护员工权益和防治环境等方面的工作。全球协定还确定了九点"核心价值观"，并且要求一些私营部门给予支持。这九点核心价值观是从国际劳工组织关于基本原则和权利的宣言、1992年联合国环境和发展大会的《里约环境与发展宣言》、1995年哥本哈根社会问题最高级会议中摘选出来的，它们得到了国际劳工组织、国际商会和联合国的其他组织等的赞同，一些大型跨国公司也支持全球协定。与此同时，各式各样企业社会责任论坛发展迅速，如著名的"企业—人道主义论坛"，该论坛致力于倡导企业在欠发达国家或地区承担更多的社会责任。

就当前来看，企业社会责任运动正在发生下列变化：

第一，企业社会责任活动快速发展。当前，企业社会责任守则的推行，从传统的跨国公司及其分支机构扩展到合作伙伴，包括跨国合资企业、生产供应商、制造商和分销商，该准则也日益渗透到各个行业。

第二，企业越来越重视执行社会责任守则。一些大型跨国公司建立专业的社会责任部门，并任命专业人才负责公司社会责任守则的实施及监督。

第三，社会公众越来越关注企业社会责任。社会公众的行为，可以提高企业的社会责任意识，当企业意识到承担社会责任的重要性时，会进一步促进社会责任运动的发展。

第四，企业社会责任守则加快了社会责任的国际化进程。在日趋激烈的国际贸易环境中，企业产品质量的好坏及其生产效率的提高对企业的生存和发展固然重要，但承担社会责任也成为企业成功的必要条件之一。

三、经济全球化下发达国家的企业社会责任运动

（一）美国企业社会责任运动

1. 美国企业社会责任的披露

在美国，企业社会责任的披露主要是通过社会责任会计反映在企业的财务报告中。而且，美国企业披露的社会责任情况的数据大多是关于治理环境污染的。美国证券交易委员会（SEC）就要求公开发行股票的公司，应揭示其所有的有关环境的负债。SEC要求企业在财务报表上分别列示："环境负债和可以收到的补

偿；确认可能由其他方面承担的环境成本；环境负债计量的基础；对预计的环境负债的列示；或有事项、实物清理与监控成本在财务报表中进行披露。为了保证各公司能够执行以上规定，SEC 还与联邦环保署签订了协议，由环保署向 SEC 提供各公司的环境信息，并对环境问题严重的公司给予处罚"[1]。

2. 美国企业社会责任的立法

针对美国企业社会责任运动，推进企业社会责任立法是其重点。美国不同制定法和判例法中，处理社会责任活动的方式及原则有着显著的差异。在早期美国的判例法中，一项没有得到授权的企业社会责任行为要得到法律的支持，必须证明该企业社会责任行动于事实上不是处于利他主义的考虑，而是为了实现企业自身的经济利益。但随着企业快速发展，其也引发了一系列社会问题，社会公众不断呼吁企业承担必要的社会责任。与此同时，法律法规的社会责任规定具有片面性，表现为"直接经济利益"企业被舍弃，一些便于企业社会责任活动的新法律法规及相关准则应运而生。此后，为了加快促进企业社会责任活动的发展，美国很多州颁布成文的行政法规，明确规定企业有责任和义务承担社会责任，或为企业股东及管理者考虑其他利益相关者的利益提供法律依据，这些法律法规都是为了鼓励企业承担社会责任而设立的。

（二）德国企业社会责任运动

德国企业社会责任运动发展迅速，职工参与制度的构建是其最大的特点。德国工会组织的力量历来较为强大，加之德国特殊的民族特性，使得德国愿意把独特的劳资关系融入制度化的体制中。为了促使劳资双方实现公平待遇，德国形成了特殊的立法体例，其规定劳资双方等额或接近等额参与企业机构。根据德国《公司法》，企业实行双层制企业机构体系，即企业设立相应的监事会和董事会，董事会进行企业日常的生产经营活动，监事会直接管理和管理董事会。面对这两种企业机构，股东与员工一般都有平等的参与权。为了进一步贯彻平等的精神，德国政府先后制定了《煤钢共同决定法》《企业宪法》和《共同决定法》等法律，规定一些大型跨国公司监事会应由资方代表、员工代表和群众代表组成，企业的董事会必须有一名群众代表；而在企业的监事会中，资方代表与员工代表都要等额分配。"德国这种以劳资平等的思想构造企业机构的做法，应当说体现了对人力资本和作为企业非股东利益相关者的劳动者的尊重，其与企业社会责任的要求是相符合的。"[2]

---

[1] 胡孝权. 企业可持续发展与企业社会责任 [J]. 重庆邮电学院学报，2004（2）.
[2] 中科院国际学术交流中心. 载于中国网，2005-08-03.

（三）英国企业社会责任运动

英国的企业社会责任与美国和欧洲不同。一方面，英国没有美国那样丰富的企业社会责任理论资源和相应的制度成果；另一方面，英国不像欧盟其他国家那样对职工参与给予极大关注。英国对企业为股东盈利的传统思想较其他资本主义国家更强烈，企业社会责任问题自然也就备受忽略；其所奉行的是比较强烈的国家干预，非但未将企业社会责任的确立纳入考虑范围，相反还限制着企业自觉践行社会责任的自由空间。

1. 跨国公司实行海外扩张战略，为社会责任的推行提供了基本对象和空间

作为发达的资本主义国家，英国企业具有悠久的发展历史，众多英国著名的大型跨国公司构成了企业社会责任运动的基础，在经济全球化的大背景下，这些跨国公司纷纷寻求海外发展机会、拓展海外市场，由此成为社会责任运动的主体。

2. 非政府组织为英国推行企业社会责任提供了组织保障

企业社会责任是政府、企业及其他一些非政府组织等共同作用的领域。在该领域越来越明显地体现出一种"企业责任社区"特色，即在企业社会责任领域，不应由政府、不宜由政府运作的项目或活动，也不可能由企业自身解决的问题，两方面的力量正在促使形成一个活动团组，这些团组主要由非政府组织组成，以知名企业为目标、以发生在社会上的形形色色的企业间的案例为导向。这些团体的目标企业越来越趋向一致，对其他企业的影响越来越大，国际化特征越来越明显，越来越具有社区特征，他们通过表达意见，发表报告，从而影响政府和左右市场。

（四）日本企业社会责任运动

日本一些企业家和学者一致认为，社会责任是个复杂的社会学问题，这种意识具有潜在日本伦理的影子。经过多年的发展，大多日本企业意识到社会责任的重要作用，开始逐步重视社会责任问题，并积极承担必要的社会责任。一些日本跨国公司比较重视企业的环境和社会责任的成就，著名的日本跨国公司往往在很长的生产经营过程中提炼出自己独特的公司经营理念。

1. 社会责任的经营理念意识的确立

大约1950年代中期时，日本典型的企业逐步进入现代企业发展阶段。1956年，日本经济界的同友会通过了"经营者对社会责任的觉悟及实践"的决议，该决议首次提出了企业"社会责任"的概念，并把承担企业的社会责任作为企业生产经营的新理念。松下幸之助在1932年松下公司创业纪念日上的致辞中曾说："我领悟了——实业人的使命就是克服贫困，使社会富裕起来。生产的目的是丰富大众日常生活的必需品，改善及扩大其生活内容。我松下电器制作以完成

此使命为最终目的。"①

2. 社会责任理念的强化和规范化

1950年代以来，日本经济取得突飞猛进的发展，但社会环境问题却日益严峻，使社会公众也不断批评不顾环境的经济发展，这一因素从某些方面促使日本各界考虑社会责任问题。1973年，日本经济联合会制定了《行动宪章》，其明确提出社会责任的七条原则："第一，向社会提供有用的财富和服务；第二，努力实现职工的精神与物质两方面的富裕；第三，在注意保护环境的前提下开展企业活动；第四，通过各种活动积极为社会做贡献；第五，通过各项事业活动，努力提高所在地区的社会福利水平；第六，不参与破坏社会秩序及安全的活动；第七，努力使企业的行动原则与社会常识一致。"② 上述原则的提出，一方面，社会公众越来越关注企业产品的质量及企业的环境理念；另一方面，企业家逐渐意识到企业的社会功能与使命的意识。

从一系列社会责任活动来看，日本绝大多数企业提倡以人为本，维护员工的基本权益。一般而言，大多日本企业关注承担社会责任，致力于使企业变成员工的大家庭，不轻易辞退任何员工，在维护员工基本利益的同时努力满足员工的其他发展需要，当员工提出合理要求时，只要在企业能力范围之内都应予以满足。并且，企业在实现自身目标，即实现企业利润最大化的同时，也注重开发员工的潜能，使员工能实现自我价值。

四、经济全球化对企业社会责任运动的影响

经济全球化导致国际企业社会责任运动蓬勃发展，具体表现在以下几方面：

（一）经济全球化导致了劳资冲突的激烈和劳工地位的下降，劳工运动加剧

"1970年代以来的经济全球化对劳动过程、劳动体制、劳工权益以及劳工运动都产生了巨大的冲击"③。首先，经济全球化促使商品和资本等生产要素的跨国流动，但劳动力的自由流动却受到一系列规范性政策的阻碍。劳资双方在流动上的不对等性关系，也进一步增强劳动力对于资本的依赖。其次，"资本在全球

---

① 李萍. 企业伦理建设：日本在抄近道 [J]. 中外企业文化，2005 (5).
② （日）升味准之辅. 日本政治史：第4卷 [M]. 北京：商务印书馆，2000：81.
③ 余晓敏. 经济全球化背景下的劳工运动：现象、问题与理论 [J]. 社会学研究，2006 (3).

追求利润最大化的活动造成了工作条件和劳工利益的不断恶化。"① "血汗工厂"②一般发生在一些发达国家或地区，当地企业频繁发生大量雇佣低工资移民工的现象，而在发展中国家的出口加工区也常出现 "血汗工厂" 的现象。再次，跨国公司面对全球化竞争的进一步激化，为了在全球范围内追求利润的最大化，根据不同地区的生产成本的差异化特征重新安排生产环节，把过去在本国的生产线变成全球化的生产链，这种新的全球化生产格局使跨国公司能够规避国际劳工法规和东道国劳工法规的制约。在这种趋势下，全球劳工保护运动如火如荼、迅猛发展。

（二）经济全球化导致了市场无国界化，从而导致消费者保护运动加剧

消费者运动是一场消费者利益保护运动，目的在于改善消费者的权益。运动的发起者和消费者认为，销售企业或服务企业存在不公平和危害消费者权益的情况。随着经济全球化的发展，市场超越了国界，"消费中心主义（consumerism）在新自由主义全球化的过程中得以空前膨胀"③，消费者强烈要求产品供应链上的每个参与生产的企业都必须保证消费者的权益，并对不符合要求的产品和权益发起一系列的谴责运动。

（三）经济全球化导致了环境保护的国际化，从而导致环境保护运动加剧

受传统国际贸易理论的影响，人们往往片面地追求财富，而忽略了基本的人文关怀。早期的贸易理论就可以说明这方面的问题，如重商主义理论、比较利益理论、绝对利益理论等都主要以对外贸易额、对外贸易量为贸易利益的衡量指标。随着全球化的深入和各国经济的发展，日益扩大的生产和消费活动往往超出了自然环境的承受范围，造成自然环境的严重退化，甚至直接威胁人类的生存和发展。"一个同样令人担忧的情况是，随着全球人口不断增长以及新兴国家更多地采用市场导向的发展方式并富裕起来，全球环境问题可能会恶化。"④ "各种报

---

① Aguirre Jr, Adalberto, Ellen Reese. Introduction: The Challenges of Globalization for Workers: Transnational and Transborder Issues [J]. Social Justice, 2004（3）: 31.
② 美国联邦会计总署（GAO）在1994年对 "血汗工厂" 的定义是：对于以下方面的美国联邦或州法律有所违反的工厂：最低工资、加班、童工、产业型的家庭劳动、职业安全与健康、工人赔偿或产业规范（转引自 Bender, Daniel, Richard A. Greenwald. "Introduction" in Sweatshop USA: The American Sweatshop in Historical and Global Perspective [C] //Daniel Bender, Richard A. Greenwald. New York: Routledge. 2003.
③ Cross, Gary. An All Consuming Century: Why Commercialism Won in Modern America [M]. New York: Columbia University Press, 2000.
④ Worldwatch InstCross, Gary. An All Consuming Century: Why Commercialism Won in Modern America. New York: Columbia University Press, 2000. itute. "Earth Day 2000: What Humanity Can Do Now to Turn the Tide"? Web site for Worldwatch Institute (http://www.worldwatch.org). August 2, 2000.

告表明，富裕国家在全球能源和资源消耗比例超过了75%，并制造了大多数的工业废弃物、有毒废弃物和生活废弃物。"① "一些比较严重的问题包括自然资源的枯竭、全球变暖、污染（空气、水和土地）、工业事故以及有毒废弃物。这些问题是如何产生的呢？发达国家在过去半个世纪中的工业活动应承担大部分的责任。"② 赵景峰（2006）认为："经济全球化引致的经济增长使经济活动增加，这种增加是以经济系统消耗更多的原料和能源来实现投入与产出的平衡的，这将导致资源的枯竭和环境的恶化。发达国家在经济大幅增长的同时，不仅不注意从根本上解决这一问题，反而还将经济增长的代价转嫁给发展中国家"③。针对以上这些情况，全球化的环境保护社会责任运动也愈演愈烈。

（四）全球生产网络

全球生产网络改变了传统的企业之间的联系渠道。具体而言，它改变了企业的合作方式，进一步也改变了企业的生产管理方式。企业之间合作的主要目标是共同生产产品，实现这个目标需要长期稳定的市场，处于避免风险的需要，参与的企业不愿轻易退出，从而形成了长期稳定的合作关系。通过全球生产网络，供应商进入国际市场；生产商把自己的一些业务分散给其他供应商，减少部门固定资本投资，为企业节约一定的经营成本。为了稳定市场，实现优势互补，很多企业形成利益共同体，企业之间也形成相互信任的合作伙伴关系。例如，某企业主动承担自身的社会责任，它的社会信誉会得到提高。

在全球生产网络中，企业之间维持相互信任的机制是要制定和执行各种标准，除了产品标准之外，社会标准的作用也越来越突出。其内容主要如下：一是劳动力标准；二是环境标准。企业能否执行社会标准事关企业在市场上的竞争地位。品牌生产商为了保护自己在市场上的地位和信誉，必然非常严格地执行这些标准。供应商接受一些产品生产订单，以此保证进入国际市场。因此，供应商必须接受生产商的各种标准，如社会标准；如果供应商不执行，它就要被取消生产订单的资格，从而被驱除出国际市场。可见，无论是生产商还是供应商，在经济全球化条件下实现自身发展，是承担企业社会责任的根本动力。

（五）全球化可持续发展的约束机制

近些年，企业社会责任越来越受到社会公众的关注，原因是经济全球化促使

---

① （美）斯蒂芬 P 罗宾斯，玛丽·库尔特. 管理学［M］. 孙健敏，等，译. 北京：中国人民大学出版社，2004：122.
② Seglin J L. "It's Not That Easy Going Green". Inc. May, 1999：28－32；W H Miller. "What's Ahead in Environmental Policy？" IW. April, 19, 1999：19－24；Shrivastava P. Environmental Technologies and Competitive Advantage：183.
③ 赵景峰. 经济全球化的马克思主义经济学分析［M］. 北京：人民出版社，2006：229－230.

了一个企业实现跨国界、跨区域和跨行业的发展，企业与企业之间的关系呈现社会化的特点。虽然经济全球化一方面促进了全球经济的快速发展，但是另一方面也加速了环境的恶化及资源的耗费，使全球经济、社会和政治等进行大转型。发达国家经济强势发展，大型跨国公司规模不断扩大，随着不同的制度、发展进程和增长速度造成的差异，全球范围内的矛盾越来越多、越来越突出。在全球经济的大转型中，需要建立行之有效的约束机制和规则使全球经济实现可持续发展。相反，如果没有相应的约束机制和规模，可能最终引发全球经济的失衡，甚至出现社会的动乱，反而阻碍全球化的发展。在这种背景下，企业社会责任成为社会公众关注点，成为新机制和新规则出台之前约束强势发展企业的行为准则。

第三节　社会责任运动与中国企业国际竞争力

一、社会责任运动对中国企业国际竞争力的积极影响

竞争力是一种基础和源泉，蕴含于企业内部，是一种无形的综合的力量，是企业资金、技术、人力资源、产品、企业形象、宏观政策、营销等诸多力量的集合。企业国际竞争力是"企业目前和未来在各自的环境中，以比它们国内和国外的竞争者更有吸引力的价格和质量来进行设计生产并销售货物以及提供服务的能力和机会"。因此，企业国际竞争力关键是其国际市场竞争力。虽然企业社会责任的概念传入中国已久，但是我国企业的社会责任实践并不理想，真正能够将社会责任纳入发展战略的企业少之又少。在经济全球化背景下，企业社会责任运动对我国企业竞争力的影响具体表现在：

（一）实行企业社会责任利于提高我国企业的竞争力

企业社会责任能够展示中国企业以人为本的价值观念以及先进的生产经营理念，赢得社会公众的认同，减少市场阻力，降低市场风险、提升企业的综合竞争力和社会形象，提高企业生产效率和长期营利能力，使企业实现可持续发展。可以说执行企业社会责任标准对中国企业既是挑战，又是机会。一般而言，追求企业的经济价值和社会价值是此消彼长的"零和博弈"，但这种简单的二分法已越来越显得不合时宜。我们也逐步认识到，面对当前全球许多紧迫的问题，追求双赢是解决这些问题行之有效的办法，既能对社会做出特殊的贡献，又有利于企业自身的发展。企业要关注经济利益、员工利益和社会利益的平衡。很多企业成败的案例都证明，企业要实现长期发展的目标，这三个方面的利益要求都要具备。企业社会责任标准把商业道德、人本管理等进行了规范化、具体化，它使对员工的保护和尊重有了实际衡量的具体化标准，反映了企业管理的新趋势。

（二）企业社会责任会增强企业的差异化优势

企业要在竞争中取胜，必须具备独特的优势资源，如创造性、安全性和技术性等。企业可以将社会责任看作是自身取得竞争优势的一种优势资源，这样企业可能在国际竞争中处于不败之地。而经过企业社会责任认证的产品具有更严格的社会责任方面的道义标准，其产品更具人性化与道义化的特点。产品贴上符合劳工标准的"社会标签"时，作为消费者在购买商品活动中，显然会受到影响，这样就形成了产品在此方面的差异化优势。

（三）企业社会责任会提升企业的美誉度

企业如果没有信用不能实现长远发展，可以说，诚信是企业解决问题、承担责任和实现发展的前提和基础。市场经济是信用的经济，企业之间的相互竞争不仅是产品、科技、人才等方面的竞争，而且是企业信用的竞争，更是企业文化、社会责任的竞争。因此，企业的社会责任是企业宝贵的财富，是企业的一种无形资产，可以快速提升企业的价值。随着科学技术的突飞猛进，社会信息快速传播，社会公众对企业的监督逐步加强，企业一旦诚信缺失，几乎立刻会被曝光，其企业形象受到影响，企业的无形资产——商业信用受到重创，企业市场份额减小。企业社会责任要求企业具有社会责任感，重视员工的基本权益，做到这些必然会赢得员工的满意，塑造自身良好的社会形象，进而增强企业市场竞争力。

（四）企业社会责任有助于企业建立良好客户及员工关系，提高企业市场竞争力

在市场经济的条件下，企业竞争要素从产品逐步转向客户或消费者体验，市场导向从卖方市场转向买方市场。现在的顾客，特别是发达国家的顾客具有很强的社会意识，他们不满于产品本身，也关心产品的生产过程，他们无法接受由剥削童工、因犯所制造出来的产品。获得企业社会责任认证的企业，可让消费者知道企业的运作是道德的，而顾客也将会更愿意考虑购买此类企业的产品和服务。对那些环保意识薄弱、工作条件恶劣、没有社会责任感的企业，即使企业经营成本很低，跨国公司也会将其抛弃。如果跨国公司与这样的企业合作，意味其要承担巨大的道德风险，而这种道德风险可能随时转化为商业风险。对于员工，特别是对于绝大部分的白领阶层而言，工作不单是一种生存的手段，更是体现生活价值、人生价值的方式。企业社会责任使企业不得不重新考虑如何善待员工，关心员工福利，对员工承担责任。这样可以提高员工的士气、工作满意度和归属感，激励员工的承诺和忠诚，企业的生产效率和效益自然也随之提高。

（五）企业社会责任的推行有利于我国竞争优势的转型

很多企业包括一些地方政府认为，我国产品的比较优势是基于低成本劳动力基础上的价格优势。从我国经济发展而言，企业依靠低廉的劳动力获得了比较优

势，但是仅仅依靠劳动力优势无法长期立足于激烈的竞争市场。该类以廉价劳动力为基础的劳动密集型行业受限制较少，没有特殊的壁垒，许多发展中国家的企业具有相同的劳动力优势。随着我国经济不断发展，我国的劳动力成本必将不断上升，企业也无法持久拥有劳动力的成本优势。可以说，单纯依靠低工资的成本优势必将落伍，并且企业发展会越来越困难。而执行企业社会责任标准，会迫使企业重新定位，将重心从单纯的降低劳动力成本转移到依靠科学技术和科学管理上来。如果企业以此为杠杆，改善劳动条件，提高管理水平，进而提高劳动生产率和产品质量，那么将带来生产模式的转变，实现由劳动密集型向资本或知识密集型的转变，最终促使产业结构的优化升级。近些年，我国经济发展模式是消耗大量人力和资源与以牺牲环境为代价的，即所谓的"粗放型发展方式"，它忽略了经济社会的可持续发展。

（六）企业社会责任有利于保护和提升企业品牌，提高企业声誉

当前，社会公众越来越关注社会责任，企业切实按照社会责任守则行事，不仅可以得到更多消费者的青睐，而且可以避免由劳工问题而引起的消费者和社会公众对产品的抵制。一般而言，国际劳工标准及其准则包含在国家法律法规或国际公约之中，因此，遵守企业社会责任原则可以提高企业的守法意识，避免由商业纠纷所带来的法律诉讼。

（七）履行社会责任是企业应遵循的国际准则

社会责任已经成为发达国家的企业惯例及企业家精神的重要内容。社会责任是现代企业家精神的核心要素，慈善公益又是社会责任的重要体现。经济全球化促进了资源的跨国流动，加强了国与国之间的联系，但也进一步强化了资本的力量，而劳动者所提供的劳动常因供过于求或流动性限制等原因而处于不利的地位。因此，倡议全球企业承担社会责任是一个非常积极的举措。今天，"社会责任"已经逐渐出现在跨国企业贸易的附加条款中，其也成为跨国公司挑选合作伙伴的重要标准。

二、社会责任运动对我国企业国际竞争力的短期消极作用

根据要素禀赋理论，我国出口的是劳动密集型产品，进口的是资本密集型产品，劳动力成本的低廉是我国一个重要的比较优势。劳动力成本低廉，其原因一部分归咎于依赖大幅延长企业劳动力的劳动时间或压低企业劳动力的工资来实现的。尤其是长三角和珠三角的一些劳动密集型企业，更是想方设法地剥夺劳工的权益，以此来压低成本以取得价格优势。企业社会责任是针对企业员工权益等设定的，宗旨是维护劳工基本权益，但也容易被扭曲为新型的贸易壁垒方式，特别是对我国一些出口企业造成不利的影响。

（一）对我国企业竞争优势的影响

传统的观点认为，企业的经营目标是实现利润最大化，进一步实现股东利润的最大化。在单纯追求利润观念的驱使下，一些企业不合理的发展往往会给社会的安全和生态环境带来隐患。而企业社会责任理论则主张，企业的目标是二元的，除了利润最大化以外，企业还应主动承担对环境及利益相关者的责任。企业社会责任运动通过欧美跨国公司的供应链进入中国企业，当前几乎所有的欧美企业都对全球供应商提出了实施社会责任评估和审核的要求，并把它加进了订单的附加条件中。目前，从中国沿海到内地，从服装出口企业到其他外贸加工行业，越来越多的企业被迫接受社会责任审核。

我国作为一个发展中国家，在国际贸易中的竞争优势是低成本的价格竞争优势。而这种优势主要是因为中国企业大多是劳动密集型企业，通过支付较低的工资、延长劳动时间、较差的工作环境等方式获得。在我国为节省成本而雇佣童工的现象屡见不鲜，工作超时不给加班费的情况更是比比皆是。而企业社会责任则正好在这些方面提出了明确的、刚性的衡量指标。因此它必然会对我国的纺织、服装、玩具、制鞋等劳动密集型企业的竞争优势造成极大的冲击，在相当大的程度上削弱我国出口产品的国际竞争力。我国作为发展中国家，经济发展水平低，对劳工的保护虽已开始，但起步晚，与发达国家相差较大。缺乏社会责任是我国大多数企业的通病，我国的劳工权益保护存在着一系列问题——不签订劳动合同、养老保险的缺失、超时劳动等问题，从而给外界造成负面影响。在我国推行企业社会责任运动，借助相应的市场惩戒手段，有助于改善劳动条件和劳工状况，提高企业的劳动保障法律意识，提升企业的管理水平。企业社会责任正在成为一种新的竞争优势，这必须引起我们的重视。

（二）对我国企业市场准入的影响

由于发达国家要求我国产品取得"认证"后才能进入该国市场，因而，企业要树立良好的企业形象并关注相关劳工标准，需要采取积极措施，改善劳工的工作条件，争取企业社会责任认证。尽管从成本角度看企业竞争力将降低，但从获取认证可以突破国外壁垒角度看，对企业以后的发展是有帮助的。企业要达标须提高生产成本，可能会削弱企业产品的国际竞争力。这会给大部分企业带来沉重负担，因为要经过繁琐的程序和较长的时间，如一般的企业社会责任认证需要1年的时间，每6个月复查一次。这对我国企业市场准入有着消极的影响，以我国一些劳动密集型产品为例，因受社会责任因素限制导致不能进入目标市场或被迫退出目标市场。目前，由于西方国家越来越重视企业社会责任，有社会责任管理体系认证企业的产品越来越受青睐，这就导致已经取得社会责任标志的产品表明，它不仅符合质量标准，而且在生产经营过程中符合企业社会责任的要求。在一般市场上，较多消费者往往会选择有社会责任标志的产品。

(三) 对我国企业出口贸易的影响

发达国家和发展中国家明显有不同的经济发展水平，社会责任的标准也应该不一样，但企业社会责任规定的标准却是以发达国家自己的标准强加于发展中国家。我国多数出口企业很难达到发展中国家的社会责任标准，事实上，一些发达国家的企业也很难达到该标准。如果某国要求相关进口产品的企业达到本国社会责任的标准，否则不准进口，则将对相互的贸易产生巨大的影响。这种影响容易产生连锁反应，从某个国家扩展到其他国家，最终阻碍国际贸易的发展。如今，欧盟已将"人权查厂"在内的社会责任标准赋予了更宽泛的含义，假如欧盟有了统一、规范的"社会责任标准"的认证体系，他们可以要求进口商以"国际认证""国际标准"为借口，影响我国出口企业的生产与管理。

三、我国企业应对全球社会责任运动的对策

为了应对经济全球化下的企业社会责任运动，提高我国企业的国际竞争力，许多学者都提出了自己的见解："政府推进层面，强化政府在企业社会责任中的引领作用；企业推进层面，形成企业伦理责任的企业文化和管理体制；社会推进层面，加大企业社会责任实践的外部压力。"① 戚志敏从完善我国企业社会责任报告角度提出应该"加大企业社会责任的宣传与研究；完善相关法律法规；大力发展第三方评估、监督机构"②。陈宏辉，孟瑛（2011）研究后危机时代的企业社会责任，指出我国企业应该"首先，进一步明确 CSR 的内涵；其次，把关注利益相关者的利益要求融入企业日常管理工作当中；最后，培养创新意识，以多种方式承担社会责任。"③ 而刘藏岩（2011）专门研究了 ISO 26000 这一国际社会责任标准对我国中小企业的影响，并从国家、行业、企业以及研究机构四大层面提出相关对策、建议。应对经济全球化下的企业社会责任运动，笔者认为我国企业可以采取如下的措施。

(一) 从企业角度看

1. 加强法制观念

盈利是企业的根本目的，但盈利必须是建立在遵纪守法和遵守道德的基础上。否则，带来的将是法律的严惩和道德的谴责。

---

① 黎友焕，刘延平. 中国企业社会责任建设蓝皮书 [M]. 北京：人民出版社，2011.
② 戚志敏. 我国企业社会责任报告分析 [J]. 企业社会责任，2012 (1).
③ 陈宏辉，孟瑛. 后危机时代的企业社会责任 [J]. 企业社会责任，2011 (1).

2. 加强技术进步

针对西方国家对我国设立的许多"绿色壁垒""技术壁垒"等一些非关税贸易壁垒，我们除了实施"走出去"战略、避开"壁垒"等方法以外，还应该在了解国外相关产品的具体标准和要求的前提下，不断增加科技投入，提高产品的科技含量和绿色化程度，保证产品质量的同时注重企业的社会责任。

3. 树立"以人为本"的思想

员工是企业利润的根本来源，"以人为本"不仅可以提高员工的工作效率，而且可以激发他们的创新精神，从而为企业带来巨大的经济收益与强大的竞争力。同样消费者的选择决定了企业产品的市场占有率，决定了企业的竞争力。近来，消费者越来越认为只有对社会和员工负责的企业才可能提供质量可靠的商品和服务，"以人为本"可以赢得更多消费者的青睐，因此，企业注重社会责任并不与其经营目标相冲突。

(二) 从政府角度看

1. 建立企业社会责任的预警机制

建立新贸易壁垒的预警机制对于我国对外贸易健康发展意义重大，国际标准化组织和有些国家的政府及其标准化机构会修改相关技术标准和法规，如果企业信息不对称，企业会根据原有的法律法规和标准生产产品，从而导致出口商品不符合修改后的技术标准和法规。因此，我国政府需尽快建立企业社会责任的预警机制，收集最新贸易壁垒的信息，并建立企业社会责任数据库，积极为企业服务。同时，认真研究相关社会责任的行为在国际贸易中的影响，积极采取应对措施，为企业创造较好的贸易环境。为获取全面、完善的国外企业社会责任信息，应充分利用世贸组织各成员在《实施动植物卫生检疫措施协议》和《贸易技术壁垒协议》下提供的有关法律法规、技术标准的国家级咨询点。另外，可利用驻外经商参赞处等机构及时收集企业社会责任信息。国家通过建立相关的信息数据库和网站，方便企业咨询，为企业提供相关信息服务。

2. 建立企业社会责任评价体系，使企业与国际接轨

在西方发达国家，对任何一个企业的评价都是从经济、社会和环境三个方面进行的。经济指标仅仅被认为是企业最基本的评价指标，而关于企业社会责任的评价则有多种多样的形式。跨国公司首先要认识到履行社会责任的重要性，为企业构建一个制度化、规范化的社会责任管理体系，明确的社会责任计划，建立专门的社会责任部门，同时保证管理体系具有可操作性。在我国，企业的社会责任评价仅仅停留在经济指标上，这样的评价体系不仅不利于落实科学发展观，也不能适应经济全球化的趋势和要求，不利于中国的企业提高国际竞争力。

3. 加强对企业社会责任的指导

首先，要对地方政府的官员及企业进行企业社会责任培训，让他们理解企业社会责任对当地经济发展和企业的重要意义，帮助企业树立履行社会责任的理念，在其实现企业利润的同时，积极履行企业社会责任。其次，积极帮助企业建立企业社会责任的管理体系，使企业社会责任管理融入企业的日常经营活动中。最后，加大宣传企业社会责任的力度，让社会公众关注企业社会责任，从而社会公众能帮助政府监督企业承担必要的社会责任。

4. 建立并推行中国企业社会责任国际认证体系

企业社会责任国际认证是证明企业的产品及生产管理体系符合特定的法律法规和评价标准的程序。产品认证、环境认证及质量认证等认证对企业的发展起着至关重要的作用，有利于加快企业国际市场化进程。在国际贸易过程中，较多企业产品因为缺少相关认证常被一些国家市场拒之门外，因此，中国政府有必要建立统一合理、规范的认证体系，同时保证认证机构的公正性及权威性。坚决取缔那些违反法律法规的认证机构，鼓励国内知名认证机构发展壮大并积极走向国际，使自身得到国外市场的认可。应对企业社会责任的最迫切也最有效的紧急方法是趁企业社会责任在当前还没成为国际标准、很多国家对其持有异议的情况下，尽快出台实施我国社会责任国际标准体系，在国内和国外与我们有贸易关系的国家和地区加快推行我们自己的标准，对世界做出我们的承诺和具体行动，在企业社会责任技术层面上进行对话，最终达到企业社会责任的普及和认可。[①]以我国特殊国情为基本点，以现有国际企业社会责任标准，如 SA 8000 和 ISO 26000 为依托建立适应我国的企业社会责任标准，推动企业社会责任实践。

5. 完善我国的劳动法规，加强执法力度

我国的劳工标准立法，除强迫劳动和自由结社问题与国际社会立法存在一定分歧外，其他方面内容差异不大，有些标准甚至超过国际标准。同时，我国劳动标准需要基于逐渐与国际劳工标准接轨的原则。截至目前，我国已加入 23 个国际劳工组织制定的公约，在劳动法律法规中，我国劳工标准基本上接纳了经合组织（OECD）的相关标准，因此我国劳工法律法规的缺陷不在于标准的缺失，而在于相关法律法规的操作性较差，且各类劳工法律法规可能有相互冲突的内容。这表现在一方面应由政府增加立法的可操作性，改革劳动行政管理体制，另一方面还要由社会各方面共同努力建立合理的劳工标准执行机制。

（三）从社会的角度看

1. 健全社会主义市场经济的法律法规体系，提高执法和监管水平

---

① 黎友焕. SA8000 与中国企业社会责任建设 [M]. 北京：中国经济出版社，2004.

市场经济被称为法制经济，要实现法治就要建立起完善的、适应市场经济体制的、完备的法律法规体系，堵塞由于法律法规的空白给企业不履行社会责任的借口，这在转轨时期尤其重要。现在许多企业不承担自身的社会责任，原因在于相应法律法规的不完善、缺失，使得企业违规成本低，一定程度上助长了企业不承担社会责任的行为。另外在加强法律法规体系建设的同时，还要注意提高执法和监管的水平，杜绝执法不严、违法不究现象的发生。只有健全完备的法律法规体系，加强执法和监管的水平，才能够解决企业社会责任缺失不被制裁或惩罚成本过低而助长其不履行的动机，提高其违法违规的成本，这样可以有效地降低这类行为的发生，使其真正做守法的"公民"。

2．增强对企业履行社会责任的激励，营造社会对企业积极履行社会责任的普遍尊重的氛围

企业自觉履行其社会责任，这是构建社会主义和谐社会的一个重要内容。企业要想成为一个受社会尊重的企业，除了要提高和促进企业的社会责任心以外，从企业利益相关者角度来看，还需要激励企业并促使其积极承担社会责任。首先，对积极承担社会责任的企业给予必要的优惠，如对企业慈善捐款的行为可以免税、奖励企业提高职工福利的行为等；其次，整个社会应尊重积极承担社会责任的企业，社会公众应多多购买此类企业的产品；此外，当企业发生危机或陷入困境时，政府、社会及企业员工都应该给予必要的帮助和支持，保证企业实现可持续发展。企业只有统筹全局所有利益相关者的利益要求，才能促使企业实现各方利益的共赢，才能全力调动企业承担社会责任的积极性和自觉性。

3．通过非政府组织作用的发挥建立企业社会责任评价、认证体系

要建立和发挥非政府组织的作用，NGO 组织大致有两类：一类是作为企业承担社会责任压力团体而存在的，另一类是作为企业社会责任评价、认证实施者而存在的。企业承担社会责任往往来自社会一定压力下对社会要求的及时反应。作为压力团体的 NGO 组织的存在是企业建立相应响应机制的关键，为使企业更好地回报社会，应培育符合利益相关者要求的 NGO 组织，使分散的利益相关者的利益要求通过组织的表达改变以往企业的弱势地位，更好地实现自身的利益。必要的压力团体的存在是企业社会责任评价、认证体系的前提；作为企业社会责任评价、认证实施者而存在的 NGO 组织是企业社会责任评价、认证体系正常运作的保证。

4．加快行业协会的国际化接轨工作

在 2003 年的全国行业协会工作会议中，不少行业协会纷纷反映行业协会在当前社会经济环境下难以发挥作用，导致行业协会出现了一系列的问题。实际上，行业协会正处于发挥其本质功能的最好时期，关键是加快与国际化接轨的步

伐，同时借鉴国际社会相关成功的经验，积极参与到经济社会的活动中来。例如，在企业社会责任的问题上，行业协会应及时向企业提供信息情报；组织企业统一协调行动、谈判、诉讼；与社会责任认证机构的沟通等。行业协会还可以团结全行业坚决反对把贸易与劳工标准挂钩，从中国经济社会的实际发展状况出发，积极参加国际劳工组织关于经济全球化、贸易与劳工标准等方面讨论。在社会条款问题上，一些行业协会和企业商会也应主动与进口国建立起对话机制，加强相互沟通，增进相互了解，尽可能减少一些限制条款对我国产品出口的影响。

第十章 跨国公司与国际企业社会责任运动

第一节 跨国公司发展的新趋势

跨国公司（Transnational Corporations，TNCs），又称多国公司（Multinational Corporations，MNCs）。1974 年，联合国经济及社会理事（the Economic and Social Council）做出了统一采用"跨国公司"这一名称的决议。一般而言，跨国公司是一种跨越国界、在他国经营业务的企业组织，它是通过输出企业资本，在两国或两个以上国家（地区）设立分公司或控制当地企业成为它的子公司，在母公司统一决策体系下从事国际性生产经营活动的企业。

在当代世界经济发展中，跨国公司在世界经济发展进程中扮演着越来越重要的角色。跨国公司通过加快生产国际化的进程，实现资源在全世界范围内的优化配置；它通过促进资金跨国界流动，使全世界的金融资源得到充分利用；它通过增加贸易流量，不断扩大世界市场，推动全球经济的发展；它通过传播先进技术，加速世界技术的进步。跨国公司已经成为世界经济一个十分重要的组成部分，它的迅速发展正对世界经济的发展、世界经济格局的改变以及人类生活方式的变化产生着重大的影响。对于 21 世纪跨国公司的发展趋势，主要表现在以下几个方面：

一、跨国并购成为实施对外投资的主要手段

所谓跨国并购（Merger and Acquisitions，M&A），指的是一国企业为了某种目的，运用特定的渠道和支付手段，收购另一国企业的整个资产或足以行使经营控制权股份的行为。国际上许多著名的跨国公司都是通过大规模并购其他企业而迅速壮大起来的。跨国并购起着越来越重要的作用，因为它给公司提供了一条取得其他国家有形资产或无形资产的较方便快捷的途径。

对跨国公司来说，跨国并购使公司能快速取得位于不同领域的资产，这种资产在全球化的经济中成为决定竞争地位的重要因素。通过并购东道国企业，跨国公司可以在大大降低或化解经济、政治、交易、生产、技术开发等投资风险的前提下绕过市场壁垒，迅速进入东道国市场，而且可以通过生产、管理、销售、技术、转移价格等途径获得利润，占据东道国市场，并对市场机会做出迅速响应，同时跨国并购可使跨国公司在全国或全球范围内优化其结构，以联合其他公司，获得竞争优势。对东道国来说，跨国并购有利于引进资金、技术和管理经验等稀缺性生产要素，在知识经济和信息经济时代，跨国并购成为直接投资的主要手段，这是跨国公司生产经营方式重要的发展方向和趋势。

跨国并购大多数发生在发达国家之间，欧盟、美国、日本是三大巨头，其中欧盟与跨国并购相关的发生额几乎是世界发生额的60%~70%。据英国《经济学家》杂志曾经的报道，1999年，英国公司用于兼并和收购外国公司的支出约达1500亿美元，居世界之首。美国公司同期用于兼并和收购外国公司的开支排名世界第二，法国公司位于第三位。日本也有较多的并购。据联合国贸发会议统计（UNCTAD，2006），在过去的20年中，兼并与收购的平均年增长率为42%。1990年代以前，外国直接投资主要通过在东道国的新建项目以此来进入目标市场。而1990年代以后，特别是1995年以来，跨国并购作为跨国公司对外扩张主要方式，随着相关交易额急剧增长，在世界对外直接投资总额中的比重迅速增长，如表10-1所示。与1999年相比，2005年跨国并购共6134起，增加了88%，交易额为7160亿美元，增加了20%。跨国公司并购从1995年的3287亿美元增长到2005年的16950亿美元。

表10-1 1995—2005年全球跨国并购交易额与国际直接投资额

年份	全球跨国并购交易额（亿美元）	国际直接投资总额（亿美元）	全球跨国并购交易额/国际直接投资总额（%）
1995	2290	3287	69.67
1996	2750	3589	76.62
1997	3420	4643	73.66
1998	4110	6439	63.83
1999	7200	8650	83.24
2000	11430	13000	87.92
2001	11879	15391	77.18
2002	7396	12752	58.00
2003	5940	11190	53.08
2004	7612	15238	49.95
2005	14326	16950	84.52

资料来源：UNCTAD，《世界投资报告》1995—2006年.

在 21 世纪，我们有理由相信，除了与人们生活息息相关的飞机、汽车等产业外，如钢铁、机械等传统产业，由于资源、环境等方面的限制及新型替代材料的出现等原因，将开始逐步减少在世界经济领域的份额。而金融、电信、医药及汽车等行业，也将在世界范围内实行资源重组。在发达国家继续实行并购的同时，发展中国家市场中的服务贸易领域、高科技领域和某些资本技术密集行业，如电信产业、新闻媒体、金融服务、文化娱乐业等将会在将来的并购中成为焦点。

二、跨国公司研发活动的国际化

跨国公司研究与开发（Research and Development，R&D）国际化是指跨国公司将技术研究与产品开发等活动从母国移植到其他国家或地区，利用当地的科技资源，跨国界开展技术研究与产品开发等活动。跨国公司研发国际化，是 1980 年代后世界经济发展中的一种新现象。

跨国公司之所以能够迅速发展壮大，在激烈的国际竞争中立于不败之地，不仅是因为它拥有雄厚的资本实力，更重要的是它具有高科技含量、高附加值的创新产品的研究与开发的能力，这对于跨国公司的生存和发展以及获取垄断资本、高额利润以及提高竞争力起到了至关重要的作用。但是，随着经济全球化的快速发展和现代科技的突飞猛进，高、精、尖技术产品研制工序也越趋于复杂，这对科研资金、技术以及人才等要素的需求越来越高，原来那种仅仅依靠跨国公司自身创新能力和科技资源从事重大科研项目的开发已远远不够。因此，1990 年代以来，西方发达国家的一些颇具实力的大型跨国公司的技术研究与开发的组织形式更趋于国际化。

跨国公司在母国以外设立研究开发机构，一方面可以弥补科技力量在国家和地区间分布不平衡的缺陷，适应不同国家消费者偏好差异性的要求和母国同东道国在用户需求、技术基础以及材料性能方面存在的差异；另一方面跨国公司可以充分利用世界各国的科技资源，发挥各自科研开发及专业技术水平的长处，实现多方优势要素的互补，提高研究与开发的效率及创新产品的质量，实现技术本地化。跨国公司研发国际化的方式主要有：设立海外研发机构并与母公司形成网络系统，组建海外产教研联合体和与其他跨国公司缔结研发国际战略联盟。

跨国公司研发国际化呈上升趋势。跨国公司的海外子公司在很多东道国的研发中扮演着重要的角色，这就体现了研发工作国际化趋势进一步增强。1993—2002 年，跨国公司海外子公司的研发开支从约 300 亿美元上升到了 670 亿美元，而在全球研发开支中所占比重从 10% 提高到 16%。其中，跨国公司海外子公司在发展中国家企业研发开支中所占比重从1996年的2%迅速增加到了2002年的18%①。

近20年来，经济合作发展组织（OECD）国家直接研究开发投资额在逐年增加，外资在东道国产业研究开发投资中的比例也在逐年增加。1998年，OECD研究了不同国家产业研究开发的外资进入情况，研究结果显示，外资研究开发的投入占OECD国家产业研发投资比重已达12%。在1997年，世界500强大公司在海外的研发投资所占份额达到11%。"美国公司海外研发投资总额已从1987年的52亿美元上升到1997年的147亿美元，日本跨国公司的对外R&D投资几年来也有可观的增长，仅在美国产业研究开发投资中的份额就从1980年的2%上升至1995年的9%"②。

根据《2005年世界投资报告》（UNCTAD，2005）报告显示：近年来，跨国公司的研究与开发工作国际化趋势增强，跨国公司不仅把更多的研发工作转移到国外，而且把一部分核心创新工作放到了发展中国家和地区。其主要表现为跨国公司在其他国家或地区设立相关研发机构，不仅为了使自身技术适应本土市场，而且也是跨国公司核心创新工作的一部分，以在一些发展中国家为例，跨国公司的研发工作以全球市场为目标。

据贸发会议（UNCTAD，2005）统计，过去10年全球研发投入迅速增加，2002年已达到6770亿美元。但研发开支高度集中在少数国家，其中美国等投资额前10名的国家就占了全球研发投入的4/5，而在前10名中只有中国和韩国两个发展中国家。不过，在全球研发开支中，1991—2002年，发达国家所占比重从97%下降到91%，而亚洲一些发展中国家或地区所占比重却从2%提高到6%。这说明，跨国公司在研发工作中扮演着至关重要的角色。据相关统计研究，占全球研发开支总额的一半以上属于跨国公司的研发开支。在投入领域上，全球研发投入主要投入在信息技术、药品和生物技术等少数特殊行业。

跨国公司研发工作国际化的进程将会继续，2004—2005年，贸发会议对全球研发投入的一些跨国公司进行了调查，结果显示：69%的公司表示海外研发活动的比重肯定会上升，只有2%的公司持相反观点，另有29%的公司认为研发国际化水平将保持不变。中国是跨国公司扩大研发工作的首选对象，其次是美国和印度。21世纪在生产国际化水平不断提高的基础上，跨国公司的研究与开发活动国际化、全球化的趋势将会表现得更为突出，它们将更加重视在全球范围内进行生产要素的优化配置。

---

① UNCTAD. World Investment Report 2005 [R]. United Nations New York and Geneva, 2005.
② OECD. Anual Report 1999 [R]. OECD, 1999.

三、跨国公司组织结构的网络化

(一) 跨国公司组织结构的变化原因

以往的发达国家跨国公司组织结构和管理职能注重纵向分工和强调命令控制，存在庞大的经理阶层，并且权力集中于总部，整体呈现金字塔式的结构。

1980年代中期以来，网络经济迅速发展，这种跨国公司组织结构和管理职能逐渐呈现出官僚、臃肿、低效等一系列弊端。具体来讲：第一，企业的外部环境发生了变化。在网络经济中，企业组织与外部环境之间没有明确的边界，企业组织运用网络途径穿过组织边界，与外部环境相联系，从而使企业内的任何组织和个体成为社会经济网络的结点，为组织和个人提供发展的契机。第二，企业很多工作的特点发生了变化。在网络经济下，简单重复性工作急剧减少，而要求创造性的工作迅速增长，组织的功能关键需要激发员工的潜能，而不是依赖于简单重复的生产线，同时，员工需要更加注重学习，不断提高自身创新能力。第三，企业的市场治理环境发生了变化。在网络经济下，经济活动发生了巨大转变，主要体现在经济活动的数字化与网络化，现代经济活动突破了以往空间，如虚拟经济的出现，其发展逐渐与实务经济并驾齐驱。第四，联系组织的纽带出现新的特点。企业与企业之间的利益不存在绝对对立的关系，不同经济主体可以通过一定的经济纽带实现相互经济效益，即联结经济性。在网络经济条件下，联结经济性使存在相互竞争关系的企业组织之间也可以相互合作。

1990年代后，随着经济全球化、网络经济及知识经济时代的到来，跨国公司纷纷做出大幅度的战略性组织结构和管理职能的调整，管理体系由原来的金字塔形等级联系、集中决策和直接命令的工作方式逐步转向以网络型的多边横向联系、分散决策为主，其管理职能已由本国中心向多元中心和全球中心并存的格局发展。据统计，美国《财富》(Fortune) 杂志所列全球最大的500家企业，1990—1995年平均减少管理层次3个左右。1980年代中期，美国通用电器公司致力于减少管理层级与组织层次，通过大范围的合并和分解，重新组合企业单位，而后又逐步取消了部门管理层级。

(二) 跨国公司网络型组织管理职能的特点

跨国公司网络型的组织结构能够高度集中重要生产经营活动和关键生产经营决策，而分散或分权其他生产经营活动。这种网络化的组织管理结构和分散化、专业化的管理职能更能适应日趋激烈的国际竞争、日益多样化和复杂化的产品、不断变化的投资生产环境。目前，它已被越来越多的跨国公司所接受。许多跨国公司慢慢发展成为关键领域的专业公司，而把与企业生产经营相关性不大的业务剥离，分包给其他生产供应商。在这种组织体系下，不同的企业在共同的战略体系下经营，最终形成一种具有一体化效应的虚拟组织。同时，由于整体利润最大化的驱使，将可能使一些跨国公司在某些东道国的子公司发展更快，经济实力增大。这时，一些跨国公司将可能设立地区职能总部，或者子公司成为区域总部，以形成新的多个决策中心。例如，日本电器公司在新加坡设立了一个专业部门负责管理公司一些技术研究和产品开发工作；丰田公司在新加坡设立子公司，该子公司主要负责管理协调各分公司之间的零部件交易。

四、跨国公司营销战略的本地化

所谓本地化经营，就是指跨国公司在东道国进行生产经营活动并适用当地环境的过程。1990 年代初，一些跨国公司采取过本地化做法，但是由于狭隘的国家主义和霸权主义，本地化并未成为跨国公司的首选策略。但随着全球化、知识化、自由化进程加快，跨国公司本地化趋势越来越强。

跨国公司营销战略本地化的主要内容包括：一是人才本地化，即利用当地的人才资源，当地人才不仅劳动力成本低，而且熟悉当地的人文、语言、政策、法律、经济等环境。人才本地化不仅可以克服在语言和文化背景上的差异引发的种种误解，而且可以避免由于东道国和母国的文化背景差异所带来的外派人员的较低工作效率。人才本地化也可以直接增加东道国的就业岗位，缓解其就业压力，还可以利用当地的良好人际关系，增加东道国消费者的亲切感和认同感，迅速打开市场，拓宽销售渠道，大大降低交易成本和信息成本。二是技术本地化，即利用当地技术，更主要的是向当地转让技术。三是市场本地化，即原材料、零部件采购当地化，产品销售当地化。此外，本地化还能取得"国民待遇"，享受税收优惠。

与跨国公司对外进行直接投资相伴而行的是跨国公司本地化的经营策略。进入 21 世纪，为抢夺国际市场，各个行业和领域的跨国公司进行重新组合，由于东道国某些企业与跨国公司差距的缩小，东道国一些优秀本地企业也快速发展起来。因此，跨国公司逐渐意识到本地化战略的重要性，更多跨国公司开始走本地化的道路，如丰田、IBM、陶氏化学品公司、联合利华、北电网络、爱立信、摩托罗拉公司、诺基亚等在中国实施本土化战略。其具体就是人力资源本土化、经营管理本地化、研发管理本地化，采用本地化营销策略，实施本地化管理、聘请本地经理，也就是本地采购、本地研发、本地生产、本地销售以及任用本地的技术与管理人员。

当然，本地化与人力资本积累状况、东道国投资环境、增长潜力和潜在市场都有密切关系。同时，东道国投资环境与本地化策略存在紧密的联系——投资环境太好，市场潜力较小，应减少本土化；投资环境不尽如人意，市场存在较大空间，需要强化本地化策略。同样，本地化弱或没有本地化，东道国对跨国公司的认同度就会低。所以，跨国公司的生产经营、管理、人力资源、原材料、产品的市场本土化亦是双刃剑（王学鸿，2004）。

五、跨国公司发展模式的战略联盟化

由跨国公司缔结的国际战略联盟，是指两个或两个以上的跨国公司针对全球市场的经营目标和企业自身总体经营目标的发展宗旨，通过协议、契约等联合结盟的形式在投资、科研、生产和开拓市场等方面而结成的一种长期性的利益风险共享、经营权与所有权分开的松散联合体，跨国联盟是以密切合作的方式去对付其他竞争对手的一种战略。

（一）跨国公司国际战略联盟的产生

早在1979年，跨国公司间缔结国际战略联盟就已出现在汽车行业中。当时，日本马自达汽车公司与美国福特汽车公司结成第一家国际战略联盟。随着竞争的不断加剧，许多跨国公司单独依靠自身力量无法实现企业的战略目标，这样跨国公司取得的战略绩效目标与仅仅依靠自身水平所实现的目标之间会形成一个缺口，称为"战略缺口"。一定程度上，战略缺口会限制跨国公司自身的发展。外部环境要求跨国公司改变竞争方式，形成相互合作的关系，因此，国际战略联盟也就成为跨国公司发展的新趋势。

进入1990年代以来，跨国公司的战略联盟发展速度加快，每年缔结的合作协定成倍增加。国际竞争极为激烈的信息技术、半导体、生物工程、电子、食品饮料、汽车制造、银行和航运等资本技术密集的行业，已成为跨国公司缔结国际战略联盟的关键领域。这种战略合作覆盖了生产、销售和售后服务的全过程。跨国公司的国际战略联盟发展速度之快，主要原因在于该种联盟有利于分散投资风险、突破贸易壁垒和引进新技术等。如今，它已成为跨国公司扩展海外业务的重要手段。可以说，跨国联盟是社会化大生产快速发展的产物，是经济活动国际化的代表。

（二）国际战略联盟的类型

按照合作各方在价值链上的位置及其相互关系，可将其分为三种类型的国际战略联盟，包括研究开发型、资源补缺型和市场营销型。第一，研究开发型国际战略联盟，如日本松下公司与美国英特尔公司在1998年共同开发的DRAM技术。第二，资源补缺型国际战略联盟，如一个生产企业与另一个下游市场营销企业结成战略联盟，两公司相互利用各自的关系网，最终取得风险共担、资源互补、规模经济以及协同效应的优势。第三，市场营销型国际战略联盟，如几个市场营销型企业为了实现相互的利益结成战略联盟。

(三) 跨国公司战略联盟新的特征

一是结成战略联盟的基础已主要不是资金，而是跨国技术创新、技术合作、管理和信息等方面的战略联盟。二是联盟一般都是多边的、网络化的，并从研究、开发到生产、销售、服务等全面合作。三是联盟主要集中于国际竞争极为激烈的电子信息、汽车、医药以及航运和银行等资本技术密集型产业。四是利用对方的优势进行某方面的联盟，达成暂时协作关系，一旦任务完成，战略联盟的使命结束。五是跨国公司的战略联盟，从最初的强弱互补型联盟发展成为强强合作型的竞争联盟。联盟由单纯竞争转向互相协商、协调与协作等规模不等的联合以提高竞争实力，并与原先暂时的竞争对手结成联盟以对付新的和长远的竞争对手。

六、跨国公司投资产业向服务业转移

(一) 服务业成为外资进入的新领域

自 1970 年代起，跨国公司的投资行业逐渐从传统的资源采掘业、初级产品加工业、劳动密集型产业为导向的初级形式向新兴的广告业、保险业、银行业、服务业等第三产业转移，与此同时，制造业所占比重呈下降趋势。高新技术产业、金融服务产业及生物医药等新兴产业成为跨国公司投资的热点。

1970 年代初，服务业只占全球外商直接投资总量的 1/4。而到 1990 年，服务业吸收的外商直接投资总额超过了第一、第二产业的综合。1990 年代中期，第三产业的跨国公司投资已占全球跨国投资总额的 50% 以上。总体而言，跨国公司国际投资的产业分布不断向高科技、高利润的第三产业流动。"2000 年和 2001 年跨国公司投资第三产业的比重分别达 68.5% 和 63.3%"①。全球经济的产业结构正在积极调整，第三产业作为高利润、高增长行业已经成为跨国公司争夺更多市场份额的目标和焦点。

(二) 服务行业成为外资关注焦点的原因

服务业日益受到跨国公司青睐，已成为跨国公司对外投资的重要领域，主要原因如下：其一，由于世界上各个国家纷纷进行产业结构调整，大力发展第三产业，使得服务业得到了前所未有的重视，这就为各个跨国公司投资提供了前提；其二，随着第三产业的快速发展，全球对第三产业需求增长很快，其中，现代化服务的发展尤为迅速，并被大型跨国公司所垄断；其三，当今世界对外直接投资不断成为世界经济当中的重要支柱，并且大多对外直接投资的流量和存量有一半以上发生在服务业中，跨国公司通过对外直接投资不断地发展服务业；其四，随

---

① 联合国. 2001 年世界投资报告 [M]. 北京：中国对外贸易出版社，2001：217, 248.

着科学技术的不断提高，不断地应用到社会领域的方方面面，电脑和电信技术的变化同样使服务业的贸易性不断提高，这成为服务业国际直接投资快速增长的主要原因；其五，服务业能够带动生产、就业、贸易和消费等其他行业的发展，能带来良性效应，促进整个国民经济的发展。因此，世界各个国家都在积极地发展第三产业。

从全球战略看，21世纪的跨国公司仍会看好发展中国家和地区的市场，它们仍会继续向亚洲或拉丁美洲等发展中国家的市场进行投资。其主要原因有三：一是进入1980年代以来，发达国家出现资本过剩，特别是1980年代末发达国家工业化进程先后步入衰退时期，该段时间对外直接投资的需求明显减少，直接投资收益率下降。二是发展中国家和地区尤其是新兴市场国家和地区具有自己的区位优势和资源优势，经济增长强劲，对发达国家有吸引力。事实证明，在发展中国家进行投资的回报率常常要高于发达国家。三是1980年代以后，大多发展中国家实行了对外开放的战略，纷纷改善本国投资环境，建立自由贸易区、经济开发区、保税区等，为发达国家跨国公司的投资铺平了道路。

七、跨国公司承担社会责任成为人们关注的焦点

由于跨国公司参与世界经济的力度越来越大，形式也更加多样化，因此跨国公司社会责任的问题逐渐成为近年来企业界和学术界关注和研究的一个热点问题。

（一）跨国公司承担社会责任的实践

以跨国公司为主体的企业组织，要求整个商品供应链的合作伙伴共同遵守统一的生产守则。同时，促进其他非政府组织制定企业社会责任标准并加以推广。

首先，相关的社会团体或组织在跨国公司社会责任问题上的研究和推动力度不断加大，主要集中在劳工的权利与工作条件、环境与人权等问题上。1976年，经济合作发展组织（OECD）制定了《跨国公司行为准则》，这是迄今为止唯一由政府签署并承诺执行的多边、综合性跨国公司行为规范，并于2000年进行了重新修订；1977年，国际劳工组织、各国政府和企业三方通过了《关于跨国公司和社会政策原则三方宣言》，制定了国际劳工标准的基本框架。另外，世界自然保护同盟、绿色和平组织等国际民间组织也都在促进国际环境法规、劳工标准和人权发展方面做出了各自的贡献。

其次，许多跨国公司开始吸取和借鉴其所在行业的守则或国际经营守则，制定并采用它们自己关于社会责任问题的行为守则，主动开始关心和承担起社会责任。如丰田汽车公司以"丰田指导"为原则、英荷壳牌石油公司以"一般经营"原则、玛蒂尔有限公司以"全球生产"为原则，这些都可以说明跨国公司在全球投资和经营过程中履行社会责任。

尽管在民间社会团体及跨国公司本身的推动下，企业社会责任的重要性日益深入人心，但是应该看到跨国公司社会责任的实现还有很多问题。例如，跨国公司关于社会责任的行动绝大多数仍然局限在劳工、环境和人权有关的范围内，而诸如竞争惯例、消费者保护和社区关系等其他一些问题则较少予以注意；又如，由于不同行业和跨国公司经营的差异性，企业社会责任标准往往缺乏统一性和规范性，同时，存在最关键的问题是相关的行为守则缺乏可操作性或可执行性。这可能也是诸如"苏丹红"等事件之所以发生的重要原因之一。

（二）跨国公司社会责任在全球经济贸易中的地位以及意义

从企业自身可持续发展战略来讲，要实现更好的发展，企业需要兼顾到方方面面的影响。随着经济的快速发展，人们日益重视环境及社会等方面的问题，如果某个企业不注意环保并违反社会、道德底线，即使该企业没有被政府或监管部门惩罚，也会因为投资者和消费者的不满而受挫，失去竞争力。更有甚者，因为社会责任方面的过失，企业可能会被诉之公堂，沉重的诉讼负担最终给企业造成巨大的经济创伤。

随着全球经济化的发展和经济一体化进程的加快，跨国公司为了实现全球经济贸易直接投资于发展中国家，把大量的环境污染型产业转移到发展中国家，实现生产成本的最小化，最终实现企业经济效益的提高。一方面这类直接投资能够带动东道国经济的发展；另一方面它们也给东道国带来了环境的恶化，甚至使东道国广大劳动者权益受到损害。这一系列社会责任问题频繁被揭发出来，极大地阻碍了跨国公司的发展，同时也会影响跨国公司在东道国的形象。

企业社会责任运动最初在西方发达国家出现，而后向全世界扩散和渗透，日益为人们所认可和接受。企业社会责任运动的持续发展，能够实现跨国公司自身的可持续发展，也能促进全球经济贸易的发展。

第二节 跨国公司生产守则运作模式

一、跨国公司生产守则运动的兴起

1990年代以来，企业社会责任运动最直接的表现形式就是企业生产守则运动，或称"企业行动规范运动"或"工厂守则运动"。生产守则最初是在劳工组织和消费者的压力下，跨国公司为保持自己的企业形象而自行设立的有关企业内部劳工标准方面的自律性准则。它的兴起与1970年代之前居于主导地位的传统劳工权益维护模式息息相关，该种劳工权益维护模式与三方格局下的集体谈判有着紧密的联系。

随着经济全球化的发展，劳动力、资本及技术等生产要素在全球范围内自由流动，使得越来越多的本地化企业超越地区与国家的界限开展生产经营活动，最终成为跨国公司的组成部分。与此同时，生产要素的跨国流动存在双重推动力：发达国家的企业为了企业利益最大化，降低企业的成本，在海外建立相应的分支机构，利用本地廉价的劳动力及土地资源，扩大企业市场份额，最终形成跨国生产经营体系；而发展中国家存在发展困境，如经济中资本短缺及技术落后等，跨国公司常常选择进行直接投资。

经济全球化可以促进发达国家和发展中国家共同发展，但在开放的背景下，发展中国家实现经济发展的同时，也面临着劳动权益受损的问题，表现在如下方面：跨国公司为规避国际劳工法规进行全球化大生产，它们可能不受东道国劳工立法的制约，为实现企业最大的利润，存在严重侵害东道国劳工利益的行为。这种状况最突出表现在跨国经营链条的延伸环节中，与跨国公司相连接的承包商、转包商不能实现自身的利益，一些发展中国家出口加工区常出现"血汗工厂"，无情践踏工人的基本劳动权利。

在这种背景下，保护劳动权益的生产守则运动也就应运而生，它要求跨国公司进行生产经营时承担必要的社会责任，其重要的规则之一便是保障劳工的基本权利。1990年代初，发达国家出现了一系列社会责任运动，一些跨国公司为了增强企业的市场竞争力和维护企业的市场形象，纷纷制定"公司生产守则"（Corporate Codes of Conduct），承诺承担社会责任，改善劳动条件，维护劳工的基本权益。

近些年，参与生产守则运动的主体极为广泛，包括消费者、跨国公司、工会及工会联盟、非政府组织、环保主义者、雇主联盟、新闻记者、人权行动主义者、学术界以及致力于人权与劳权事业的国际组织，如联合国和国际劳工组织（ILO）的广泛关注。由于参与主体存在复杂性及广泛性的特点，相关专家和学者还没能对生产守则做出统一的定义，甚至其名称也是多种多样的[①]。尽管如此，明确生产守则的基本内涵具有关键的作用。简而言之，生产守则是指基于国际劳工组织的核心条约的基础，旨在集体谈判、保护劳工自由结社、获得平等报酬、免于强制劳动并在工作中不受歧视等基本权利的一整套行为规范，它的动力源是消费者运动，倡议跨国公司自觉地承担维护劳动权益的社会责任。

---

① 多种运动参与主体将其守则或约章命名为"code of conduct"，但也存在其他相似的命名。例如，由国际自由工会联盟（ICFTU）与国际贸易秘书处（ITS）制定的"basic code"；白宫服装产业伙伴关系组织（WHAIP）制定的"model code"；由玩具业国际委员会（ICTI）制定的"Code of Business Practices"；以及经济优先委员会（CEP）制定的"Social Accountability 8000"等。

二、跨国公司生产守则的发展

（一）内部生产守则

1990年代初的生产守则运动以世界名牌跨国公司为主展开。最初压力来自于消费者的"不买运动"，同时也为了提升自身形象，避免国家干预。制定生产守则的跨国公司主要集中于服装、鞋类、玩具等生产劳动密集产品的行业。这类生产守则由发达国家大型跨国公司自行负责制定、解释、实施并监督其效果，是一种自上而下的"内部法律"。主要通过下订单的方式迫使供应商遵守。

1991年，美国牛仔裤品牌商Levi's因利用"血汗工厂"生产产品被新闻媒体曝光后为挽救其公众形象，制定了第一份公司生产守则。此后，劳动密集型产业，尤其是服装、运动鞋与玩具制造业中的品牌制造商和零售商，如迪士尼、沃尔玛、耐克、宜家等，也分别制定了本公司的生产守则①。阿迪达斯（Addidas）、耐克（Nike）、麦当劳（McDonald's）、沃尔玛（Wal-mart）、欧洲高尔夫服装公司（Hilfiger）、雅芳（Avon）、德国Otto-Versand、法国家乐福（Carrefour）等跨国公司为了避免品牌形象受影响而纷纷加入这一运动，而且要求其产品配套企业和合作企业均要遵守企业社会责任生产守则，从而将企业社会责任扩展到作为生产制造基地的发展中国家，印尼、泰国、越南等东南亚国家都先后成为该运动的重点关注对象。

（二）外部生产守则

跨国公司内部生产守则的最大弊病在于没有有效的监督机制，其执行的有效性值得怀疑，很可能沦为跨国公司面对消费者和投资国政府的公关工具。因此，由跨国公司"自我约束"（self-regulation）为特征的"内部生产守则"逐步转变为以"社会约束"（social regulation）的"外部生产守则"。所谓"社会约束"的生产守则，其实是一种施压于跨国企业而建立跨国劳动检查的制度。跨国公司外部生产守则按制定主体不同可以分为以下几种类型：

1. 行业性生产守则

通常而言，该类生产守则是由某一行业的雇主经相互协商就基本劳权保障和安全生产两个方面的内容达成一致意见而形成的。玩具业国际委员会（ICTI）在1998年6月通过的商务行为守则（Code of Business Practices）承诺以一种合法的、安全的、有益健康的方式经营玩具工厂。其坚持如下原则：绝不雇佣童工或强制劳动力；任何人不因性别、种族、宗教、入盟或结社而失去工作机会。守则

---

① 常凯．经济全球化与企业社会责任运动 [J]．工会理论与实践，2003（4）．

规定为ICTI成员公司生产产品或达成供货协议的公司也应遵守这些原则。①

2. 由工会倡导制定的生产守则

1993年11月，中国深圳致丽玩具厂发生恶性火灾事件，火灾导致87人丧生及46人受伤。其发包商是生产Chicco玩具的意大利公司Artsana。经过长达4年的谈判，意大利Artsana公司与当地工会订立一个守则。ICFTU负责这一问题的专家贾斯提思（Dwight·Justice）认为该守则具有重要意义："它是有史以来第一个由大型玩具商接受的以ILO核心标准为基础的守则；它是一个由工会组织促成的守则，它承认工会在监督守则实施中的作用"②。

此外，国际贸易秘书处（ITS）与国际自由工会联盟（ICFTU）制定的"基本守则"（basic code）就是生产守则的典型代表。《ICFTU-ITS守则》主要使相关跨国公司认识到自己该承担的社会责任，而无论工人是否被直接雇佣或者间接雇佣，跨国公司都应维护劳工的基本权利。例如："工人组织参加工会的权利；工会就工作条件和薪金进行自由谈判的权利；禁止使用强制劳动力和童工；禁止工作领域中的歧视。它的主要目标在于消除最为恶劣的剥削方式，并为工会组织代表工人谈判提供一个基本框架。"③

3. 由非政府组织（NGO）、宗教组织以及其他社会团体倡导的生产守则

"洁净衣服运动"是活跃于生产守则运动当中NGO的典型代表之一。主要借助非营利性组织——"洁净衣服基金会"，旨在改善世界范围内服装产业工作条件。它是一个国际网络组织，成员组织是多种多样的，包括工会、消费者群体、研究者、妇女组织、教会组织、青年运动组织等。洁净衣服运动通过了《成衣业公平贸易约章》（the Fair Trade Charter for Garments），并在其《成衣业生产行为守则》（Code of Labor Practices for the Apparel Industry Include Sportswear）中规定了以国际劳工组织（ILO）核心标准为基础的劳动者权益。该守则存在特别之处："要求支付给工人生活工资（living wages）而非法定最低工资（minimum wages）；制定最低15岁雇佣年龄限定；要求进行独立监督。值得一提的是，守则特别强调签署守则的公司要通过工会和非政府组织的合作建立独立的监测与评估机构，强调检测、评估与认证的独立性。"④

4. 复合主体推动的生产守则

该类生产守则主要由来自商界工会、人权组织、宗教组织和其他NGO的代

---

① Hong Kong. NGO Seminar on Business Codes of Conduct, 1999：50-51.
② Justice Dwight W. The new codes of conduct and the social partners [J/OL]. http：//www.cleanclothes.org/codes/00-01-justice.htm.
③ Hong Kong. NGO Seminar on Business Codes of Conduct, 1999：19-21.
④ Hong Kong. NGO Seminar on Business Codes of Conduct, 1999：22-25.

表组织制定并推动实施,如美国公平劳工协会(FLA)及英国的道德贸易组织(ETI)。1996年8月,由美国总统克林顿任命成立了一个特殊的工作小组(task force)——白宫服装产业伙伴关系组织(White House Apparel Industry Partnership),该组织包括13家大型服装、运动鞋制造商与零售商、工会、人权组织等。在政府力量的参与下,各NGO组织共同开展了致力于消除服装业或制鞋业中的血汗工厂的活动。1997年4月,该组织制定了模范守则并就守则的监督问题达成协议。该协议要求参与的企业或组织保证建立内部监督机制并允许独立的外部监督。FLA制定的《工作场所生产守则》是全球最大的行业性守则,英国的道德贸易组织(ETI)由公司、非政府组织以及工会组织联合而成,宗旨是建立由非政府组织、公司、工会及政府共同参与的通用的监督框架。在该框架下,公司也可监督其供应商的劳工标准。ETI的长远目标是建立"一种基于准则、机构及过程的制度体系,借此企业或社会组织可以实施生产守则过程中相互协作"。ETI的特点其一是主要有公司、非政府组织、工会组织三方参与,公司类型中有超级市场经营者和服装零售商;其二是该组织致力于传播关于如何在国际商品链中实施国际劳工标准,而非提供认证。所倡导的"道德贸易运动试点计划"(Ethical Trading Initiative Pilot Program)的主题也是生产守则的实施监督问题。该项试点计划由企业、工会组织和NGO共同参与,以国际劳工组织(ILO)核心条约演化形成的基本守则为执行内容,以检查、监察、核实、认证为核心要素。

5. 由独立第三方监督实施的生产守则

美国经济优先委员会认证署(CEPAA)[①]于1997年10月制订了"社会责任8000"(Social Accountability 8000)的标准化守则。与ISO 9000质量管理体系认证标准和ISO 14000环境管理体系认证标准相对应,SA 8000是全球第一个社会责任标准认证体系。以《ILO的核心条约》《联合国儿童权利条约》以及《世界人权宣言》为基础,SA 8000致力于为所有国家和地区的所有行业的所有公司制定标准的行为准则,确保相关企业或组织符合统一标准并最终保障工人的合法权益。SA 8000的特点在于,由独立第三方认证机构即"社会认证师"(Social Auditor)提供有关企业社会责任报告的认证,同时,与其他同类守则相比,该类准则中有关劳动标准的准则更为具体、全面,在行业内更具有实用性。SAI虽然也是制定社会标准并进行认证的机构,但它所制定的社会标准并不仅仅适用于自

---

① CEPAA是美国"经济优先委员会"(CEP)的分支机构,该委员会成立于1969年,是一个公众事务研究机构,专门负责评估公司的社会表现,并为消费者和投资者提供资讯服务。2000年,改组为"国际社会责任"组织(SAI)。

己的会员（董事会中的公司成员），而所有的公司都可以把 SA 8000 作为自己的社会责任标准。与此同时，SAI 并不提供认证服务，而是通过授权将认证服务提供给第三方认证机构。

1995 年，在世界社会发展首脑会议上，联合国原秘书长安南曾提出"全球协议"的设想。1999 年 2 月在达沃斯世界经济论坛年会上，联合国正式提出了企业界的《全球契约》（Global Compact），直接鼓励和促进了"企业生产守则运动"的推行。该契约要求跨国公司重视劳工标准、保护人权和避免环境污染，以积极的方式推进全球化朝好的方向发展。该契约还提出了包括维护员工的基本权利、支持结社自由、禁用童工、禁止强迫劳动、消除工作场所歧视以及发展与采用环保科技等内容。

2000 年 7 月，全球契约论坛第一次高级会议隆重召开，与会的 50 多家著名跨国公司的代表承诺，以《全球契约》为框架，改善工人工作环境，提高环保意识和防止环境污染。包括中国在内的 30 多个国家的代表、200 多家著名大公司已经参与《全球契约》行动计划。经济合作与发展组织（OECD）的统计数据显示：截至 2000 年，世界范围内有 246 个生产守则，其中 118 个是由跨国公司制定，其余的生产准则皆是由商贸协会、多边组织或国际机构制定。这些生产守则制定者主要分布于美国、英国、澳大利亚、加拿大、德国和瑞士等国，如表 10-2 所示。

表 10-2 制定生产守则的发起国家

国家	守则个数	国家	守则个数
澳大利亚	20	卢森堡	1
奥地利	4	墨西哥	3
比利时	2	荷兰	2
加拿大	17	新西兰	4
捷克斯洛伐克	4	挪威	3
丹麦	2	西班牙	4
芬兰	4	瑞典	6
法国	9	瑞士	10
德国	11	英国	23
希腊	2	美国	67
意大利	5	两个国家及以上	9
日本	8	国际组织	19

资料来源：转引自谭深，刘开明. 跨国公司的社会责任与中国社会 [M]. 北京：社会科学文献出版社，2003.

三、跨国公司生产守则的内容与运作

(一) 生产守则的内容

生产守则内容丰富，其核心内容主要是有关社会保障、劳工权利、劳动者待遇、劳动标准等方面的问题。而与此类似的国际公约也存在100多个，如《儿童权利公约》《男女同工同酬公约》《经济、社会与文化权利国际公约》等公约。国际劳工组织（ILO）规定无论成员国经济发展水平状况如何，有七项最基本的"核心劳工标准"必须遵守，可以把它们概括为四大类：一是消除剥削性童工，二是废除强迫性劳动，三是就业无歧视，四是自由结社和集体谈判。

(二) 生产守则的运作模式

1. 买家主导型的商品链

"买家主导型的商品链"是企业社会责任国际多边组织推行生产守则的基础。根据霍普金斯（Hopkins）和沃勒斯坦（Wallerstein）的定义，商品链是指"一个由劳动和生产过程构成的网络，其最终结果表现为产品"①。买家主导型的商品链（buyer-driven commodity chains）主要是在大型零售商或贸易公司占主体地位下，在发展中国家完成生产的网络。这类商品链在服装、制鞋、玩具以及家庭用品等劳动密集型的产业中最为典型（Gereffi, 1994）。所以，由于所占有的市场机会和资源不同，作为买家的大型零售商和贸易公司与作为卖家的企业在交易中的谈判地位是极不平衡的。大型零售商和贸易公司控制着产品的设计与营销，从而有权向厂商提出有关产品价格、质量、灵活性与可靠性的种种要求，而面临强大的竞争对手的发展中国家的厂商常常处于不利的谈判地位。

2. 跨国公司生产守则的运作过程

"买家主导型的商品链"中不均衡的权力结构，将有助于我们分析跨国公司生产守则的运作过程。如图10-1所示，跨国公司的生产守则发端于消费者的抵制购买运动，消费者出于道德、价值与时尚的动机，以抵制购买血汗工厂的产品为由，要求控制市场资源的买家（零售商和品牌经营者）采取行动维护工人的基本权利。劳工组织与非政府组织一方面为消费者的抵制购买运动提供信息，另一方面与买家直接谈判与对话。与此同时，联合国和国际劳工组织的基础性公约以及投资所在国的法律也应得到执行。

面临来自市民社会、劳工组织的压力，同时遵照国际法与国内法的规定，在"商品链"中居于主导地位的买家公司（零售商、品牌经营者）制定了各式各样

---

① Hopkins T K, Wallerstein I. Commodity chains in the world-economy prior to 1800 [J]. Review, 1986, 10 (1): 159.

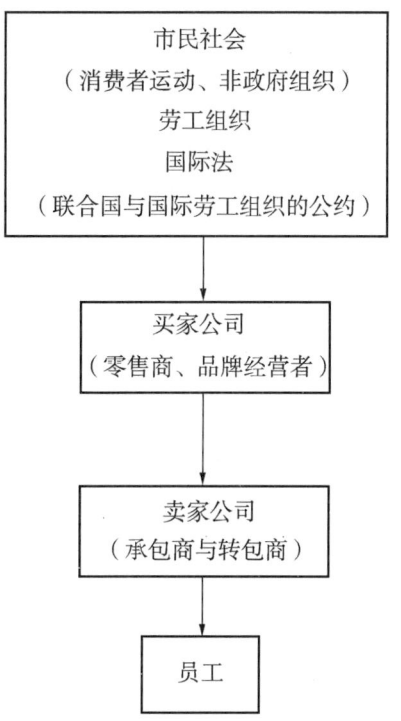

图 10-1 跨国公司生产守则运作过程

的生产守则，借此恢复消费者的信任，树立起良好的企业形象，并最终实现其市场利润。然而，由于买家公司与从事生产活动的工人之间并不存在法律上的雇佣关系，因此，生产守则本质上是为规范卖家公司（承包商和转包商）与工人之间的劳资关系，使得卖家公司成为生产守则的义务主体。显而易见，"买家主导型的商品链"中不均衡的权力结构，在生产守则的运作过程中得到了复制：买家公司占据主动地位，最大限度的收获推行生产守则可能带来的利润；卖家公司居于被动地位，不得不承担推行生产守则所增加的经营成本。

然而，作为生产守则的受益者，工人在生产守则的运作过程中所处的谈判地位却并不占优势。一方面工人与国外甚至本国内的市民社会或劳工组织之间缺乏充分的对话，工人无法通过压力集团表达其关于生产守则的诉求与意见；另一方面面对供过于求的国内劳动力市场和国际资本重新配置的压力，发展中国家的工人在与其雇主（卖家公司）的谈判中，也处于劣势地位。

四、跨国公司生产守则运动中存在的问题

维护劳工权利是生产守则所倡导的企业社会责任，要在世界范围内实现却是困难重重。撇开其作用范围有限及监督失效等一系列问题，从生产守则的利益相关者来看，利益相关者出于各自利益的考虑，往往不能按照生产准则的规定严格执行，这最终导致生产守则的落实和劳工权利的维护步履维艰。

与生产守则有关的利益相关方，包括跨国公司、生产企业、企业员工、社会公众、地方政府、工会组织等。严格意义上讲，作为有多方共同参与的合约性规范的生产守则，各方应积极遵照执行。但实际上，实施生产守则出现了一系列问题。从一定程度上讲，生产守则的实施进展是各利益相关方共同博弈的结果。

（一）跨国公司的代表了解工人的真实境况较少

通过从事企业社会责任工作的代表，跨国公司对全球各地的生产企业进行相关检查或监督，保证各地生产企业遵守相应的生产守则。但是，由于跨国公司执行力不到位，加上简单、程序化的操作手段，这就很难避免检查工作浮于表面，流于形式，跨国公司代表们很难听到工人的真正呼声。可能当生产工厂存在损害劳工权益的事情时，跨国公司并不能掌握事件发生的基本情况。

（二）工厂管理者为降低经营成本而导致侵害员工利益的行为

一般而言，尽管跨国公司出于综合效益的考虑，要求相关工厂遵守生产守则，但由于执行生产守则会增加相关工厂的经营成本，直接经济利益会被当作各地相关工厂考虑的首要条件。订单的价格是决定相关工厂在市场竞争中成败的关键因素，而这种竞争压力也就迫使相关工厂极力降低经营成本。在市场竞争激烈的条件下，相关工厂会以延长工人劳动时间、牺牲工人劳动条件和降低工作报酬等方式降低经营成本，最终损害员工的基本权益。同时，很多精明的工厂也设计了应付企业社会责任执行情况检查的方案。

（三）工人担心失去工作而容忍厂方侵权

作为生产守则的受益者，员工为了自身利益会尽力与厂方论价还价。但在发展中国家市场，劳动力市场往往处于"买方型市场"，劳动力的供给过剩，工人在工作时没有过多的选择机会，这也使厂方在对劳工权益方面占据主动位置。在一般情形下，工人可能为争取更多的权利而担心失去工作，最终容忍工厂侵害自身权益而不向有关部门揭发。

（四）地方政府默然对待生产守则

一般而言，工厂所在区域地方政府应积极主动推行劳动标准的实施，努力维护员工的最大利益，同时，协助劳动执法检查及发挥自身的监督作用。事实上，一些地方政府默然对待生产守则。例如：地方政府过分考虑招商引资，提升本地

GDP；担心强制推行劳动标准可能迫使外资的流出，如此，使地方政府陷入自相矛盾的被动局面。在劳工权益与地方政府、当地居民利益三者之间，受利益的驱动，地方政府往往趋向于发展经济，而作为弱势群体的员工，其合法权利经常会被地方政府忽视。

（五）社会公众很难了解员工的处境

社会公众很难了解员工的处境，原因如下：首先，工厂都有严格的管理制度，工厂的实际运作情况很难被处于外界的社会公众和消费者所了解；其次，作为为社会公众服务的舆论媒体，在没有重大事故发生的情形下，它们不会曝出工厂内部存在侵害员工权益的现象；再次，作为一般社会公众，主要关注产品的价格和质量，很少关注生产厂家的社会责任问题，当个别客户有一定社会责任的要求时，生产厂商会根据自身情况权衡。

第三节　跨国公司与企业社会责任运动

一、跨国公司承担社会责任的原因

跨国公司作为企业的一种特殊形式，无疑应承担一定的企业社会责任，无论这些企业经营的范围和导向是国内的还是国际的。然而，由于跨国公司的特殊性及其在世界经济中（尤其是发展中国家的经济发展中）日益增长的作用，跨国公司承担的社会责任主要体现在它们应在东道国承担更多的社会责任。

（一）跨国公司承担社会责任是对东道国应尽的义务

跨国公司凭借强有力的竞争优势和强大的垄断优势到东道国投资，抢占东道国人力、资本、物质等社会资源，为自身谋求超额的利润。而这些资源的耗费往往成为制约东道国国内企业发展的"瓶颈"因素。由于跨国公司更多代表的是母国的利益，而非东道国的利益。基于这样一个事实，跨国公司在与东道国政府谈判的过程中，会分出部分超额利润，对东道国做出适当的经济补偿。而跨国公司承担一定的社会责任就是一种补偿形式，如其他慈善事业和捐助教育事业等。从企业伦理与责任的角度讲，获得了高收益的跨国公司应该适当回报东道国。

（二）跨国公司承担社会责任是树立自身良好形象的要求

对跨国公司而言，"社会契约理论"可进一步延伸为"全球契约理论"。作为经济全球化载体的跨国公司，游离于母国的控制体系之外，进行全球化投资，受到极少的监督和管理。跨国公司在国外投资时不存在边界，因此，跨国公司在实施全球化投资时，需要具有超越本国价值的观念，同时，这种观念也要适用于多国文化，指导全球的子公司进行投资。经济全球化促使跨国公司在全球范围内快速发展,同样,跨国公司在实现自身发展之时也应明晰自己的企业社会责任。以拥有一百多年历史、在许多国家有汽车生产业务的通用公司为例,该公司董事长约翰·史密斯(John Simith)在2001年亚洲太平洋经济合作组织(APEC)工商领导人峰会上所作的"全球经济中企业的责任"演讲中指出:跨国公司的责任是一个没有国界的话题,随着全球化趋势,任何企业公司的一举一动都处在世人的关注下。任何跨国公司在增加居民收入、改善工人条件、促进环境保护及提升教育和生活水平等方面,都应该承担更多的社会责任从而努力成为一名"优秀企业公民"。

(三)跨国公司通过承担社会责任对东道国进行补偿

跨国公司到东道国投资,某种程度上会对东道国的国家主权、地区文化和自然环境等造成影响,也要求跨国公司通过承担更多的社会责任做出相应的补偿。在国家主权方面,跨国公司会增加东道国政府的管理难度,因为跨国公司享受特殊优惠,如超国民待遇、少受东道国政府的控制等,而且,跨国公司的作用可能削弱东道国的财政政策或货币政策的效果,进一步影响东道国的经济安全。以致有一些反经济全球化的学者认为跨国公司是新殖民主义的一种形式,是对东道国的国家主权的变相篡夺。在地区文化影响方面,跨国公司的影响具有两面性:一方面更多的跨国公司投资于东道国公司,促进母国与东道国经济和文化的交流;但另一方面在大量的跨国公司投资东道国过程中,对东道国文化的根基侵蚀严重,这不仅是社会问题,而且已成为严重的政治问题。在环境方面,很多跨国公司投资的项目受母国相关标准的限制,跨国公司转移投资到东道国,也给东道国带来严重的环境污染,这对东道国经济社会的可持续发展都会带来影响。

(四)跨国公司承担社会责任是发展中国家的利益要求

经济全球化遵循的规则与秩序并未完全摆脱以往不公正、不平等的国际经济旧秩序的阴影。在当前的国际分工格局下,发展中国家始终处于弱势地位,发达国家集中了经济、贸易、金融和技术实力等各类优势,这使跨国公司在争夺市场份额时具有垄断优势、竞争优势和先发优势,而广大发展中国家只得到很小一部分利益。有人认为,如果跨国公司不到发展中国家投资,凭借东道国自身的发展所得收益或许还不如那小块"蛋糕",因此没有理由要求跨国公司承担更多的社会责任。但应当看到,经济全球化下南北差距越来越大,而跨国公司到发展中国家投资并利用不合理国际分工格局,正是这种差距拉大的主要原因。基于这点,发展中国家提供更好的投资环境,符合跨国公司的利益要求,也符合发展中国家的长远利益。此外,发展中国家大多处于市场经济的初期,存在着市场机制不健全、法律制度不完善和行政效率低下等一系列问题,经济体系往往比较脆弱。因此,发展中国家对跨国公司开放很多领域意味着更大的风险,鉴于此,跨国公司应承担更多的社会责任。

（五）跨国公司的组织结构与经营方式要求其承担社会责任

从管理学角度看，跨国公司需要承担更多的社会责任，是由其独特的经营特性决定的。在国际经营体系下，跨国公司社会责任的概念至少包括三个方面：其一，作为独立法人和东道国居民的跨国公司国外子公司，需要在东道国法律方面承担社会责任；其二，作为一个整体，跨国公司子公司是不具有法人资格的，其身份和地位总是与母国紧密联系，因而，跨国公司进行全球化经营时，需要考虑多文化背景的整体社会责任观念，并以此来指导和管理其全球的子公司社会责任方案的执行；其三，对通过非股权安排或少数股权而实际纳入了跨国公司体系的企业，跨国公司也有相关责任去关注、监督和管理该企业的一系列做法。以上三个层次的概念要求母公司的社会责任方案是考虑了多文化差异的综合性规划，是战略性方案；子公司的社会责任方案是基于东道国当地的社会经济实际的，更具操作性。显然，这种包括了所有关联公司、跨越国界的社会责任远比一般企业复杂得多。

二、跨国公司承担社会责任的具体内容

跨国公司的社会责任，指的是在特定的法律法规、社会规范和生产经营环境下，企业在履行其基本经济职能的同时，从企业长远目标和社会公共利益出发，自觉地采取符合社会目标和公众利益的各种社会性行动方案，为社会发展做出一定的贡献。鉴于此，有必要积极倡导跨国公司承担起在东道国更大的社会责任。

（一）跨国公司在人力资源管理上承担的社会责任

发展中国家人才资源匮乏是目前跨国公司投资发展的制约性因素。因此，跨国公司应当加强在发展中国家的人力资源开发的投资。这不仅符合跨国公司自身的发展目标，而且这种人力资源开发的溢出效应，可以促进东道国本地企业生产效率的提高。人力资源开发投资是跨国公司在发展中国家承担社会责任的有效形式，其内容可以包括对发展中国家高等院校、科研机构的赞助；组织所在国人才培训活动；对管理经验、先进技术和信息知识的传播，等等。跨国公司应积极与当地政府、工会和其他社会团体合作，共同探索政府与跨国公司之间的有效合作方式，以满足教育和培训的需要，提高当地人力资源的素质。

（二）跨国公司在发展中国家社会公益项目和活动上承担的社会责任

发展中国家经济发展水平的落后决定了做社会公益项目要远比发达国家困难得多，承担这一角色的虽主要是发展中国家政府，但发展中国家的企业（包括跨国公司）作为社会的"细胞"，也应在社会公益活动中带头承担一定的社会责任，为整个社会这一生命机体服务，而这对跨国公司更具有特殊的意义。一般而

言，一些跨国公司所选择的社会公益活动更多的是出于一种道德并不注重商业回报或宣传价值。但跨国公司经常通过相关社会公益活动来提高产品的品牌形象和企业形象，为企业构建一种无形资产，最终形成良性循环的局面。这不仅是跨国公司在发展中国家承担社会责任的一种非常可行、有效的载体，而且符合它们自身的长远利益。例如，作为中华慈善总会发起者之一的戴姆勒·克莱斯勒公司（Daimler – Chrysler Motor Corporation），它们积极参与各类慈善或公益活动，包括向贫困者、老年人和孤儿的捐款等。这些慈善公益活动，使跨国公司更能得到社会的认同和回报。跨国企业积极参与社会公益活动能够帮助发展中国家解决许多社会难题并且培养起企业在东道国的良好形象，获得更大的长远收益。

（三）跨国公司对改善东道国的环境质量承担的社会责任

跨国公司在东道国投资的很多是污染严重和危害性大的行业，跨国公司更应当要用更多的资金治理环境，它们也有义务为弥补其所造成的环境污染而更多参与东道国的环境质量改善项目，即便对那些造成环境污染较小的跨国公司，更多地参与东道国的环境保护项目，无疑也是它们在东道国承担社会责任的一种非常有效的形式。发展中国家面临的环境问题一直是比较棘手的，而跨国公司在环境保护领域能够发挥其技术和资金的优势。在同一个"地球村"，它们理应以强烈的公共责任感与当地政府和社团密切合作，加速制定公司保护环境和利用自然资源的规划，支持环境保护运动，保持发展中国家的可持续发展。跨国公司在环境保护领域具有技术和资金的优势，如果能够积极参与环境保护项目，将能够帮助东道国更好地治理环境，提高社会福利。

（四）跨国公司应对发展中国家的经济安全与稳定负有特殊的社会责任

大多数发展中国家处于经济转型时期，容易受到来自包括市场因素在内的外部力量的冲击。当这种来自市场的冲击危害到经济稳定和国家安全时，跨国公司和东道国的利益都会受到一定程度的影响。"20世纪八九十年代，拉美国家如巴西、阿根廷走了一条'外资主导型'的开放道路，依靠大量廉价劳动力和开放国内市场等比较优势吸引大量外国，尤其是西方发达国家资本进入，以此来拉动本国经济发展。外资的进入的确令拉美国家的GDP在短时间内高速增长，但是当全球产业的风向一转，跨国公司纷纷把投资从拉美抽出转向其他劳动力更为低廉的国家后，这些国家迅速出现金融危机和经济衰退。"[①] 因此，跨国公司在制定投资和经营政策时，应密切配合东道国政府的各项货币政策、财政政策、产业政策等宏观政策，这也是跨国公司在东道国投资所承担的一种社会责任。这种社

---

① （美）乔治·恩德勒. 发展中国经济伦理［M］. 陆晓禾，译. 上海：上海社会科学院出版社，2003：169.

会责任虽较难度量,但对发展中国家而言甚为重要。只有在该方面切实履行社会责任的跨国公司,才是真正具有社会责任感的公司,才是成熟和值得信赖的跨国公司。亚洲金融危机期间,许多跨国公司撤离东道国,就是不尽社会责任的表现。跨国公司的经营一旦使东道国社会受到损害,那么就可能面临巨大的经营风险,尤其是政策的变化所引起的风险与困难。

三、跨国公司承担社会责任的具体形式

基于跨国公司承担保护人权的社会责任的各种动因,在短短几十年时间里已经形成了多样化的责任承担形式,它们涉及公司管理层面、国内法层面和国际法层面等多个层面并具备相对的独立性。

(一)跨国公司生产守则的实施是其承担保护人权的社会责任的重要内部形式

生产守则就是指由跨国公司设立的一套自律性规则,旨在履行其保护环境和维护劳工权益等方面的社会责任。在人权的保护方面,就是以国际劳工组织所确定的"核心劳工标准"作为其核心内容,由跨国公司设立专业部门负责监督全球的生产商的社会责任执行情况。跨国公司通常利用其在商品链上的优势地位来推行其"生产守则",在全球化的错综复杂的生产链上跨国公司通过层层转包的方式将自己置于这个供应链的顶部,它们凭借对产品的设计、营销和品牌的控制优势,利用订单向厂商提出满足生产守则的要求,从而在实质上规范劳资关系,使供应链条上每一个从事生产活动的工人都得到符合生产守则的保护。

这样的设计确实通过内部监督的方式树立了一个充满"人文关怀"的公司形象,为各种各样的社会群体参与监督跨国公司的社会责任履行情况提供了现实空间。同时,由于多数跨国公司的生产守则都以联合国和国际劳工组织的"基础性条约"为蓝本,在全球化背景下将有助于国际劳工标准的统一化,从而在全球范围提高人权的保护标准、改善工人生活状况。这种由大型跨国公司完全控制的机制招致国际社会对"生产守则"的许多批评。这集中在三个方面:

1. 生产守则的运行依赖于全球化的产品链条

以跨国公司为代表的买家公司和以生产商为代表的卖家公司之间地位是不平等的,买家公司是生产守则的制造者和得利者,卖家公司则要承担由此而带来的经营成本的提高。一些跨国公司一方面向社会公众承诺致力于维护良好的人权状况,另一方面又利用其优势地位在分包过程中压缩生产时间和压低价格,从而使得生产商无法在有限的利润空间内承担改善工人权利而增加的成本,甚至不得不靠降低劳动力成本来满足跨国公司的要求。这样生产守则就沦为了跨国公司的公关工具。

跨国公司之所以在实行生产守则方面具有优势，是因为跨国公司在谈判过程中具有更强的谈判实力。跨国公司某一中间产品的供应商往往不止一家，跨国公司为了分散风险和不至于在谈判中处于劣势，会战略性地安排其产品供应商的数量和份额；而这些为跨国公司提供产品的供应商往往只能给跨国公司提供产品，难以寻找到其他买家。这样一来，在谈判中供应商就处于劣势，不得不受到跨国公司的压榨。

2. 生产守则中缺乏有效的监督实施机制

在日益复杂的全球化转包关系中，跨国公司自身很难准确掌握详细并准确的外包商信息，而且当工厂方面越来越熟悉检查的方式以后，由跨国公司委任的监察人员走马观花式的检查很难发现真正的问题，而守则的执行力也就大打折扣了。在这种情况下，生产守则就显得鞭长莫及了。

3. 生产守则中工人地位的架空

虽然工人是生产守则的直接受益群体，但他们在生产守则的运作过程中的谈判地位却十分微弱。这主要是劳动力市场普遍存在的供大于求和国际资本迁移压力造成的。总之，这种依靠跨国公司自发行动而制定的生产守则仅仅是一种不具有很强执行力的"软约束"，生产守则的执行不力呼唤外部监督的社会责任承担形式。

（二）有关国际组织的监督机制是跨国公司承担保护人权的社会责任的外部形式

如前文所述，在生产守则的内部约束无法令人满意的情况下，这种外部生产守则就应运而生了。它的主要表现就是通过一些国际多边组织所确立的最低标准对跨国公司承担保护人权的社会责任进行外部监督。这些组织的生产守则主要基于联合国和国际劳工组织的"基础性条约"并加以深化和发展，同时引入第三方表达意见的机制和认证机制，建立了完善的救济机制。这类外部监督机制主要包括欧洲的"洁净衣服运动"发起的《成衣业公平贸易约章》、英国的《道德贸易基本守则》、美国公平劳工协会通过的《工作场所生产守则》等。这些规定在很大程度上避免了内部生产守则的不足，健全了公司社会责任的监督机制，有利于更加全面有效地保障劳动者的人权。

但是，即便如此，这种外部监督机制也同样存在很多不足。主要表现在：它仍然无法克服内部监督在面对复杂的转包系统时的无力，外部监督者同样无法逐个监督为跨国公司生产产品的每个工厂，除非作为买家的跨国公司完全掌握了生产商的数量并且完全合作，但这种情况在现实中又常常是达不到的。此外，较多的批评是针对影响力最为广泛的全球第一个社会责任标准认证体系。批评者认为，"社会认证师"通常来自大型审计公司而毫无人权运动的背景，在监督中并不能"确保他们就能很好地履行职责";而且认证工作的报酬是由获得证书的跨国公司来支付的,这就不免为滋生认证过程中的腐败提供了温床。

(三)投资东道国国内法的规定是跨国公司承担保护人权的社会责任的间接形式

跨国公司所应当承担的保护人权的社会责任的内容中涉及劳动标准和劳工权益的内容与投资东道国国内的劳动法、公司法的要求在相当程度上是重叠的,这些重叠的部分就被国内法赋予了国家强制力的保证,位于一国境内的企业违反了这些规定就必须承担国内法上的社会责任,这也就体现了跨国公司维护员工权利的社会责任。但是,从整个投资的流向来看,资本还是从发达国家流向发展中国家,因此,发展中国家作为投资东道国的立法很大程度上仍然强调的是投资自由化,对跨国公司社会责任的规定当然也是非常有限的。

四、跨国公司社会责任的相关立法

多年来,联合国及其下属的人权委员会、经合组织、世界银行、国际劳工组织以及其他政府组织、行业组织、非政府组织等一直致力于开发制定跨国公司社会责任准则、跨国公司行为守则。与此同时,一些著名大型跨国公司也纷纷制定了自己的社会责任准则。在众多的准则中,最为人关注的主要有四个:亚太经合组织的《跨国公司指引》[1]、国际劳工组织的《关于多国企业和社会政策的三方原则宣言》[2]、联合国的《全球协议》[3] 和联合国经济和社会委员会的《跨国公司和其他工商企业在人权方面的责任准则》[4]。

(一)经济合作发展组织与《跨国公司指引》

《跨国公司指引》(以下简称《指引》)是由经合组织 30 个成员国及另外 7 个非成员国政府签署的政府间协议,该协议旨在规范跨国公司活动,目标是确保跨国公司的业务在政府各项政策的可控范围内,促使企业与社会之间形成相互信任的关系,并帮助改善跨国公司的投资环境。同时,相关政府也希望通过该指引

---

[1] OECD. Declaration on international investment and multinational enterprises. Guidelines for Multinational Enterprises [J]. Department of State Bulletin, 1976, 83.

[2] Tripartite Declaration of Principles Concerning Multinational Enterprises and Social Policy [M]. 4th ed., International Labour Office, 2006.

[3] 《全球协议》(The Global Compact) 由联合国纽约总部在 2000 年 7 月 26 日发起,在 2004 年 6 月 24 日联合国总部举行的首届全球协议领导人峰会上,联合国秘书长宣布了十项基本原则。

[4] Economic and Social Council. Economic, Social and Cultural Rights-Norms on the responsibilities of transnational corporations and other business enterprises with regard to human rights [Z]. COMMISSION ON HUMAN RIGHTS, Sub-Commission on the Promotion and Protection of Human Rights, Fifty-fifth session, Agenda item 4, Adopted at its 22nd meeting, on 13 August 2003.

引导跨国公司为社会经济做出更多贡献，并促进跨国公司自身的良性发展。该指引的内容丰富，涉及跨国公司生产经营活动的方方面面，是目前各种准则中最为具体的一类准则。《指引》对跨国公司的概念和活动原则、信息披露、一般政策、环境、劳资关系、消费者利益、打击行贿等进行了详细的规定。2000年6月，为了促进指引的实施，经合组织理事会对其进行了修订，进一步完善了跨国公司指引的内容。

（二）国际劳工组织与《关于多国企业和社会政策的三方原则宣言》

多年来，国际劳工组织（ILO）致力于制定与跨国公司活动有关的社会政策，特别是针对独特的三方机构，国际劳工组织积极制定了指导政府、雇主组织和工人组织以及跨国公司自身的相关准则。国际劳工局理事会于1977年通过了《国际劳工组织关于多国企业和社会政策的三方原则宣言》（以下简称《宣言》），之后还进行了相应的修正。

该宣言的主要目的是鼓励跨国公司对社会经济做出一定贡献，尽可能减少或解决影响跨国公司生产经营的因素，指导各国政府、工人组织、雇主组织以及跨国公司采取各类措施促进社会进步。《宣言》的内容主要涉及劳工保护，包括就业、工作、培训和生活条件、劳资关系方面的原则。

（三）联合国与《全球协议》

1999年1月31日，在达沃斯经济论坛上，联合国秘书长科菲·安南（Kofi A. Annan）倡导一项国际性倡议——《全球协议》，这项协议最后成为联合国、劳工组织及社会公众共同支持的环境和社会原则。2000年7月26日，《全球协议》开始正式实施。截至当前，已有数百个来自世界各地的企业、市民社会组织和国际劳工加入《全球协议》。《全球协议》努力通过自身的力量塑造负责任的企业公民形象，意在构建可持续发展性的全球经济。

《全球协议》包括九项原则：① 企业应支持并尊重国际公认的各项人权；② 绝不参与任何漠视和践踏人权的行为；③ 企业应支持结社自由，承认劳资双方就工资等问题谈判的权力；④ 消除各种形式的强制性劳动；⑤ 有效禁止童工；⑥ 杜绝任何在用工和行业方面的歧视行为；⑦ 企业应对环境挑战未雨绸缪；⑧ 主动增加对环保所承担的责任；⑨ 鼓励无害环境科技的发展与推广。

（四）联合国人权委员会与《跨国公司和其他工商企业在人权方面的责任准则》

2003年8月13日，联合国促进和保护人权小组委员会通过了《跨国公司和其他工商企业在人权方面的责任准则》（以下简称为《准则》）。该准则的通过，被认为是在认定跨国公司对侵犯人权负有社会责任的道路上的一个里程碑。《准则》对所涉及跨国公司活动的原则进行了一次全面的论述，涉及的范围涵盖人道主义法、人权、环境法、国际劳工法、消费者权益保护法等。

《准则》明确了跨国公司和其他企业在人权方面应承担的社会责任,并强调尽管政府负有增进、尊重、保护国际法和国内法承认的人权的首要社会责任,但跨国公司和其他企业在自身的生产经营范围内,也有责任和义务尊重、保护国际法和国内法承认的人权。《准则》分别对非歧视待遇权和平等机会、工人的权利、人身安全权、尊重国家主权和人权、保护环境的义务、保护消费者的义务进行了详细的论述;并设专章规定了跨国公司践行其社会责任的实施机制,包括通过合同的签订促使供应商、分销商尊重和保护人权等。

第四节 跨国公司承担社会责任的问题和对策

一、跨国公司承担社会责任中的主要问题

(一) 买卖双方的不平等

在承担社会责任的过程中,容易出现买卖双方权利义务的不对等性,而使"社会责任"趋于表面化。正如我们前面所说的那样,如今的跨国生产、经营更多的是形成了"买方主导型的商品链"形式,这使得作为买方的品牌公司成为自身社会责任行为准则的制定者、推行者和得利者,而卖方公司在订单的压力下则成为履行跨国公司社会责任的被动的成本承担者。因此,一方面,卖方公司缺乏执行责任标准的主动性和利益诱导;另一方面,买方公司在外界压力(如消费者、环保组织、民间团体等)放松的情况下,可能会和卖方公司勾结从而做一些执行社会责任标准的表面文章,而不采取具有实际意义的行动,从而使"社会责任"表面化,并成为搪塞消费者和国际社会的一种工具。

(二) 缺乏有效的监督

目前,对跨国公司承担社会责任的监督机制主要体现在两个方面:一方面,发达国家的消费者和媒体通过对大型跨国公司的社会表现进行跟踪了解来实现监督,并通过消费者运动对其形成自觉承担社会责任的压力。但消费者群体的参与动机存在多元化的特征,参与方式又具有自发性及流动性,会削弱监督机制对跨国公司的影响。另一方面,跨国公司通常雇佣商业公司或非政府组织作为"社会认证师"来承担社会准则认证的功能,以实现对其外部的监督。但认证过程排斥了劳工组织和其他组织,认证过程中可能存在违规操作或玩忽职守的行为。因此,该外部监督机制的实际有效性值得怀疑。

(三) 全球性跨国公司行为准则难以达成

目前,全球性跨国公司社会责任的行为准则没有形成,其原因包括以下几点:

第一，发达国家与发展中国家对跨国公司行为标准的要求不同。发达国家一般具有较为完善的规制跨国公司的背景制度，因此主张赋予跨国公司更大的自由行动空间；发展中国家的背景制度相对缺乏，进而主张最大限度地限制跨国公司的活动范围。

第二，发达国家与发展中国家对跨国公司行为规范及其责任领域的理解不同。发达国家一般倾向于强调跨国公司在人权、劳工标准和环境保护方面的作用，而发展中国家则希望跨国公司能在促进发展和消除贫困方面发挥更大的作用；发达国家强调对投资者的保护，而发展中国家则担忧跨国公司干预政治。

第三，发达国家之间对于跨国公司社会责任的看法和处理方法也存在较大的差异。欧洲国家没有鼓励公司参与社会事务的传统，公司主要被认为是一个经济实体，因此欧洲跨国公司很少在其公司价值观中承诺公司的社会责任。相反，大多数美国公司倾向于在企业文化中表达其关于社会责任的实践和追求，表明对社会责任的参与在美国的日常规范和价值观中根深蒂固。在不同跨国公司承担社会责任的方法上，北美强调公司决策和行动的自由，欧洲大陆的方法则强调经济活动条件的重要性。

第四，发展中国家对全球性跨国公司行为规范的矛盾心态。一方面，发展中国家要积极吸引跨国公司的对外投资，以促进本国经济和社会发展，希望尽可能大地发挥跨国公司的正面影响，尽可能小地缩减跨国公司的负面作用，因此要求规范跨国公司在本国的经营行为；另一方面，随着经济发展和产业竞争力增强，发展中国家自身成长起一批跨国公司，也进行对外投资，因此又担心国际社会对跨国公司规制过多会影响本国跨国公司的国际竞争力。

第五，目前，大多数跨国公司的生产经营准则是基于发达国家的相关体系发展起来的，发展中国家对决定标准的内容、实施和可能的影响较小。所以，作为主要的东道国而不是母国的发展中国家担心自己是社会责任的目标而不是发起者，甚至导致文化侵略和意识形态强加。认识上的差异表明通过对话取得全球共识的重要性，当支持正式规则的社会共识并不存在时，努力强加正式规则便具有危险性，因此具有强约束力的综合性全球规范的构建与实施必须谨慎进行。

目前各种专门性国际组织（包括政府间组织和非政府组织）正在使与跨国公司社会责任有关的许多问题尽可能纳入到一个公众广泛参与的框架中以得到有效解决。发展将是这一对话的核心话语，而全球共识将在以发展为主要维度的全球框架构建的谈判中逐渐取得，这需要各国政府、相关国际组织、相关领域的专家学者和企业管理层的共同努力。综合的全球性跨国公司行为规范不仅是约束跨国公司承担社会责任的制度机制，也为企业追求全球经营战略提供权利保障的法律框架。

二、跨国公司承担企业社会责任的对策

（一）国际社会应进一步加强协作

经济合作发展组织（OECD，1976）制定了《跨国公司行为准则》[①]，这是迄今为止唯一由政府签署并承诺执行的多边、综合性跨国公司行为规范，并于2000年进行了重新修订。国际劳工组织、各国政府和企业三方于1977年制定了国际劳工标准的基本框架《关于跨国公司和社会政策原则三方宣言》。联合国贸易与发展会议于1980年通过了《关于限制性商业活动的准则》。1995年，国际标准化组织建立了一套管理环境系统准则。1997年10月，美国经济优先委员会制定的"社会责任8000"（SA 8000）成为全球第一个社会责任标准认证体系。联合国环境与发展大会则积极推动有关环境原则的建立，促使各国政府签署了《里约宣言》和《京都议定书》；另外，绿色和平组织、世界自然保护同盟、沙利文原则等国际组织也都在促进国际环境法规、人权发展和劳工标准方面做出了各自的贡献。2010年11月1日，国际标准化组织在瑞士日内瓦发布的 ISO 26000 社会责任指南是社会责任历史上的又一次飞跃。这是首个国际企业社会责任标准，第一次给了"社会责任"一个明确的定义，为各组织机构的社会责任实践提供了一个可供参考的模式，并将企业社会责任（CSR）推广到任何组织形式的企业社会责任（SR），标志着国际社会责任活动进入了一个新的阶段。

不过，这些规则、运动还存在较多缺陷，其中，某些规则缺乏对跨国公司履行社会责任行之有效的约束机制。因此，各类国际组织应以发展为核心，以谈判为手段，促成一定的硬约束机制，该机制可以促使与跨国公司社会责任相关的问题纳入到一个社会公众广泛参与的框架中。只有这样，才能达成相关各方的共识，提高标准，实现对跨国公司社会责任的有效国际性约束。

（二）跨国公司应积极宣传、主动承担社会责任，树立良好的公众形象

跨国公司之所以成为众矢之的，其根本原因就在于它长期过分关注自身短期的经济利益，置人们的指责而不顾，其直接结果就是越来越引起发展中国家和发达国家广大消费者的强烈不满，甚至导致人们对其产品采取抵制态度。与其为短期的蝇头小利而激怒民众，进而直接导致产品销售市场的萎缩和长期竞争力的削弱，倒不如主动承担更多的社会责任从而赢得更多消费者的青睐。因此，从长期来看，承担一定的社会责任不仅不会降低跨国公司的经济效益而且还会给跨国公司带来更多的有形和无形收益。

[①] OECD. Measuring Social Well-being: A Progress Report on the Development of Social Indicators [M]. Paris: OECD, 1976.

（三）跨国公司应注重长期经济收益，合理分摊企业社会责任上的生产成本

相比较而言，发展中国家产品的优势主要集中在低廉的劳动力成本，如果实行严格的劳工标准或者存在企业社会责任制度，发展中国家的人力成本将会提高。例如，如果企业按 SA 8000 标准，某些劳动密集型生产商的平均人力成本将会有较高的升幅，生产成本的上升对发展中国家企业的打击将是相当大的，无异于将发展中国家的产品逐出国际市场；另一方面，按照规定，认证 SA 8000 一般需要一年时间，证书有效期为三年，每六个月复查一次。据调研，一个 500 人的工厂需要的认证费用大约是 20 万元，与 ISO 系统相比费用高得多，这也是一般发展中国家厂商难以接受的。目前各大跨国采购公司的低成本采购战略只是注重产品的市场价格，根本不考虑生产厂商在申请相关认证方面的开支，这种"霸道"的行径在现实中遇到越来越多的挑战。要获得公众的好感和树立良好的形象，合理分摊相关的成本乃是跨国公司的明智之举。

（四）跨国公司与供应商合作，强化产品供应链的社会责任管理

为了改变频频被人指责的尴尬局面，跨国公司被迫调整了传统的经营策略，企业社会责任渐渐进入它们关注的视野。社会责任将日益使跨国公司约束自己的行为，在劳工权益保护方面设定较严格的标准。当前，大多数跨国公司都对其生产供应商实施了严格的社会责任评估和审核，只有通过评估与审核，跨国公司才会与生产供应商签订合同。只要跨国公司能够同各供应商开展良好的合作，确定合理的成本分摊比例，就能积极推动企业社会责任相关规定的具体落实。这样，不仅有利于大大改善发展中国家企业职工的生产和生活状况，而且对跨国公司的长期发展也是大有裨益的。

（五）跨国公司本身应注意约束自身的行为

解决问题的关键是跨国公司主动约束自我行为，以此来承担起自身的社会责任。具体来说，可以从以下几个方面入手：

第一，改善公司治理结构，构建由企业职工代表、生产者代表和消费者代表参与决策的制度，以强化社会各界对公司生产经营行为的监督与约束。

第二，委托非政府组织、基金会或专业的咨询公司，开展提高工人能力的综合项目，通过此类项目提高工人的发展能力，来推行其保护工作和劳工权益，以应对来自国际社会、消费者运动、东道国商业化伦理道德的压力。

第三，应建立起企业社会责任内部审核制度，或者发布企业社会责任报告、企业环境报告，或者建立完善的监督及审查程序，这有利于跨国公司遵从法律法规并为社会做出一定的贡献，也能更好地实现自身的发展。

（六）东道国应采取更为有力的措施约束跨国公司的行为

原则和标准固然重要，但有效的执行更为重要。为改变跨国公司社会责任的

"软约束"状况，切实维护自身利益，东道国一方应采取一些更为实际的行动，主要包括：

第一，东道国政府应转变以往对跨国公司倾斜的外资政策，完善环保、劳动等方面的法律法规，将企业社会责任方面的法律法规具体化、规范化，同时加大社会责任的执法力度。

第二，东道国政府应建立一套合格、规范的企业社会责任审核体系，按国民待遇原则，要求跨国公司规划好相关的社会责任活动，并要求企业定期提交社会责任报告。如此，东道国政府可以通过审核跨国公司的年度社会责任报告来监督跨国公司的社会责任行为。

第三，强化对包括行业组织、消费者和社会舆论等在内的社会监督，特别强调对跨国公司在损害本国社会利益的活动进行监督和约束。

第四，东道国政府应该加强与跨国公司和相关组织的合作，运用一定的手段提高东道国劳动者的生产生活的技能，促使东道国劳动者有能力督促跨国公司承担必要的社会责任，积极推动社会责任运动的发展。

第五，东道国政府应通过多种方式运用好干预职责，把跨国公司社会责任与合法经营联系起来，最大限度地保护本国的利益。

第六，东道国政府机构、社区和社团应加强同跨国公司的联系，在融洽的合作氛围下形成良性的互动，增加跨国公司承担社会责任的机会和主动性。

总之，随着跨国公司在全球经济活动中的作用日益突出和在国际关系中的地位不断加强，有关跨国公司承担社会责任的问题也逐渐成为理论界研究的一个热点。要想解决这一问题，需要各国政府、相关国际组织、相关领域的专家学者和企业管理层的共同努力。

（七）跨国公司母国应做出努力

经济全球化的趋势使得各国之间的联系日益紧密，东道国经济的发展和实力的增强又增加了其参与谈判的能力，这使得通过母国政府来敦促跨国公司承担应负的社会责任成为可能。母国政府为了保护自身利益，可能控制跨国公司的行为，包括要求跨国公司承担的必要社会责任。比如，当跨国公司的生产经营活动与母国政治、经济及社会等方面的政策相违背，母国政府会考虑约束跨国公司，迫使跨国公司调整自身的行为。同时，在一定程度上，母国的社会责任运动会对跨国公司构成一定的压力。因此，在母国政府与社会公众共同努力下，能够促使跨国公司承担必要的社会责任。

参 考 文 献

一、翻译参考文献

[1] （美）安德鲁斯. 哈佛管理文集：可以使优秀的公司有道德吗？［M］. 孟光裕，译. 北京：中国社会科学出版社，1995.

[2] （美）彼得·德鲁克. 管理：使命、责任、实务（使命篇）［M］. 王永贵，译. 北京：机械工业出版社，2006.

[3] （美）彼得 F 德鲁克. 管理——任务、责任、实践［M］. 北京：中国社会科学出版社，1987.

[4] （美）波斯特，弗雷德里，劳伦斯，等. 公司战略、公共政策与伦理［M］. 张志强，译. 北京：机械工业出版社，1988.

[5] （英）大卫·威勒，（芬）玛丽亚·西兰瑟. 利益相关者公司［M］. 张丽华，译. 北京：经济管理出版社，1997.

[6] （美）戴维·亨格，托马斯 L 惠伦. 战略管理精要［M］. 王毅，应瑛，译. 北京：电子工业出版社，2002.

[7] （美）戴维 J 弗里切. 商业伦理学［M］. 杨斌，等，译. 北京：机械工业出版社，1999.

[8] （美）丹尼尔·贝尔. 后工业社会的来临——对社会预测的一项探索［M］. 北京：新华出版社，1997.

[9] （美）弗里德曼. 资本主义与自由［M］. 张瑞玉，译. 北京：商务印书馆，1986.

[10] （美）查尔斯·汉迪. 管理学［M］. 周旭华，译. 北京：中国人民大学出版社，2007.

[11] （美）哈罗德·孔茨，海因茨·韦里克. 管理学［M］. 郝国华，等，译. 北京：经济科学出版社，1993.

[12] （德）汉斯·马丁，哈拉尔特·舒曼. 全球化的陷阱［M］. 北京：中央编译出版社，1998.

[13] （英）霍布斯. 利维坦［M］. 北京：商务印书馆，1996.

[14] （美）理查德 A 斯皮内洛. 世纪道德——信息技术的伦理方面［M］. 刘钢，译. 北京：中央编译出版社，1999.

[15] （美）里基 W 格里芬. 实用管理学［M］. 杨洪兰，康芳仪，译. 上海：复旦大学出版社，1989.

[16] （韩）李哲松. 韩国公司法［M］. 吴日焕，译. 北京：中国政法大学出版社，2000.

[17] （美）林恩·夏普·佩因. 领导、伦理与组织信誉案例［M］. 韩经纶，等，译. 大连：东北财经大学出版社，1999.

[18] （英）约翰·梅纳德·凯恩斯. 就业、利息和货币通论［M］. 宋韵声，译. 北京：华夏出版社，2005.

[19] （英）约翰·密尔. 论自由［M］. 程崇华，译. 北京：商务印书馆，1959.

[20] （美）约翰逊．将帅之道：世界500强企业领导力教程［M］．杨壮，译．北京：中国社会科学出版社，2006．

[21] （美）约瑟夫·斯蒂格利茨．改革向何处去？论十年转轨俄罗斯［J］．经济问题，1999（7）．

[22] （美）詹姆斯 E 波斯特，安妮 T 劳伦斯，詹姆斯·韦伯．企业与社会：公司战略、公共政策与伦理［M］．张志强，译．北京：中国人民大学出版社，2005．

[23] （英）亚当·斯密．国富论［M］．谢祖钧，等，译．长沙：中南大学出版社，2003．

[24] （英）马克思．资本论第一卷［M］．北京：人民出版社，1975．

[25] （英）马克思．新教伦理与资本主义精神［M］．北京：三联书店，1987．

[26] （英）马克思，恩格斯．马克思恩格斯全集：第40卷．［M］．北京：人民出版社，1972．

[27] （法）卢梭．社会契约论［M］．何兆武，译．北京：商务印书馆，2005．

[28] （美）奥沙利文．公司治理百年——美国和德国公司治理演变［M］．北京：人民邮电出版社，2007．

[29] （美）罗伯特 S 卡普兰，安东尼 A 阿特金森．高级管理会计［M］．吕长江，译．大连：东北财经大学出版社，1998．

[30] （美）罗伯特 C 克拉克．公司法则［M］．胡平，林长远，徐庆恒，等，译．北京：工商出版社，1999．

[31] （美）罗伯特 F 哈特利．商业伦理［M］．胡敏，等，译．北京：中信出版社，2000．

[32] （美）罗伯特 S 卡普兰，安东尼 A 阿特金森．高级管理会计［M］．吕长江，译．大连：东北财经大学出版社，2005．

[33] （美）罗伯特·霍尔，马克·利伯曼．宏观经济学原理与应用［M］．程坦，译．大连：东北财经大学出版社，2003．

[34] （英）洛克．政府论［M］．北京：商务印书馆，1964．

[35] （美）玛格丽特 M 布莱尔．所有权与控制：面向21世纪的公司治理探索［M］．张荣刚，译．北京：中国社会科学出版社，1999．

[36] （英）帕特里夏·沃海恩，爱德华·弗里曼．布莱克韦尔商业伦理学百科辞典［M］．刘宝成，译．北京：对外经济贸易大学出版社，2002．

[37] （美）乔治·恩德勒．发展中国经济伦理［M］．陆晓禾，译．上海：上海社会科学院出版社，2003．

[38] （美）乔治·斯蒂纳，约翰·斯蒂纳．企业、政府与社会［M］．张志强，王春香，译．北京：华夏出版社，2002．

[39] （日）水谷雅一．经营伦理与实践［M］．李长明，译．北京：经济管理出版社，1999．

[40] （美）斯蒂芬 P 罗宾斯．管理学［M］．黄卫伟，等，译．北京：中国人民大学出版社，1997．

[41] （美）斯蒂芬 P 罗宾斯，玛丽·库尔特．管理学［M］．孙健敏，等，译．北京：中国人民大学出版社，2004．

[42] （美）斯坦利 E 西肖尔．组织效能评价标准［J］．密执安商务评论，1965（7）．

[43] （美）唐纳德森，邓菲．有约束力的关系：对企业伦理学的一种社会契约论的研究［M］．赵月瑟，译．上海：上海社会科学院出版社，2001．

[44] （俄）伊·谢·科恩．自我论［M］．佟景韩，译．北京：生活·读书·新知三联书店，1987．

[45] （美）萨利·肖尔茨．卢梭［M］．北京：中华书局，2002．

[46] （美）维拉格兹．商业伦理：概念和案例［M］．北京：北京大学出版社，2002．

[47] （日）升味准之辅．日本政治史：第4卷［M］．北京：商务印书馆，2000．

[48] （法）卢梭．论人类不平等的起源和基础［M］．李长山，译．北京：商务印书馆，1994．

二、中文参考文献

[1] 陈炳富，周祖城．企业伦理学概论［M］．天津：南开大学出版社，2000．

[2] 陈工孟，支晓强，周清杰．公司治理概论［M］．北京：清华大学出版社，2003．

[3] 陈宏辉，贾生华．企业利益相关者三维分类的实证分析［J］．经济研究，2004（4）．

[4] 陈宏辉，贾生华．企业社会责任观的演进和发展：基于综合性社会契约的理解［J］．中国工业经济，2003（12）．

[5] 陈宏辉，孟瑛．后危机时代的企业社会责任［J］．企业社会责任，2011（1）．

[6] 陈宏辉．企业利益相关者的利益要求：理论与实证研究［M］．北京：经济管理出版社，2004．

[7] 陈昆玉，陈昆琼．利益相关者公司治理模式评介［J］．北京邮电大学学报：社会科学版，2003（4）．

[8] 陈清．国际企业社会责任运动及其对我国企业社会责任问题的思考［J］．企业经济，2005（3）．

[9] 陈荣耀．企业伦理［M］．上海：华东师范大学出版社，2001．

[10] 陈维政，吴继红，任佩瑜．企业社会绩效评价的利益相关者模式［J］．中国工业经济，2002（7）．

[11] 陈玉清，马丽丽．我国上市公司社会责任会计信息市场反应实证分析［J］．会计研究，2005（11）．

[12] 楚永生．利益相关者理论最新发展理论综述［J］．聊城大学学报：社会科学版，2004（2）．

[13] 崔乐．利益相关者视角下的企业社会责任分析［D］．大连：东北财经大学，2007．

[14] 崔月明．利益相关者视角下的企业社会责任研究［D］．上海：华东师范大学，2010．

[15] 崔之元，王战强．不完全市场与策略性破产——美国破产法第11章的历史演变及理论意义［J］．经济社会体制比较，1996（1）．

[16] 崔之元．美国二十九个州公司法变革的理论背景［J］．经济研究，1996（4）．

[17] 樊瑛，张炜．从SA8000看国际劳工标准与国际贸易［J］．国际商务，2004（3）．

[18] 范明生．晚期希腊哲学和基督教神学［M］．上海：上海人民出版社，1993．

［19］国际货币基金组织．1997年世界经济展望［M］．北京：中国金融出版社，1997．

［20］贺远琼，田志龙，陈昀．企业社会绩效与经济绩效的互动关系研究［J］．软科学，2007（1）．

［21］黄安平，卢方卫．浅议民营企业社会责任管理［J］．兰州学刊，2004（5）．

［22］黄华．国外四种公司治理模式的比较及启示［J］．经济纵横，2005（2）．

［23］贾生华，陈宏辉．利益相关者的界定方法述评［J］．外国经济与管理，2002（5）．

［24］姜启军，贺卫．SA8000认证与中国企业的发展［J］．中国工业经济，2004（10）．

［25］姜喜荣．试论企业经营道德［J］．华东经济管理，2000（2）．

［26］蒋先福．契约的文明［M］．上海：上海人民出版社，1999．

［27］金太军．主体修炼：现代企业伦理建设［M］．南京：南京大学出版社，1999．

［28］景云祥．回应挑战：全球企业社会责任运动中中国的对策选择［J］．甘肃社会科学，2005（1）．

［29］康鸿．浅析社会契约理论［J］．西安联合大学学报，2004（8）．

［30］黎友焕，陈小平．从ISO26000看我国消费新理念［J］．企业社会责任，2011（2）．

［31］黎友焕，龚成威．国内企业社会责任理论研究新进展［J］．西安电子科技大学学报：社会科学版，2009（1）．

［32］黎友焕，龚成威．基于外部性的企业社会责任福利分析［J］．西安电子科技大学学报：社会科学版，2008（6）．

［33］黎友焕，刘延平．中国企业社会责任建设蓝皮书（2010）［M］．北京：人民出版社，2010．

［34］黎友焕，刘延平．中国企业社会责任建设蓝皮书（2011）［M］．北京：人民出版社，2011．

［35］黎友焕，丘新强．国际企业社会责任运动对企业文化发展的影响——基于文化与有效性模型的研究［J］．郑州航空工业管理学院学报，2007，25（4）．

［36］黎友焕，魏升民．企业社会责任评价标准：从SA8000到ISO26000［J］．学习与探索，2012（11）．

［37］黎友焕，文志芳．国际标准ISO26000解读［M］．西安：西北工业大学出版社，2011．

［38］黎友焕，叶祥松．企业社会责任与竞争力之辩［N］．中国冶金报，2008-04-01．

［39］黎友焕．SA8000对我国当前经贸的影响及其对策研究［J］．南方经济，2004（4）．

［40］黎友焕．SA8000与中国企业社会责任建设［M］．北京：中国经济出版社，2004．

［41］黎友焕．论企业社会责任建设与构建和谐社会［J］．西北大学学报：哲学社会科学版，2006（5）．

［42］黎友焕．企业社会责任［M］．广州：华南理工大学出版社，2010．

［43］黎友焕．企业社会责任实证研究［M］．广州：华南理工大学出版社，2010．

［44］黎友焕．企业社会责任［D］．西安：西北大学，2010．

［45］黎友焕．企业社会责任与可持续发展［N］．丽水日报，2007-05-20．

［46］黎友焕．企业社会责任在中国：广东企业社会责任建设前沿报告［M］．广州：华南理

工大学出版社，2007.

[47] 黎友焕，等. 广东企业社会责任建设蓝皮书 [M]. 广州：广东经济出版社，2004.

[48] 李发新，侯贵生. 中国企业社会责任的界定及履行基础 [J]. 经济学研究，2006 (5).

[49] 李国炎. 新编汉语词典 [M]. 长沙：湖南出版社，1996.

[50] 李红玉. 中国企业社会责任与企业绩效的关系研究 [D]. 沈阳：辽宁大学，2007.

[51] 李维安. 中国公司治理原则与国际比较 [M]. 北京：中国财政经济出版社，2001.

[52] 李伟. 企业的社会契约——一个新的企业行为规范研究框架 [J]. 财经研究，2003 (10).

[53] 李伟阳，肖红军. 企业社会责任的逻辑 [J]. 中国工业经济，2011 (10).

[54] 李向军. 公司治理的模式及借鉴 [J]. 中央财经大学学报，2002 (1).

[55] 联合国. 2001 年世界投资报告 [M]. 北京：中国对外贸易出版社，2001.

[56] 联合国环境与发展大会. 21 世纪议程 [Z]. 北京：中国环境科学出版社，1992.

[57] 林毅夫. 国有企业改革的核心是创造竞争的环境 [J]. 改革，1995 (3).

[58] 刘波. 国际贸易与国际劳工标准问题的历史演进及理论评析 [J]. 现代法学，2006 (5).

[59] 刘藏岩. ISO26000 对我国中小企业的影响及应对思路 [J]. 企业社会责任，2011 (1).

[60] 刘俊海. 公司的社会责任 [M]. 北京：法律出版社，1999.

[61] 刘力，章彰. 经济全球化：福兮？祸兮？[M]. 北京：中国社会出版社，1999.

[62] 刘连煜. 公司治理与公司社会责任 [M]. 北京：中国政法大学出版社，2001.

[63] 卢代富. 公司社会责任与公司治理结构的创新 [J]. 公司法律评论，2002.

[64] 卢代富. 企业社会责任的经济学与法学分析 [M]. 北京：法律出版社，2002.

[65] 陆庆平. 以企业价值最大化为导向的企业绩效评价体系——基于利益相关者理论 [J]. 会计研究，2006 (3).

[66] 马风光. 企业的社会责任模式论 [J]. 福建论坛：经济社会版，2000 (9).

[67] 马伊里，杨团. 公司治理与社会责任 [M]. 北京：华夏出版社，2002.

[68] 茅于轼. 中国人的道德前景 [M]. 广州：暨南大学出版社，1997.

[69] 梅洪常，邓莉，李宏胜. 公司治理研究 [M]. 重庆：重庆出版社，2002.

[70] 潘云华. 社会契约论的历史演变 [J]. 南京师大学报：社会科学版，2003 (1).

[71] 彭海华. 公司治理模式的比较及我国的对策 [J]. 经济社会体制比较，2003 (2).

[72] 钱颖一. 企业理论 [J]. 经济社会体制比较，1994 (4).

[73] 曲格平. 我们需要一场变革 [M]. 长春：吉林人民出版社，1997.

[74] 任荣明，朱晓明. 企业社会责任多视角透视 [M]. 北京：北京大学出版社，2009.

[75] 阮赞林. 区域信用建设研究 [M]. 北京：中国社会科学出版社，2002.

[76] 尚勇. 当今世界技术创新与科技成果产业化 [M]. 北京：科学技术文献出版社，1999.

[77] 沈洪涛，沈艺峰. 企业社会责任思想起源与演变 [M]. 上海：上海人民出版社，2007.

[78] 史美霖. 经济全球化下跨国公司国际投资新趋势及对策 [J]. 工业技术经济，2006 (4).

[79] 世界环境与发展委员会. 我们共同的未来 [M]. 长春：吉林人民出版社，1997.

[80] 宋承先. 现代西方经济学 [M]. 上海：复旦大学出版社，1997.

[81] 孙国锋．社会信用的制度分析［J］．社会科学研究，2002（5）．

[82] 谭深，刘开明．跨国公司的社会责任与中国社会［M］．北京：社会科学文献出版社，2003．

[83] 田虹，吕有晨．日本企业社会责任研究［J］．现代日本经济，2006，(1)．

[84] 王辉．企业利益相关者治理研究：从资本结构到资源结构［M］．北京：高等教育出版社，2005．

[85] 王卫，申建林．社会契约论：霍布斯与卢梭的比较分析［J］．中国矿业大学学报：社会科学版，2005（9）．

[86] 王学鸿．论新世纪跨国公司发展的新趋势［J］．学术探索，2004（4）．

[87] 王学义．企业伦理学［M］．成都：西南财经大学出版社，2004．

[88] 王元华，张铭．对西方近代社会契约论思想的再思考［J］．理论导刊，2005（5）．

[89] 魏杰．企业哲学：成功管理者的七维视野［M］．北京：中国发展出版社，2005．

[90] 吴敬琏．现代公司与企业改革［M］．天津：天津人民出版社，1994．

[91] 吴玲，陈维政．企业对利益相关者实施分类管理的定量模式研究［J］，中国工业经济，2003（6）．

[92] 西蒙．现代决策理论的基石［M］．北京：北京经济学院出版社，1991．

[93] 许士军．新管理典范下的企业伦理［J］．世界经理文摘，1995（101）．

[94] 阎俊，常亚平．基于综合性社会契约论的跨文化商业伦理决策模型［J］．浙江社会科学，2005（1）．

[95] 杨瑞龙，周业安．论利益相关者合作逻辑下的企业共同治理机制［J］．中国工业经济，1998（1）．

[96] 杨瑞龙，周业安．企业的利益相关者理论及其应用［M］．北京：经济科学出版社，2000．

[97] 杨瑞龙，周业安．企业共同治理的经济学分析［M］．北京：经济科学出版社，2001．

[98] 杨瑞龙，周业安．一个关于企业所有权安排的规范性分析框架及其理论含义——兼评张维迎、周其仁及崔之元的一些观点［J］．经济研究，1997（1）．

[99] 杨胜刚．西方公司治理理论与公司治理结构的国际比较［J］．财经理论与实践，2001（11）．

[100] 杨宜勇．当前中国的失业状况及理性判断［J］．经济研究参考，1999（3）．

[101] 余晓敏．经济全球化背景下的劳工运动：现象、问题与理论［J］．社会学研究，2006（3）．

[102] 张维迎．所有制、治理结构及委托—代理关系——兼评崔之元和周其仁的一些观点［J］．1996（9）．

[103] 章美辉，张坤．企业社会责任理论的演化与发展趋势［J］．学习与探索，2012（11）．

[104] 赵德志．利益相关者：企业管理的新概念［J］．辽宁大学学报：哲学社会科学版，2002（9）．

[105] 赵景峰．从微观基础和宏观条件透析经济全球化的本质［J］．广东商学院学报，2005（1）．

[106] 赵景峰．马克思主义框架下的经济全球化本质探析［J］．山西师大学报，2006（1）．

[107] 郑若娟，陶野. 论企业社会绩效与财务绩效关系研究的分歧 [J]. 厦门大学学报：哲学社会科学版，2012（2）.

[108] 郑若娟. 西方企业社会责任理论研究进展——基于概念演进的视角 [J]. 国外科学，2006（2）.

[109] 郑少华. 动态社会契约论：一种经济法的社会理论之解说 [J]. 法学论坛，2004（2）.

[110] 中国企业联合会课题组. 企业竞争力指标体系的开发与应用 [J]. 经济与管理研究，1999（6）.

[111] 钟述孔. 21 世纪的机遇与挑战——全球环境与发展 [M]. 北京：世界知识出版社，1992.

[112] 周其仁. 市场里的企业：一个人力资本与非人力资本的特别合约 [J]. 经济研究，1996（6）.

[113] 周清杰，孙振华. 论利益相关者理论的五大疑点 [J]. 北京工商大学学报：社会科学版，2003（5）.

[114] 周祖城. 管理与伦理结合：管理学的一个前沿研究领域 [J]. 江苏大学学报：社会科学版，2002（1）.

[115] 周祖城. 企业社会责任：视角、形式与内涵 [J]. 理论学刊，2005（2）.

[116] 朱火弟，蒲勇健. 企业社会绩效评价的模式研究 [J]. 现代经济探讨，2004（4）.

三、英文参考文献

[1] Ackennan R W, Bauer R A. Corporate Social Responsiveness [M]. Reston：Reston Publishing，1976.

[2] Aguirre Jr, Adalberto, Ellen Reese. Introduction：The Challenges of Globalization for Workers：Transnational and Transborder Issues [J]. Social Justice，2004（3）：31.

[3] Andy Neely. Chris Adams. Perspectives on Performance：The Performance Prism. Center for Business Performance [J]. Cranfield School of Management，2000.

[4] Annan K A. We the Peoples——The Role of the United Nations in the 21st Century [M]. New York：United Nations，2000.

[5] Ansoff H I. Corporate Strategy：An Analytical Approach to Business Policy for Growth and Expansion [M]. New York：McGraw-Hill，1965.

[6] Axelrod R. An Evolutionary Approach to Norms [J]. American Political Science Review，1986，80（4）：1106.

[7] Baker James C. The International Infant Formula Controversy：A Dilemma in Corporate Social Responsibility [J]. Journal of Business Ethics，1985（4）：181–190.

[8] Berman Shawn L, Andrew C Wicks, Suresh Kotha, et al. Does Stakeholder Orientation Matter? The Relationship between Stakeholder Management Models and Firm Financial Performance [J]. Academy Of Management Journal，1999（42）：488–506.

[9] Blair M M. Corporate Ownership [J]. Brookings Review, 1995 (16).

[10] Blair M M. Ownership and Control: Rethinking Corporate Governance for the twenty-first Century [M]. Washington D C: The Brookings Institution, 1995: 251 – 253.

[11] Boatright J R. Cases in ethics and the conduct of business [M]. Englewood Cliffs: Prentice Hall, 1995.

[12] Boatright J R. What's so special about shareholders? [J]. Business Ethics Quarterly, 1994, 4 (4): 393 – 407.

[13] Bowen H R. Social responsibilities of the businessman [M]. New York: Harper & Row, 1953.

[14] Brenner S N, Cochran P. The Stakeholder Theory of the Firm: Implications for Business and Society Theory and Research [A] // Paper presented at the annual meeting of the International Association for Business and Society, 1991.

[15] Brenton T. The Greening of Machiavelii: the Evolution of International Politics of Environment [M]. Earthscan Publications Ltd, 1994.

[16] Campbell T. The First E-mail Message: Who sent it and what it said [J]. Pretext Magazine, 1998.

[17] Carmichael H. Self-Enforcing Contracts, Shirking, Life Cycle Incentives [J]. Journal of Economic Perspectives, 1989, 3 (4): 65 – 83.

[18] Carnell, Bradford, Alan C Shapiro. Corporate Stakeholders and Corporate Finance [J]. Financial Management, 1987 (16): 5 – 14.

[19] Carroll A B. A three – dimensional conceptual model of corporate social performance [J]. Academy of Management Review, 1979 (4): 497 – 505.

[20] Carroll A B, Beiler G W. Landmarks in the Evolution of the Social Audit [J]. The Academy of Management, 1975.

[21] Carroll A B. Corporate social responsibility: evolution of a definitional construct [J]. Business and Society, 1999 (38).

[22] Carroll A B. Linking Business Ethics to Behavior in Organization [J]. Sam Advanced Management Journal, 1987 (43).

[23] Carroll A B. Social issues in management research: experts's views, analysis and commentary [J]. Business and Society, 1994 (33): 5 – 29.

[24] Carroll A B. The pyramid of corporate social responsibility: toward the moral management of organizational stakeholders [J]. Business Horizons, 1991 (34): 39 – 48.

[25] Carson R. Silent Spring [M]. Boston: Houghton Mifflin, 1962.

[26] Cavanagh Gerald F, Mcgovem Arthur F. Ethical Dilemmas in the Modern Corporation [M]. New Jersey: Prentice Hall, 1998: Preface.

[27] Charkham J. Keeping good company: A study of corporate governance in five countries [M]. Oxford: Oxford University Press, 1995.

[28] Chen Honghui, Wang Xiayang. Corporate social re-sponsibility and corporate financial performance in China: An empirical research from Chinese firms [J]. Corporate Governance, 2011, 11 (4): 361-370.

[29] Christopher J Robertson, Wmiarn F Crittenden, Michael K Brady, et al. Situational Ethics across Border: A Multicultural Examination [J]. Journal of Business Ethics, 2002, 136 (4): 327-338.

[30] Clarence C. Walton. The Ethics of Corporate Conduct [M]. New Jersey: Prentice Hall, 1997: 6.

[31] Clarke R, Timberlake L. Stockholm Plus Ten-Promises, Promises? The Decade since the 1972 UN Environment Conference [M]. London: Earthscan, 1982.

[32] Clarke T. The Stakeholder Corporation: A Business Philosophy for the Information Age [J]. Long Range Planning, 1998, 31 (2): 182-194.

[33] Clements F E. Plant Succession: An Analysis of the Development of Vegetation [M]. Washington D C: Carnegie Inst, 1916.

[34] Coase R. The Nature of the Firm [J]. Economica, 1937, 4 (16): 386-405.

[35] Cochran P L, Wood R A. Corporate social responsibility and financial performance [J]. Academy of Management Journal, 1984 (27): 42-56.

[36] Committee for Economic Development. Social Responsibilities of Business Corporations [M]. New York: Committee for Economic Development, 1971.

[37] Conca K, Alberty M, Dabelko G D. Green Planet Blues: Environmental Politics from Stockholm to Rio [M]. Boulder: Westview Press, 1995.

[38] Crisóstomo V L, De Souza Freire F, De VasconcellosF C. Corporate social responsibility, firm value andfinancial performance in Brazil [J]. Social Responsi-bility Journal, 2011, 7 (2): 295-309.

[39] Cross Gary. An All Consuming Century: Why Commercialism Won in Modern America [M]. New York: Columbia University Press, 2000.

[40] Daly Herman E. Globalization and Its Discontents [J]. Philosophy & Pubic Policy Quarterly, 2001 (21): 17.

[41] Davis K. Can businesses afford to ignore social responsibilities? [J]. California Management Review, 1960 (2): 70-76.

[42] Davis K. The case for and against business assumption of social responsibilities [J]. Academy of Management Journal, 1973 (16): 312-322.

[43] Demkine V. Introduction to Environmental Policy [M]. Ukraine: University of Kiev Mohyla Academy, 2000.

[44] Dennis, L Soden B S Steel. Handbook of Global Environmental Policy and Administration [M]. New York: Marcel Dekker Inc. , 1999.

[45] Dhillon, Upinder S, Ramirez, et al. Employee stock ownership and corporate control: An empirical study [J]. Journal of Banking & Finance, 1994, 18 (1): 9 – 25.

[46] Dill W R. Public participation in corporate planning [J]. Long Range Planning, 1975.

[47] Dodd M. For Whom Are Corporate Managers Trustees? [J]. Harvard Law Review, 1932.

[48] Dodge H F, Romig H G. A Method of Sampling Inspection [J]. The Bell System Technical Journal, 1929, V, VIII.

[49] Donaldson T, Dunfee T W. Integrative Social Contracts Theory: A Communitarian Conception of Economic Ethics [J]. Economics and Philosophy, 1995, 11 (1): 85 – 112.

[50] Donaldson T, Dunfee T W. Ties That Bind: A Social Contracts Approach to Business Ethics [M]. Boston: Harvard Business School Press, 1999.

[51] Doucouliagos C. The Comparative Efficiency and Productivity of Labour-Managed and Capital-Managed Firms [J]. Review of Radical Political Economics, 1997 (29): 45 – 68.

[52] Elliott L. The Global Politics of the Environment [M]. New York: New York University Press, 1998.

[53] Epstein E M. The field of business in the US: past, present and future [J]. Journal of General of Management, 2002, 28 (2).

[54] Epstein, Edwin M. The Corporate social Policy Process: Beyond Busindss Ethica, Corporate Social Responsibility and Corporate Social Responsiveness [J]. California Management Review, 1987 (3).

[55] Feigenbaum A V. Total Quality Control: Engineering and Management [M]. New York: McGraw-Hill, 1961.

[56] Fogler H R, Nutt F. A Note on Social Responsibility and Stock Valuation [J]. Academy of Management Journal, 1975, 18 (1): 155 – 160.

[57] Frederick W C. Business and Society: Management, Public Policy, Ethics [M]. 5th ed. New York: McGraw-Hill, 1984: 28 – 41.

[58] Frederick W C. From CSR1 to CSR2: The maturing of business-and-society thought [D]. Pittsburgh: Graduate School of Business, Yniversity of Pittsburgh, 1978.

[59] Frederick W C. The growing concern over business responsibility [J]. California Management Review, 1960 (2): 54 – 61.

[60] Freeman R E, Evan W M. Stakeholder theory in the original position [J]. Business Ethics Quarterly, 1999 (9): 207 – 224.

[61] Freeman R E. Strategic Management: A Stakeholder Approach [M]. Boston: Pitman, 1984.

[62] Freeman R E. The politics of stakeholder theory: Some future directions [J]. Business Ethics Quarterly, 1994 (4): 409 – 422.

[63] Freeman R Edwar, Daniel, R. Gilbert, Jr. Corporate Strategy and the Search for Ethics [M]. New Jersey: Prentice Hall, 1995: 5.

[64] Friedman, Milton. Capitalism and Freedom [M]. Chicago: The University of Chicago, 1996.

[65] Friedman, Milton. The social responsibility of business is to increase its profits [J]. New York Times Magazine, 1970, September 13.

[66] Garraty J A. Right Hand Man: The Life of George W. Perkins [M]. New York: Harper & Brothers, 1960.

[67] Gauthier, David. Moral by Agreement [M]. Oxford: Oxford University Press, 1986.

[68] Gereffi G. The organization of buyer-driven global commodity chains: how U. S. retailers shape overseas production networks [M] //Gereffi G, Korzeniewicz M. Commodity Chains and Global Capitalism. Westport: Praeger, 1994.

[69] Goodpaster K E, Holloran T E. In defense of paradox [J]. Business Ethics Quarterly, 1994, 4 (4): 423 – 429.

[70] Goodpaster K E. Business ethics and stakeholder analysis [J]. Business Ethics Quarterly, 1991, 1 (1): 53 – 74.

[71] Gorton G, Schmid F A. Corporate finance, control rights and firm performance: A study of German codetermination. Unpublished manuscript, University of Pennsylvania, 1998.

[72] Haas P M, Keohane R O, Levy M A. Institutions for the Earth: Sources of Effective International Environmental Protection [M]. Boston: MIT Press, 1993.

[73] Haas P, Levy M, Parson T. Appraising the Earth Summit: how should we judge UNCED's success? [J]. Environment, 1992, 34 (8).

[74] Haeckel E. The evolution of man [M]. New York: D. Appleton and Company, 1897.

[75] Harold Koontz, Heinz Weihrich. Management [M]. New York: McGraw-Hill, 1988.

[76] Hay D Morris, G S Liu, S Yao. Economic Reform and State-Owned Enterprises in China: 1979—1987 [M]. Oxford: Oxford University Press, 1994.

[77] Hayek F A. The Corporate in a Democratic Society: In whose Interest Ought It and Will It Be Run? [C] //Ansoff A H I. Bussiness Strategy. Harmondworth: [s. n.], 1969: 266.

[78] Hillman A J, Keim G D. Shareholder value, stakeholder management and social issues: What's the bottom line? [J]. Strategic Management Journal, 2001 (22): 125 – 139.

[79] Holmes, Sandra L. Executive perceptions of corporate social responsibility [J]. Business Horizons, 1976, 19 (3): 34 – 40.

[80] Hong Kong. NGO Seminar on Business Codes of Conduct, 1999: 50 – 51.

[81] Hong Kong. NGO Seminar on Business Codes of Conduct, 1999: 19 – 21.

[82] Hopgood S. American Foreign Environmental Policy and the Power of the State [M]. Oxford: Oxford University Press, 1998.

[83] Ian Wilson, What one company is doing about today's demands on business [D]. Los Angeles: Graduate School of Management, UCLA, 1975.

[84] IFRC. World Disasters Report 2000 [M]. Geneva, International Federation of Red Cross and

Red Crescent Societies, 2000.

[85] Igor Ansoff. Corporate Strategy [M]. New York: McGraw-Hill, 1965.

[86] IUCN, UNEP, WWF. Caring for the Earth, a Strategy for Sustainable Living [M]. London, Earthscan, 1991.

[87] IUCN, UNEP, WWF. World Conservation Strategy: Living Resource Conservation for Sustainable Development. Gland, Switzerland, International Union for Conservation of Nature and Natural Resources, 1980.

[88] Jefferson G T, Rawski, Zheng Yuxin. Growth, Efficiency and Convergence in China's State and Collective Industry. Economic Development and Cultural Change, 1992 (40): 239 – 266.

[89] Jeffery Sonnefeld. Measuring Corporate Performance [J]. Academy of Management Proceedings, 1982.

[90] John McCormick. Reclaiming Paradise: The Global Environmental Movement [M]. Indiana: Indiana University Press, 1989.

[91] Jones, Thomas M, Andrew C. Wicks. Convergent Stakeholder Theory [J]. The Academy of Management Review, 1999 (24): 206 – 221.

[92] Kamieniecki S. Environmental Politics in the International Arena: Movements, Parties, Organizations and Policy [M]. New York: State University of New York Press, 1993.

[93] Kieith Davis, Robert L. Blomstrom. Business and Socyety: Environment and Responsibility [M]. 3rd ed. New York: McGraw-Hill, 1975: 39.

[94] Knut H M, Svein J. From Userngroups to Stakeholders? The Public Interest in Fisheries Management [J]. Marine Policy, 2001, 25 (4).

[95] Laczniak Gene R, Murphy E. Marketing Ethics: Guidelines for Managers [M]. [s. l.] Lexington Books, 1985: 107.

[96] Lewis P V. Defining Business Ethics: Like Nailing Jello to a Wall [J]. Journal of Business Ethics, 1985 (4): 377 – 383.

[97] Long B L. International Environmental Issues and the OECD 1950—2000: An Historical Perspective. Paris, Organization for Economic Cooperation and Development, 2000.

[98] Lynn Sharp Paine. Managing For Organinzational Integrity [J]. Harward Business Review, 1994 (3/4).

[99] Mahon, John, Griffin, et al. Painting a Portrait: A Reply [J]. Business and Society, 1999, 38 (1): 126 – 133.

[100] Marens R, Wicks A. Getting real: Stakeholder theory, managerial practice, and the general irrelevance of fiduciary duties owed to shareholders [J]. Business Ethics Quarterly, 1999: 273 – 293.

[101] Mary O Sullivan, Contests for Corporate Control [M]. Oxford: Oxford University Press, 2000.

[102] McAdam T W. How to put corporate responsibility into practice [J]. Business and

Society, 1973.

[103] Michael Hoffman and Jennifer Moore. Business Ethics: Readings and Cases in Corporate Morality [M]. New York: McGraw-Hill, 1990.

[104] Michael J P, Jacquelyn A O. Exploratory Examination of Whether Marketers Include Stakeholders in the Green New Product Development Process [J]. Journal of Cleaner Production, 1998, 6 (34): 269 – 275.

[105] Mitchell, Agle, Wood. Toward a Theory of Stakeholder Identification and Salience: Defining the Principle of Who and What Really Counts [J]. The Academy of Management Review, 1997, 22 (4): 853 – 886.

[106] Monsen R J. The Social Attitudes of Management [M] //J M McGuire. Contemporary Management: Issues and Views Upper Saddle River, New Jersey: Prentice Hall, 1974: 616; and Davis K. & Frederick, W. C. Business and Society: Management, Public Policy, Ethics [M]. 5th ed. New York: McGraw-Hill, 1984: 28 – 41.

[107] Moon, Christopher J, Otley Mike. Corporate Governance in the Asia Pacific Region: Mechanism for Reconciling Stakeholder Interest [J]. Euro-Asia Journal of Management, 1997 (12).

[108] Moss N. Managing the Planet: The Politics of the New Millennium [M]. London: Earthscan, 2000.

[109] Mulligan, Thomas M. The Moral Mission of Business [M] //Tom L Beauchamp, Norman E Bowie. Ethical Theory and Business. New Jersey: Prentice Hall, 1993: 66.

[110] Nash L. Good Intentions Aside: A Manager's Guide to Resolving Ethical Problems [M]. Boston: Harvard Business School, 1990.

[111] Newgren K. Social forecasting: An overview of current business practices [M] //Carroll A B. Managing corporate social responsibility. Boston: Little, Brown, 1977.

[112] Norman Moss. Managing the Planet: the Politics of the New Millenium [M]. London: Earthscan, 2000: 93.

[113] OECD. Annual Report 1999 [R]. OECD, 1999.

[114] OECD. Anual Report 1999 [R]. OECD, 1999: 12 – 16.

[115] OECD. Declaration on international investment and multinational enterprises. Guidelines for Multinational Enterprises [J]. Department of State Bulletin, 1976 (83) .

[116] OECD. Measuring Social Well-being: A Progress Report on the Development of Social Indicators [M]. Paris: OECD, 1976.

[117] OECD. Research Group of National Innovation System [Z]. Paris: OECD, 1997.

[118] Paine Lynn Sharp. Managing for Organinzational Integrity [J]. Harward Business Review, 1994 (3/4) .

[119] Palmer E. Multinational corporations and the social contract [J]. Journal of business Ethics,

2001, 31 (3): 245-258.

[120] Pava M L, Krausz J. Criteria for evaluating the legitimacy of corporate social responsibility [J]. Journal of Business Ethics, 1997, 16 (3): 337-348.

[121] Pava M L, Krausz J. The association between corporatecial-responsibility and financial performance: The paradox of social cost [J]. Journal of Business Ethics, 1996, 15 (3).

[122] Penrose E. The theory of the growth of the firm [M]. Oxford: Oxford University Press, 1959.

[123] Peter M Haas, Robert O Keohane, Mark A Levy. Institutions for the Earth: Sources of Effective International Environmental Protection [M]. Boston: MIT Press, 1993: 114.

[124] Pfeffer J, Salancik G R. The External Control of Organizations: A resource dependence perspective [M]. New York: Harper & Row, 1978.

[125] Phillips R. Stakeholder theory and a principle of fairness [J]. Business Ethics Quarterly, 1997 (7).

[126] Pitelis C N. Productivity, Competitiveness and Convergence in the European Economy: Supply-Side Considerations [J]. Contributions to Political Economy, 1998 (17): 1-20.

[127] Pitelis C N. Transactions Costs and the Historical Evolution of the Capitalist Firm [J]. Journal of Economic Issues, 1998, 32 (4).

[128] Porter G, Brown J W. Global Environmental Politics [M]. Boulder: Westview Press, 1996.

[129] Posner, Richard A. An Economic Approach to Legal Procedure and Judicial Administration [J]. The Journal of Legal Studies, 1973 (2).

[130] Preston Lee E, Bannon, Douglas P O. The Corporate Social-Financial Performance Relationship: A Typolgy and Analysis [J]. Business and Society, 1997, 36 (4): 419-429.

[131] Rajan R, Zingales L. The firm as a dedicated hierarchy: A theory of the origins and growth of firms. NBER Working Paper, 2000a, No. 7546.

[132] Rajan R, Zingales L. The governance of the new enterprise. NBER Working Paper. 2000b, No. 7958.

[133] Rawls John. A Theory of Justice [M]. Masschusetts: The Belknap Press of Harvard University, 1971.

[134] Rawls John. Political Liberalism [M]. New York: Columbia University Press, 1993: 26.

[135] Reed L, Getz K, Collins D, et al. Theoretical models and Empirical Results: A Review and Synthesis of JAI Volumes 1-10 [J]. Corporation and Society Research: Studies in Theory and Measurement, 1990: 27-62.

[136] Rhenman E. Virksomhedsdemokrati og organisation. Steen Hasselbalchs Forlag, København. Oversat fra: Företagsdemokrati och företagsorganisation: om organisationsteoris tillämpbarhet i debatten om arbetslivets demokratisering. Stockholm: P. A. Nordstedt & Söner. 1964.

[137] Robertson R. Globalization: Social Theory and Global Culture [M]. London: Sage. 1992: 8.

[138] Roman Ronald M, Hayibor sefa, Agle Bradleg R. The Relationship between Social and

Financial performance [J]. Business and Society, 1999, 38 (1): 121.

[139] SCEP. Man's Impact on the Global Environment. Study of Critical Environmental Problems [M]. Boston: MIT Press, 1970.

[140] Shankman N A. Reframing the debate between agency and stakeholder theories of the Firm [J]. Journal of Business Ethics, 1999, 19 (4): 319 – 334.

[141] Shleifer A, Summers L H. Breach of trust in hostile takeovers [C] //Auerbach A J. Corporate takeover: Causes and consequences. Chicago University of Chicago Press, 1988.

[142] Shrivastava P. Environmental Technologies and Competitive Advantage [J]. Strategic Management Journal, 1995 (16).

[143] Spicer B H. Investors, corporate social performanceand information disclosure : An empirical study [J]. The Accounting Review , 1978, 53 (1): 94 – 111.

[144] Stanley Foundation. Sixth Conference on the United Nations of the Next Decade [C]. Conference held 20 – 29 June 1971, Sianai, Romania.

[145] Starik M. Reflection on stakeholder theory [J]. Busineas & Society, 1994, 33 (1) .

[146] Stephen P Tobbins. Management Englewood Cliffs [M]. New Jersey: Prentice Hall, 1991: 124.

[147] Steven N S Cheung. The Structure of a Contract and the Theory of a Non-Exclusive Resource [J]. Law Economics, 1969 (12).

[148] Strong M Hunger. Poverty, Population and Environment [A]. The Hunger Project Millennium Lecture. Madras, India, The Hunger Project. April, 1999.

[149] Johes T M. Ethical Decision Making by Individuals in organizations: An Issue-Continger Model [J]. Academy of Management Review, 1991, 16 (2): 366 – 395.

[150] Taylor F W. The Principles of Scientific Management [M]. New York: Haper&Row, 1911.

[151] The Royal Commission on Corporate Concentration: Corporate Social Performance in Canada, 1977.

[152] Thome Linda, Saunders Susan B. The Socio-cultural Embeddedness of Individuals Ethical Reasoning in Organizations [J]. Journal of Business Ethics, 2001, 135 (1): 1 – 14.

[153] Torabzadeh K, et al. The effect of the recent insider-trading scandal on stock prices securities firms [J]. Journal of Business Ethics, 1989 (8): 303.

[154] TRI. Toxics Release Inventory: Community Right-To-Know [M]. US Environmental Protection Agency, 2001.

[155] Tripartite Declaration of Principles Concerning Multinational Enterprises and Social Policy [M]. 4th ed. International Labour Office, 2006.

[156] Trotter R C, Day S G, Love A E Bhopal. India and Union Carbide: The Second Tragedy [J]. Journal of Business Ethics, 1989 (8): 439 – 454.

[157] Ullmann A H. Data in search of a theory: A critical examination of the relationship among

social performance, social disclosure and economic performance of US firms [J]. The Academy of Management Review, 1985, 10 (3).

[158] United Nations. Report of the United Nations Conference on Environment and Development [M]. New York: United Nations, 1993.

[159] United Nations. The Global Compact: What It Is and Isn't [M]. New York: United Nations, 1999.

[160] UNCTAD. World Investment Report 1999 [R]. United Nations New York and Geneva, 1999.

[161] UNCTAD. World Investment Report 2001 [R]. United Nations New York and Geneva, 2001.

[162] UNCTAD. World Investment Report 2005 [R]. United Nations New York and Geneva, 2005.

[163] UNCTAD. World Investment Report 2006 [R]. United Nations New York and Geneva, 2006.

[164] UNEP. The Stockholm Convention on Persistent Organic Pollutants. UNEP Chemicals/WHO – GEENET, 2001.

[166] Waddock S, Graves S. The corporate social performance-financial performance link [J]. Strategic Management Journal, 1997.

[167] Wald, Abraham. Sequential Analysis [M]. New York: Wiley & Sons, 1947.

[168] Walker S F, Marr J W. Stakeholder power: a winning strategy for building stakeholder commitment and driving corporate growth [M]. Cambridge: Perseus Publishing, 2001.

[169] Wartick S L, Cochran P L. The Evolution of the Corporate Social Performance Model [J]. The Academy of Management Review, 1985 (4).

[170] WCED. Our Common Future: The World Commission on Environment and Development [M]. Oxford: Oxford University Press, 1987.

[171] Wheeler D, Maria S. Including the Stakeholders: The Business Cade [J]. Long Range Planning, 1998, 31 (2): 201 – 210.

[172] Williamson O. The Economic Institutions of Capitalism [M]. New York: Free Press, 1984.

[173] Williamson O. The Economic Institutions of Capitalism [M]. New York: Free Press, 1985.

[174] Williamson O. The Mechanisms of Governance [M]. Oxford: Oxford University Press, 1996.

[175] World Business Council for Sustainable Development Meeting Changing Expectations: Corporate Social Responsibility. WBCSD, Geneva, Switzeriand, 1998.

[176] World Commission on Environment and Development. Our Common Future [M]. Oxford: Oxford University Press, 1987.

[177] Zingales, Luigi. Corporate Governance, the New Palgrave Dictionary of Economics and Law [M]. Basingstoke: Macmillan, 1998: 497 – 503.

后 记

笔者研究企业社会责任已经10多年，既不断深化企业社会责任的理论研究，又开展了相关的实践工作。先后为多家企业撰写了《企业社会责任报告》和《企业社会责任发展战略规划》，2004年开始在广东省社会科学院和西北大学为研究生和本科生主讲企业社会责任课程，随后为广东财经大学（原广东商学院）和华南理工大学等院校的MBA主讲企业社会责任课程。同时，也为原广东省委书记张德江等领导和中国社会科学院、原国家劳动部等单位提供了多份企业社会责任决策参考报告。近年来，还先后主持了多项国家社科基金、广东省社科基金和广东省自然基金等纵向的企业社会责任项目研究工作。

此外，在笔者与相关人士的共同推动下，广东省社会责任研究会已经发展为具有600多位会员、250多位高级职称专家或博士参与的中国最大社会责任民间组织。《企业社会责任》杂志社（国际标准刊号：ISSN2073—6967）已经公开出版了14期。

多年来，笔者先后出版了《SA 8000与中国企业社会责任建设》（中国经济出版社2004年9月版）、《国际劳工运动在中国：SA 8000对广东外经贸的影响及对策研究》（社会科学出版社2007年9月版）、《企业社会责任在中国：广东企业社会责任建设前沿报告》（华南理工大学出版社2007年9月版）、《黎友焕谈企业社会责任》（社会科学出版社2009年1月版）、《企业社会责任》（华南理工大学出版社2010年6月版）、《企业社会责任理论》（华南理工大学出版社2010年6月版）、《企业社会责任实证研究》（华南理工大学出版社2010年6月版）、《社会责任的变革：ISO 26000与企业社会责任战略》（社会科学出版社2011年5月版）、《ISO 26000研究前沿报告》（社会科学出版社2011年8月版）、《国际标准ISO 26000解读》（西北工业大学出版社2011年版）、《社会建设与社会管理创新》（广东人民出版社2012年4月版）和《ISO 26000在中国》（中山大学出版社2012年9月版）等学术专著。从2004年开始，主编出版《广东企业社会责任建设蓝皮书》（广东经济出版社出版）。从2008年开始，每年出版《黎友焕时事评论录》（社会科学出版社出版），从2009年开始，每年主编出版《中国企业社会责任建设蓝皮书》（人民出版社出版）。笔者还先后主编了《企业社会责任研究系列丛书》（华南理工大学出版社出版）、《中国企业社会责任研究专家文库》（华南理工大学出版社出版）、《ISO 26000研究系列丛书》（西北工业大学出版社、中山大学出版社等出版)和《中国中青年社会责任专家文库》(中山大学出版社出版)等大型系列丛书。部分企业社会责任研究成果先后获:国家社科基金项目评审"优秀奖"(2004年)、广东省政府2004—2005年度广东省哲学社会科学优秀成果奖二等奖(2006年)、广东省政府2006—2007年度广东省哲学社会科学优秀成果奖二等奖(2009年)、新闻出版总署第二届"三个一百"原创图书出版工程(2008年)、第二届广东省优秀出版奖(图书奖)(2008年)等。

本书稿原稿是我在西北大学攻读博士研究生期间,在研究我的毕业论文《企业社会责任研究》的时候就已经形成的,虽然没有正式出版,但却一直作为我指导研究生的教材之一,书稿也在每年的研究生教学中不断修订。出版前,齐晓龙、敖青、刘永子和郑茜等研究生还就本书稿进行了完善和校对。在此一并感谢!

黎友焕

2013年11月